KI im Marketing für Dummies

Schummelseite

SO PLANEN SIE EINE ERFOLGREICHE KI-IMPLEMENTIERUNG

1. **Definieren Sie Ihre Ziele.**

   Ohne klare Ziele lassen sich Teams möglicherweise von der Technologie faszinieren und zu Anwendungen verleiten, die für Ihr Unternehmen nicht die besten Ergebnisse bringen.

2. **Wählen Sie die richtigen KI-Tools und -Techniken aus. Planen Sie, Ihre Marketingergebnisse anhand Ihrer Ziele zu messen.**

   Wenn das Ziel eines Unternehmens beispielsweise darin besteht, die Kundenbindung zu erhöhen, kann es Metriken zur Nutzerbindung (zum Beispiel wie viel Zeit ein Nutzer auf einer Website verbringt), Klickraten oder Konversionsraten verfolgen. Damit lässt sich feststellen, ob die KI-gestützten Marketingkampagnen effektiv sind.

3. **Investieren Sie in hochwertige Daten, um Ihre KI-Tools zu trainieren.**

   Die Daten, die Ihr Unternehmen sammelt, um die KI-Engines für das Marketing zu trainieren, sind wesentlich. Denn sie helfen der KI, Ihren Teams verschiedene Insights und Empfehlungen zu geben, zum Beispiel wo und wie geworben werden soll.

   Entwickeln Sie eine explizite Datenstrategie, die das Sammeln von Daten aus verschiedenen internen und externen Quellen umfasst – Daten aus erster, zweiter und dritter Hand. Führen Sie alle Daten in einem einzigen Data Lake zusammen (einem Ort, in dem große Mengen an Unternehmensdaten gespeichert, verarbeitet und gesichert werden). Sobald diese Daten vorhanden sind, können Sie die KI-Engines auf Ihren Data Lake verweisen und mit dem Training von KI-Modellen beginnen.

4. **Priorisieren Sie den Datenschutz und die Vertraulichkeit Ihrer Kundendaten.**

   Sie haben die wesentliche Aufgabe, die Privatsphäre Ihrer Kunden zu respektieren. Um diesen Schutz zu gewährleisten, müssen Ihre Marketingteams und Sie selbst einen sehr hohen Standard an Transparenz in Bezug auf Ihre Datennutzung einhalten.

   Sie müssen gegenüber Ihren Kunden klar kommunizieren, wie Sie ihre Daten erfassen, verwenden und schützen, einschließlich der Frage, wie Sie ihre Informationen mit anderen Datenquellen verknüpfen. Und Sie müssen Datenschutzbestimmungen wie die Datenschutz-Grundverordnung (DSGVO) einhalten.

KI im Marketing für Dummies

Schummelseite

WIE SIE IHR MARKETINGTEAM FÜR DEN EINSATZ VON KI SCHULEN

- **Beginnen Sie mit einem Basisprogramm**, das die wesentlichen Aspekte der KI abdeckt, einschließlich maschinelles Lernen, Datenanalyse und KI-Ethik. Dafür können Sie Plattformen wie Section, Coursera oder Udacity nutzen, die sich an Geschäftsleute richten. So schaffen Sie in Ihrem Team ein grundlegendes Verständnis für KI.
- **Passen Sie das Grundwissen an die Schulung für bestimmte Bereiche an.** Marketingteams könnten sich beispielsweise mit KI bei der Kundensegmentierung befassen, während sich eher vertriebsorientierte Teams auf KI-gesteuerte Tools für das Kundenbeziehungsmanagement (CRM) konzentrieren. Die spezialisierten Schulungen von Salesforce für die Einstein-KI-Plattform eignen sich, um die Anwendung von KI in bestimmten Aufgabenbereichen zu erlernen.
- **Fügen Sie praktische Erfahrungen hinzu**, die auf dieser grundlegenden Schulung aufbauen, um den Wissensstand innerhalb eines Teams zu erhöhen. Durch Workshops und Fallstudien können Teammitglieder KI-Konzepte in realen Szenarien anwenden – eine Praxis, die durch Partnerschaften mit Unternehmen wie IBM, die für ihre praktischen KI-Workshops bekannt sind, noch verbessert wird. Diese Erfahrung verstärkt das eher theoretische Lernen und ermutigt Ihr Team zu kreativem Denken und kann damit spezifische Geschäftsprobleme lösen.

Eine solche KI-Schulung ist eine fortlaufende Reise, kein einmaliges Ereignis. Fördern Sie kontinuierliches Lernen und halten Sie sich mithilfe von Quellen wie dem Google AI Blog oder dem OpenAI Blog über die neuesten KI-Fortschritte auf dem Laufenden.

SUCHEN SIE NACH KI-ASSETS, DIE IHREN GESCHÄFTSANFORDERUNGEN ENTSPRECHEN

Bei der Auswahl der richtigen Partner und der geeigneten Tools für die Integration von KI in Ihr Marketing sollten Sie einige wichtige Faktoren beachten. Suchen Sie nach Lösungen, die skalierbar (sodass sie mit Ihrem Unternehmen wachsen können) und einfach zu bedienen sind und umfassenden Support bieten. Hier einige Optionen:

- **watsonx.ai von IBM:** Zeichnet sich durch seine vielseitigen KI-Services aus, die für verschiedene Geschäftsanforderungen geeignet sind – von der Verbesserung der Kundenbindung bis hin zur Schulung, Validierung, Feinabstimmung und Bereitstellung von KI-Modellen.
- **Google Cloud AI:** Bietet erstklassige Lösungen für maschinelles Lernen (ML), die skalierbar sind und sich reibungslos in andere Google-Dienste integrieren lassen.
- **Salesforce Einstein:** Unterstützt Sie mit KI-Tools für das Marketing, einschließlich KI-gestützter Lösungen für das Kundenbeziehungsmanagement (CRM), die mit prädiktiven Analysen und automatisiertem Aufgabenmanagement ausgestattet sind.
- **Kleinere Unternehmen:** C3.ai, Dante und Instalily können Ihnen helfen, Wissensdatenbanken, autonome Agenten und Chatbots relativ einfach zu erstellen.

KI im Marketing für Dummies

Shiv Singh

KI im Marketing

für dummies®

Übersetzung aus dem Amerikanischen
Fachkorrektur von Helmut van Rinsum

WILEY-VCH GmbH

KI im Marketing für Dummies

Bibliografische Information der Deutschen Nationalbibliothek

Die Deutsche Nationalbibliothek verzeichnet diese Publikation in der Deutschen Nationalbibliografie; detaillierte bibliografische Daten sind im Internet über http://dnb.d-nb.de abrufbar.

Dieses Buch wurde mit Unterstützung maschineller Übersetzungssoftware übersetzt.

Coverillustration: © AREE – stock.adobe.com
Korrektur: Frauke Wilkens, München
Satz: Straive, Chennai, India
Druck und Bindung:

Print ISBN: 978-3-527-72261-7
ePub ISBN: 978-3-527-85017-4

Bevollmächtigte des Herstellers gemäß EU-Produktsicherheitsverordnung ist die Wiley-VCH GmbH, Boschstr. 12, 69469 Weinheim, Deutschland, E-Mail: Product_Safety@wiley.com.

Über den Autor

Shiv Singh hat in über 25 Jahren Erfahrung in Marketing und Wirtschaft gesammelt und war maßgeblich am Erfolg großer Marken durch innovative Marketingstrategien, Kundenbindungsmechanismen und datengesteuerte Ergebnisse beteiligt. Als Chief Marketing & Customer Experience Officer bei LendingTree leitete er ein Team von 150 Fachleuten, die ein beträchtliches Werbebudget verwalteten und über 100 Millionen Verbraucher erreichten. Er hatte verschiedene Führungspositionen im Marketing bei Unternehmen wie der Expedia Group, Visa Inc. und PepsiCo inne, was ihm neben anderen Auszeichnungen die Anerkennung als Top-CMO von Business Insider und Forbes einbrachte. 2016 wurde er in die Hall of Achievement der American Advertising Federation aufgenommen. Außerdem engagiert er sich als Vorstandsmitglied von United Rentals und als Board Leadership Fellow der National Association of Corporate Directors (NACD). Er ist Berater für Fortune-1000-Unternehmen und Start-up-Investor.

Auf einen Blick

Inhaltsverzeichnis

Kapitel 6
Natürliche Sprachverarbeitung und Stimmungsanalyse 111

Kapitel 7
Zusammenarbeit bei Prognosen, Verfahren, Systemen und Filtern 123

Kapitel 8
Sich mit generativer KI vertraut machen 137

Einführung

Technologie kann unseren Alltag vollständig verändern. Viele Menschen können sich an ein Leben ohne E-Mail, World Wide Web, Mobiltelefon und Videostreaming nicht erinnern. Arbeitsabläufe sind heute von Laptops, drahtlosem Internetzugang und Suchmaschinen geprägt. Die Veränderungen durch KI gehören ebenfalls zu diesen großen technologischen Umwälzungen. Allerdings werden sie wohl noch mehr ändern als alle anderen Innovationen zuvor.

Mit der Einführung von ChatGPT 3.0 im November 2022 rückte KI bei der alltäglichen Technologienutzung in den Vordergrund. ChatGPT wurde schnell zu einer der am schnellsten wachsenden App der Geschichte und markierte einen entscheidenden Wandel in der Nutzung von KI im Alltag.

Jeder Bereich, jede Aufgabe im Marketing – Jahresplanung, Strategie, Forschung, Kampagnenentwicklung, Anzeigenproduktion, Medienplanung, Analytik, CRM – steht mit dem Aufkommen der KI vor einer Transformation. Marketingfachleute werden jede Aktivität mithilfe von KI steuern, was zu einem kreativeren, personalisierteren und wirkungsvolleren Marketing als je zuvor führen wird.

Über dieses Buch

Die Diskussion über technologische Veränderungen erscheint oft abstrakt. In diesem Buch erfahren Sie, wie die Auswirkungen der KI auf das tägliche Leben spürbar werden und was das für Ihre Arbeit im Marketing bedeutet.

KI im Marketing für Dummies zerlegt diese Auswirkungen in leicht konsumierbare Kapitel und macht das Thema somit für jeden Marketer zugänglich. Es bietet Definitionen, beschreibt Rahmenbedingungen, nennt Konzepte, schildert Fallstudien und praktische Anleitungen, damit Sie das enorme Potenzial von KI in Ihrem Unternehmen in konkrete Strategien umsetzen können.

Obwohl sich die Welt der KI schnell verändert, vollzieht sich die Einbindung in das Marketing-Ökosystem relativ langsam. Deshalb sind die Kernkonzepte, Strategien, Rahmenbedingungen und praktischen Anleitungen zeitloser, als Sie vielleicht denken.

Konventionen in diesem Buch

Hier sind einige Regeln für die Lektüre des Buches und Hinweise darauf, was sie bedeuten:

- *Kursiv* gedruckte Wörter oder Ausdrücke markieren Begriffe, die ich im umgebenden Text für Sie erkläre.

- Webadressen werden in `Monofont` angezeigt. Wenn Sie dieses Buch als E-Book lesen und Zugang zum Internet haben, können Sie auf die Webadresse klicken, um die entsprechende Website zu besuchen, zum Beispiel hier: `www.wiley-vch.de/de/dummies`.
- Der fett und kursiv gedruckte Begriff ***Best Practice im Marketing*** zeigt, was ich für die besten Marketingpraktiken halte.

Wie dieses Buch aufgebaut ist

Um den Inhalt von *KI im Marketing für Dummies* zugänglicher zu machen, habe ich ihn in sechs Teile unterteilt:

Teil I: Erste Schritte mit KI im Marketing

Dieser Teil beschreibt die historischen und kontextuellen Grundlagen für KI. Außerdem wird die Entwicklung der KI von ihren mythologischen Wurzeln bis hin zu modernen Anwendungen nachgezeichnet, wobei wichtige Meilensteine wie die Entwicklung des Turing-Tests, des maschinellen Lernens und der generativen KI behandelt werden.

Teil II: Grundlegende KI-Strukturen und -Konzepte

In diesem Teil schildere ich einige der besten Anwendungsfälle für KI im Marketing, bewerte verschiedene Tools und stelle einige der Risiken vor, denen Sie bei der Integration von KI in Ihren Arbeitsablauf ausgesetzt sein können.

Teil III: Mit KI Kunden besser kennenlernen

In diesem Teil geht es um die Fähigkeit von KI, Kunden personalisierte Erfahrungen zu bieten, Inhalte und Werbung auf einzelne Verbraucher zuzuschneiden und damit die Kundenbindung zu verbessern. Sie können sich über KI-gesteuerte Technologien wie Chatbots informieren und erfahren, wie diese zu einer höheren Kundenzufriedenheit beitragen können.

Teil IV: Transformation von Markeninhalten und Kampagnenentwicklung

Dieser Teil untersucht die Rolle der KI bei der Generierung kreativer Inhalte. Es wird erläutert, wie Sie die KI-Tools dazu bringen können, Inhalte effektiv zu erstellen. Es wird ermittelt, welche Tools Ihnen dabei helfen können, qualitativ hochwertige Inhalte effizient und in großem Umfang zu erstellen. Sie erfahren mehr über die Auswirkungen der KI auf die Werbung, einschließlich der Durchführung effektiver A/B-Tests mit den KI-Technologien, der Entwicklung von SEO-Programmen und der Regionalisierung von Inhalten mithilfe der KI.

Teil V: KI in Wachstumsmarketing und Kundenorientierung

Dieser Teil befasst sich mit der Integration von KI in das Wachstumsmarketing und konzentriert sich auf die Optimierung von Kampagnen, die Verbesserung des Kundenerlebnisses und die Steigerung der Betriebseffizienz. Er betont auch die Bedeutung ethischer Richtlinien, verantwortungsvoller Nutzung und strategischer Integration in den Geschäftsbetrieb. Darüber hinaus befasst sich der Teil mit ethischen, rechtlichen und datenschutzrechtlichen Bedenken und bietet Grundsätze für einen verantwortungsvollen Einsatz von KI im Marketing.

Teil VI: Der Top-Ten-Teil

In diesem Teil finden Sie eine Liste mit zehn Fallstricken, die Sie im KI-Marketing meiden sollten, und eine weitere Liste mit zehn Entwicklungen, die meiner Meinung nach auf die Marketingwelt zukommen, wenn KI immer häufiger eingesetzt wird.

Törichte Annahmen über den Leser

Egal ob Sie Marketingleiter bei einem Fortune-500-Unternehmen sind, ein Junior-Marketingmitarbeiter in einem kleinen Unternehmen, ein leitender Angestellter in einer Agentur, der mit Marketingmitarbeitern zusammenarbeitet, oder ob Sie in Ihrem Unternehmen mehrere Rollen (einschließlich des Marketingjobs) innehaben, dieses Buch ist für Sie. Die einzigen wirklichen Annahmen, die ich über Sie mache, sind, dass Sie sich für KI interessieren und dass Sie wissen wollen, wie sie im Marketing eingesetzt werden kann und welche Best Practices dafür gelten.

Symbole, die in diesem Buch verwendet werden

In diesem Buch werden durch Symbole am Rand wertvolle Informationen hervorgehoben, die Ihre Aufmerksamkeit erfordern. Hier eine kurze Beschreibung der Symbole, die Ihnen möglicherweise begegnen.

Dieses Symbol kennzeichnet Tipps und Abkürzungen, die Sie nutzen können, um die Arbeit mit KI in Ihren Marketingbemühungen zu erleichtern.

Dieses Symbol kennzeichnet Informationen, die besonders wichtig sind. Um die wichtigsten Informationen aus jedem Kapitel herauszufiltern, halten Sie einfach nach diesen Symbolen Ausschau.

Dieses Symbol kennzeichnet Informationen hochtechnischer Natur, die Sie normalerweise überspringen können, es sei denn, Sie möchten einige nicht unbedingt erforderliche Informationen zum Thema erhalten.

Dieses Symbol warnt Sie vor möglichen Problemen! Es kennzeichnet wichtige Informationen, die Ihnen möglicherweise Kopfschmerzen ersparen. Dazu gehören beispielsweise ethische Fehltritte, die Sie vermeiden sollten, oder häufige Fehler bei der Ausführung, die Sie vermeiden können.

Wie geht es weitergeht

Die Kapitel in diesem Buch behandeln alle wichtigen Aspekte von KI im Marketing. Jeder Teil baut auf dem vorherigen auf und bietet einen umfassenden Leitfaden für die Navigation durch die KI-gesteuerte Transformation der Marketinglandschaft. Sie müssen das Buch jedoch nicht von Anfang bis Ende lesen. Sie können in ein Kapitel eintauchen, das verschiedene KI-bezogene Fragen behandelt, die Sie bei Ihren Marketingmaßnahmen möglicherweise gerade betreffen. Sehen Sie sich das Inhaltsverzeichnis an, um die für Sie wichtigsten Themen zu identifizieren. Und dann tauchen Sie ein!

Teil I
Erste Schritte mit KI im Marketing

IN DIESEM TEIL ...

- verfolgen Sie die Entwicklung der KI vom Mythos zum modernen Geschäftstool.
- entdecken Sie, wie Unternehmen KI im Marketing, Kundenservice, der Rechtsabteilung und anderen Bereichen einsetzen.
- entwickeln Sie Frameworks für die Integration von KI in Ihre Marketingmaßnahmen.

IN DIESEM KAPITEL

Auf den historischen Spuren der KI

Wie Maschinen Menschen austricksen

Bereiche, in denen KI unseren Alltag bereits erobert hat

Kapitel 1
Eine kurze Geschichte der KI

Um die Rolle der künstlichen Intelligenz (KI) in Wirtschaft und Gesellschaft vollständig zu verstehen, müssen wir erst einmal ihre faszinierende Geschichte nachvollziehen. Denn diese Spurensuche wirft nicht nur ein Licht auf die enormen Fortschritte der KI, sie verdeutlicht auch ihren Nutzen für das Marketing.

Die ersten Vorstellungen von künstlicher Intelligenz gehen auf die griechische Mythologie zurück, in der Talos, ein 2,44 Meter großer Riese aus Bronze, die Insel Kreta bewachte, um sie vor Piraten und anderen Eindringlingen zu schützen. Talos warf Felsbrocken auf Schiffe und patrouillierte jeden Tag auf der Insel. Der Legende nach wurde er schließlich besiegt, als ein Bronzenagel aus der Ferse seines Fußes entfernt wurde, sodass das *Ichor* (Blut der Götter) aus seinem Körper fließen konnte.

Von diesem Zeitpunkt an rankten sich zahlreiche Geschichten um automatisierte Wesen in der griechischen Mythologie, was die Fantasie von Wissenschaftlern, Mathematikern und Erfindern anregte. Die moderne Wissenschaft hat inzwischen einige dieser Mythen tatsächlich verwirklichen können. In diesem Kapitel stelle ich Ihnen diese Fortschritte vor, darunter den Turing-Test, maschinelles Lernen, Expertensysteme und generative KI.

Frühe technologische Fortschritte

Wissenschaftler führen die Anfänge der Automatisierung auf das 17. Jahrhundert und die Erfindung der *Pascaline* zurück, einer mechanischen Rechenmaschine. Dieses Gerät, das der französische Erfinder Blaise Pascal zwischen 1642 und 1644 konstruierte, verfügte über einen *kontrollierten Übertragsmechanismus*. Dieser erleichterte Rechenoperationen mit Addition und Subtraktion, indem er die Ziffer »1« effektiv in die nächste Spalte übertrug. Die Rechenmaschine arbeitete vor allem bei der Verarbeitung großer Zahlen effizient. Der deutsche Mathematiker Wilhelm Leibniz baute auf dieser Idee auf und erfand 1694 eine neue Rechenmaschine. Diese erweiterte das Konzept der Pascaline, indem sie alle vier

Grundrechenoperationen ermöglichte – Addition, Subtraktion, Multiplikation und Division (nicht nur Addition und Subtraktion). Damit boten diese Geräte erstmals einen Einblick in das Potenzial des mechanischen Denkens.

Wenn wir ins frühe 19. Jahrhundert vorspulen, stoßen wir auf das Jacquard-System, das von dem Franzosen Joseph-Marie Jacquard entwickelt wurde. Dabei wurden austauschbare Lochkarten verwendet, um das Weben von Stoffen und das Entwerfen komplizierter Muster zu bestimmen. Diese Lochkarten waren der Grundstein für spätere Entwicklungen in der Computertechnik. Mitte des 19. Jahrhunderts stellte der britische Erfinder Charles Babbage das erste Rechengerät vor, die sogenannte *Analytical Engine*. Mithilfe von Lochkarten konnte diese Maschine eine Vielzahl von Berechnungen mit mehreren Variablen durchführen. Sie verfügte zudem über eine Reset-Funktion, wenn sie ihre Aufgabe erledigt hatte. Wichtig war auch, dass sie einen temporären Datenspeicher für komplexere Berechnungen hatte – eine entscheidende Funktion für jedes spätere System künstlicher Intelligenz (KI).

Ende der 1880er-Jahre erreichte die Entwicklung der KI mit der Entwicklung der Tabelliermaschine einen weiteren Meilenstein. Diese war vom amerikanischen Erfinder Herman Hollerith speziell zur Verarbeitung der Daten für die US-Volkszählung von 1890 konstruiert worden. Das elektromechanische Gerät verwendete Lochkarten zur Speicherung und Aggregation von Daten und verbesserte die Speicherkapazität der analytischen Maschine durch die Integration eines Akkumulators. Bemerkenswerterweise blieben modifizierte Versionen der Tabelliermaschine bis in die 1980er-Jahre betriebsbereit.

Alan Turing und die maschinelle Intelligenz

Viele Menschen betrachten Alan Turing, einen britischen Mathematiker, Logiker und Informatiker, als den Gründervater der theoretischen Informatik. Er ebnete den Weg für weitere Durchbrüche in der KI. Während des Zweiten Weltkriegs diente er in Bletchley Park, der Codeknacker-Einrichtung des Vereinigten Königreichs. Er spielte eine entscheidende Rolle bei der Decodierung von Nachrichten, die von der deutschen *Enigma-Maschine*, einem Gerät zur Codegenerierung, verschlüsselt wurden. Wissenschaftler und Historiker schreiben seiner Arbeit zu, dass sie den Krieg verkürzte und Millionen von Menschenleben rettete.

Turings wichtigste Innovation in Bletchley war die Entwicklung der *Bombe*, einer Maschine, die den Prozess zur Entschlüsselung von Nachrichten der Enigma-Maschine erheblich beschleunigte. Die Enigma verwendete eine Reihe rotierender Scheiben, um Klartextnachrichten in verschlüsselten Geheimtext umzuwandeln. Die Komplexität dieses Verschlüsselungsgeräts und der von ihm generierten verschlüsselten Nachrichten war auch darauf zurückzuführen, dass die Enigma-Benutzer die Einstellungen der Maschine täglich änderten. Für Großbritannien und alle Alliierten war es äußerst schwierig, den Code innerhalb des 24-Stunden-Fensters zu knacken – bevor die Einstellungen erneut geändert wurden. Die Turing-Bombe automatisierte den Prozess zum Identifizieren der Enigma-Einstellungen und analysierte verschiedene mögliche Kombinationen viel schneller als ein Mensch es jemals geschafft hätte. Diese Automatisierung ermöglichte es den Briten, die geheime deutsche Kommunikation regelmäßig zu entschlüsseln.

Obwohl die Einzelheiten dieses Codeknacker-Geräts viele Jahre lang unter Verschluss blieben, ist die Bombe eines der ersten Beispiele dafür, dass Technologie den Menschen bei Aufgaben, die traditionell menschliche Intelligenz erforderten, übertraf und sie effizienter und präziser ausführte.

Der Turing-Test im Jahr 1950

Kurz nach dem Zweiten Weltkrieg formulierte Turing in einem 1950 veröffentlichten Aufsatz mit dem Titel »Computing Machinery and Intelligence« die Idee, einen Standard zu definieren, ab dem man eine Maschine als intelligent bezeichnen könne. Er entwickelte das Experiment (heute *Turing-Test* genannt), das die Frage beantworten sollte: »Können Maschinen denken?« Die grundlegende Prämisse lautete dabei: Wenn ein Computer an einem Dialog mit einem Menschen teilnehmen kann und ein Beobachter nicht erkennen kann, welcher Teilnehmer Mensch und welcher ein Computer ist, dann kann man diesen Computer als intelligent bezeichnen.

Turings Test sah vor, dass ein menschlicher Prüfer Dialoge zwischen einem Menschen und einer Maschine beurteilen soll. Der Prüfer weiß zwar, dass einer der Teilnehmer eine Maschine ist, aber nicht, welcher. Um jegliche Verzerrung durch stimmliche Hinweise auszuschließen, schlug Turing vor, dass der Prüfer die Interaktionen auf ein reines Textmedium beschränkt. Wenn der Prüfer es schwierig fand, zwischen der Maschine und dem menschlichen Teilnehmer zu unterscheiden, bestand die Maschine den Test. Die Bewertung konzentrierte sich dabei nicht auf die Genauigkeit der Antworten der Maschine. Sondern darauf, wie wenig sich ihre Antworten von denen eines Menschen unterscheiden ließen.

Der Turing-Test: 1960er-Jahre und später

1966, lange nach Alan Turings Tod, entwickelte der deutsch-amerikanische Wissenschaftler Joseph Weizenbaum ELIZA, das erste Programm, das den Turing-Test zu bestehen schien. Viele Quellen bezweifeln zwar, dass es den Turing-Test bestehen konnte. Aber es war technisch in der Lage, einige Menschen davon zu überzeugen, sie würden mit menschlichen Operatoren sprechen. Das Programm funktionierte, indem es die getippten Kommentare eines Nutzers auf Schlüsselwörter hin untersuchte und daraufhin eine Regel ausführte, die die Kommentare veränderte. Das führte dazu, dass das Programm mit einem neuen Satz antwortete. Tatsächlich spiegelte ELIZA, wie viele Programme seitdem, ein Verständnis der Welt vor, ohne tatsächlich über reales Wissen zu verfügen.

Der amerikanische Psychiater Kenneth Colby ging 1972 noch einen Schritt weiter und entwickelte PARRY, das er als ELIZA mit Haltung beschrieb. Erfahrene Psychiater testeten PARRY in den frühen 1970er-Jahren mit einer Variante des Turing-Tests. Sie analysierten Texte von echten Patienten und von Computern, auf denen PARRY lief. Die Psychiater identifizierten die Patienten nur in 52 Prozent der Fälle richtig, eine Statistik, die mit zufälligen Vermutungen übereinstimmt.

Bis heute ist der Turing-Test eine prägnante, leicht verständliche Methode, um zu beurteilen, ob eine Technologie intelligent ist oder nicht. Indem der Test auf textbasierte Interaktionen beschränkt wurde und die Abfragen in natürlicher Sprache (Konversationsenglisch) erfolgen, konnte jeder leicht nachvollziehen, was der Test leistete, als Turing ihn erstmals vorstellte. Und indem er die Genauigkeit der Antwort nicht in den Vordergrund rückte, konzentrierte er den Test auf die Bewertung dessen, was Menschen wirklich menschlich macht.

Seit Alan Turing den Turing-Test erstmals präsentierte, haben sich Computer sprunghaft weiterentwickelt. Betrachten wir einmal die fortlaufenden Entwicklung intelligenter Technologie:

- ✔ **Noch im Jahr 2021** hatten Chatbots, die in weiten Teilen der Welt verfügbar waren, Mühe, den Turing-Test durchgängig zu bestehen. Dienste wie Siri von Apple, Alexa von Amazon und Googles Assistant konnten zwar in natürlicher Sprache mit uns sprechen, zogen sich aber bei einigen der einfachsten Fragen schnell auf Allgemeinplätze zurück. So könnte beispielsweise die Aufforderung »Beschreiben Sie sich selbst nur mit Farben und Formen!« die Antwort »Okay, ich habe im Internet Folgendes zum Beschreiben von Farben und Formen gefunden …« hervorbringen.
- ✔ **Seit 2023** können die wichtigsten Chat-Schnittstellen von OpenAI, Google und anderen den Turing-Test bestehen. Diese schnelle Veränderung zeigen, wie schnell die technologischen Fortschritte im Bereich der KI sind und dass sich innerhalb von nur 24 Monaten dramatisch viel verändern kann.

Die Dartmouth-Konferenz von 1956

Die Dartmouth-Konferenz von 1956 gilt in der akademischen Gemeinschaft oft als Geburtsstunde der künstlichen Intelligenz (KI) als eigenständiges Forschungsgebiet. Die Konferenz fand im Sommer des Jahres am Dartmouth College in Hanover, New Hampshire, statt. Für einen Zeitraum von sechs bis acht Wochen fanden sich dort Koryphäen aus verschiedenen Disziplinen – Informatik, kognitive Psychologie, Mathematik und Ingenieurwissenschaften – unter einem Dach zusammen. Die von den Informatikern John McCarthy, Marvin Minsky und Nathaniel Rochester sowie dem Mathematiker Claude Shannon organisierte Konferenz zielte darauf ab, »jeden Aspekt des Lernens oder jedes andere Merkmal der Intelligenz« zu untersuchen, wie es in einem Schreiben der Konferenz hieß.

Die Dartmouth-Konferenz von 1956 stellt aus mehreren Gründen eine Zäsur dar. Sie war mehr als nur ein Sommertreffen von Intellektuellen; sie war ein bahnbrechendes Ereignis, das die Entwicklung der KI, wie wir sie heute kennen, prägte. Sie prägte den Begriff »KI« und war gleichzeitig die erste Community, die Forschungsrichtungen und damit Innovationen in diesem Bereich über Jahrzehnte hinweg vorangetrieben hat.

- ✔ **Prägen des Begriffs »künstliche Intelligenz« (KI):** Die Konferenz verlieh einem Forschungsbereich einen Namen, der bis dahin vage definiert war und sich interdisziplinär über Mathematik, Informatik, Ingenieurwissenschaften und verwandte Bereiche erstreckte. John McCarthy, einem der Organisatoren, wird die Einführung des Begriffs zugeschrieben. Das trug dazu bei, die zukünftige Richtung der Forschung zu bestimmen, weil sich sämtliche Wissenschaftler um einen zentralen Forschungsgegenstand versammeln konnten.

- ✔ **Katalysator für zukünftige Forschung:** Sie legte die Forschungsagenda für die kommenden Jahrzehnte fest. Während der Konferenz führten die Teilnehmer intensive Diskussionen, Brainstorming-Sitzungen und sogar Experimente im Frühstadium zu grundlegenden Themen im KI-Bereich durch. Die Teilnehmer wollten herausfinden, ob sie Maschinen so programmieren konnten, dass sie Aspekte der menschlichen Intelligenz simulierten.

  Forschungsthemen waren beispielsweise:

  - Problemlösung
  - symbolisches Denken
  - neuronale Netze
  - Sprachverständnis
  - lernende Maschinen

  Sie entwickelten Programme zum Schachspielen, zum Beweis mathematischer Theoreme und zur Generierung einfacher Sätze.

- ✔ **Bereitstellen einer kollaborativen Plattform für interdisziplinäre Forschung:** Forscher, deren Wege sich sonst vielleicht nie gekreuzt hätten, führten nun bedeutungsvolle Dialoge und knüpften Beziehungen, die in den kommenden Jahren und Jahrzehnten zu bedeutenden Kooperationen führen würden. Diese Interdisziplinarität war entscheidend, um ein komplexes Problem wie die Simulation menschlicher Intelligenz angehen zu können. Denn dies erforderte Kenntnisse aus verschiedensten Bereichen wie Psychologie, Neurowissenschaften, Linguistik, Operations Research und Wirtschaftswissenschaften.

- ✔ **Wichtige Finanzierung und Aufmerksamkeit für den sich entwickelnden Bereich der KI:** Die Sichtbarkeit und Glaubwürdigkeit, die diese Veranstaltung mit sich brachte, führten zu erhöhten Investitionen in die KI-Forschung sowohl aus dem staatlichen als auch aus dem privaten Sektor. Diese finanzielle Unterstützung war für die Entwicklung von Laboren, akademischen Programmen und Forschungsprojekten von entscheidender Bedeutung.

Maschinelles Lernen und Expertensysteme entstehen

Nach der Dartmouth-Konferenz (siehe vorheriger Abschnitt) entstanden zwei wichtige Teilgebiete, die zu den Eckpfeilern der künstlichen Intelligenz wurden: maschinelles Lernen und Expertensysteme. Bei den *Expertensystemen* handelte es sich um regelbasierte Methoden, die auf vordefinierten, von Menschen erstellten Anweisungssätzen basierten. *Maschinelles Lernen* (zunächst als *selbstlernende Computer* bezeichnet) stellte einen radikalen Wandel dar. Die Herangehensweise zielte darauf ab, Systeme zu entwickeln, die aus Daten lernten, anstatt vorgegebenen Regeln zu folgen.

Maschinelles Lernen

Arthur Samuel, ein amerikanischer Pionier auf dem Gebiet der Computerspiele und der künstlichen Intelligenz, prägte 1959 offiziell den Begriff des *maschinellen Lernens*. Im Gegensatz zu traditionellen Computermethoden, die für jede Operation auf explizite Anweisungen angewiesen waren, konzentrierte sich das maschinelle Lernen auf die Entwicklung von Algorithmen, die in der Lage sind, aus vorhandenen Daten eigenständig Schlussfolgerungen abzuleiten. Diese Algorithmen verwenden statistische Techniken, um Muster zu erkennen, Entscheidungen zu treffen oder auf der Grundlage dieser Muster zukünftige Ergebnisse vorherzusagen.

In den 1960er-Jahren leistete die Raytheon Company einen bedeutenden Beitrag auf diesem Gebiet. Sie entwickelte ein frühes Lernmaschinensystem, das verschiedene Arten von Daten analysieren konnte, darunter Sonarsignale, Elektrokardiogramme und Sprachmuster. Die Maschine verwendete eine Form des *bestärkenden Lernens*, eine Untergruppe des maschinellen Lernens, bei der der Algorithmus weitere Aktionen durch Versuch und Irrtum ermittelt. Im Wesentlichen wurde das System für richtige Entscheidungen belohnt und für falsche bestraft. Menschen bedienten und optimierten das System, wobei sie einen Knopf drückten, um Fehler zu kennzeichnen und zu korrigieren. Diese Korrekturen ermöglichten es der Maschine, sich anzupassen und ihre Leistung im Laufe der Zeit zu verbessern.

Zu den wichtigsten herausragenden Merkmalen des maschinellen Lernens gehören:

- ✔ **Anpassungsfähigkeit:** Anstatt sich darauf zu verlassen, dass Menschen Problemlösungen manuell codieren, können Computer durch maschinelles Lernen eigene Lösungen finden, indem sie große Datensätze untersuchen. Diese Freiheit hat zu bahnbrechenden Anwendungen in verschiedenen Bereichen geführt. So sind Algorithmen des maschinellen Lernens beispielsweise die Basis großer Sprachmodelle und Computervisionsysteme, die es Computern ermöglichen, Objekte und Personen in Bildern und Videos zu identifizieren und zu verstehen.

Solche Systeme können

- menschenähnlichen Text generieren,
- mit unglaublicher Genauigkeit Tausende von Objekten erkennen und Spam-E-Mails filtern,
- menschliche Sprache in Echtzeit transkribieren und übersetzen.

Auf diese Themen gehe ich in den folgenden Kapiteln (beispielsweise in den Kapiteln 4 und 5) ausführlich ein.

✔ **Effiziente und skalierbare Lösungen:** Da die Entwicklung spezifischer Algorithmen für jede Erkennungs-, Filter- oder Generierungsaufgabe sowohl kostspielig als auch zeitaufwendig wäre, bietet maschinelles Lernen eine weitaus effizientere und *skalierbarere Lösung* (was bedeutet, dass die Lösung Aufgaben aus riesigen Datensätzen ausführen kann, ohne dass die Kosten entsprechend steigen). Der datenbasierte Ansatz zur Lösungsfindung hat die Art und Weise revolutioniert, wie Technologen an Probleme herangehen und sie lösen. Und er hat komplexe Aufgaben automatisiert wie beispielsweise die Überprüfung von Social-Media-Inhalten auf Hassreden – eine Aufgabe, die Informatiker Computern vor einigen Jahren niemals zugetraut hätten.

Weil sich das maschinelle Lernen kontinuierlich weiterentwickelt, erwarten Experten, dass seine Auswirkungen und Relevanz in verschiedenen Bereichen weiter zunehmen werden. Beispiele für die Auswirkungen auf verschiedene Geschäftsbereiche finden Sie in Kapitel 2.

Untersuchung von Expertensystemen

In den späten 1960er-Jahren konzentrierten sich viele Forscher auf die Erfassung *domänenspezifischen Wissens* und legten damit den Grundstein für *Expertensysteme,* also technische Systeme oder Computer, die die Rolle von Experten in einem bestimmten Bereich, wie etwa der Arzneimittelforschung, spielten. Diese Expertensysteme waren die Vorläufer der heutigen KI-Systeme. In den 1970er-Jahren entwickelten Forscher einige der ersten Expertensysteme, darunter DENDRAL (für die chemische Massenspektrometrie) und MYCIN (zur Diagnose bakterieller Infektionen). Diese Systeme erfassten das Wissen und die Denkfähigkeiten menschlicher Experten, um so unterschiedliche Ratschläge geben zu können, darunter einfache medizinische Diagnosen, aber auch Explorationsstrategien für den Mineralienabbau.

Die Expertensysteme funktionierten in engen Themenbereichen gut. Aber die Kosten und Schwierigkeiten bei der Pflege und Skalierung ihres regelbasierten Wissens schränkten ihre Nützlichkeit deutlich ein. Forschung und Entwicklung von Expertensystemen verliefen ungefähr so:

✔ **In den späten 1970er-Jahren** unterstützte das Tauwetter des KI-Winters (siehe folgenden Abschnitt) die breitere Einführung von Expertensystemen in verschiedenen Branchen, darunter im Gesundheitswesen, im Finanzwesen und in der Fertigung. Während dieser Zeit entwickelten Informatiker spezielle Tools zur Erweiterung ihrer Expertensysteme. Gleichzeitig wuchs der Nutzen dieser Systeme exponentiell.

- **In den 1990er-Jahren** wurden die Grenzen der Expertensysteme deutlich, insbesondere ihre Unfähigkeit, aus ihren Verarbeitungserfahrungen zu lernen oder ihre Leistung ohne eine externe Programmierung zu verbessern. Dieser Mangel führte zu einem Rückgang bei der Entwicklung eigenständiger Expertensysteme. Informatiker begannen, sie in größere, komplexere Computersysteme zu integrieren.
- **In jüngerer Zeit** erleben die Ideen, die den Expertensystemen zugrunde liegen, eine Art Revival, obwohl sie häufig in hybriden Formen auftreten, die maschinelles Lernen (siehe vorangegangenen Abschnitt) und andere datengesteuerte Techniken einbeziehen. Auch wenn nicht viele Unternehmen wegen ihrer Einschränkungen eigenständige Expertensysteme entwickeln und einsetzen, bleibt das Grundkonzept der Erfassung und Anwendung menschlicher Expertise in Computermodellen ein wesentlicher Bestandteil der KI. Umfassendere KI-Lösungen integrieren Expertensysteme sogar als Ergänzung zu anderen fortgeschrittenen Methoden (wie maschinelles Lernen und natürliche Sprachverarbeitung (Natural Language Processing, kurz NLP); mehr dazu finden Sie im Abschnitt »Weitere KI-Entwicklungen in den 1980er-Jahren« weiter hinten in diesem Kapitel).

Die Einführung von Expertensystemen war also ein wichtiger Moment in der Geschichte der künstlichen Intelligenz. Die Entwicklung von Expertensystemen war Vorreiter von Wissenstechniken, die Informatiker noch heute zum Training von KI-Systemen verwenden. Allerdings basieren die meisten KI-Tools inzwischen eher auf maschinellem Lernen als auf explizit programmierten Regeln, die menschliches Eingreifen erfordern, da es einfacher zu skalieren ist.

Ein KI-Winter bricht an

Nach dem Hype um künstliche Intelligenz in den 1960er- und frühen 1970er-Jahren wurden die Grenzen der frühen KI deutlich. Das führte zu einer geringeren Finanzierung und einem sinkenden Interesses, was als *KI-Winter* bezeichnet wird. Der Lighthill-Bericht, der für den British Science Research Council erstellt und 1973 veröffentlicht wurde, trug zu diesem KI-Winter bei. Der Bericht kritisierte den Mangel an praktischen Anwendungen und stellte das Potenzial der KI-Forschung infrage. Diese Kritik führte in mehreren Ländern zu einer Kürzung der staatlichen Förderung, darunter auch im Vereinigten Königreich.

Doch selbst während dieser Zeit der reduzierten Finanzierung wurde eine Forschung weiter verfolgt, die vor allem grundlegende technische Fähigkeiten wie Wahrscheinlichkeitsschlussfolgerungen, neuronale Netzwerke und intelligente Agenten weiterentwickelte. Selbst in diesen wenig optimistischen Zeiten erzielten damit einige Informatiker wichtige Fortschritte, bis das maschinelle Lernen in den 1980er-Jahren mit ihren wegweisenden Innovationen eine neue Ära einläutete.

Die Lehren aus dem KI-Winter der 1970er-Jahre prägen bis heute die ethische Debatte um realistische versus übertriebene Behauptungen in der KI-Welt. Diese Debatte ist wichtiger denn je, da weltweit unterschiedliche Meinungen über die Versprechen und Gefahren der KI aufeinanderprallen.

Der Stanford Cart: Von den 60ern bis in die 80er-Jahre

Wenn man über die Geschichte der künstlichen Intelligenz (KI) spricht, kommt man um die Geschichte des Stanford Cart nicht herum. Dabei handelt es sich um einen ferngesteuerten vierrädrigen Wagen, der erstmals in den 1960er-Jahren vorgestellt wurde und später mit einer Kamera und einem Bordcomputer für Sicht und Steuerung ausgestattet wurde. Dieser Prototyp war einer der ersten Versuche, ein selbstfahrendes Fahrzeug zu bauen. Der Wagen, dessen Entwicklung über einen Zeitraum von 20 Jahren dauerte, diente als Plattform für die Forschung in den Bereichen Computervision, Wegplanung und autonome Navigation.

Die Entwicklung des Stanford-Cart-Projekts spiegelte nicht nur die Entwicklung von KI und Robotik innerhalb von 20 Jahren wider, sondern prägte auch die weitere Forschung. Das Projekt bleibt damit ein Beweis für die nachhaltige und iterative Entwicklung im Bereich der KI.

Die Entwicklungsstufen des Stanford Cart umfassen:

- ✔ **Fernsteuerung:** In den 1960er-Jahren war die erste Version des Wagens mit einer Fernsteuerungsfunktion ausgestattet. Bei der Entwicklung des Wagens damit zu beginnen, war äußerst sinnvoll: Denn der Wagen diente auch als Forschungsplattform, um das Problem der Fernsteuerung eines Mond-Rovers von der Erde aus zu untersuchen.
- ✔ **Selbstnavigation:** Anfang der 1970er-Jahre wurde der Wagen mit einer Kamera und einem Bordcomputer ausgestattet, sodass er einen Hindernisparcours bewältigen konnte. Er machte Fotos und berechnete dann auf der Grundlage dieser Bilder den besten Weg. Später in den 1970er-Jahren ermöglichten fortschrittlichere Computervision-Algorithmen dem Wagen, komplexe Umgebungen schneller zu erfassen, gleichzeitig wurden auch die Bildverarbeitungsfähigkeiten verbessert.
- ✔ **Komplexe Navigation in Echtzeit:** In den 1980er-Jahren konnte der Wagen Straßen folgen und Hindernissen in Echtzeit ausweichen. Das war größtenteils auf Verbesserungen bei der Hard- und Software zurückzuführen, verursacht durch eine stark gestiegene Computerleistung. Diese Fähigkeit gilt als ein wichtiger Meilenstein in der Entwicklung autonomer Fahrzeuge, die erst Jahrzehnte später in die kommerzielle Produktion gingen. Die gesteigerte Rechenleistung ermöglichte schnellere und komplexere Berechnungen, während fortschrittliche Algorithmen es dem Wagen ermöglichten, sekundenschnelle Entscheidungen zu treffen.

Als eine der ersten praktischen Anwendungen von KI in der Robotik demonstrierte der Stanford Cart, wie Computer mit der realen Welt interagieren können. Die Computerkomponenten, die visuelle Eingaben und Analysen ermöglichten, unterstrichen die potenziellen Vorteile einer ausgefeilten Bilderkennung und Szeneninterpretation. Die Robotik und autonomen Systeme zur Wegplanung und Hindernisvermeidung verwenden noch in heutiger Zeit algorithmische Techniken, die der Stanford Cart erstmals vorstellte.

Weitere KI-Entwicklungen in den 1980er-Jahren

Die 1980er-Jahre gelten als entscheidendes Jahrzehnt in der Entwicklung der künstlichen Intelligenz, geprägt durch enorme Fortschritte in verschiedenen Teilbereichen, insbesondere im maschinellen Lernen, in neuronalen Netzwerken und in der Verarbeitung von natürlicher Sprache. In dieser Zeit wurden grundlegende Fortschritte erzielt, die das Fundament für die KI-Technologien von heute legten.

Zu den wichtigsten Entwicklungen dieses Jahrzehnts gehören:

- ✔ **Backpropagation:** Die Einführung und Bekanntmachung des Backpropagation-Algorithmus zum Trainieren neuronaler Netzwerke. Vor der Backpropagation war das Trainieren komplexer neuronaler Netzwerke sehr rechenintensiv und wenig effektiv. Der Backpropagation-Algorithmus rationalisierte den Trainingsprozess, indem er den Fehler zwischen vorhergesagten und tatsächlichen Ergebnissen effizient berechnete und diesen Fehler dann über das Netzwerk zurückverteilte, um die interne Gewichtung anzupassen (die die Eingabedaten in den Hidden Layer des Netzwerks transformieren). Diese Innovation erleichterte das Trainieren mehrschichtiger neuronaler Netzwerke und ebnete den Weg für komplexere Architekturen und Anwendungen.
- ✔ **Deep Learning:** Ein Teilgebiet des maschinellen Lernens, das neuronale Netzwerke mit drei oder mehr Schichten verwendet. Forscher wie Geoffrey Hinton, Yann LeCun und Yoshua Bengio (an verschiedenen Universitäten tätig) waren in dieser Zeit von entscheidender Bedeutung, da sie den Grundstein für dieses Teilgebiet legten. Die mehrschichtigen neuronalen Netzwerke kamen in einer Reihe von Anwendungen zum Einsatz – von der Bild- und Spracherkennung bis zum Verständnis natürlicher Sprache. Das wiederum sollte später Innovationen bei der Automatisierung verschiedener Geschäftsprozesse vorantreiben.
- ✔ **Verarbeitung natürlicher Sprache (Natural Language Processing, kurz NLP):** Ursprünglich basierten die NLP-Systeme von Programmierern größtenteils auf von Hand erstellten Regeln. In den 1980er-Jahren kam es jedoch zu einer deutlichen Verlagerung hin zu statistischen Modellen. Dadurch wurden diese Systeme robuster und skalierbar. Gleichzeitig war damit der Weg frei für Ansätze, die auf maschinellem Lernen basierten und die NLP-Landschaft verändern sollten. Fortan waren komplexere Anwendungen wie Chatbots, Übersetzungsdienste und Tools zur Stimmungsanalyse möglich.
- ✔ **Robotik:** Das Jahrzehnt markierte auch den Beginn bedeutender Fortschritte in der Robotik, von denen viele auf den grundlegenden Konzepten der KI basierten. Das Stanford-Cart-Projekt beispielsweise (siehe vorheriger Abschnitt) war ein entscheidender Katalysator für die Forschung an autonomen Systemen.

Schnelle Fortschritte der KI in den 1980er-Jahren und darüber hinaus

Die bemerkenswerte Reise der künstlichen Intelligenz (KI) reicht von ihren mythologischen Inspirationen (Talos, der bronzene Riese in der griechischen Mythologie, der Kreta beschützte) bis hin zu bahnbrechenden Erfindungen wie Pascals Rechenmaschine (besprochen im Abschnitt »Frühe technologische Fortschritte« weiter vorn in diesem Kapitel) und Projekten wie dem Stanford Cart (siehe den Abschnitt »Der Stanford Cart: Von den 60ern bis in die 80er-Jahre« weiter vorn in diesem Kapitel). Die Fortschritte seit Anfang der 2010er-Jahre haben die KI-Landschaft dann grundlegend transformiert und die Art und Weise verändert, wie Menschen über die Rolle der Technologie in verschiedenen Bereichen denken – in Wirtschaft und Gesellschaft.

Ab den 1990er-Jahren führten rasante Fortschritte in verschiedenen Disziplinen der KI-Forschung zu erweiterten Fähigkeiten im Bereich des maschinellen Lernens und des Deep Learning. Andere Fortschritte verhalfen der KI zu der Fähigkeit, scheinbar intuitiv zu denken und menschenähnliche Inhalte zu generieren.

Maschinelles Lernen wird erwachsen

Zwischen den 1990er- und den frühen 2000er-Jahren entwickelte sich das maschinelle Lernen zur dominierenden Kraft in der KI-Entwicklung. (Eine Einführung in das maschinelle Lernen finden Sie im Abschnitt »Maschinelles Lernen« weiter vorn in diesem Kapitel.) In diesem KI-Bereich werden Algorithmen verwendet, um riesige Datensätze zu analysieren und damit Muster zu erkennen und Vorhersagen ohne explizit programmierte Regeln zu treffen. Getrieben durch eine deutliche Steigerung der Rechenleistung und der Datenverfügbarkeit führte das maschinelle Lernen zu neuen Anwendungsfällen im Bereich der *Computervision* (wo Computer Informationen aus Bildern, Videos und anderen Eingaben ableiten) und *Empfehlungssysteme* (Informationsfiltersysteme, die dem Nutzer die für ihn relevantesten Informationen vorschlagen).

Diese Fortschritte in der KI waren auch deshalb möglich, weil die KI-Engines Zugriff auf große Datensätze hatten. Die Modelle, die zur Analyse dieser Datensätze verwendet wurden, ahmten die Mustererkennung und Entscheidungsfindung menschenähnlich nach, indem sie statistische Beziehungen zwischen den Daten nutzten. Diese Entwicklungen zeigten, wie schnell ein KI-System selbstständig aus Daten lernen (extrapolieren) konnte, ohne dass ein Programmierer spezifische und explizite Anweisungen für dieses System codieren musste. Maschinelles Lernen ist bis heute das Herzstück der KI.

Ein entscheidendes Schachspiel

In den 1990er-Jahren kam es zu einem Wendepunkt in der Geschichte der KI, der die Fantasie der Menschen auf der ganzen Welt beflügelte. IBMs Deep Blue, ein Schachcomputer, besiegte 1997 den amtierenden Schachweltmeister Garri Kasparow. Obwohl Deep Blue damals noch nicht über ein modernes neuronales Netzwerk verfügte und sich stattdessen auf

Brute-Force-Heuristiken und spezielle Schachalgorithmen verließ, wurden grundlegende Techniken des maschinellen Lernens integriert, um Brettpositionen zu bewerten und das Spiel zu verbessern. Deep Blues Sieg war damit ein weiterer bedeutsamer Fortschritt für KI und maschinelles Lernen. Er

- hat bewiesen, dass eine Maschine einen Menschen bei einer Aufgabe, die komplexe Entscheidungen über viele Schritte hinweg erfordert, übertreffen kann.
- löste große Debatten über die Zukunft der KI und ihre möglichen Auswirkungen auf alle Facetten des Lebens aus. Diese Diskussionen wurden durch die Einführung der generativen künstlichen Intelligenz deutlich beschleunigt (siehe den Abschnitt »Inhalte erstellen mit generativer KI« weiter hinten in diesem Kapitel).
- unterstützte Kasparows Ansicht, dass Maschinen und Menschen gemeinsam viel mehr erreichen könnten als jeder von ihnen allein. Er führte den Begriff *Advanced Chess* für eine Schachform ein, bei der Menschen gemeinsam mit Computersystemen Schach spielen, und betonte, dass menschliche Intuition und maschinelle Berechnungen zusammen eine nahezu unschlagbare Kombination darstellen.

Kasparows Idee des fortgeschrittenen Schachs hatte einen nachhaltigen Einfluss darauf, wie wir heute über KI denken. Viele KI-Forscher betrachten fortgeschrittenes Schach als Vorläufer moderner Theorien über KI, die einem Menschen in verschiedenen Bereichen als Assistent dient. (Satya Nadella, CEO von Microsoft, hat diese Unterstützung allgemein als KI-Co-Pilot bezeichnet.) In den folgenden Kapiteln gehe ich auf die Rolle der KI als ergänzendes Werkzeug für Menschen im Bereich Wirtschaft und Marketing ein. In diesen Diskussionen können Sie die philosophischen Wurzeln dieses kooperativen Ansatzes, der sich aus Kasparows Erkenntnissen ableitet, deutlich erkennen.

Auf den Spuren der Deep-Learning-Revolution

In den letzten Jahren hat das Aufkommen des Deep Learning die Fähigkeiten und Genauigkeit von KI-Systemen deutlich verbessert. Deep Learning baut auf den Grundlagen des traditionellen maschinellen Lernens auf. Es verwendet neuronale Netzwerke mit mehreren Schichten – oft als *tiefe neuronale Netzwerke bezeichnet* –, um bei Aufgaben wie Bildklassifizierung, Spracherkennung und Verarbeitung natürlicher Sprache ein hohes Maß an Genauigkeit zu erreichen.

Was Deep Learning von früheren KI-Technologien unterscheidet, sind die Weiterentwicklung der Rechenleistung, die Verfügbarkeit riesiger Datensätze und die Verwendung komplexer Algorithmen, die neuronale Netzwerke mit mehreren Schichten optimieren. Diese mehrschichtige Architektur ermöglicht es dem System, komplexe Beziehungen in den Daten zu modellieren, was zu bemerkenswert präzisen Ergebnissen führt.

Deep-Learning-fähige Systeme

- **sind der Motor einer Vielzahl von KI-Anwendungen, die heute im Einsatz sind.** Deep Learning verändert die Automatisierung erheblich, indem es Systemen ermöglicht, komplexe analytische und prädiktive Aufgaben völlig autonom und ohne menschliches Eingreifen auszuführen. Ob Sie digitale Sprachassistenten wie Siri oder Alexa, sprachgesteuerte TV-Fernbedienungen oder fortschrittliche Fahrerassistenzsysteme in modernen Autos verwenden: Deep Learning ist die Schlüsseltechnologie, die vielen dieser Innovationen zugrunde liegt.

- **versprechen, in den nächsten Generationen ihre übergreifende Intelligenz zu steigern.** Diese zukünftigen Systeme werden wahrscheinlich weniger Daten für ein effektives Lernen benötigen, auf immer ausgefeilteren Prozessoren arbeiten und immer fortschrittlichere Algorithmen verwenden. Menschen, die KI-Technologien entwickeln, verfolgen das Ziel, die künstliche Intelligenz näher an die Komplexität und Fähigkeiten des menschlichen Gehirns heranzuführen.

Obwohl es für Wissenschaftler und Programmierer noch Jahrzehnte dauern dürfte, bis sie *künstliche allgemeine Intelligenz* erreichen – einen Zustand, in dem die KI über Denk-, Lernfähigkeiten und einen Verstand verfügt, die denen des Menschen ähneln –, ist Deep Learning zweifellos ein wichtiger Schritt auf diesem Weg.

Intuition beweisen im Zeitalter der KI

Der Turing-Test warf die grundlegende Frage auf: »Können Maschinen denken?« Man begann darüber nachzudenken, ob Menschen bei einer textbasierten Interaktion zwischen einer Maschine und einem Menschen unterscheiden können. (Informationen zum Turing-Test finden Sie im Abschnitt »Alan Turing und maschinelle Intelligenz« weiter vorn in diesem Kapitel.) Diese Frage schien 2016 durch den bahnbrechenden Sieg von AlphaGo über Lee Sedol in einer Partie Go eine endgültige Antwort zu finden.

AlphaGo war die Idee von DeepMind, einem britischen KI-Unternehmen, das später von Google aufgekauft wurde. Anders als herkömmliche KI-Programme wurde AlphaGo speziell dafür entwickelt, das Spiel Go zu meistern, ein altes Brettspiel, dessen Komplexität die von Schach bei Weitem übertrifft. Obwohl das Spiel einfache Regeln hat, verleiht ihm die schiere Anzahl der möglichen Züge eine astronomische Komplexität. Top-Go-Spieler wie Lee Sedol, eine führende Persönlichkeit in der Welt des Go, werden für ihre Intuition, Kreativität und analytischen Fähigkeiten verehrt.

Zur Vorbereitung auf das Duell mit Lee Sedol im Jahr 2016 wurde AlphaGo einem rigorosen Training unterzogen. Dabei kam eine Kombination aus Methoden des maschinellen Lernens, darunter Deep Learning, und anderen Algorithmen wie der wahrscheinlichkeitsbasierten Monte Carlo Tree Search zum Einsatz. Das Programm analysierte Tausende von historischen Go-Spielen und, was vielleicht noch beeindruckender ist, verfeinerte seine Fähigkeiten, indem es zahllose Spiele gegen sich selbst spielte. Dieses Selbstspiel ermöglichte es AlphaGo, verschiedene Strategien und Taktiken zu simulieren und so seine eigenen Spielfähigkeiten zu verbessern.

Als AlphaGo Lee Sedol in einer Serie von fünf Spielen besiegte, wurde die globale KI-Community hellhörig und nahm zwei überraschende Erkenntnisse wahr:

- **Der unerwartete Einfallsreichtums der KI:** Vor allem überraschte AlphaGos Fähigkeit, scheinbar kreative und intuitive strategische Entscheidungen zu treffen – Eigenschaften, von denen viele annahmen, dass sie ausschließlich menschlicher Wahrnehmung vorbehalten seien. Sergey Brin von Google – dessen Unternehmen DeepMind übernommen hat – war beim dritten Spiel in Seoul dabei und sagte im Anschluss: »Wenn man wirklich großartigen Go-Spielern beim Spielen zusieht, hat das auch etwas von Schönheit. Ich bin begeistert, dass es uns gelungen ist, diese Art von Schönheit in unsere Computer zu bringen.«

- **Die tiefgreifenden Fähigkeiten und das Zukunftspotenzial der KI:** Der Sieg von AlphaGo war mehr als nur ein technologischer Meilenstein; er führte zu einem Paradigmenwechsel, der das Bewusstsein für KI bei Führungspersönlichkeiten aus den verschiedensten Sektoren schärfte – von Wissenschaftlern und Politikern bis hin zu Wirtschaftsführern und der breiten Öffentlichkeit.

Dieses historische Ereignis, bei dem AlphaGo einen nahezu unschlagbaren menschlichen Go-Spieler besiegte, war ein unwiderlegbarer Beweis für die Fortschritte im Bereich Deep Learning. Es zeigte, dass künstliche Intelligenz tatsächlich Aufgaben ausführen kann, von denen viele zuvor dachten, sie seien nur mit menschlicher Intelligenz ausführbar.

Inhalte erstellen mit generativer KI

Die Fortschritte im Bereich der KI nach 2010 führten zu bahnbrechenden Innovationen, insbesondere bei der Entwicklung *generativer Modelle* (die neue synthetische Daten wie Texte oder Bilder generieren können). In den 2020er-Jahren fanden generative Modelle Anwendung in einer Vielzahl von Bereichen – von Kunst und Unterhaltung bis hin zu wissenschaftlicher Forschung und der Entdeckung von Medikamenten. Zwei spezifische Entwicklungen bildeten die notwendige Grundlage für die Weiterentwicklung generativer Modelle:

- **Generative Adversarial Networks (GANs):** GANs wurden 2014 von dem Computerforscher Ian Goodfellow und seinen Kollegen vorgestellt und waren in der Lage, unglaublich realistische Bilder, Texte und andere Datentypen zu generieren. Dieser bedeutende Fortschritt bot ein robustes Framework für die Generierung komplexer, hochwertiger digitaler Assets. Spätere Weiterentwicklungen bei GANs führten zu Modellen wie zum Beispiel StyleGAN, das hochauflösende, äußerst realistische Bilder generieren kann.
- **Die Transformer-Architektur:** Ursprünglich für die Verarbeitung natürlicher Sprache entwickelt, wurde sie später für generative Aufgaben angepasst. Diese Anpassung an generative Aufgaben gipfelte in Modellen wie der GPT-Reihe von OpenAI, die menschenähnlichen Text generieren kann.

Ich befasse mich ausführlich mit generativen KI-Modellen in Kapitel 8.

IN DIESEM KAPITEL

- Betreuen von Kunden mit KI-Anwendungen
- Bewerten und Validieren von Produkten und Technologien
- Fördern von Innovationen in Forschung und Entwicklung
- Personalisieren und Verwalten von Vertriebs- und Marketingbemühungen
- Analysieren und Optimieren rechtlicher Aufgaben

Kapitel 2
Anwendungsfälle für KI in Unternehmen

Seit den 1980er-Jahren kommt künstliche Intelligenz (KI) in Unternehmen immer stärker zum Einsatz, denn jede Innovation kann auch neue Möglichkeiten für das Geschäftsmodell bedeuten. Da Technologien die Basis von Geschäftsprozessen (von der Buchhaltung bis zur Bestandsverwaltung) sind, bedeutet jeder Fortschritt in der KI, dass mehr Prozesse automatisiert oder bestehende, bereits automatisierte Prozesse kreativ verändert werden können.

Generative KI – ein Bereich der künstlichen Intelligenz, der sich auf die Erstellung neuer Inhalte (wie Texte, Bilder und Musik) konzentriert und aus vorhandenen Daten lernt – ist die bedeutendste Entwicklung in der Geschichte der künstlichen Intelligenz. Sie ermöglicht zahlreiche neue Anwendungen, von denen viele bis vor Kurzem noch nicht vorstellbar waren. Die Einsatzbereiche, darunter die Arzneimittelforschung und Videoerstellung, erstrecken sich auf alle Abläufe und Funktionen innerhalb von Organisationen. Die anspruchsvolleren Anwendungen (zum Beispiel die Suche nach Arzneimitteln für bestimmte Krankheitsbilder) erfordern ein tiefgreifendes, branchenspezifisches Wissen und den Zugriff auf spezielle Datensätze. Tatsächlich ist die Qualität und Vollständigkeit des Datensatzes, der zum Trainieren eines Tools verwendet wird, entscheidend bei der Frage, ob die KI zunehmend kompliziertere Aufgaben ausführen kann.

Eine aktuelle Studie von McKinsey & Company, einem globalen Management-Beratungsunternehmen, unterstreicht das Potenzial generativer KI. Darin wurde errechnet, wie stark die Produktivität am Arbeitsplatz damit zunimmt und wie hoch der Wertzuwachs der Weltwirtschaft ist. Konkret schätzt die Studie, dass generative KI in 63 verschiedenen *Use Cases* (spezifischen, eng gefassten Geschäftsanwendungen oder Implementierungen innerhalb eines Unternehmens) jährlich einen Wertbeitrag zwischen 2,6 und 4,4 Billionen US-Dollar leisten kann. Um diese Zahlen in einen Kontext zu setzen: Sie entsprechen in etwa dem gesamten BIP des Vereinigten Königreichs im Jahr 2021. Dabei berücksichtigt die Studie nicht einmal die zusätzlichen Produktivitätsvorteile, die durch die Integration generativer KI in vorhandene Software jenseits dieser 63 definierten Anwendungsfälle erzielt werden.

Insbesondere ergab die Studie, dass drei Viertel des Werts, den generative KI schaffen kann, die Bereiche Kundenbetreuung, Marketing, Vertrieb, Softwareentwicklung sowie Forschung und Entwicklung betreffen. Sie können diese McKinsey-Studie selbst online lesen. Gehen Sie einfach zu `www.mckinsey.com`, wählen Sie das Suchsymbol, geben Sie »wirtschaftliches Potenzial generativer KI« in das Textfeld ein und klicken Sie erneut auf das Suchsymbol. Wählen Sie das erste Suchergebnis aus, um auf die Studie zuzugreifen.

In diesem Kapitel finden Sie einen pragmatischen Ansatz für den Einsatz von KI. Er untersucht verschiedene Bereiche in einem Unternehmen – von Marketing und Vertrieb bis hin zu Produktentwicklung und der Rechtsabteilung. Das soll Ihnen dabei helfen zu bestimmen, welche wichtigen Aktivitäten oder Arbeitsabläufe Sie durch KI verbessern oder sogar ersetzen können. Da derzeit eine Fülle generativer KI-Lösungen in Sicht ist (dank der wegweisenden Arbeit von OpenAI, Google, Anthropic und anderen), untersucht dieses Kapitel die gängigsten Use Cases. Damit liefert es auch wertvolle Insights für Manager, die KI in ihre Geschäftsprozesse integrieren wollen.

Automatisieren des Kundenservice

Ein logischer Ausgangspunkt für den Einsatz von KI in Unternehmen ist der Kundenservice. In diesem Bereich werden schon länger Technologien zur Automatisierung zahlreicher Aufgaben genutzt. Sie alle zielen darauf ab, Kosten zu senken und die Effizienz zu steigern. Da der Kundenservice in der Regel mit hohen Kosten verbunden ist (insbesondere in der Zeit nach Covid, in der die Kundenerwartungen deutlich gestiegen sind), gilt er als wichtiges Feld, um Möglichkeiten zur Effizienzsteigerung zu identifizieren. Laut einem im August 2023 veröffentlichten Artikel des Harvard Business Review führen KI-gesteuerte Automatisierungen im Kundendienst, wie etwa personalisierte Empfehlungen und ein verbesserter Support, zu einer höheren Kundenzufriedenheit und -treue.

Kundenservice durch Chatbots

Einer der bekanntesten Einsatzbereiche für die Anwendung künstlicher Intelligenz im Kundenservice sind *Chatbots*. Dabei handelt es sich um Tools, die auf Nutzereingaben reagieren und menschliche Gespräche simulieren. Diese Technologie hat sich im letzten Jahrzehnt in Unternehmen verbreitet, um Aufgaben im Kundendienst (wie die Änderung von Flugbuchungen) schneller und kostengünstiger zu erledigen, als wenn ein Mensch am Telefon, am Schreibtisch oder über einen Computer zur Verfügung stünde.

Aufgrund technologischer Einschränkungen waren die meisten Anwendungsfälle für Chatbots und virtuelle Assistenten in der Vergangenheit aber eher rudimentär. Unternehmen und Systemintegratoren (Technologieberater) bauten diese Chatbots als regelbasierte Entscheidungsbäume: Ein Live-Chatbot stellte eine Reihe von Fragen, wobei die Kunden aus einer vordefinierten Liste von Antworten wählen mussten. Basierend auf ihrer spezifischen Antwort stellte der Chatbot eine weitere Frage, für die es weitere vordefinierter Antworten gab. Wenn der Kunde das Ende eines Entscheidungsbaums erreichte, ohne dass seine Anfrage gelöst wurde, verwies ihn der Chatbot auf eine Webseite, die möglicherweise die Antwort auf seine ursprüngliche Anfrage enthielt.

Generative KI hat diese Struktur geändert. Sie ermöglicht es Kunden, ihre Fragen mit ihren eigenen Worten zu formulieren. Im Gegenzug ermöglicht die *Verarbeitung natürlicher Sprache* (Natural Language Processing, kurz NLP) dem Chatbot, die Frage zu lesen, die Abfrage zu analysieren und dann die Absicht und die zugehörigen Entitäten (Artikel, Webseiten und so weiter) zu identifizieren, die er verwenden kann, um eine nützliche Antwort in natürlicher Sprache zu geben. Diese fortgeschritteneren Chatbots verwenden Technologien wie die ChatGPT-Plug-ins von OpenAI, um die Konversation, die ein Mensch mit ihm führt, zu analysieren und zu verstehen. Der Chatbot antwortet dann, indem er Erkenntnisse aus der internen Kundendienstdatenbank des Unternehmens zieht und diese in Alltagssprache übersetzt.

Feinabstimmung der Kundeninteraktion mit generativen KI-Chatbots

Während ich dieses Buch schreibe, führen immer mehr Start-ups und Großunternehmen KI-Technologielösungen mit sofort einsatzbereiten, generativen KI-Chatbots ein. Sie können die Chatbots nahtlos in ChatGPT integrieren und sie durch einfache Integrationen mit den Daten Ihres Unternehmens trainieren. Diese Integration führt zu informierten Chatbot-Agenten, die sich mit jeder neuen Kundeninteraktion kontinuierlich verbessern. Die fortgeschritteneren Lösungen durchsuchen nicht nur Unternehmensdatenbanken, um auf Kundenanfragen zu antworten, sondern analysieren auch Kundenaktivitäten wie Zahlungshistorien, Kontonotizen oder Anrufprotokolle, um relevantere und hilfreichere Antworten zu liefern. In einigen Fällen leiten diese umfassenden Kundeninsights auch die Interaktionen der Kundendienstmitarbeiter mit den Kunden. Schließlich ziehen es Kunden möglicherweise immer noch vor, mit einem menschlichen Mitarbeiter zu sprechen, auch wenn ein KI-Chatbot genauso gut oder sogar besser informiert sein könnte.

Kundenprobleme mit virtuellen Assistenten lösen

Virtuelle Assistenten (das sind digitale Helfer, die Aufgaben und Dienste auf der Grundlage von Sprach- oder Textbefehlen ausführen) spielen neben Chatbots (siehe vorheriger Abschnitt) eine entscheidende Rolle im Kundenservice. Sie können die Effizienz in Unternehmen erheblich steigern, indem sie einen schnelleren Kundenservice ermöglichen und gleichzeitig die Gesamtkosten senken. Sie verarbeiten die gesammelten Insights, die sie von Kunden erhalten, und optimieren die Interaktionen, während sie ihre Antworten und Supportfunktionen kontinuierlich verfeinern. Diese Funktionen sorgen für eine personalisiertere und effektivere Kommunikation und einen besseren Support.

Diese Technologien sind für erfahrenere Mitarbeiter unterstützende Werkzeuge. Sie erfassen in erster Linie grundlegende Informationen und leiten Kunden an den am besten geeigneten menschlichen Mitarbeiter weiter, der ihre Anliegen vermutlich lösen kann. Virtuelle Assistenten automatisieren zahlreiche Routineaufgaben im Kundendienst, unterstützen aber auch bei anderen Supportaktivitäten wie zum Beispiel:

- ✔ Versand von E-Mails zur Bestätigung einer Bestellung
- ✔ Erleichterung von Retouren
- ✔ Sendungsverfolgung
- ✔ Aktualisieren des Lieferstatus
- ✔ Verwalten von Vertragsverlängerungen und Kündigungen
- ✔ Aktualisieren der Rechnungs- und Zahlungsinformationen

Ähnlich wie Chatbots nutzen die meisten Unternehmen schon seit einiger Zeit virtuelle Assistenten, wenn auch mit eher rudimentären und grundlegenden Funktionen. Mit dem Aufkommen der generativen KI und ihrer Fähigkeit, Kundendienstanfragen zu verstehen, können KI-gestützte virtuelle Assistenten Kunden nun auf völlig neue Weise durch komplexere Prozesse navigieren. Sie können Aufgaben übernehmen wie die Fluggäste über die Änderung der Flugpläne informieren, Kunden bei der Lösung von Beschwerden unterstützen oder ihnen die am besten geeigneten Produkte und Dienstleistung für ihre individuellen Bedürfnisse vorschlagen.

Mit Sentimentanalyse Trends und Lösungen aufspüren

Unternehmen können KI nutzen, um Trends bei Kundendienstanfragen zu erkennen. Dies geschieht durch *Sentimentanalyse*, ein Spezialgebiet der Verarbeitung natürlicher Sprache (NLP; siehe Kapitel 6). Diese untersucht die von Kunden in Texten ausgedrückten Emotionen und Einstellungen (ob in E-Mails, Website-Chats oder Textnachrichten) und kategorisiert sie. Besonders für große Unternehmen, die täglich mit Hunderten, Tausenden oder sogar Millionen von Kunden interagieren, ist die Sichtung unzähliger Kundendienstanfragen eine alltägliche Herausforderung. Diese Unternehmen müssen übergreifende Muster erkennen und die Bedeutung und Hintergründe der Kundendienstanfragen verstehen, um künftig Produktmerkmale oder Preisentwicklungen besser planen zu können.

Die KI kann alle Kundendienstanfragen, die über einen bestimmten Zeitraum – einen Tag, eine Woche oder einen Monat – eingehen, schnell analysieren und nach verschiedenen Kriterien wie Standort, Produkttyp oder Kundensegment filtern. Diese schnelle Kategorisierung liefert Unternehmen wichtige Erkenntnisse über die Art der Anfragen. Diese Erkenntnisse können anschließend Grundlage für folgende Entscheidungen sein:

- ✔ **Bestandsmanagement:** Was und wie viel muss vorrätig gehalten werden?
- ✔ **Kundenserviceansatz:** Welche Art von Service soll wann angeboten werden?
- ✔ **Performance-Management:** Benötigen KI oder Mensch zusätzliche Schulungen oder Unterstützung?

Die Sentimentanalyse liefert außerdem wertvolle Einblicke in die Stimmungen, Vorlieben und Bedürfnisse der Kunden, sodass Unternehmen ihre Produkte und Dienstleistungen entsprechend verbessern können. Die kommt zu diesen Erkenntnissen, indem sie Muster in Datenbergen identifiziert, die für einen Menschen nur schwer zu erkennen wären.

Obwohl KI die Sentimentanalyse schon seit einiger Zeit als Teil der NLP verwendet, haben die jüngsten Fortschritte bei der Sprachverarbeitung und im maschinellen Lernen (weitere Informationen finden Sie in Kapitel 5) Analysen ermöglicht, die mit früheren Technologien einfach nicht möglich waren. Das differenzierte Verständnis, das die erweiterte Sentimentanalyse bietet, ermöglicht es Unternehmen, auf die sich entwickelnden Bedürfnisse und Vorlieben ihrer Kunden einzugehen und strategische Anpassungen an ihren Produkten, Dienstleistungen und Kundeninteraktionsstrategien vorzunehmen. Durch die verbesserte Genauigkeit und Tiefe dieser Analysen können Unternehmen

- ✔ fundierte Entscheidungen hinsichtlich des Umfangs der angebotenen Produkte und Dienstleistungen treffen,
- ✔ ihre Produktmarketingstrategien besser an die Bedürfnisse und Vorlieben der Kunden anpassen,
- ✔ ihre Angebote und Kundeninteraktionen auf der Grundlage sich entwickelnder Kundenstimmungen und -erwartungen kontinuierlich verbessern. In Tabelle 2.1 sind fünf KI-Kundenserviceangebote aufgeführt, die für Sie nützlich sein können.

Angebot	Website	Beschreibung
Plattform für Callcenter	`www.observe.ai`	ermöglicht automatisierte Abläufe für Ihre Kundenserviceteams
Plattform für Kundenbetreuung	`www.ultimate.ai`	verbessert Ihren Kundenservice mit einer Conversation-KI-Plattform
Generative KI für Ihr Business	`www.kore.ai`	deckt mit seiner KI-Plattform viele Geschäftsfunktionen ab – einschließlich Kundenservice
Plattform für Kundenservice	`www.ada.cx`	verwendet KI, um Kundendienstvorgänge (wie Rückerstattungen und Umtausch) zu automatisieren
Supportautomatisierung	`www.capacity.com`	bietet den ersten vollständig KI-gestützten Helpdesk, der kontinuierlich aus Kundeninteraktionen lernt

Tabelle 2.1: Einige KI-Kundenserviceangebote

Produkt und Technologie mit KI verbessern

Im Juni 2021 erhielt die Geschäftswelt erstmals einen Einblick in das transformative Potenzial der generativen künstlichen Intelligenz (KI). Der Technologieriese Microsoft integrierte im Rahmen seiner Partnerschaft mit OpenAI (dem KI-Unternehmen hinter ChatGPT) OpenAI Codex (ein Geschwistermodell der GPT-3- und GPT-4-Modelle der NLP, über die ich in Kapitel 8 spreche) in sein GitHub-Copilot-Angebot. GitHub Copilot war eine Anwendung, die Softwareentwickler dabei unterstützen sollte, sowohl neue Codes zu erstellen als auch vorhandene Codes effizienter zu bearbeiten. Sie war damit ein extrem hilfreiches Tool für die Softwareentwicklung. Diese Integration mit OpenAI Codex ermöglichte es Entwicklern, beim Erstellen von Codes in Echtzeit KI-Unterstützung zu erhalten – eine Errungenschaft, die einen entscheidenden Fortschritt bei KI-Anwendungen darstellte.

Die Innovationen der generativen KI haben tiefgreifende Auswirkungen auf jeden Aspekt des Produkt- und Technologielebenszyklus: Sie steigern die Effizienz und minimieren Fehler. Generative KI erleichtert die Softwareentwicklung durch:

- **Entlastung der Entwickler:** Der Prozess der Codeerstellung und -änderung wird optimiert.
- **Demokratisierung des Code-Schreibprozesses:** Es unterstützt Personen mit begrenzter Programmiererfahrung, indem es ihnen Werkzeuge an die Hand gibt, die sie bei der Erstellung anspruchsvolleren Codes unterstützen.

Durch die Demokratisierung des Code-Schreibprozesses wird der Kreis der Personen erweitert, die zu Codeprojekten beitragen können. Damit entsteht eine größere und vielfältigere Entwicklungsumgebung.

Die folgenden Abschnitte befassen sich eingehend mit einigen der wichtigsten Use Cases für unterschiedliche Produkte und Technologien innerhalb einer Unternehmensorganisation.

Rationalisieren der Produktvalidierung

Viele Unternehmen nutzen generative KI, um die Anwendbarkeit und Benutzerfreundlichkeit neuer Produkte zu validieren, bevor sie diese dem Kunden vorstellen. Ähnlich wie die Verbesserungen bei der Entwicklung von Software, die ich im vorhergehenden Abschnitt erläutert habe, kann generative KI die Validierungsphasen neuer Lösungen erheblich rationalisieren. Sie kann Testphasen beschleunigen, die traditionell manuelle und zeitintensivere Ansätze erfordern, wie etwa die Rekrutierung und Koordinierung menschlicher Tester mit hochspezifischen Profilen.

Im Bereich der Produktvalidierung kann Sie generative KI hier unterstützen:

- **Simulieren Sie eine Vielzahl von Nutzerinteraktionen und -verhalten,** um zu beurteilen, wie neue Produkte unter verschiedenen Bedingungen und in verschiedenen Anwendungsfällen funktionieren. Mit dieser Funktion können Unternehmen potenzielle Probleme und Optimierungsmöglichkeiten bereits im Vorfeld des Markteinführungsprozesses erkennen. Dadurch wird das Risiko verringert, ein fehlerhaftes

Produkt auf den Markt zu bringen. Durch die Simulation von Nutzerinteraktionen macht generative KI umfangreiche Tests durch Menschen überflüssig, die viele Ressourcen erfordern und unter Umständen nicht alle Anwendungsfälle und Szenarien abdecken.

✔ **Unterstützen Sie die Beurteilung des Product-Market-Fit** durch die Analyse von Marktdaten, Kundenpräferenzen und -feedback. Damit können Sie vorhersagen, wie gut das neue Produkt bei der Zielgruppe ankommt. Diese Analyse gewährleistet, dass Sie nicht nur technisch einwandfreie Produkte entwickeln, sondern auch Produkte, die den Bedürfnissen und Anforderungen des Marktes entsprechen. Das wiederum erhöht die Erfolgsaussichten.

✔ **Automatisieren Sie Tests,** einschließlich Regressionstests, bei denen Produkte wiederholt unter die Lupe genommen werden. Das stellt sicher, dass neue Änderungen die vorhandene Funktionalität nicht beeinträchtigen. KI macht alle Leistungstests effizienter, da sie eine Reihe von Szenarien simulieren und analysieren kann, wie ein Produkt unter verschiedenen Bedingungen reagiert. Sie identifiziert Bereiche, die optimiert werden können. Diese KI-Testfunktionen verbessern die allgemeine Zuverlässigkeit des Produkts.

Im Wesentlichen können Unternehmen durch den Einsatz generativer KI bei der Produktvalidierung ein umfassenderes Verständnis für die Produktleistung, die Nutzerzufriedenheit und die Marktausrichtung erlangen. Das wiederum ermöglicht es ihnen, ihre Produkte effektiver und effizienter zu verbessern.

Simulieren von Benutzererfahrungstests

Die KI kann jede Komponente der Benutzeroberfläche eines Produkts sorgfältig analysieren und sicherstellen, dass jedes Element wie vorgesehen funktioniert und zu einem nahtlosen und intuitiven Nutzererlebnis beiträgt. Sie kann Bereiche identifizieren, in denen User auf Schwierigkeiten stoßen könnten, und Verbesserungen vorschlagen, um die allgemeine Nutzerfreundlichkeit und Attraktivität des Produkts zu verbessern.

Eine äußerst hilfreiche Anwendung ist das *visuelle Testen*. Hier untersucht die KI die visuellen Komponenten eines Produkts, um ihre Übereinstimmung mit den Designspezifikationen abzugleichen. Dabei werden Elemente wie Layouts, Farbschemata und grafische Elemente analysiert, um Kohärenz und Einhaltung der Designprinzipien sicherzustellen. Diese Untersuchung kann auch Unstimmigkeiten aufdecken, die die Customer Experience beeinträchtigen könnten. Das übergeordnete Ziel dieses Tests: Es soll sichergestellt werden, dass die visuelle Ästhetik des Produkts die Funktionalitäten ergänzt, um so ein harmonisches und ansprechendes Kundenerlebnis zu schaffen.

Code schreiben

Eine der wichtigsten Veränderungen besteht darin, dass Softwareentwickler KI einsetzen können, um auf der Grundlage spezifischer Benutzeranforderungen oder Beschreibungen in natürlicher Sprache automatisch Code zu generieren. Diese Innovation spart

Unternehmen viel Zeit und Geld, insbesondere bei eher banalen Programmieraufgaben wie der Gestaltung von Benutzeroberflächen, der Erstellung grundlegender Datenmodelle und der Erstellung von Codebeispielen.

KI kann nicht nur Codefragmente generieren, sondern auch ganze Codezeilen oder -blöcke in Echtzeit vorschlagen, während ein Entwickler tippt. Die KI fungiert als intelligenter Assistent, der Entwicklern hilft, den Code-Schreibprozess zu beschleunigen. Diese Funktion reduziert den Aufwand für Softwareentwickler erheblich. Der von der KI vorgeschlagene Code ist besonders hilfreich, wenn es um Boilerplate-Code geht (zum Beispiel für Menüs oder andere Elemente der Benutzeroberfläche), den Sie erstellen müssen, um Standardfunktionen bereitzustellen. Denn das kann in der Regel viel Zeit Ihrer menschlichen Entwickler in Anspruch nehmen.

Durch die Reduzierung der vergleichsweise einfachen Aspekte während des Code-Schreibprozesses können Entwickler tiefer in die Komplexität und Nuancen ihrer Projekte eintauchen. Indem sie sich auf die anspruchsvollen Aufgaben der Softwareentwicklung konzentrieren, können sie beispielsweise bestimmte Funktionalitäten erweitern und so qualitativ hochwertigere Produkte erstellen.

Erkennen und Beheben von Softwarefehlern

Neben der Unterstützung von Entwicklern bei der Codegenerierung (wie ich im vorhergehenden Abschnitt erläutere) kann KI vorhandenen Code prüfen und Lösungen für identifizierte Fehler oder Schwachstellen vorschlagen. Die Lösungen können wiederum die Robustheit und Sicherheit der Software verbessern. Diese Fähigkeit ist vergleichbar damit, wie Modelle wie ChatGPT Texte überprüfen, um Rechtschreibfehler, Grammatikfehler und schlechte Satzstrukturen zu erkennen.

KI-Modelle können die Codebasis gründlich untersuchen und einzelne Codekomponenten mit vordefinierten Codierungsstandards und Best Practices vergleichen, um Abweichungen und potenzielle Verbesserungen zu erkennen. Sie können auch die Effizienz des Codes bewerten und Optimierungen vorschlagen, um die Leistung und Ressourcennutzung der Software zu verbessern. Beispielsweise kann eine KI Fälle identifizieren, bei denen sie einen weniger zeitaufwendigen Algorithmus oder einen parallelen Prozess vorschlägt, der die Erledigung der Aufgaben beschleunigt.

Testen von Software und Erstellen von Dokumentationen

Neben ihrer vielseitigen Rolle bei der Softwareentwicklung ist KI auch bei grundlegenden Test- und Dokumentationsfunktionen nützlich. Durch die Automatisierung dieser mühsamen, aber wichtigen Aspekte der Softwareentwicklung entlastet KI nicht nur die Entwickler. Sondern trägt auch zur Erstellung robusterer, wartungsfreundlicherer und gut dokumentierter Softwareprodukte bei. Hierfür können Sie KI-Tools verwenden:

✔ **Testfälle für entwickelte Software selbstständig erstellen und ausführen:** Dadurch wird sichergestellt, dass der Code einer strengen Prüfung unterzogen wird – oder zumindest von einer zusätzlichen Prüfungsebene profitiert (auch wenn diese Prüfung nicht von einem Menschen erfolgt!). Insbesondere die automatisierte Erstellung von Testskripten (oder die Aufgaben, die Tester ausführen, um zu prüfen, ob die Software wie vorgeschrieben funktioniert) verringert den manuellen Aufwand für Softwaretests erheblich und verbessert (hoffentlich) die Effizienz und Zuverlässigkeit des Testprozesses.

✔ **Automatisch Dokumentation auf der Grundlage des Quellcodes, der dazugehörigen Kommentare und aller bereitgestellten Zusatzinformationen erstellen:** Diese Automatisierung gewährleistet die Bereitstellung präziser und stets aktueller Informationen. Denn Sie benötigen eine detaillierte, umfassende, genaue und aktuelle Dokumentation, um die Codeintegrität aufrechtzuerhalten und zukünftige Änderungen und Verbesserungen zu erleichtern.

Wichtig für so eine Dokumentation:

- *Sorgen Sie für das nötige Maß an Klarheit und Verständnis,* das für die Förderung kollaborativer und informierter Entwicklungsumgebungen unerlässlich ist.
- *Ermöglichen Sie anderen Entwicklern,* den Aufbau des Codes zu verstehen und bei Bedarf die optimale Methode zum Ändern des Codes zu erkennen.
- *Sehen Sie es als Roadmap,* die Entwickler durch die Komplexität der Codebasis führt und Einblicke in die Logik und Struktur der Software bietet.

In Tabelle 2.2 finden Sie fünf KI-Produkttechnologieangebote, die für Sie hilfreich sein können.

Start-up	Website	Beschreibung
Cognigny	`www.cognigny.com/de/`	misst Gesprächsverhalten und liefert Erkenntnisse zur Verbesserung des Kundenerlebnisses
Dataiku	`www.dataiku.com/de/`	ermöglicht Nutzern die Entwicklung eigener KI-Lösungen und -Anwendungen, die zu ihrem Unternehmen passen
Neurala	`www.neurala.com`	erkennt Produktfehler durch KI-gestützte visuelle Inspektionen und verbessert so die Qualitätskontrolle
Uizard	`www.uizard.com`	erstellt professionelle Website-Designs und mobile Apps mit minimaler Programmier- oder Designerfahrung
Vision AI von Google	`https://cloud.google.com/vision`	ermöglicht Usern die Entwicklung hochwertiger Modelle für maschinelles Lernen ohne Programmierkenntnisse

Tabelle 2.2: Einige KI-Produkttechnologieangebote

Beschleunigen von Forschung und Entwicklung

Künstliche Intelligenz (KI) hat Forschung und Entwicklung (F&E) in Unternehmen – und tatsächlich die gesamte Produktentwicklung – durch die Automatisierung, Verbesserung oder Optimierung verschiedener Prozesse völlig verändert. Lesen Sie den Kasten »KI in der Biotechnologie« in diesem Kapitel, um zu erfahren, wie generative KI in der Biotechnologiebranche eingesetzt werden kann, um die Arzneimittelentdeckung und -entwicklung voranzutreiben. Dies ist nur ein Beispiel für den Einsatz von KI zur Erforschung und Erschließung neuer Produkt- und Geschäftsideen, die von physischen Produkten und elektrischen Schaltkreisen bis hin zu Finanzanwendungen und Onlinediensten reichen. In den folgenden Abschnitten erfahren Sie mehr über einige spezifische Anwendungsfälle im Bereich Forschung und Entwicklung.

KI in der Biotechnologie

Künstliche Intelligenz (KI) kann die Arzneimittelforschung und -entwicklung entscheidend vorantreiben. Sie analysiert chemische und biologische Daten, um Verbindungen mit therapeutischem Potenzial zu identifizieren. KI-Modelle können vorhandene Medikamente und ihre Wechselwirkungen untersuchen, um neue Anwendungsgebiete für bereits zugelassene Medikamente zu finden. Sie kann klinische Studien optimieren, indem sie Patientendaten analysiert, um die am besten geeigneten Kandidaten auszuwählen und so die Effizienz des klinischen Entwicklungsprozesses verbessern.

KI kann auch genomische Daten analysieren, um krankheitsbedingte genetische Mutationen zu identifizieren; sie kann medizinische Bilder untersuchen, um Anomalien zu erkennen und bei der Diagnose zu helfen. Sie kann Produktionsdaten in Echtzeit überwachen und analysieren, um die erforderliche Produktqualität sicherzustellen; sie kann Proteinstrukturen und -funktionen simulieren und so bei der Entwicklung neuer Proteine helfen, die bestimmte biologische Aktivitäten ausführen. Es gibt eine scheinbar endlose Reihe von KI-Anwendungen. Und diese Liste wird noch umfangreicher, wenn man sich mit branchenspezifischen technischen Anwendungen wie insitro und Exscientia befasst.

Ideen generieren und erkunden

Eine der eher unerwarteten, aber wirkungsvollen Anwendungen der generativen KI betrifft die Ideenfindung und -erkundung. Mit gut ausgearbeiteten, mehrteiligen Prompts kann diese Technologie Unternehmen dabei helfen, innovative Konzepte zu entwickeln und Forschern bei der Formulierung von Hypothesen durch die Analyse vorhandener Daten und wissenschaftlicher Literatur unterstützen. Generative KI kann aus scheinbar unzusammenhängenden Konzepten völlig neue konzeptionelle Richtungen für die weitere Forschung und Entwicklung generieren und so den Weg für bahnbrechende Innovationen ebnen.

Wenn Sie sich für den Einsatz generativer KI bei der Ideenfindung entscheiden, sind diese Punkte wichtig:

- ✔ **Wählen Sie das geeignete generative KI-Tool** für die Aufgabe aus, die Sie damit erledigen möchten. Denn jedes Tool hat seine eigenen Vorteile und Einschränkungen. Die Wahl des KI-Tools kann die Qualität und Relevanz der generierten Ideen erheblich beeinflussen, wenn Sie für bestimmte Bereiche oder Aufgabentypen die geeignete Auswahl treffen.
- ✔ **Trainieren Sie Ihre generativen KI-Modelle** mit internen proprietären Datensätzen, um daraus die potenziell anspruchsvollsten, wenn auch spezialisiertesten Ergebnisse zu erzielen. Auf diese Weise ist sichergestellt, dass die KI hochrelevante Ideen generiert, die zum Kontext und den Einstellungen des Unternehmens passen.

KI versus MBA-Studenten

Im September 2023 beteiligten drei Professoren der University of Pennsylvania – Karl Ulrich, Christian Terwiesch und Lennart Meincke – sowie Karan Girotra von der Cornell Tech ihre MBA-Studenten und eine KI-Engine an einem Experiment, um herauszufinden, wer die besseren Geschäftsideen entwickeln konnte. Die Professoren stellten beiden Gruppen (den 200 MBA-Studenten und der KI-Engine) die Aufgabe, »eine Idee für ein neues Produkt oder eine neue Dienstleistung zu entwickeln, die College-Studenten für unter 50 Dollar angeboten werden könnte«. In einer einzigen Stunde produzierte die KI-Engine 200 Ideen, während die Studenten jeweils 24 Stunden brauchten, um überhaupt eine einzige überzeugende Idee zu entwickeln. Bei 100 der 200 Ideen, die die KI entwickelte, gaben die Professoren der KI-Engine Beispiele anderer guter Ideen, um sie in die richtige Richtung zu lenken. Um die Stärke der Ideen anschließend zu beurteilen, unterzogen die Professoren sowohl die von der KI als auch die von den Studenten generierten Sets einer Onlineumfrage zur Kaufabsicht. Die Ergebnisse waren aufschlussreich: 47 Prozent der Befragten bevorzugten die von der KI generierten Konzepte, 40 Prozent entschieden sich für die von den Studenten vorgeschlagenen Ideen. Dabei überrascht nicht, dass die KI-Ideen, die auf Beispielideen aufsetzten, am besten abschnitten. Diese Studie wirft eine spannende Frage auf: Wer von uns ist wirklich immun dagegen, von der KI übertroffen zu werden? Und wie können wir diese Herausforderung am besten bewältigen? In Kapitel 12 finden Sie Strategien und Taktiken, um generative KI für die Ideenfindung zu nutzen.

Sie finden das Forschungspapier auf der Website des Social Science Research Network (SSRN) (`www.ssrn.com`). Klicken Sie auf der Hauptseite auf das Suchsymbol und geben Sie einen (oder alle) Nachnamen der Autoren ein. Die Ergebnisse sollten einen Link zu einem Artikel mit dem Titel »Ideas are Dimes a Dozen: Large Language Models for Idea Generation in Innovation« (Ideen gibt es wie Sand am Meer: Große Sprachmodelle für die Ideenfindung bei Innovationen) enthalten. Klicken Sie auf diesen Link, um auf die Zusammenfassung und das vollständige Paper zuzugreifen.

In den Kapiteln 8 und 12 erzähle ich Ihnen mehr über die verschiedenen verfügbaren KI-Plattformen und bespreche ihre jeweiligen Stärken und Schwächen. Lesen Sie diese Kapitel, um ein Verständnis für die Optionen und ihre möglichen Auswirkungen auf Ideenfindungsprozesse zu bekommen. Das wird Ihnen helfen, fundierte Entscheidungen hinsichtlich der Auswahl von KI-Tools zu treffen.

Erkenntnisse aus Daten gewinnen

Generative KI kann schnell und gründlich riesige Datensätze durchforsten, um Muster, Zusammenhänge und wertvolle Erkenntnisse zu entdecken. Diese Erkenntnisse – die für jede Forschungs- und Entwicklungsinitiative von entscheidender Bedeutung sind – erhalten Sie wesentlich schneller, wenn Sie der KI die Führung überlassen. In diesem Fall bleibt den Forschern auch mehr Zeit für Strategieentwicklung, Produktabgrenzung und Entscheidungsfindung. KI-Tools zur Gewinnung von Erkenntnissen und zur Vorhersage von Trends funktionieren wie folgt:

- **Einsatz prädiktiver Analysen:** Der Begriff *prädiktive Analysen* bezieht sich auf den Prozess der Verwendung von Daten zur Vorhersage zukünftiger Ergebnisse. KI-Modelle können kommende Trends und Geschäftsergebnisse vorhersagen, indem sie historische Daten und die darin enthaltenen Analysen als Basis für die Analyse der Daten verwenden.
- **Entwicklung komplexer Modelle zur Analyse komplexer Systeme oder Verfahren:** Diese Modelle und Analysen können Erkenntnisse liefern, die zukünftige Innovationen vorantreiben. Sie ermöglichen es Wissenschaftlern, Hypothesen zu untersuchen und Theorien schneller zu bestätigen als im herkömmlichen F&E-Prozess.

Optimieren von Produktdesigns und Produktionsprozessen

Generative KI ist auch für Produktdesigner ein wichtiges Werkzeug. Es unterstützt sie dabei, neue Materialien für neue Produktangebote zu entdecken, zu verarbeiten und mit ihnen zu experimentieren. Ein generatives KI-Tool wird zu einem unschätzbaren Vorteil, wenn ein Unternehmen es selbst entwickelt oder ein Basismodell mit den Forschungs- und Entwicklungsprozessen so trainiert, dass es über umfassende Kenntnisse verschiedene Materialkombinationen verfügt. Dann kann es Designs nicht nur für die Fertigung optimieren, sondern auch die Entwicklungs- und Logistikkosten effektiv senken. Das KI-Tool kann

- **verschiedene Materialeigenschaften, Kompatibilität und Leistung unter verschiedenen Bedingungen analysieren.** Das generative KI-Tool schlägt daraufhin optimale Materialkombinationen und Designänderungen vor, um die Produktleistung, Haltbarkeit und Kosteneffizienz zu verbessern.
- **Einblicke in die Machbarkeit der Integration neuer Materialien geben und Anpassungen des Designs vorschlagen, um diese zu berücksichtigen.** Diese Faktoren tragen dazu bei, dass das Endprodukt die gewünschten Qualitäts- und Leistungsstandards erfüllt.

- **den Produktionsprozesses rationalisieren, Abfälle minimieren und Markteinführungszeiten verkürzen.** Diese Aspekte schaffen ein Gleichgewicht zwischen Kreativität und Machbarkeit. Sie gestalten den gesamten Produktentwicklungszyklus effizienter und nachhaltiger und ermöglichen es Designern, weitere Innovationen zu entwickeln, während die Praktikabilität und Realisierbarkeit in der Fertigungsphase gewahrt bleiben.

In Tabelle 2.3 sind fünf Forschungs- und Entwicklungsangebote im Bereich KI aufgeführt, die Sie erkunden können.

Start-up	Website	Beschreibung
Arize KI	`www.arize.com`	Plattform zur Überwachung und Analyse von Machine-Learning-Modellen in Echtzeit; hilft KI-Entwicklern und Datenwissenschaftlern, Probleme in Produktionsmodellen schnell zu erkennen
Hazy	`www.hazy.com`	bietet innovative synthetische Datentechnologie in komplexen Unternehmensumgebungen
Lightning	`www.lightning.ai`	hilft beim schnellen Erstellen, Trainieren und Bereitstellen von KI-Anwendungen durch Verwendung der Open-Source-ML-Bibliothek PyTorch (`http://pytorch.org`)
Snorkel	`www.snorkelai.com`	hilft Unternehmen beim Erstellen, Anpassen und Skalieren von KI-Anwendungen unter Verwendung ihrer proprietären Daten
Weights & Biases	`www.wandb.ai`	unterstützt KI-Entwickler dabei, bessere Modelle zu erstellen sowie Experimente zu verfolgen und zu wiederholen

Tabelle 2.3: Einige Forschungs- und Entwicklungsangebote im Bereich KI

Dem Marketing einen KI-Schub geben

Da dieses Buch den Titel *KI im Marketing für Dummies* trägt, überrascht es Sie wahrscheinlich nicht, dass ich die Marketinganwendungsfälle für KI in vielen Kapiteln ausführlich behandele. In den folgenden Abschnitten stelle ich die Marketinganwendungsfälle jedoch in den Kontext des Gesamtunternehmens.

Erstellen kohärenter, konsistenter Inhalte

Von der Erstellung von Blog-Post-Überschriften, Lifecycle-E-Mails und verschiedenen textbasierten Mitteilungen bis hin zur Entwicklung von Videoskripten, Kampagnenslogans und Produktbildern kann generative KI die Content-Erstellungsprozesse von

Marketingabteilungen transformieren, indem sie Inhalte selbst erstellt und optimiert. ***Hinweis:*** Obwohl Sie immer noch menschliche Mitarbeiter brauchen, um die richtigen Prompts zu formulieren und die Antworten auszuwerten, kann generative KI zahlreiche Facetten der Content-Erstellung übernehmen und so den kreativen Prozess erheblich optimieren. Der Vorgang wird damit für jeden Benutzer effizienter, weniger arbeitsintensiv und im Ergebnis personalisierter.

Generative KI erweitert die Möglichkeiten der Marketingabteilungen bei der Generierung von Inhalten. Generative KI kann

- ✔ **das Branding unterstützen.** Generative KI-Tools können die Texte unterschiedlicher am Branding des Unternehmens und dessen formalen und inhaltlichen Guidelines ausrichten. Dies kann zu einer kohärenten, einheitlichen und konsistenten Markenbotschaft über verschiedene Plattformen und Inhaltstypen hinweg führen. Generative KI kann auch die Nuancen des Kommunikationsstils jeder Marke prüfen und deren spezifischen Sprachstil sorgfältig in den Marketingcontent einpflegen.

- ✔ **die Übersetzung von Marketingmaterial erleichtern.** Unternehmen können generative KI nutzen, um Inhalte automatisch von einer Sprache in eine andere zu übersetzen. Diese praktische Funktion spart nicht nur viel Zeit, sondern erhöht auch die Reichweite der Werbebotschaften und senkt die Kosten für das Unternehmen. Easy Translation hilft insbesondere Unternehmen, die in mehrsprachigen Umgebungen tätig sind. Es sorgt bei Übersetzungen für Genauigkeit und gewährleistet eine konsistente Kommunikation zwischen Zielgruppen, die eigentlich verschiedene Sprachen sprechen.

Personalisieren von Marketingbotschaften

Eine der am weitesten verbreiteten und einflussreichsten Anwendungen von KI im Marketing besteht darin, eine Personalisierung der Kundenansprache in großem Maßstab zu ermöglichen. KI ist in der Lage Hunderte, wenn nicht Tausende von Versionen eines Inhalts zu erstellen, von denen jeder speziell auf unterschiedliche Nutzer und deren spezifische Bedürfnisse zugeschnitten ist. Marketingteams können KI nutzen, um sorgfältig personalisierte Botschaften zu erstellen – die auf die Interessen, Vorlieben und Verhaltensweisen einzelner Kunden abgestimmt sind – und sie genau dann zu versenden, wenn die Kunden dafür am ehesten empfänglich sind (unter Berücksichtigung der geeigneten Uhrzeit, des Tages und des besten Formats). Diese Personalisierung bietet Unternehmen nicht nur erhebliche Automatisierungsvorteile, sondern verbessert auch die Kundenbeziehung, da sie Interaktionen spezifischer und persönlicher macht.

Durch die Nutzung der verfügbaren Kundendaten kann KI

- ✔ **individuelle Customer Journeys, Kaufhistorien und Interaktionsmuster analysieren** und so wertvolle Erkenntnisse gewinnen. Marketingexperten können dies nutzen, um Angebote und Botschaften effektiver zuzuschneiden. Diese Ebene der Personalisierung geht über die bloße Ansprache des Kunden mit seinem Vornamen hinaus; sie umfasst die Bereitstellung von Inhalten, Angeboten und Erlebnissen, die für den Einzelnen wirklich relevant und wertvoll sind.

- ✔ **die Markentreue und Kundenzufriedenheit stärken.** Sie geben Ihren Kunden das Gefühl, geschätzt und verstanden zu werden, indem Sie ihnen relevantere und ansprechendere Inhalte und Angebote bieten. Der höhere Grad an Personalisierung trägt letztendlich zu einer engeren Kundenbindung und einem höheren Geschäftswachstum bei.

Digitale Werbung verwalten

Wie ich in den Kapiteln 17 und 19 erläutere, kann KI die digitalen Werbemaßnahmen von Vermarktern verbessern. Plattformen großer Technologieunternehmen wie Google, Bing, Meta, Snap und TikTok verfügen über integrierte KI-Plattformen. Damit können Sie herausfinden, welche Anzeigen bestimmten Kundenkohorten (Benutzergruppen mit gemeinsamen demografischen Merkmalen und ähnlichen Aktivitäten innerhalb eines bestimmten Zeitraums) angezeigt werden sollen. Dabei wird die Wahrscheinlichkeit errechnet, ob Ihre Anzeige einen Kunden anspricht und zu einer weiteren Aktion anregt. Dafür greifen Algorithmen auf umfangreiche Daten zu und errechnen so das optimale Anzeigenformat, den optimalen Kanal, das optimale Endgerät, den optimalen Zeitpunkt und die optimalen Creatives, um die anvisierte Zielgruppe anzusprechen und so die beste Performance zu erzielen – unabhängig davon, ob damit Klickraten, Conversions oder andere KPIs gemeint sind.

KI unterstützt gezielt das Marketing, indem sie

- ✔ **tief in die Verhaltensmuster der Verbraucher eintaucht, Interaktionen analysiert und Antworten entwickelt, die Anzeigeninhalte und -platzierungen dynamisch optimieren.** KI-Tools können verschiedene Werbeparameter – wie Zeitpunkt, Inhalt und Art des Anzeigenformats – intelligent auswählen und anpassen. Sie nutzen also die Vorlieben und Verhaltensweisen der Zielgruppe, um eine bessere Ansprache zu erreichen. Das Marketingziel besteht darin, eine stärkere Kundenbindung und höhere Conversion Rates zu erzielen.

- ✔ **Echtzeitanalysen und adaptive Lernfunktionen anwendet und so eine kontinuierliche Optimierungen der Werbetaktiken ermöglicht.** KI-Tools können die Auswirkungen von Anzeigenvarianten schnell beurteilen; sie können sie in Echtzeit analysieren, anpassen und so sicherstellen, dass Sie Anzeigen schalten, die mit größter Wahrscheinlichkeit die gewünschten Ergebnisse erzielen (ob Sie nun Klicks, Conversions oder eine andere Messgröße wünschen). Diese Optimierung verhindert, dass digitale Werbestrategien statisch werden; stattdessen entwickeln sie sich ständig weiter und maximieren so den Return on Advertising Spend.

Verbessern der Suchmaschinenoptimierung (SEO)

In den letzten Jahren ist die *Suchmaschinenoptimierung* (SEO, die Optimierung von Inhalt, Design und Tagging der Unternehmenswebsite, damit diese in den organischen Suchmaschinenergebnissen weit oben steht) für Unternehmen von entscheidender Bedeutung geworden. Viele Marketingexperten betrachten SEO als einen der effizientesten und kostengünstigsten Kanäle. Generative KI kann die Erstellung SEO-freundlicher Artikel automatisieren und verschiedene SEO-Elemente wie Seitentitel, Bild-Tags, URLs, Keywords und Seitenbeschreibungen verfeinern.

Generative KI analysiert Suchtrends und Nutzerverhalten, um Inhalte zu entwickeln, die eine höhere Sichtbarkeit und ein höheres Ranking auf den Ergebnisseiten von Suchmaschinen erzielen. Die Verwendung von KI in SEO-Best-Practices ermöglicht einen rationaleren und effizienteren Ansatz zur Verbesserung der Onlinesichtbarkeit. Das wiederum trägt zu mehr Engagement, einer höheren Reichweite und Umsatzzuwächsen bei.

Der Einsatz von KI für SEO

- ✔ **bietet Hilfestellung beim Finden optimaler, relevanter Keywords** und automatisiert deren strategische Platzierung innerhalb von SEO-Elementen.
- ✔ **sorgt für qualitative und relevante Inhalte**, indem sichergestellt wird, dass der Content benutzerfreundlich und informativ ist. Gleichzeitig hält sich die KI an bewährte SEO-Methoden, um das Ranking der Website in den Suchergebnissen zu verbessern.

Sehen Sie sich die fünf KI-Marketingangebote in Tabelle 2.4 an.

Start-up	Website	Beschreibung
AlphaSense	`www.alpha-sense.com`	führt Marktanalysen durch, indem Millionen von Dateien von über 10.000 Geschäftsdatenquellen durchsucht werden
Copy.ai	`www.copy.ai`	KI-Content-Generator zur Erstellung von Texten für E-Mails, Blogs und soziale Medien
Predraft.ai	`www.predraft.ai`	recherchiert und schreibt SEO-Artikel als Antwort auf Themen und Schlüsselwörter, die Sie eingeben
SoundHound AI	`www.soundhound.com`	nutzt proprietäre Sprach-KI-Technologie, um Marken bei der Interaktion mit Kunden eine Stimme zu geben
Synthesia	`www.synthesia.io`	verwandelt Text in Video, erstellt Videos in Studioqualität mit KI-Avataren und Voiceovers in zahlreichen Sprachen

Tabelle 2.4: Einige KI-Marketingangebote

Mit KI den Vertrieb optimieren

Generative KI spielt auch im Vertrieb von Unternehmen eine wichtige Rolle. Sie kann dort alltägliche Aktivitäten wie die Terminplanung und Aktualisierung von Verkaufsunterlagen übernehmen, sodass sich die Vertriebsteams auf den Aufbau von Kundenbeziehungen konzentrieren können. Mit dieser Arbeitsteilung können Unternehmen ihre Produktivität steigern und ein höheres Umsatzwachstum erzielen. KI ermöglicht auch einen analytischen, intelligenten Ansatz zur Umsatzprognose, der detaillierte Einblicke in die künftige Geschäftsentwicklung gibt. Im Mittelpunkt der Use Cases, bei denen Vertrieb und KI zusammenarbeiten, stehen drei kritische Größen, die ich in den folgenden Abschnitten behandle.

Steigern der Profitabilität

Die Kunst des Verkaufs konzentriert sich im Wesentlichen auf die Anzahl und Rentabilität der Transaktionen, die ein Unternehmen abschließt. KI kann das profitable Wachstum steigern, indem sie Erkenntnisse über das Verhalten, die Vorlieben und Bedürfnisse der Kunden während des gesamten Verkaufszyklus generiert. KI analysiert Verbraucherdaten, um Muster und Vorlieben zu erkennen. Diese dienen als Grundlage für die Erstellung personalisierter und wirkungsvoller Verkaufsstrategien, aber auch für die konkreten Inhalte von verkaufsunterstützenden Broschüren und Webseiten.

- ✔ **Ermöglichen Sie Vertriebsteams, die Kundensegmente zu identifizieren und strategisch anzusprechen**, die Ihre Produkte und Dienstleistungen am wahrscheinlichsten kaufen. Die Teams können dann maßgeschneiderte und effektive Strategien zur Optimierung des Umsatzes umsetzen.
- ✔ **Geben Sie Ihren Vertriebsmitarbeitern Empfehlungen in Echtzeit** und fördern Sie so eine adaptive und informierte Interaktion mit Kunden. Beispielsweise kann eine KI-Engine den Tonfall und die Antworten eines Kunden während eines Verkaufsgesprächs analysieren und unmittelbar Vorschläge machen, wie der Verkäufer das Gespräch lenken sollte, welche Produktmerkmale er hervorheben oder wann über Preise gesprochen werden sollte. Diese Interaktionen konzentrieren sich auf die Maximierung der *Konversionsraten* (Berechnungen, die die Wirksamkeit einer Verkaufsstrategie messen). Folglich optimiert die Implementierung von KI im Vertrieb nicht nur die Conversions, sondern verbessert auch die Kundenbeziehungen und kann die allgemeine Rentabilität und Effizienz des Unternehmens steigern.

Leads pflegen

Generative KI kann Vertriebsmitarbeitern dabei helfen, zugewiesene Leads effizienter zu pflegen. Die strategische Integration von KI in diesen Prozess macht die Lead-Nurturing-Phase effektiver und effizienter und trägt so zur allgemeinen Vertriebsproduktivität und zum Erfolg bei. Durch die Analyse früherer Anrufprotokolle, Kundenprofildaten sowie der Funktionen und Vorteile von Produkten können KI-Tools personalisierte Manuskripte erstellen, die passende Gesprächsthemen für Vertriebsmitarbeiter enthalten.

Diese Tools können außerdem den Versandprozess von Follow-up-Nachrichten, die auf einzelne Leads zugeschnitten sind, automatisieren und die Interaktion mit den Leads passiv aufrechterhalten – beispielsweise durch die fortlaufende Zusendung von Thought-Leadership-Inhalten. Und zwar so lange, bis eine weitere direkte Verkaufsnachricht gerechtfertigt ist, um den Kunden weiter durch den Sales Funnel zu befördern.

Durch die Übernahme der Kundenanalyse entlastet die KI die Vertriebsmitarbeiter von eher banalen und zeitaufwendigen Aufgaben wie Dateneingabe, Terminplanung, Lead Scoring und Nachverfolgung. So können sie sich auf die Pflege der Kundenbeziehungen konzentrieren. Die Automatisierung sorgt dafür, dass die Vertriebsmitarbeiter mehr Zeit darauf verwenden können, die eigentlichen Kundenbedürfnisse zu verstehen und maßgeschneiderte Lösungen anzubieten. Dieser Fokus erhöht die Wahrscheinlichkeit erfolgreicher Verkaufsabschlüsse und stellt gleichzeitig sicher, dass jeder Lead ausreichend Aufmerksamkeit und Pflege erhält.

Umsatzprognose

Künstliche Intelligenz kann Verkaufsprognosen und Umsatzvorhersagen anhand von Faktoren wie Produkt, SKU (Stock Keeping Unit), Kundentyp, Region und so weiter deutlich verfeinern. KI nutzt maschinelles Lernen, um historische Verkaufsdaten, Markttrends und andere relevante Einflussfaktoren wie Wetter (wenn es in München schneit, verkauft man nicht viele Regenschirme) und Verbraucherstimmung (Monitoring von Social-Media-Gesprächen) zu untersuchen. Diese Analyse führt zu Prognosen, die die Zuverlässigkeit und Tiefe herkömmlicher Modelle übertreffen. Der entscheidende Vorteil moderner KI-Modelle liegt in ihrer Fähigkeit, Echtzeitdaten effektiv zu analysieren und zu interpretieren, sodass sich ihre Prognosen ständig an sich ändernde Marktbedingungen anpassen.

Durch dieses Lernen in Echtzeit und die kontinuierliche Anpassung trägt KI dazu bei, dass Verkaufsprognosen dynamische Spiegelbilder des Marktes bleiben. Die dadurch erzielten aktuellen, relevanten und umsetzbaren Erkenntnisse ermöglichen es Vertriebsteams, schnellere und fundiertere Entscheidungen zu treffen. Die Erkenntnisse helfen auch bei der Optimierung der strategischen Planung und Ressourcenzuweisung für das Unternehmen.

In Tabelle 2.5 finden Sie fünf interessante KI-Verkaufsangebote.

Start-up	Website	Beschreibung
Conversica	`www.conversica.com`	erschließt Umsätze über den gesamten Life Cycle des Verkaufsprozesses durch den Einsatz digitaler Umsatzassistenten
Cresta	`www.cresta.com`	KI-Lösungen für Vertrieb und Kundenbetreuung zur Steigerung der Produktivität und Verbesserung der Zufriedenheit
Highspot	`www.highspot.de`	eine KI-basierte Sales-Enablement-Plattform für global agierende Unternehmen zur Steigerung der Produktivität
Zendesk	`http://www.zendesk.de`	Plattform zur Vereinfachung von Geschäftsabläufen und Helpdesk-Lösungen
People AI	`www.people.ai`	eine Revenue-Intelligence-Plattform, die Verkaufsaktivitäten aus E-Mails, Kalendern, Dialern und CRM-Systemen erfasst

Tabelle 2.5: Einige KI-Verkaufsangebote

Einbeziehen von KI in juristische Aktivitäten

Im April 2023 gab das Stanford Center for Legal Informatics bekannt, dass GPT-4 die anspruchsvolle Anwaltsprüfung (Uniform Bar Examination) erfolgreich bestanden hatte und dabei besser abschnitt als 90 Prozent der menschlichen Prüflinge. Das Ergebnis war damit deutlich besser als das früherer großer Sprachmodelle. GPT-4 löste den Multiple-Choice-Teil und beide Teile der schriftlichen Prüfung hervorragend. Die Tatsache, dass eine frühere Version des großen Sprachmodells ChatGPT nur wenige Monate zuvor die Prüfung nicht bestanden hatte, unterstreicht den schnellen Fortschritt dieser Technologie.

Zweifellos kann generative KI die Rechtsabteilung in jeder Organisation stark unterstützen. Durch die Vielseitigkeit der Technologie kann sie eine breite Palette von Anwendungen im Rechtsbereich abdecken, darunter Rechtsrecherche, Risikomanagement, Workflow-Optimierung, Due Diligence und Vertragsgestaltung. In den folgenden Abschnitten beschreibe ich einige Einsatzbereiche, in denen Unternehmen KI in Rechtsabteilungen nutzen können.

Analyse von Dokumenten für die juristische Recherche

KI kann den Prozess der Rechtsrecherche rationalisieren und vereinfachen, indem sie bestehende Rechtsprechung, juristische Literatur und Gesetze analysiert, um daraus die relevantesten Präzedenzfälle, Urteile und Vorschriften zu einem bestimmten Fall zu ermitteln. Sie kann Aufgaben, für die ein Anwalt oder Rechtsexperte normalerweise Stunden oder sogar Tage benötigen würde, deutlich schneller erledigen, wenn Sie ihr den Zugriff auf die richtigen Datenquellen gewähren. Die KI-Tools können anschließend Zusammenfassungen erstellen, relevante Fälle zur Überprüfung empfehlen und Prognosen über den Erfolg vor Gericht bieten.

Evaluieren und Gestalten von Verträgen

KI kann auch bei der Prüfung, Analyse und Ausarbeitung neuer Verträge helfen. Sie kann Änderungen an bestehenden Verträgen vorschlagen – beispielsweise auf der Grundlage der Einhaltung gesetzlicher Standards –, indem sie unübliche Klauseln, sprachliche Abweichungen und andere potenzielle Unstimmigkeiten erkennt. KI kann auch Vertragsvorlagen generieren und neue Verträge formulieren, indem sie auf vordefinierte Kriterien und Eingaben der zuständigen Anwälte zugreift.

Damit künstliche Intelligenz Rechtsverträge entwerfen kann, müssen Sie sie mit bestehenden Verträgen aus einer Datenbank trainieren. Angesichts der unterschiedlichen Qualität der Verträge besteht allerdings das Risiko, dass die KI auch wenig hilfreiche Rechtstipps formuliert. Daher benötigen Sie bei der Vertragsgestaltung weiterhin die Aufsicht menschlicher Anwälte, um die Qualität und Genauigkeit der erstellten Rechtsdokumente sicherzustellen.

Durchführen der Due Diligence

KI kann den Due-Diligence-Prozess sowohl für interne Rechtsteams als auch für externe Berater vor dem Abschluss einer Geschäftstransaktion verbessern. Sie kann Dokumente, Finanzunterlagen und zugehörige rechtliche Vereinbarungen prüfen, um potenzielle Risiken, Verbindlichkeiten und Compliance-Probleme aufzudecken. Darüber hinaus können Unternehmen KI für die Compliance-Überwachung einsetzen, also die laufende Bewertung der Einhaltung bestimmter gesetzlicher Vorschriften und Standards durch ein Unternehmen.

In diesen Kontexten kann KI Berichte erstellen, die die Ergebnisse zusammenfassen und dem Unternehmen konkrete Maßnahmen vorschlagen, um die Einhaltung staatlicher und europäischer Vorschriften sicherzustellen.

Verwalten geistigen Eigentums

KI ist im Management von geistigem Eigentum (Intellectual Property, IP) von großem Wert, da sie die Prozesse der Schaffung, des Schutzes und der Durchsetzung von Schutzrechten rationalisiert. Durch die Automatisierung und Unterstützung aller Aspekte des IP-Managements durch KI können sich Rechtsabteilungen mehr auf strategische Planung, Kundenmanagement (interne oder externe Stakeholder) und Entscheidungsfindung konzentrieren und so einen konsequenten Schutz geistigen Eigentums besser durchsetzen. Insbesondere können generative KI-Tools

- ✔ **Patentdatenbanken, juristische Dokumente und Literatur durchsuchen**, um bestehende Patente, potenzielle Verletzungen und Möglichkeiten für neues geistiges Eigentum zu identifizieren.
- ✔ **Patentanwälte beim Verfassen von Patentanmeldungen unterstützen** und dabei die Einhaltung der Protokolle des Patentamts sicherstellen.
- ✔ **geistiges Eigentum schützen**, indem sie Organisationen über mögliche Verletzungen oder Verstöße informieren. Dies ermöglicht einen unmittelbareren und proaktiveren Umgang im IP-Management eines Unternehmens.

Tabelle 2.6 enthält fünf juristische Angebote zum Thema KI, die Sie erkunden können.

Start-up	Website	Beschreibung
Pacta	`www.pacta.ai`	Die Plattform ermöglicht die kollaborative Erstellung, Prüfung, Verhandlung und digitale Signatur von Dokumenten sowie die von Verträgen.
Casetext	`www.casetext.com`	Der CoCounsel ist ein KI-Rechtsassistent, der Aufgaben wie Dokumentenprüfung, Rechtsrecherche und Vertragsanalysen durchführen kann.
Harvey	`www.harvey.ai`	Das KI-Start-up hat eine Plattform entwickelt, die verschiedene Aspekte der juristischen Arbeit effizienter gestalten will.
Luminance	`www.luminance.com`	Vertragsmanagementplattform, die ein proprietäres juristisches LLM nutzt, das die Vertragserstellung begleitet: von der Analyse bis zur Ausführung
Sherpa.ai	`www.sherpa.ai`	SaaS-Plattform für Datenkooperationen ohne Datenaustausch; erstellt und trainiert Modelle mit sensiblen Daten von Geschäftseinheiten, Kunden oder Partnern, ohne sie weiterzugeben

Tabelle 2.6: Einige juristische Angebote zum Thema KI

IN DIESEM KAPITEL

KI als Marketingpartner schätzen lernen

Der Einfluss von KI im Marketing

Wichtige Elemente für KI im Marketing

Einen strategischen Ansatz erarbeiten

Kapitel 3
Start in die Ära des KI-Marketings

Wenn Sie in die Welt des Marketings mit künstlicher Intelligenz (KI) einsteigen möchten, ist die Frage, wo und wie Sie beginnen sollen, möglicherweise verwirrend. Vielleicht möchten Sie Ihre Reise damit beginnen, sich in Büchern aus der Bibliothek eingehender mit KI zu befassen? Vielleicht wollen Sie sich für einen der unzähligen Kurse an akademischen Einrichtungen anmelden, die speziell für Führungskräfte auf Ihrer Ebene konzipiert sind? Oder möchten Sie sich von Freunden, Kollegen, Geschäftspartnern und Vordenkern der Branche beraten lassen?

Die Antwort kann auf Ihrer KI-Reise natürlich auch alle der genannten Optionen beinhalten. Dabei sollten Sie aber nicht die entscheidende Komponente übersehen (die *oft* unbemerkt bleibt). Denn die entscheidet darüber, wie Sie das, was Sie über KI-Marketing erfahren, wohl überlegt und strategisch anwenden. Anstatt sich also kopfüber in einen Experimentierrausch zu stürzen, indem Sie Tools wie ChatGPT oder Midjourney verwenden, sollten Sie klar definierte Rahmenbedingungen festlegen, die Sie auf Ihrer Reise leiten.

Verstehen Sie mich nicht falsch: Experimente sind wertvoll. Und wenn Sie verschiedene KI-Tools ausprobieren möchten (ich beschreibe verschiedene Anwendungen in den Teilen II, II und IV dieses Buches), können Sie sofort loslegen. Aber in diesem Kapitel erkläre ich zunächst, warum der Einstieg in das KI-Marketing eine strategische Entscheidung für Ihre Marketingbemühungen ist. Dann stelle ich mehrere Frameworks vor, die ich erstellt habe und die Sie verwenden können, wenn Sie tiefer in die Welt der künstlichen Intelligenz eintauchen.

Bereit oder nicht: KI ist Ihr neuer Marketing-Copilot

Während ich dieses Kapitel schreibe, liegen in der Welt der künstlichen Intelligenz (KI) ereignisreiche Wochen hinter uns. Vor Kurzem hat OpenAI – das auf dem besten Weg zu einem Milliardenunternehmen zu sein scheint – sein neues Enterprise-Produkt ChatGPT Enterprise auf den Markt gebracht (also eine Version seines Produkts, die die Sicherheits- und Datenschutzfunktionen enthält, die die meisten Unternehmen benötigen, bevor sie eine Software verwenden können). Nur einen Tag später kündigte Google Cloud eine ganze Reihe von KI-Produkten an, die ebenfalls die Art und Weise verändern, wie Menschen arbeiten und zusammenarbeiten.

In diesen Ankündigungen von KI-Produkten für Unternehmen verbergen sich Anzeichen für eine bevorstehende Transformation des Marketings. Doch zum jetzigen Zeitpunkt weiß niemand, wie sich das Marketing mit diesen gewaltigen Verschiebungen verändern wird. Während Sie mit Ihrer Marketingorganisation tiefer in die Welt der KI eintauchen (was ich im Abschnitt »Einführung eines Frameworks für den Eintritt in das KI-Zeitalter« weiter hinten in diesem Kapitel erkläre), müssen Sie einige der damit verbundenen Auswirkungen verstehen und einplanen.

Gefährdung von Performance-Marketern

Heute fließt etwa ein Drittel aller digitalen Werbeausgaben in den USA an Google. Unzählige Marketing- und Agenturfachleute überwachen diese Ausgaben, indem sie sich um Keywords, Gebote, Budgetoptimierung, Zielgruppen, Creatives und Attributionsaspekte von Google-Kampagnen kümmern. Die ihnen zur Verfügung stehenden Tools wurden im Laufe der Zeit immer stärker automatisiert. Einige erfahrene Marketingexperten behaupten, dass die automatisierten Tools von Google (zum Beispiel das Tool Google Performance Max) sogar die Leistung von Performance-Marketingteams von Agenturen und Unternehmen übertrifft.

Die jüngsten Ankündigungen von Google (wie im vorhergehenden Abschnitt erläutert) deuten darauf hin, dass seine Werbetools (wie ein Keyword- und Performance-Planer) noch stärker automatisiert werden – nicht nur die einzelnen Funktionen oder unterschiedlichen Tools, sondern übergreifend. Diese Entwicklung könnte zu einer vollständigen Automatisierung des gesamten Marketingkampagnenprozesses führen.

Stellen Sie sich vor, Sie wählen ein Kampagnenziel und legen ein Budget fest (wie Sie es heute bei Google tun) und überlassen dann Google den Rest. Google würde

- ✔ Zweit- und Drittanbieterdaten aus verschiedenen Systemen (auf die Zugriff besteht) abrufen, zum Beispiel aus internen Kundendatenbanken und Publisher-Plattformen.
- ✔ aus den Daten einzigartige Kundensegmente erstellen.

- ✔ die richtigen Keywords identifizieren, um die Kundensegmente anzusprechen.
- ✔ für jedes Konto in der Kampagne Budgetparameter festlegen.

Für den Inhalt und die Bereitstellung der Kampagne könnte ein leistungsfähigeres und autonomeres Performance-Max-Produkt (Googles Werbekampagnen-Engine) auch automatisch

- ✔ Überschriften, Anzeigentexte und kreative visuelle Elemente erstellen, indem es Ihre eigene Website und Ihren Marken-Styleguide als Referenzpunkte verwendet.
- ✔ Kampagnen starten, Ergebnisse auswerten, Inhalt und Platzierung basierend auf der Leistung optimieren und auf allen Plattformen (Search, Display, YouTube, Social Media und CTV) eigenständig neue Entscheidungen treffen.

Hinweis: Wenn Sie alles automatisieren können, benötigen Sie für die Marketingarbeit nicht so viele Mitarbeiter. In dieser von Google gesteuerten Zukunft werden Ihre Teams also wahrscheinlich deutlich weniger zu tun haben.

Wenn Sie den Gedanken über die Google-Werbetools weiterverfolgen und ihn auf ähnliche Automatisierungsfunktionen von Meta, TikTok, Amazon und anderen Werbeplattformen erweitern, beginnen Sie sich möglicherweise zu fragen, wohin die Zukunft des Marketings für Vermarkter und ihre Aufgaben führen wird. Denn jede dieser Plattformen verfügt bereits über wesentliche Komponenten zur Automatisierung des Marketings. Es ist also nur eine Frage der Zeit, bis sie die einzelnen Punkte verbinden, um den Prozess der Kampagnenerstellung vollständig zu automatisieren – möglicherweise in Zusammenarbeit mit Google Cloud, ChatGPT Enterprise oder einem anderen Anbieter. Diese Plattformen erwirtschaften zusammen den Großteil der Werbeumsätze. Wenn sich diese Plattformen also gravierend verändern, muss sich auch das Marketing ändern.

Wettbewerb mit Kreativdirektoren

Im Gespräch mit einem leitenden Marketingmitarbeiter erfuhr ich, wie eine Werbeagentur generative KI nutzte, um ein Projekt an Land zu ziehen. Die Agentur musste ein Konzept für ein Mural im öffentlichen Raum vorlegen, die Deadline drohte. Wenn die Agentur den Kunden gut gekannt hätte, hätte sie um eine weitere Frist gebeten. Da sie aber keine Beziehung zu dem Unternehmen hatte, aber den Auftrag wollte, konnte sie das nicht. Wegen der Sommerferien waren viele Mitarbeiter in Urlaub, was es schwierig machte, ein Team für Nacht- und Wochenendarbeit zusammenzutrommeln.

Hier kommt eine generative Midjourney-KI-Lösung ins Spiel, die die Werbeagentur mit einer Reihe zunehmend fokussierter Eingabeaufforderungen zur schnellen Entwicklung eines Wandgemäldes lieferte. (Weitere Informationen zu Prompt Engineering finden Sie in Kapitel 13 und zu Midjourney in Kapitel 14.) Sie präsentierten dem Kunden das KI-generierte Konzept und gewannen das Projekt. Dabei hatte der Kunde das Team, das das Werk geschaffen hat, nie kennengelernt!

Dieses Szenario wirft kritische Fragen darüber auf, auf wessen Fähigkeit sich eine Agentur verlassen sollte, wenn sie eine schnelle Konzeptlösung benötigt. Die Fragen lauten:

- ✔ Sollte eine Agentur für Pitches Prompt Engineers statt Kreativer einsetzen?
- ✔ Müssen die Kreativen zu Prompt Engineers werden?
- ✔ War der Erfolg bei der Projektvergabe auf die fortschrittliche Technologie der generativen KI, die geschickte und schnelle Entwicklung durch die Mitarbeiter der Agentur oder auf Glück zurückzuführen?

Stellen Sie sich nun ein anderes Szenario für das Mural vor. Angenommen, der Kunde hat ChatGPT und Midjourney verwendet, um potenziellen Agenturen im Voraus eine detailliertere Spezifikation der Anforderungen anzubieten. Dies könnte von vornherein den Projektumfang verringern und den Konzept- und Ausschreibungsprozess vereinfachen. Die Marketingwelt steht also vor der Tatsache, dass weniger Menschen im Marketing benötigt werden – oder zumindest weniger Leute, die Inhalte erstellen, dafür aber mehr Leute, die die KI-Tools steuern.

Generative KI-Tools können gelegentlich seltsame Ergebnisse produzieren – wie zum Beispiel eine fehlerhafte Darstellung menschlicher Hände, wie es in dem Artikel »Why does AI art screw up hand and fingers?« von Meg Matthias auf `Britannica.com beschrieben` wird. (Um diesen Artikel zu finden, geben Sie »ai hands« in das Suchfeld oben auf der Britannica-Website ein und klicken dann auf SUCHEN. Er sollte als erstes Ergebnis erscheinen.) Die KI-Verfälschung von Händen ist im Wesentlichen auf einen Mangel an fokussierten Daten zurückzuführen, an dessen Beseitigung die Programmierer zum Zeitpunkt des Schreibens intensiv arbeiten. Aber auch wenn man menschliche Aufsicht braucht, um das Ergebnis zu verfeinern, lässt sich nicht leugnen, dass diese generativen KI-Tools Marketingfachleuten und Marketingagenturen Zeit sparen. Je effizienter die Tools werden, umso seltener müssen Menschen eingreifen, insbesondere wenn die kreative Leistung der KI anfängt, unserer eigenen zu entsprechen. Zumindest müssen Mitarbeiter im Marketing ihre Bemühungen auf andere Marketingaktivitäten konzentrieren, da hier in Zukunft viel automatisiert ablaufen wird.

KI stellt die Unternehmenswelt auf den Kopf

Stellt künstliche Intelligenz (KI) die Unternehmenswelt auf den Kopf? Ich wünschte, ich könnte sagen, dass das übertrieben ist. Oder dass die Entwicklung zumindest mit dem Wachstum des World Wide Web vergleichbar ist. Denn diese Technologie hat tatsächlich unsere Arbeits-, Freizeit- und Lebensweise verändert. Aber der Platzen der Dotcom-Blase Anfang der 2000er-Jahre hat gezeigt, dass die Geschäftswelt den Zeitpunkt ihrer Auswirkungen kollektiv falsch eingeschätzt hat. Während ich dieses Buch schreibe, erkennen viele Unternehmensführer das transformative Potenzial der KI an. Sie hoffen aber, dass sich der Übergang eher wie die sanfte Landung eines Flugzeugs auf einem leeren Feld anfühlen wird als wie der direkte Flug gegen eine Felsklippe.

Die Marketingrevolution: Sind Sie dabei oder nicht?

Zum Redaktionsschluss dieses Buches steht der gesamte Ablauf von Marketingkampagnen vor einer umfassenden Automatisierung. Je schneller Sie und Ihre Marketingteamkollegen sich diesem Wandel anpassen, desto besser sind Ihre Chancen, weltweit wettbewerbsfähig zu bleiben, wenn es um generative KI geht. Obwohl der Widerstand gegen die Veränderungen durch KI Ihren Job gefährden könnte, könnte die Akzeptanz dieser Veränderungen ähnliche Risiken bergen. So oder so: Sie haben keine große Wahl – Sie stehen vor einer umfassenden Welle der Veränderung.

Bei Marketingkampagnen steht die Generierung von Content vor einer grundlegenden Umstrukturierung. Ob Sie nun Murals, digitale Anzeigen oder videobasierte Kampagnen erstellen müssen – generative KI kommt immer häufiger zum Einsatz. Bedeutet dies, dass weniger Menschen an Kampagnen arbeiten werden? Und wird sich die Qualität der Arbeit verbessern? Wahrscheinlich werden beide Faktoren gleichermaßen zutreffen.

Die Grundlagen von Marketing und Geschäft verändern sich zweifellos. Aber sind Sie auf diesen Wandel vorbereitet? Vielleicht nicht. Und ich vermute, dass viele Unternehmen die entscheidenden Wettbewerbsvorteile – oder die Umbrüche, die generative KI für Marketing und Geschäftsprozesse mit sich bringen könnte – noch nicht berücksichtigen. Aber eines ist sicher: Die Tage des Marketings ohne generative KI als Co-Pilot sind vorbei. Steigen Sie ein.

Für die Geschäftswelt könnte der Zeitplan jedoch unerbittlich sein. Im Jahr 2023 beschleunigte OpenAI die Einführung von ChatGPT Enterprise. Das KI-Unternehmen beobachtete, dass viele Manager ihre Abläufe bereits durch die neue Technologie umdefinieren. Beispiele für den Einfluss von KI waren:

- ✔ **Der Einsatz von KI für viele Geschäftsaufgaben:** Unter Berufung auf den Blogbeitrag zur Produkteinführung von OpenAI begannen Unternehmen damit, ChatGPT zu verwenden, »um klarere Kommunikation zu erstellen, Codierungsaufgaben zu beschleunigen, komplexe Geschäftsfragen schnell zu untersuchen, bei kreativer Arbeit zu helfen und vieles mehr«, wie es darin hieß. Allein im Juni 2023 verzeichnete ChatGPT 1,8 Milliarden Besuche. Gleichzeitig gab OpenAI bekannt, dass 80 Prozent der Fortune-500-Unternehmen das Tool bereits nutzten.

- ✔ **Investition in KI-bezogene Apps und Schulungen für Mitarbeiter:** Walmart, das umsatzstärkste Unternehmen der Welt, unternahm im Jahr 2023 einen bedeutenden Schritt. Es kündigte an, dass es 50.000 seiner Mitarbeitern außerhalb der Filialen Zugang zu einer generativen KI-App gewähren wird, die mit Unternehmensdaten trainiert wurde. Walmart stellte sich vor, dass diese Technologie die Mitarbeiter von sich wiederholenden, monotonen Aufgaben befreit und sie bei Aufgaben wie der Erstellung neuer Inhalte, der Zusammenfassung langer Dokumente, der Sortierung von Leistungen und der Optimierung der Einarbeitung neuer Mitarbeiter unterstützt. Walmarts Richtung hatte weitreichende und vielfältige Auswirkungen, da andere Unternehmen seinem Beispiel folgen.

Obwohl diese Beispiele möglicherweise nicht direkt mit Marketing zu tun haben, dürfte eine kurze Überprüfung zeigen, dass diese Aktivitäten einen erheblichen Anteil manueller Arbeit beinhalten – Arbeit, die generative KI möglicherweise vollständig verändern kann. Die zentrale These lautete dabei: Wenn Walmart sich so schnell anpassen kann, können es andere Unternehmen wahrscheinlich auch – und sie müssen es wahrscheinlich auch.

Grundlegende Schritte in Richtung KI-Marketing

Sie können sechs grundlegende Schritte befolgen, um die Integration generativer künstlicher Intelligenz (generative KI) in Ihre Marketingmaßnahmen einzuleiten. Professoren der Wharton School (University of Pennsylvania) glauben, dass erstaunliche 80 bis 90 Prozent aller Geschäftsdokumente bald mit automatisiert generierten Entwürfen beginnen werden. Wenn Sie im sich ständig wandelnden Marketingbusiness also nicht für mindestens die Hälfte Ihrer Inhaltsentwürfe generative KI verwenden, fallen Sie zurück.

Diese sechs Schritte können Ihnen als Einstieg in die Einführung und Nutzung generativer KI in Ihrem Marketingjob dienen. Nehmen Sie sich einen Moment Zeit, um diese Schritte durchzulesen und die Vorteile zu bewerten – sowohl für Ihren eigenen Arbeitsalltag als auch für den Ihrer Teamkollegen. Befolgen Sie diese Schritte, um in die Welt des KI-Marketings einzutreten. Sie surfen damit wie auf einer Welle und programmieren Ihre Marke für Wachstum. Was dabei am wichtigsten ist: Nehmen Sie sich und Ihr Team mit auf diese spannende KI-Reise.

1. **Entschlüsseln Sie den Sound Ihrer Marke mithilfe generativer KI.**

   Weisen Sie Ihre Marketingstrategie- und Markenteams an, Konversations-KI-Tools zu verwenden, um Einblicke in den Sound Ihrer Marke zu gewinnen. Lassen Sie sie anonyme Daten zum Kundenverhalten in KI-Analysetools eingeben, um Zielgruppen zu identifizieren und zu segmentieren. Stellen Sie sicher, dass Ihre Teams die KI-Eingabeaufforderungen für diese Analysen mit ihren Kollegen und Ihnen teilen. Tipps zum Schreiben von Eingabeaufforderungen finden Sie in Kapitel 13.

2. **Entwickeln Sie KI-basierte Erstentwürfe für die Marketingkommunikation.**

   Fordern Sie jeden Marketingmitarbeiter auf, mithilfe eines KI-Tools einen ersten Entwurf aller Inhalte zu erstellen – egal ob es sich um eine Überschrift, einen Anzeigentext, ein Bild, einen Artikel oder eine E-Mail handelt. Fordern Sie sie auf, den Originalentwurf und die verwendeten Eingabeaufforderungen zu vergleichen, damit sie die später vorgenommenen Verfeinerungen nachvollziehen können. Übertragen Sie diese Feinabstimmung nicht an einen Agenturpartner, sondern nutzen Sie diese als interne Übung. Denn so lernen Ihre Teams am besten – indem sie die Arbeit selbst erledigen.

3. **Experimentieren Sie mit KI auf Plattformen, die Ihre Produktinformationen enthalten.**

   Richten Sie *Ghost-Accounts* (versteckte Accounts, die nur wenige Ihrer Kunden sehen) mit experimentellen Budgets auf großen Werbeplattformen (wie Google, Meta, Amazon, TikTok und so weiter) ein. Weisen Sie Ihre Marketingteams an, jede verfügbare KI-basierte Automatisierungsfunktion dieser Plattformen zu nutzen – von der Texterstellung bis zur kreativen Optimierung und Gebotsabgabe. Setzen Sie die KI-Funktionen ein und vergleichen Sie die Ergebnisse mit Ihren aktuellen Kampagnen.

4. **Erstellen Sie KI-gestützte Social-Media-Posts mit alternativen Inhalten.**

   Bitten Sie Ihr Social-Media-Team, mithilfe von KI-Tools alternative Texte für jeden geplanten Beitrag zu erstellen. Passen Sie diese Beiträge der Tonality Ihrer Marke an und ergänzen sie diese mit von KI erstellten, Überschriften und Bildern. Beurteilen Sie dann, ob die von KI erstellten Inhalte eine Bereicherung oder Verbesserung der Inhalte in Ihrem bestehenden Redaktionsplan sein könnten.

5. **Bekämpfen Sie mögliche Diskriminierungen durch KI, indem Sie die Rechtsabteilung Ihres Unternehmens hinzuziehen und Ihrem Marketingteam ein Anti-Bias-Training anbieten.**

   Arbeiten Sie mit Ihrer Rechtsabteilung zusammen, um Richtlinien zur Erkennung und Eindämmung von Diskriminierung in KI-generierten Inhalten zu erstellen. Bieten Sie interne Schulungen an, um Ihrem Marketingteam die Fähigkeiten zu vermitteln, Voreingenommenheit zu erkennen und zu bekämpfen. Identifizieren Sie KI-Tools, die diesen Prozess unterstützen können. Zeigen Sie Beispiele, wie Daten, mit denen eine KI-Engine trainiert wird, oder die Formulierung von Eingabeaufforderungen die Ergebnisse verzerren können.

6. **Bewerten Sie die KI-Fähigkeiten Ihrer Agenturpartner.**

   Suchen Sie proaktiv den Kontakt zu Ihren Agenturpartnern, um ihren KI-Fahrplan zu verstehen. Sie sollten wissen, welche KI-Erweiterungen sie heute anbieten, welche Pläne sie für zukünftige Investitionen haben und welche Partnerschaften sie eingehen. Diskutieren Sie, wie deren KI-Kompetenzen Ihre gemeinsamen Projekte bereichern könnten. Fordern Sie Ihre Agenturen dazu auf, ihre besten KI-Ideen in Ihre Marketingmaßnahmen einzubringen.

Umgang mit der Marketing-Dichotomie

Die Einführung einer neuen Technologie in Ihre Marketingmaßnahme mag auf den ersten Blick unkompliziert erscheinen. Allerdings müssen Sie mehr beherrschen als nur den Umgang mit der Technologie. Denn die Veränderung erfordert auch eine kulturelle Anpassung. Während Sie sich auf Ihre transformative KI-Marketingreise begeben, stoßen Sie möglicherweise auf eine Kluft innerhalb Ihres Teams, auf zwei Arten von Marketers. Ich nenne diese Kluft die Marketing-Dichotomie:

- ✔ **Marketing-Intrapreneure** sind sowohl visionär als auch flexibel. Sie haben KI bereits in ihre täglichen Aufgaben integriert. Sie wollen damit ihre Produktivität steigern, die Qualität ihrer Arbeit verbessern und schneller die Karriereleiter hinaufsteigen. Diese Innovatoren vertiefen sich in KI, nutzen jedes Tool, das ihnen zur Verfügung steht, und experimentieren leidenschaftlich damit. Akzeptieren Sie diese Marketingmitarbeiter. Denn sie verleihen dem Rest des Teams die nötigen Impulse, um die neuen Technologien einzuführen.
- ✔ **Marketing-Traditionalisten** sind dagegen skeptisch und betrachten KI lediglich als technisches Werkzeug. Sie bleiben passiv, nehmen eine abwartende Haltung ein, und glauben, dass KI nicht das Potenzial hat, ihre Rollen oder die Unternehmen, mit denen sie zusammenarbeiten, zu verändern. Auch wenn sie die KI-Projekte vielleicht nicht offen untergraben, könnte ihre Trägheit möglicherweise die Begeisterung und den Fortschritt des gesamten Marketingteams behindern. Lassen Sie nicht zu, dass diese Traditionalisten die Fortschritte bremsen, die Ihr Team und Ihr Unternehmen in der KI-Welt machen könnten.

Leitende Marketingfachleute und Marketingmanager geraten möglicherweise ins Kreuzfeuer zwischen Intrapreneuren und Traditionalisten. Einige von ihnen wenden sich möglicherweise an externe Agenturen und Techunternehmen, um sich beraten zu lassen. Denn dann müssen sie nicht selbst recherchieren, um herauszufinden, wie sie KI nahtlos in ihre Abteilungen integrieren können.

Sie müssen eine kulturelle Challenge meistern, wenn sich leitende Marketingmitarbeiter nicht intensiv mit der verfügbaren KI-Technologie auseinandersetzen. Denn dann übernehmen sie in diesem wichtigen Bereich keine Leadership, sondern vertreten traditionelle Ansichten. Sie betrachten generative KI möglicherweise lediglich als taktisches Werkzeug und erkennen nicht das strategische Potenzial, um damit ihre Aufgaben oder ihr Geschäft neu zu gestalten. Wenn Sie Marketingmitarbeitern begegnen, die nicht voll dabei sind, sollten Sie sie direkt ansprechen. Sie sollten sie über das Potenzial von KI aufklären und ihnen zeigen, dass deren Nutzung ihre Karriere fördern und nicht schädigen kann. Oftmals kann die Zusammenarbeit dieser eher zurückhaltenden Marketingmitarbeiter mit begeisterten Intrapreneuren zu den besten Ergebnissen für das Team und das Unternehmen führen.

Den Fortschritt mit der KI-Checkliste bewerten

Ein proaktiver und informierter Ansatz für KI sichert nicht nur das Überleben Ihres Marketingteams, sondern bringt Sie auch an die Spitze der Transformation. Dort können Sie das disruptive Potenzial von KI voll ausschöpfen und in der sich schnell weiterentwickelnden technologischen Landschaft wettbewerbsfähig bleiben. Ich habe die folgende Checkliste erstellt, um Ihnen dabei zu helfen, den Fortschritt Ihres Teams bei der Förderung KI-zentrierter Transformationen innerhalb Ihres Marketings zu bewerten. Bewerten Sie

Ihren laufenden Fortschritt in Bezug auf die folgenden Punkte. Damit gewährleisten Sie, dass Ihre Marketingmaßnahmen auf Erfolgskurs sind.

- ✔ **Verschiedenste KI-Tools ausprobieren:** Beginnen Sie bei sich selbst. Experimentieren Sie mit einer Vielzahl von KI-Technologien. Wenn Sie nur ChatGPT verwenden, ist das ein schlechtes Zeichen. Denn es zeigt, dass Sie nicht so neugierig sind, wie Sie sein müssten, um neue, spezifische Tools zu entdecken, die für unterschiedliche Anwendungsfälle geeignet sind. Ich bespreche andere Tools in Teil III und an anderer Stelle in diesem Buch.

Wenn Sie das nächste Mal eine Präsentation für Ihren CEO erstellen, bitten Sie drei verschiedene generative KI-Tools um Feedback zu Ihren Folien. Finden Sie heraus, welches Ihnen die beste Bewertung liefert, und sprechen Sie mit Ihrem gesamten Team über diese Übung und die Ergebnisse.

- ✔ **Erweiterung der KI-Anwendungsfälle:** Beschränken Sie generative KI nicht auf Aufgaben wie die Texterstellung oder -erweiterung, sondern erkunden Sie ihr gesamtes Potenzial – beispielsweise bezüglich Geschäftsstrategien, Kundensegmentierung, Kampagnenentwicklung, Performance-Marketing und prädiktive Analyse.

  Gründen Sie eine Taskforce in Ihrer Marketingabteilung, um Use Cases zu entwickeln, mit denen das volle Potenzial von KI ausgeschöpft werden kann, insbesondere im Marketing. Dadurch kann der positive wirtschaftliche Beitrag für Ihr Unternehmen betont werden. Lesen Sie Kapitel 2, in dem es um Anwendungsfälle für KI geht, und beurteilen Sie, ob Ihr Team oder Ihr Unternehmen von der Umsetzung einiger dieser Cases profitieren kann.

- ✔ **Abstimmung mit der Vision Ihres Chief Information Officer (CIO):** Befassen Sie sich mit dem KI-Technologie-Fahrplan Ihres CIO, vor allem im Hinblick auf künftige Pläne. Bilden Sie funktionsübergreifende KI-Taskforces (Vertreter aller Funktionen im Unternehmen) oder arbeiten Sie mit ihnen zusammen, um die nötigen kritischen Diskussionen über Datenverwaltung und generative KI zu führen.

Wenn Sie Marketingmanager sind, stellen Sie sicher, dass die Prioritäten in der allgemeinen KI-Roadmap des Unternehmens berücksichtigt werden. Um im KI-Zeitalter als Marketer erfolgreich zu sein, müssen Sie die besten KI-Tools und -Technologien zur Verfügung haben. Diese Tools können Sie nur nutzen, wenn Sie sehr eng mit dem CIO zusammenarbeiten. Tatsächlich ist diese enge Zusammenarbeit heute wichtiger denn je, da der Einfluss der KI in Ihrem Unternehmen wächst.

- ✔ **Balance zwischen externer Ausbildung und Einflussnahme:** Auch wenn Ihr Unternehmen vom Know-how externer Agenturen und Technologiepartner profitieren kann, sollten Sie die Balance wahren und objektiv bleiben. Denn die wirtschaftlichen Interessen Ihres Unternehmens können von den Interessen Ihrer externen Dienstleister abweichen.

  Holen Sie sich jede Hilfe, die Sie bekommen können, insbesondere von den Plattformen, die mit atemberaubender Geschwindigkeit Innovationen hervorbringen.

Aber machen Sie auch Ihre eigenen Hausaufgaben. Partner und Plattformen spielen die transformative Wirkung von KI in ihren eigenen Leistungsbeschreibungen möglicherweise herunter.

- **Der Konkurrenz einen Schritt voraus bleiben:** Behalten Sie das Verhalten Ihrer Mitbewerber genau im Auge und bleiben Sie über die neuesten Fortschritte im Bereich der KI auf dem Laufenden. So können Sie sicherstellen, dass Sie keine Chancen bei der KI-gesteuerten Anzeigenausrichtung, dem Kauf, der Optimierung und der Personalisierung verpassen.

Wenn Sie beispielsweise feststellen, dass Wettbewerber plötzlich Marktanteile über die Google-Suche gewinnen, kann es sein, dass sie KI-Technologien innovativer nutzen als Sie. Der Google *Impression Share* (der Prozentsatz der Impressionen, die Ihre Anzeigen erhalten, im Vergleich zur Gesamtzahl der Impressionen, die Ihre Anzeigen erhalten könnten) kann aufschlussreich sein.

- **Aktivieren einer Datenstrategie:** Erkennen Sie die Bedeutung von Daten insbesondere beim Machine Learning (ML; siehe Kapitel 5) und der generativen KI (siehe Kapitel 8). Beteiligen Sie sich an der Entwicklung einer robusten Datenstrategie und der Frage, welche Daten Sie verwenden und welche Tools die Datenanalyse durchführen sollen. Diese sollte sowohl öffentliche als auch interne Datenquellen zur Differenzierung Ihrer Angebote einbeziehen. Überlassen Sie dies nicht nur dem Team des CIO.

  Wenn Ihr Unternehmen nicht über genügend wertvolle proprietäre Daten verfügt, helfen Sie bei der Entwicklung einer Gegenstrategie. So können Sie im Laufe der Zeit mehr Daten intern beschaffen, um damit Ihre eigenen großen Sprachmodelle (LLMs; siehe Kapitel 9) zu füttern. Und überlegen Sie gemeinsam mit Ihrem CIO, ob Sie offene oder proprietäre LLMs verwenden sollen.

- **Priorisierung der KI-Ethik:** Lehren aus der Ära des Social-Media-Marketings unterstreichen die entscheidende Bedeutung von KI-Guidelines in jeder KI-Implementierung. Die Daten, die zum Trainieren von KI-Modellen verwendet werden, sind die Grundlage für mögliche diskriminierende Tendenzen dieser Modelle. Deshalb ist in diesem Bereich eine hohe Sensibilität nötig.

Sie müssen das geistige Eigentum von Unternehmen, Entwicklern und Künstlern wahren. Sorgen Sie deshalb bei jeder KI-Implementierung für Transparenz bei der Datenerfassung und -verwendung. Nur so können Sie einen gerechten und verantwortungsvollen Einsatz von KI gewährleisten.

- **Veranstalten von KI-Inspirationstagen:** Hunderte, wenn nicht Tausende von KI-Unternehmen helfen Marketingteams wie Ihrem, über KI zu lernen und die neue Technologie im Geschäft anzuwenden. Nutzen Sie diese Dienste, um Ihre Teams zu schulen.

  Vereinbaren Sie mit verschiedenen Dienstleistern, Ihren Teams die neuesten Innovationen vorzustellen und sich anschließend über die Zusammenarbeit an bestimmten Anwendungsfällen zu beteiligen.

- **Die Struktur Ihrer Organisation optimieren:** Passen Sie die Struktur Ihrer Marketingabteilung an das KI-Zeitalter an, indem Sie Teams umschulen und weiterbilden (um konkrete Fähigkeiten aufzubauen); gehen Sie proaktiv etwaige Kompetenzlücken an. KI kann Ihr Marketing revolutionieren; passen Sie Ihre Teams, deren Fähigkeiten, Kompetenzen und Arbeitsabläufe an, um wettbewerbsfähig zu bleiben.

Die Umstrukturierung kann möglicherweise zu neuen funktionsübergreifenden Einheiten, der Neuformulierung von Jahreszielen, der Bereitstellung von mehr Datenanalysetools für Marketingfachleute (anstatt eines separaten Datenanalyseteams) und zur Inhouse-Verlagerung der Content Creation führen.

Einführung eines Frameworks für den Eintritt in das KI-Zeitalter

Nachdem Sie sich mit künstlicher Intelligenz im Marketing befasst und das gesamte Marketingteam eingebunden haben (darüber spreche ich im Abschnitt »Grundlegende Schritte in Richtung KI-Marketing« weiter vorn in diesem Kapitel), geht es um die Frage: Wie bringen Sie jetzt die gesamte Unternehmensorganisation methodisch, strategisch und ganzheitlich voran? Die folgenden Abschnitte versuchen, diese Frage zu beantworten. Sie beinhalten ein vierteiliges KI-Marketing-Reifegradmodell und verwenden dabei die Metapher eines Raketenstarts.

Auf dem Weg zum Abheben

Es ist ähnlich wie eine Rakete, die auf der Startrampe steht und zum Abheben bereit ist. Genauso erkennen Marketingexperten, die gerade erst in den Bereich KI einsteigen, die Bedeutung dieser Technologie und deren transformative Kraft für das Marketing. Auch wenn es Skeptiker geben mag, ist sich die Mehrheit der Marketingteammitglieder darüber im Klaren: Es müssen Zeit und Ressourcen investiert werden, um den Einfluss von KI auf das Marketing ganzheitlich zu begreifen.

Vermarkter, die Möglichkeiten zur Nutzung von KI erkunden möchten, wollen

- grundlegende KI-Begriffe und Kernkonzepte verstehen.
- Konferenzen besuchen, Kurse belegen und Möglichkeiten diskutieren, wie sie KI in ihrer Arbeit einsetzen können.
- in ihrer Freizeit generative KI-Tools wie GPT-4, Midjourney und DALL-E erkunden (siehe Kapitel 13 und 14) oder diese Tools zur Unterstützung bei grundlegenden alltäglichen Routineaufgaben einsetzen.
- sich bei einem Großteil ihrer Arbeit (immer noch) auf herkömmliche Marketingtools und -prozesse verlassen. Denn sie sind der Ansicht, dass die KI-Tools noch nicht in der Lage sind, kreative Inhalte zu produzieren, die zur Marke passen, einzigartig oder wirkungsvoll sind.

Unternehmen, zu denen diese Marketer gehören,

- ✔ zeigen meist die Bereitschaft, verschiedene KI-Tools und -Dienste auszuprobieren, indem sie den Zugriff auf diese Tools innerhalb des Unternehmens ermöglichen.
- ✔ stellen gerne Tools von Drittanbietern für Mitarbeitertests zur Verfügung und laden technische Dienstleister ein, den Teams ihre neuen KI-Produktfunktionen vorzustellen.
- ✔ versuchen immer wieder Szenarien zu identifizieren, in denen KI einen Mehrwert für das Unternehmen schaffen kann, etwa indem die Anwendungsfälle der Konkurrenz untersucht werden.

Führungskräfte in diesen Organisationen

- ✔ sind häufig aufgeschlossen und wissbegierig, was durch Anfragen von Mitarbeitern der obersten Führungsebene und des Vorstands gefördert wird. In den meisten Fällen beginnt die Bewertung von KI im Marketing eines Unternehmens mit dem Vorstand oder sogar mit Aktionären bei Konferenzen zur Gewinnermittlung.
- ✔ priorisieren gerne das Tagesgeschäft gegenüber der Erforschung von KI. Auch wenn sie sich möglicherweise für KI interessieren, widmen sie in dieser (Start-)Phase immer noch ihre ganze Zeit dem normalen Geschäftsbetrieb.
- ✔ können in der Regel keine Vorreiter für die interne KI-Ausbildung benennen, vor allem, weil sie selbst noch nicht die Bedeutung von KI begriffen haben.

Ihre Roadmap könnte folgende Punkte umfassen:

- ✔ Einführung grundlegender Datensicherheitsmaßnahmen und -protokolle
- ✔ Durchführen von Bewertungen der Datenzugänglichkeit und -qualität
- ✔ Katalogisierung der Daten, über die sie aktuell verfügen, damit sie diese Daten für das KI-Training nutzen können

Folgende Kennzahlen werden dazu ermittelt:

- ✔ Anzahl, Art und Erfolgsquote der verschiedenen Experimente mit KI-Marketing
- ✔ Auflistung der KI-Kurse, die Mitarbeiter besucht haben, und/oder der Zertifizierungen, die sie erhalten haben

Eintritt in die Atmosphäre

In der Anfangsphase der KI-Integration initiieren Sie (oder Ihre Marketingexperten) auf strukturierte und strategische Weise praktische Experimente. Sie setzen sich mit stark verwurzelten Unternehmenskulturen und Geschäftsprozessen auseinander, ähnlich wie eine Rakete, die gegen die Schwerkraft und aerodynamische Herausforderungen ankämpft. Durchbrüche zu erzielen und die Skeptiker zu beruhigen, kann enorme Anstrengungen erfordern.

Aber Sie können Fortschritte erzielen, indem Sie wichtige Anwendungsfälle identifizieren, Experimente starten und Know-how sowohl im Marketingteam als auch im gesamten Unternehmen aufbauen.

Marketer in der Aufstiegsphase

- ✔ testen Anwendungsfälle für KI im Marketing, beginnend mit leicht zu erreichenden Zielen (einfachen Aufgaben) wie der Texterstellung.
- ✔ gehen über die öffentlichen KI-Tools hinaus und experimentieren mit KI-Tools, die speziell für Unternehmen entwickelt wurden.
- ✔ arbeiten mit internen IT-Teams und vorhandenen Technologieanbietern zusammen, um KI in den *MarTech-Stack* zu integrieren (die Marketingtools und -technologien, die Sie zur Automatisierung und Optimierung Ihrer Marketingbemühungen verwenden).

Die Organisationen, denen diese Marketers angehören,

- ✔ haben meist ein Gespür für die Notwendigkeit, das Beste der KI in das Geschäft zu integrieren.
- ✔ zeigen gerne die Bereitschaft, Gespräche über KI auf die oberste Führungsebene des Unternehmens zu hieven und dort mit den leitenden Angestellten zu diskutieren.
- ✔ formen oft funktionsübergreifende Taskforces mit gemeinsamer Verantwortung für die Bewertung von KI-Chancen.
- ✔ erkennen, dass die KI-Welle eine Beurteilung der Kompetenzen auf allen Hierarchieebenen erfordert.

Führungskräfte in diesen Organisationen

- ✔ organisieren häufig funktionsübergreifende Taskforces, um funktionale KI-Bemühungen zu prüfen und zu verbessern.
- ✔ integrieren die Ergebnisse von Experimenten in Innovationsprojekte mit einem Zeithorizont von einem, zwei oder drei Jahren. Denn damit wird KI nicht als Modeerscheinung, sondern als eine Investition betrachtet, die in die langfristige Planung einfließt.
- ✔ integrieren in der Regel die Planung, das Design und die Einführung von KI in die jährliche Zielsetzung der Teams. Diese Integration kann einen entscheidenden Weg bieten, um die erwartete Apathie gegenüber neuen Technologien zu durchbrechen.
- ✔ versuchen, Silos zwischen Abteilungen, Erfolgshindernisse (siehe den Abschnitt »Umgang mit der Marketing-Dichotomie« weiter vorn in diesem Kapitel) und organisatorische Apathie abzubauen.

Ihre Roadmap könnte folgende Punkte umfassen:

- ✔ generative KI-Anwendungen auf gehosteten Plattformen von Drittanbietern wie Amazon Web Services erstellen
- ✔ separate Datensilos für eine ganzheitliche Sicht auf Kundendaten zentralisieren, rationalisieren und kumulieren
- ✔ Tools zur Datenvisualisierung nutzen, um prädiktive Insights für das Marketing zu gewinnen
- ✔ die Datenpipeline durch eine Automatisierung der Datenerfassung, -verarbeitung und -speicherung stärken

Dazu benötigen Unternehmen wichtige Kennzahlen:

- ✔ Messung der Effektivität und Conversion Rate KI-basierter Initiativen
- ✔ Bewertung des Engagements der Mitarbeiter, die KI-Tools einsetzen

Erreichen der Fluchtgeschwindigkeit

In der Escape-Velocity-Phase führen Marketer systematisch KI-Projekte in einer Reihe von Anwendungsfällen ein. Sie nutzen die KI-Technologie, die mit der übergreifenden Unternehmensstrategie im Einklang steht. So wie eine Rakete in diesem Stadium keinen zusätzlichen Schub mehr braucht, um der Schwerkraft der Erde zu entkommen, kann sich ein Unternehmen mit diesem KI-Reifegrad darauf konzentrieren, Pilotprojekte erfolgreich durchzuführen. Es kann die daraus gewonnenen Erkenntnisse anwenden, um eine zunehmende Zahl von Use Cases in die Produktion zu überführen. Mittlerweile unterstützt die gesamte Organisation die KI-Marketinginitiativen und fördert eine kollaborative Atmosphäre zwischen den Teams.

Marketers, die die Fluchtgeschwindigkeit erreichen, tun Folgendes:

- ✔ Sie integrieren KI-gestützte prädiktive Erkenntnisse konsequent, durchdacht und zielorientiert in die Entscheidungsfindung (siehe Kapitel 7).
- ✔ Sie nutzen KI-Tools zum Planen, Kaufen und Bewerten der Medienleistung über alle Paid-, Owned- und Earned-Media-Kanäle hinweg (siehe Kapitel 18).
- ✔ Sie arbeiten mit externen KI-Experten und -Anbietern zusammen, um proprietäre und spezialisierte Lösungen zu entwickeln, die den spezifischen Anforderungen ihrer Branche, Kunden und Unternehmen gerecht werden.

Die Unternehmen, denen diese Marketers angehören,

- ✔ zeigen die Bereitschaft, KI in die Drei- bis Fünfjahrespläne des Unternehmens zu integrieren.

- ✔ erkunden erweiterte Anwendungsfälle, die eine übergreifende und branchenspezifische Anpassung und Personalisierung erfordern sowie rechtliche und regulatorische Faktoren berücksichtigen.
- ✔ formulieren KI-bezogene Visionen und Ziele auf C-Ebene, die in der gesamten Organisation weitergegeben werden. Diese Ziele werden in der Regel auf Vorstandsebene sichtbar.
- ✔ integrieren Richtlinien für einen ethischen Einsatz von KI und berücksichtigen dabei Voreingenommenheit, Transparenz und Fairness.

Führungskräfte in diesen Unternehmen

- ✔ stellen sicher, dass sie in ihrer Organisationsstruktur KI-Initiativen unterstützen. Sie verschieben Ressourcen, bilden SWAT-Teams, die sich auf die Initiativen konzentrieren, und analysieren, wo im Unternehmen welche Ressourcen nötig sind.
- ✔ stellen Talente für spezialisierte KI-Aufgaben in den Bereichen Marketing, Technologie und Datenwissenschaft ein oder schulen sie.
- ✔ üben Druck aus. Die Ergebnisse der KI-Bemühungen werden getestet, und alle Beteiligten werden darüber informiert, was funktioniert hat und was nicht.
- ✔ bringen ihr Team dazu, den Schwerpunkt vom Experimentieren auf Pilotprojekte zu verlagern, damit diese im Erfolgsfall auf das gesamte Unternehmen ausgeweitet werden können.

Ihre Roadmap könnte folgende Punkte umfassen:

- ✔ Machine Learning (ML, siehe Kapitel 5) nutzen, um das Kundenverhalten vorherzusagen und den Umsatz zu prognostizieren
- ✔ Wahrscheinlichkeitsmodelle zur Vorhersage des Kundenverhaltens (siehe Kapitel 7), für Churn Rates (zur Ermittlung der Kunden, die sie verlieren könnten; siehe Kapitel 11) und Modelle zum Customer Lifetime Value (zur Berechnung des durchschnittlichen Umsatzes, den Kunden im Laufe ihrer Geschäftsbeziehung mit dem Unternehmen erzielen; siehe Kapitel 10) entwickeln
- ✔ Datenpools erstellen oder verwenden, die es der Organisation ermöglichen, riesige Mengen an Rohdaten (strukturiert und unstrukturiert) zu speichern
- ✔ regelmäßig den Umgang mit Daten auf die Einhaltung globaler Vorschriften und branchenspezifischer Vorgaben überprüfen

Mögliche Kennzahlen, die hierzu herangezogen werden:

- ✔ Return on Investment (ROI) der verschiedenen KI-Initiativen
- ✔ Umsatzsteigerungsraten oder erzielte Kostensenkungen in Verbindung mit KI-Initiativen

Den Weltraum beherrschen

Nachdem das Unternehmen die Erdatmosphäre verlassen hat, leiten die Marketingexperten eine umfassende Transformation ein, bei der ein KI-gesteuertes Marketing vollständig in den Betrieb integriert wird. Das Unternehmen nutzt Prozesse, Rollen und Verantwortlichkeiten, die für das KI-Zeitalter neu gestaltet wurden. Dadurch verändert sich die Art, wie das Marketing seine Ziele erreicht und das Geschäft unterstützt. Mitarbeiter auf allen Ebenen des Unternehmens erkennen diesen entscheidenden Wandel in einem äußerst wettbewerbsintensiven Umfeld an. Die Aufgaben vieler Mitarbeiter haben sich deutlich verändert, um ein hochentwickeltes KI-Co-Piloting zu ermöglichen.

Marketers im Weltraum

- ✔ verfügen über ausgereifte KI-basierte Strategien zur Personalisierung in Echtzeit und zur Kundenbindung.
- ✔ nutzen dynamische Customer Journey Mappings (die die Bedürfnisse, Gewohnheiten und so weiter der Kunden während ihrer gesamten Interaktion mit dem Unternehmen visuell darstellen) und eine individuelle Personalisierung für alle Marketingmaßnahmen (siehe Kapitel 20) – von Kampagnen bis hin zu Always-on-Aktivitäten.
- ✔ bewerten die Beziehungen zwischen Agenturen und Technologieanbietern im Hinblick auf deren KI-Fähigkeiten neu. Sie passen die Briefings an und ändern die Jobbeschreibungen, um sicherzustellen, dass keine unnötigen Kosten für Arbeiten entstehen, die durch KI-Tools viel schneller erledigt werden können.
- ✔ übernehmen die Rolle des Thought Leadership im KI-Marketing, setzen Branchen- und Category-Benchmarks und zeigen, wie KI die Geschäfts- und Marketingleistung auf eine neue Ebene hieven kann.

Die Unternehmen, zu denen diese Marketers gehören,

- ✔ erstellen und testen benutzerdefinierte Modelle und behalten die volle Kontrolle über Daten, Anpassungen, Optimierungen und so weiter.
- ✔ investieren in Forschung und Entwicklung (F&E), um modernste KI-Technologie zu testen und so Marketing, Datenaufbereitung, prädiktive Analysen und eine stärkere Personalisierung weiter zu automatisieren. (Informationen zu den Tools für diese Aktivitäten finden Sie beispielsweise in den Kapiteln 7 und 10.)
- ✔ fördern KI-Partnerschaften mit Datenanbietern, Technologieunternehmen, der Wissenschaft und Werbeplattformen, um proprietäre generative KI-Modelle mit ihren leistungsfähigeren Daten zu erweitern.
- ✔ setzen sich für einen ethischen und verantwortungsvollen Einsatz von KI im Marketing und in der Wirtschaft im Allgemeinen ein, insbesondere bei der Verwendung von Daten zum Trainieren der großen Sprachmodelle (LLMs).

Führungskräfte in diesen Unternehmen

- ✔ überprüfen und ändern Geschäftsmodelle im Hinblick auf das transformative Potenzial von KI. Sie möchten KI nutzen, um jeden Bereich ihrer Geschäftstätigkeit zu verbessern und voranzutreiben.
- ✔ identifizieren, entwickeln und investieren in neue Einnahmequellen, die durch KI in allen Funktionen möglich werden. Im Kontext des Marketings umfassen diese Einnahmequellen auch Retail Media Networks und neue Preismodelle.
- ✔ beteiligen sich am öffentlichen Diskurs und teilen ihr Wissen über verantwortungsvolle KI-Anwendungen, mit einem Schwerpunkt auf Bias, Ethik und Inklusivität.

Ihre Roadmap könnte folgende Punkte umfassen:

- ✔ Implementierung von Self-Service-Datenplattformen sowie KI- und ML-Tools für den Einsatz in verschiedenen Geschäftsbereichen
- ✔ Einführung autonomer Systeme, die sich selbst reparieren (Fehler identifizieren und korrigieren) und sich ohne eine manuelles Eingreifen optimieren
- ✔ Anwendung von ML zur Anpassung von Data-Prozessen an sich ändernde Muster
- ✔ Ermöglichung eines einfachen Datenzugriffs im gesamten Unternehmen über LLMs bei gleichzeitiger Gewährleistung der Sicherheit

Dieser Deep-Space-Phase kann folgende Metriken heranziehen:

- ✔ Return on Investment (ROI) der verschiedenen KI-Initiativen
- ✔ Erfolgsquote neuer Produkte, Dienstleistungen und Marketingmaßnahmen, die mit KI-Co-Pilotierung eingeführt werden

Teil II
Grundlegende KI-Strukturen und -Konzepte

IN DIESEM TEIL …

- sammeln, organisieren und bereiten Sie Daten für KI-Modelle auf.
- verstehen Sie die Prinzipien des maschinellen Lernens und die Funktionsweise neuronaler Netzwerke.
- nutzen Sie natürliche Sprachmodelle und Sentimentanalysen, um Kundeninformationen in Marketinginsights umzuwandeln.
- entdecken Sie die Bedeutung prädiktiver Analysen, Verfahren und Filtersysteme in der KI.
- lernen Sie generative KI sowie ihre geschäftlichen Anwendungen und potenziellen Risiken kennen.

IN DIESEM KAPITEL

Die KI-Perspektive auf Daten

Erheben und Speichern von Marketingdaten

Sicherstellen, dass Sie Ihre Daten verstehen

Feinabstimmen der Daten für KI-Modelle

Kapitel 4
Sammeln, Organisieren und Transformieren von Daten

In der Welt der künstlichen Intelligenz (KI) sind Daten hinter den Algorithmen des maschinellen Lernens (ML) die treibende Kraft, denn sie bilden die Grundlage für den Aufbau von KI-Systemen. Deshalb benötigen Sie eine ausreichende Qualität und Quantität an Daten, damit Ihre KI-Programme erfolgreich funktionieren. Daten sind der Treibstoff, der die KI dazu bringt, Muster zu erkennen und die bereitgestellten Eingaben zu interpretieren.

Doch das bloße Sammeln riesiger Datenmengen ist nicht alles. Stellen Sie sich vor, Sie haben eine Bibliothek mit Millionen von Büchern, aber keinen Index oder Katalog. Die Suche nach einem bestimmten Buch oder bestimmten Informationen wäre für Sie vermutlich frustrierend. Metadaten und Datenverwaltung helfen, diese Frustration für die KI zu vermeiden. Diese Elemente fungieren in der KI-Welt als Bibliothekare, halten die Daten in Ordnung und machen sie für Ihre KI-Tools leicht zugänglich.

Mit generativer KI wird ein Teil der Katalogisierung deutlich einfacher (oder vielleicht sogar unnötig), da die KI die Daten lesen und automatisch indizieren kann. Tatsächlich ist die Fähigkeit der generativen KI, unstrukturierte Daten automatisch zu lesen und sie für die zukünftige Verwendung entsprechend zu klassifizieren, eine immens leistungsstarke Funktion für Unternehmen. Sie spart viel Zeit und Ressourcen, da der frühere Prozess des manuellen Lesens und Markierens von Dokumenten nun von den KI-Tools durchgeführt wird.

Marketingexperten und Unternehmensleiter haben ein großes Interesse an der Diskussion über Daten. Denn der Erfolg zur Verbesserung von Marketing- und Geschäftsergebnissen hängt direkt von der Qualität der Daten ab, die die KI-Engines antreiben. Darüber hinaus müssen Marketer und Manager konstruktive, lösungsorientierte Gespräche mit den Technologen führen, die die KI-Engines bauen, damit sie die Konzepte und Taktiken beim Erheben, Organisieren und Transformieren der Daten verstehen.

In diesem Kapitel erfahren Sie mehr über die Bedeutung von Daten und deren Erfassung, Speicherung und Verwaltung. Sie erfahren außerdem mehr über die kritischen Aspekte von Metadaten und der Datenverwaltung in der Geschäfts- und Marketinglandschaft. Zudem lesen Sie, wie Sie die Daten am besten formatieren und vorbereiten, damit sie für KI-Anwendungen leicht zugänglich sind.

Definition von Daten im Kontext von KI

Wenn Sie im Bereich der KI über Daten sprechen, denken Sie vielleicht nur an Zahlen, Text und Code. Aber die Diskussion über Daten umfasst viel mehr. Daten können der Song sein, den Sie heute Morgen gehört haben, der Videoclip, den Sie mit einem Freund geteilt haben, oder sogar der Text dieses Buches, das Sie gerade lesen. Sie sind überall von Daten umgeben und die KI nutzt diese Daten, um intelligente Entscheidungen zu treffen.

Sie können *Daten* als Rohinformationen definieren, die als Input für das maschinelle Lernen (ML) dienen und es diesen Algorithmen ermöglichen, Vorhersagen und Entscheidungen zu treffen oder Aufgaben zu automatisieren. Diese Daten können verschiedene Formen annehmen, darunter Text, Bilder, Videos, Audio, strukturierte Tabellen und mehr. Qualität und Quantität der Daten bestimmen weitgehend die Leistung und Zuverlässigkeit von KI-Systemen.

Berücksichtigung der Datenqualität

Die *Qualität* von Daten bezieht sich auf ihre Genauigkeit, Vollständigkeit und Zuverlässigkeit. KI-Anwendungen benötigen qualitativ hochwertige Daten, damit sie präzise und vertrauenswürdige Vorhersagen treffen können. Das ist besonders wichtig für die Entwicklung und Bereitstellung erfolgreicher Marketingkampagnen. Eine minderwertige Datenqualität kann zu fehlerhaften Ergebnissen und gefährlich verzerrten Ergebnissen führen. *Generative KI* (eine Art von KI, die sich auf die Produktion von Inhalten konzentriert) kann schlechte Ergebnisse verschlimmern. Es können Situationen entstehen, in denen eine mangelhafte Datenqualität zu KI-Antworten führt, die zuverlässig und genau klingen, es aber in Wirklichkeit nicht sind.

Probleme mit der Datenqualität können verschiedene Ursachen haben, beispielsweise menschliche Fehler bei der Dateneingabe, Inkonsistenzen bei der Datenformatierung, Ungenauigkeiten oder Verzerrungen in den Daten selbst sowie Datenbeschädigung während der Übertragung oder Speicherung.

Bei KI-Eingaben können Sie die Datenqualität anhand mehrerer Dimensionen bewerten:

- ✔ **Genauigkeit:** Die *Genauigkeit* misst, wie genau die Daten die realen Informationen widerspiegeln, die sie darstellen. Genaue Daten sind frei von Fehlern und Unstimmigkeiten. Ungenaue Daten können zu falschen Ergebnissen führen. Beispielsweise können in einem medizinischen KI-System falsche Patientendaten lebensbedrohliche Folgen für bestehende und künftige Patienten haben (wenn das KI-Modell diese falschen Daten verwendet).

- ✔ **Vollständigkeit:** *Vollständige* Daten enthalten alle notwendigen Informationen ohne Lücken. Fehlende oder unvollständige Daten können das Training und die Vorhersage von KI-Modellen behindern. Wenn Sie beispielsweise eine E-Mail-Marketingkampagne personalisieren möchten, aber nur über unvollständige Kundendaten verfügen, kann es sein, dass die KI wichtige Muster und Präferenzen nicht erkennt. Diese Situation kann wiederum dazu führen, dass E-Mails erstellt und versendet werden, denen der Kontext fehlt oder die (schlimmer noch) völlig ungenau sind.

- ✔ **Konsistenz:** *Konsistente* Daten bewahren Einheitlichkeit in Bezug auf Einheiten, Formate und Definitionen. Inkonsistente Daten können KI-Algorithmen verwirren und zu unzuverlässigen Ergebnissen führen. Im Laufe der Zeit und mit dem Aufkommen der generativen KI ist mangelnde Datenkonsistenz zu einem geringeren Problem geworden, da die generative KI einige der Lücken selbst füllen kann. Trotzdem sollten Sie die Konsistenz im Auge behalten.

- ✔ **Relevanz:** *Relevante* Daten beziehen sich auf das vorliegende Problem und stimmen mit den Zielen des KI-Projekts überein. Die Einbeziehung irrelevanter Daten kann zu *Rauschen* (bedeutungslosen Informationen) führen, das die Leistung des Modells verringert und Nutzer vor Herausforderungen stellt, weil sie eigentlich aussagekräftige Erkenntnisse gewinnen möchten. Wie Konsistenz ist auch bei generativer KI und großen Sprachmodellen die Relevanz in letzter Zeit zu einem weniger wichtigen Faktor geworden, da KI die irrelevanten Daten aussortieren kann.

- ✔ **Aktualität:** *Zeitnahe* Daten sind aktuell und spiegeln den aktuellen Stand des Themas wider. Veraltete Daten können zu veralteten Vorhersagen führen. Die Aktualität war ein wesentlicher Mangel von ChatGPT, als es im November 2022 veröffentlicht wurde. Damals war ChatGPT auf eine Datenmenge beschränkt, die nur bis September 2021 gültig war. Diese Situation hat sich inzwischen geändert, da ChatGPT sein Modell aktualisiert hat, um auch neuere Informationen verarbeiten zu können. Tatsächlich verfügt es jetzt auch über die Möglichkeit, das Internet mithilfe von Bing zu durchsuchen, um die vorhandenen Daten zu ergänzen.

- ✔ **Validität:** *Valide* Daten halten sich an die Regeln, Standards und Einschränkungen ihres Bereichs. Bei Gesundheitsdaten würde die Validität beispielsweise sicherstellen, dass Laborwerte innerhalb plausibler Bereiche liegen und Diagnosen den medizinischen Codes entsprechen.

- ✔ **Uniqueness:** *Unique* Daten zeigen, wie unterschiedlich die Einträge sind. Doppelte Dateneinträge können das Training des KI-Modells verfälschen und zu verzerrten oder ungenauen Ergebnissen führen. Beispielsweise können in Kundendatenbanken mehrere Einträge für dieselbe Person zu falschen Kundenerkenntnissen oder Marketingstrategien führen.

- **Granularität:** *Granular* beschreibt den Detaillierungsgrad oder die Tiefe der Daten. Sie müssen sicherstellen, dass die Daten detailliert genug für die Analyse sind, aber nicht so detailliert, dass sie nicht mehr verarbeitet werden können oder Datenschutzprobleme verursachen.

Um die Datenqualität zu verbessern, setzen Unternehmen häufig Datenbereinigungs- und Validierungsprozesse ein (siehe den Abschnitt »Aufbereitung der Daten zur Nutzung durch KI-Algorithmen und -Modelle« weiter hinten in diesem Kapitel). Damit können Fehler und Inkonsistenzen in den Daten erkannt und behoben werden. Darüber hinaus können strukturierte Dateneingabeformulare, Datenvalidierungsregeln und Datenqualitätstools dazu beitragen, hohe Qualitätsstandards zu sichern.

Eine angemessene Datenmenge erhalten

Die Menge der Daten, über die Sie verfügen, ist ebenso wichtig wie die Qualität der Daten, die Sie mit KI verwenden. (Informationen zur Qualität finden Sie im vorhergehenden Abschnitt.) Modelle für maschinelles Lernen erfordern eine ausreichende Menge an Daten, um Muster zu erkennen und genaue Vorhersagen zu treffen. Dieses Konzept wird oft als *Big-Data-Modell* bezeichnet. Je mehr Daten verfügbar sind, desto besser können KI-Modelle generelle Aussagen treffen.

Mehr Daten bedeuten aber nicht immer eine bessere Qualität. Sie müssen Quantität und Qualität ins Gleichgewicht bringen. Zu viele irrelevante Daten in großen Datensätzen können die Leistung des Modells beeinträchtigen. Sie lenken die KI-Engine ab und beanspruchen gleichzeitig wertvolle Rechenleistung. In Marketingtexten kann dies zu grammatikalisch falschen Antworten, ungenauen Kundenempfehlungen oder Wortschöpfungen führen, die nicht besonders kreativ sind!

Die Datenmenge lässt sich mit Volumen, Geschwindigkeit und Vielfalt beschreiben:

- **Volumen:** Die schiere Größe des Datenpools. Generell gilt: Mehr Daten führen oft zu genaueren und robusteren Modellen. Allerdings müssen Sie Volumen und Datenqualität ins Gleichgewicht bringen – weniger Daten von höchster Qualität liefern bessere Ergebnisse als mehr Daten von geringerer Qualität.
- **Geschwindigkeit:** Die Geschwindigkeit, mit der ein System Echtzeitdaten verarbeiten und analysieren kann, um Empfehlungen bereitzustellen. Wenn eine KI-Engine beispielsweise Echtzeitkommentare aus sozialen Medien zu einer bestimmten Marke erhält, ist die Geschwindigkeit, mit der sie auf diese Echtzeiteingaben reagieren kann, für die Effizienz entscheidend. Echtzeit-Datenströme erfordern KI-Modelle, die Daten extrem schnell verarbeiten können.
- **Vielfalt:** Daten kommen in verschiedenen Formen vor, zum Beispiel strukturierte, halbstrukturierte und unstrukturierte Daten. KI-Systeme und -Modelle müssen flexibel sein, um mit unterschiedlichen Datentypen umgehen zu können.

Die Entwicklung der generativen KI ermöglichte die Analyse und Verwendung unstrukturierter Daten im Training – eine Situation, mit der ältere KI-Modelle Schwierigkeiten hatten.

Während sich KI-Technologien weiterentwickeln, wächst der Bedarf an weiteren Daten. Das Sammeln übermäßig vieler Daten ohne klaren Zweck kann jedoch Zeit und Ressourcen vergeuden und sogar die Privatsphäre verletzen. Sofern Sie nicht mit einer Technologieplattform arbeiten, die ein großes Sprachmodell (LLM) betreibt, benötigen Sie für Ihre KI-Engines möglicherweise nicht so viele Daten, wie Sie denken. Sammeln Sie nur die Daten, die Sie wirklich benötigen. Denn Sie müssen für die Erfassung, Speicherung und Verwaltung großer Datenmengen bezahlen – insbesondere, wenn diese von einem LLM zur Generierung neuer Inhalte verwendet werden.

Methoden zur Datenerfassung für Marketing mit KI

Um effektive Modelle für maschinelles Lernen (ML) zu erstellen, müssen Sie Daten für die künstliche Intelligenz (KI) sammeln. Die Methoden zur Datenerfassung variieren je nach Art der erforderlichen Daten und ihrer spezifischen Anwendung (in Ihrem Fall ist es Marketing). Für erfolgreiche KI-Projekte müssen Sie die geeigneten Strategien zur Datenerfassung kennen und implementieren.

Auch wenn Sie – wie viele Marketingexperten – nicht direkt an der Entwicklung von KI-Modellen beteiligt sind, müssen Sie die Daten verstehen, die den KI-Tools zugrunde liegen, die Sie im Marketing verwenden. Die beste Art der Datenerfassung für Marketingzwecke kann der Bezug von Daten von Drittanbietern wie Acxiom, Nielsen, Equifax, Transunion und Comscore sein. Um den Ergebnissen von KI-Modellen vertrauen zu können, müssen Sie aber verstehen, welche Daten hier zugrunde liegen.

Datenquellen und Methoden identifizieren

Sie können Daten aus einer Vielzahl von Quellen sammeln, darunter:

- **Nutzergenerierte Daten:** Einzelpersonen generieren diese Art von Daten durch ihre Interaktionen mit Websites, mobilen Apps und sozialen Medien. Nutzergenerierte Daten können wertvolle Einblicke in das Nutzerverhalten und die Nutzerpräferenzen liefern, die grundlegende Elemente für die Produktverbesserung und gute Marketingkampagnen sind. Ein gutes Beispiel für diese Daten sind die Bewertungen, die User zu Ihrem Produkt oder Ihrer Dienstleistung gegeben haben.
- **IoT-Geräte:** Geräte des Internets der Dinge (IoT) wie Sensoren, Wearables und intelligente Haushaltsgeräte erzeugen riesige Datenmengen. Diese Geräte können eine breite Palette von Daten erfassen – von Temperatur und Luftfeuchtigkeit bis hin zu Standort und Nutzerverhalten. Branchen wie Fertigung, Landwirtschaft und

Gesundheitswesen profitieren von diesen Echtzeitdaten, um Entscheidungen zu treffen. Tesla-Autos dienen beispielsweise als IoT-Geräte und erfassen riesige Mengen an Verkehrsdaten, mit der die Autopilot-Funktionalität in den Fahrzeugen verbessert wird. Für das Marketing können IoT-Geräte das Kundenverhalten verfolgen, was Ihnen Einblicke in die geeigneten Möglichkeiten zur Vermarktung bietet.

- **Unternehmensdaten:** Unternehmen können auf ihre internen Datenquellen zurückgreifen, beispielsweise Kundendatensätze, Transaktionen und operative Daten. Diese Daten müssen entsprechend strukturiert werden, damit sie für Business Intelligence und Prozessoptimierung genutzt werden können. Unternehmensdaten können – wenn sie von KI-Engines genutzt werden – dazu dienen, die Positionierung zu verbessern, Ihre Produkte hervorzuheben und die Kunden besser zu bedienen. Im Marketing sind Unternehmensdaten meist First-Party-Daten, die wertvolle Insights in Ihren Kundendatenstamm bieten.

- **Web Scraping:** Beim Web Scraping werden Daten von Websites und Onlinequellen extrahiert. Viele Unternehmen nutzen Web Scraping, um Daten für Text-, Stimmungs- und Wettbewerbsanalysen zu sammeln. (Informationen zu diesen Analysearten und ihrer Verwendung im Marketing finden Sie in Kapitel 6.) Darüber hinaus nutzen Unternehmen KI, um Web Scraping effektiver durchzuführen. Damit werden die gesammelten Daten präziser und deutlich effizienter. ***Hinweis:*** Beachten Sie beim Web Scraping immer den Datenschutz. Starten Sie nur, nachdem Sie die Erlaubnis der Website erhalten haben, die Sie scrapen.

- **Öffentlich verfügbare Datensätze:** Sie können für Forschung und Entwicklung auf zahlreiche öffentlich verfügbare Datensätze zugreifen. Diese Datensätze decken ein breites Themenspektrum ab – vom Kaufverhalten und Reaktion auf verschiedene Werbeformen bis hin zu allgemeineren wirtschaftlichen Eckdaten. Obwohl diese Datensätze Ihnen helfen können, ein umfassendes Bild potenzieller Kunden für Ihre Marketingmaßnahmen zu erhalten, sind viele dieser Datensätze kostenpflichtig und befinden sich hinter Paywalls.

Sie können die Datenerfassungsmethoden in zwei Hauptansätze einteilen:

- **Passive Datenerfassung:** Bei dieser Methode werden Daten ohne direkte Nutzerinteraktion erfasst. Beispiele hierfür sind die Überwachung von Nutzeraktivitäten auf einer Website, das Verfolgen von Sensordaten von IoT-Geräten und das Abrufen historischer Datensätze (zum Beispiel frühere Einkäufe, die Sie für gezieltes Marketing verwenden können) aus Datenbanken oder Websites.

- **Aktive Datenerfassung:** Bei dieser Methode werden Daten direkt vom Nutzer eingeholt und können Umfragen, Fragebogen, Interviews und anderes Feedback umfassen. Mithilfe aktiver Datenerfassungsmethoden können Sie spezifische Informationen sammeln, die Sie bei der Ausrichtung und Gestaltung Ihrer Marketingmaßnahmen unterstützen können. Da diese Methode ein menschliches Eingreifen erfordert und viel geringere Stichproben liefert, wird sie zu einem immer unbedeutenderen Teil im Ökosystem der Datenerfassung.

Datenschutz und Ethik beachten

Wenn Sie Daten für ein Marketing mit KI erfassen, müssen Sie Datenschutz und Ethik berücksichtigen. Es ist von entscheidender Bedeutung, die Einwilligung der Personen einzuholen, deren Daten Sie erfassen. Und Sie müssen sicherstellen, dass Sie die Daten anonymisieren und vor unbefugtem Zugriff schützen. Ihr Unternehmen muss bei der Erfassung und Handhabung personenbezogener Daten Datenschutzbestimmungen einhalten, wie etwa die Datenschutz-Grundverordnung (DSGVO; ein EU-Gesetz, das regelt, wie Organisationen personenbezogene Daten verwenden, verarbeiten und speichern dürfen). Weitere Informationen zu Ethik und Datenschutz finden Sie in Kapitel 22.

Die regulatorischen Rahmenbedingungen ändern sich weltweit häufig, und in Ländern wie den USA gibt es zudem ein Flickwerk an landesweiten Vorschriften. Daher müssen sich Marketingfachleute über die neuesten Vorschriften ihres jeweiligen Geschäftsstandorts immer auf dem Laufenden halten. Ein in Berlin ansässiges Unternehmen mit einer Website, die für den Verkauf an Kunden in Kalifornien und London genutzt wird, muss beispielsweise die Regeln und Gesetze der Standorte seiner Kunden einhalten.

Darüber hinaus sollte jede KI-Datenerfassung mit ernsthaften ethischen Überlegungen verbunden sein. Eine voreingenommene Datenerfassung kann zu voreingenommenen KI-Ergebnissen führen. Das kann schlimme Folgen haben, wie etwa die Situation, in der das Google-Gemini-Modell den Usern empfahl, täglich einen Stein zu essen. Um diskriminierende oder unfaire Datenerhebungspraktiken zu vermeiden, sind also sorgfältige Überlegungen und Kontrollen erforderlich.

Ich bespreche diese beiden Aspekte der Datenerfassung in den folgenden Kapiteln (insbesondere in Kapitel 22). Inzwischen besteht die beste Möglichkeit, eine voreingenommene Datenerfassung zu vermeiden, in einer angemessenen menschlichen Aufsicht. Als Marketer, der erfasste Daten verwendet, sollten Sie nicht glauben, dass Sie sich dieser Verantwortung entziehen können!

Ihre Marketingdaten an die richtige Stelle bringen

Nachdem Sie Ihre Daten erfasst haben, müssen Sie sie so speichern, dass sie zugänglich und sicher sind und eine Skalierung zulassen. Für die Verwaltung stehen verschiedene Speicherlösungen zur Verfügung, wobei jede ihre eigenen Stärken hat. Neben der Speicherung erfordert das Datenmanagement in Unternehmen auch die Verwendung von *Metadaten* (spezifische Daten, die Merkmale anderer Daten beschreiben und identifizieren) und eine *Data Governance* (interne Standards darüber, wie Ihr Unternehmen personenbezogene Daten erfasst, speichert, verarbeitet und entsorgt). Dies stellt sicher, dass Sie Daten ordnungsgemäß dokumentieren und organisieren und dass Sie die gesetzlichen Anforderungen einhalten. Das Vernachlässigen dieser Aspekte kann zu Datenchaos (wenn Daten schlecht organisiert und zugänglich sind), Compliance-Problemen und Datenmissbrauch führen.

Der Zugriff auf strukturierte, valide Daten bildet das Rückgrat von KI-Anwendungen und maschinellem Lernen (ML). Strukturierte Daten werden normalerweise in Datenbanken oder Tabellen gespeichert, die klar definierte Datentypen, Beziehungen und Einschränkungen aufweisen. Wenn Sie eine Grundlage für die Entwicklung von KI-Modellen schaffen möchten, die Sie im Marketing – und in allen Geschäftsbereichen – verwenden können, müssen zunächst strukturierte Datensysteme aufgebaut werden. Tabelle 4.1 bietet einen Überblick über Datenstrukturen und deren Handhabung.

Aspekte der Datenverarbeitung	Spezifische Prozesse und Strukturen	Auswirkungen auf für KI-Apps verfügbare Daten
Datenspeicherung	Datenbanken	Relationale und NoSQL-Datenbanken bieten sowohl strukturierte als auch weniger strukturierte Daten. KI-Anwendungen wie Kundensegmentierungs-Apps, die schnellen Zugriff auf bestimmte Daten erfordern, können diese Datenbanken verwenden.
	Data Lake	Bietet verschiedene Datentypen: strukturiert, halbstrukturiert und unstrukturiert. Enthält außerdem die Möglichkeit der Skalierung und Tools zur Datenexploration und -transformation. Besonders geeignet für KI-Apps, die auf Big-Data-Analysen basieren.
	Data Warehouse	Für Analysen und Berichte ausgerichtete und auf Business-Intelligence-Zwecke spezialisierte Datenbanken. Bieten optimierte Abfragen und Datenabrufe für schnelle Leistung.
Metadaten	Datenerkennung	Hilft Benutzern, relevante Daten schnell zu finden und verkürzt die Zeit, die sie mit der Suche nach den richtigen Informationen verbringen.
	Data Lineage	Verfolgt den Ursprung und die Historie der Daten, um einen Gesamtüberblick über die Datenentwicklung zu geben.
	Qualität	Gibt Einzelheiten zur Datengenauigkeit und -zuverlässigkeit an.
	Sicherheit	Kann Sicherheitsrichtlinien und Zugriffskontrollen zum Schutz von Daten enthalten.
Data Governance	Richtlinien	Definieren Sie, wie Unternehmen Daten erfassen, speichern, darauf zugreifen und sie schützen. Richten Sie die Daten an Geschäftszielen (einschließlich Marketingzielen) und gesetzlichen Anforderungen aus.
	Verantwortung	Benennen Sie Verantwortliche, die für die Datenqualität, Sicherheit und Compliance zuständig sind. Dies gewährleistet valide Daten für KI-Anwendungen.

Aspekte der Datenverarbeitung	Spezifische Prozesse und Strukturen	Auswirkungen auf für KI-Apps verfügbare Daten
	Datenkatalog	Erstellen Sie einen zentralen Metadatenspeicher, der einen schnellen und einfachen Zugriff auf die verfügbaren Datenbestände ermöglicht.
	Compliance-Management	Stellen Sie sicher, dass die Governance-Praktiken mit den gesetzlichen und behördlichen Anforderungen übereinstimmen, etwa mit der Datenschutz-Grundverordnung (DSGVO/EU), dem Health Insurance Portability and Accountability Act (HIPAA/USA) oder branchenspezifischen Vorschriften.
	Lifecycle-Management	Definieren Sie, wie Unternehmen Daten verwalten (erstellen, speichern und archivieren) – von der Erfassung bis zur endgültigen Löschung.
Datenstrukturierung	Datenbankschema	Skizzieren Sie die Datenstruktur, einschließlich Tabellen mit Spalten und Attributen, Datentypen und Wechselbeziehungen von Datenelementen und -strukturen. Ein gut entworfenes Datenbankschema hilft, die Integrität der Daten zu bewahren.
	Daten-Storage	Dazu gehören in erster Linie relationale und NoSQL-Datenbanken, die die Organisation, den Zugriff und die Einschränkungen zur Gewährleistung der Datenkonsistenz und -qualität bereitstellen.

Tabelle 4.1: Datenstrukturen und Handhabung

Daten von manuellen und automatisierten Systemen verstehen

Sie müssen Daten verstehen, wenn Sie die Entwicklung künstlicher Intelligenz (KI) fördern möchten. Der Prozess zum Verstehen von Daten umfasst sowohl manuelle als auch automatisierte Systeme. Jeder Systemtyp bietet eigene Vorteile für die Gewinnung von Insights. Insbesondere die manuelle Datenanalyse hilft dabei, differenzierte und spezifische Erkenntnisse zu erhalten, die aber entscheidend von menschlicher Intuition und Fachkenntnissen abhängen. Beim automatisierten Datenverständnis werden Techniken des maschinellen Lernens (ML) und Datenprofilierungstools verwendet, um Muster, Anomalien und andere Insights zu entdecken.

Die folgende Liste beschreibt kurz die wichtigsten Elemente der Systeme, die sich auf die Daten ihres KI-Marketingmodells auswirken:

- **Bei der manuellen Datenanalyse** werden Daten umfassend untersucht, um mithilfe visueller und statistischer Methoden Erkenntnisse zu gewinnen. Zu den spezifischen Methoden gehören:

- *Explorative Datenanalyse (EDA):* Eine Datenanalyse, bei der sowohl visuelle als auch statistische Techniken zum Einsatz kommen. Die Visualisierung von Daten mithilfe von Tools wie Streudiagrammen, Histogrammen und Heatmaps enthüllt Muster, Trends und Korrelationen. Datenwissenschaftler können aus diesen Verbindungen potenzielle Beziehungen oder Anomalien identifizieren.
- *Fachwissen:* Fachexperten (Menschen) können Zusammenhänge und Insights aus Daten liefern, die rein automatisierte Prozesse möglicherweise nicht erfassen. Branchen- oder Problemverständnis von Experten kann die Datenexploration effektiv voranbringen.

✔ **Die automatisierte Datenanalyse** nutzt eine Vielzahl von Softwaretools und Techniken, darunter:

- *Clustering:* Techniken, die Datenpunkte auf der Grundlage von Ähnlichkeiten gruppieren. Diese Algorithmen identifizieren automatisch Cluster ähnlicher Datenpunkte, sodass die KI-Engine Trends leichter erkennen oder Daten für weitere Analysen segmentieren kann. Clustering kann Einblicke in die Kundensegmentierung, Marktanalyse und mehr liefern.
- *Association Rule Mining:* Erkennt häufige Muster und Beziehungen innerhalb der Daten. Es identifiziert Regeln, die Assoziationen zwischen verschiedenen Variablen beschreiben. Damit können Unternehmen das Kundenverhalten verstehen und ihre Affinitäten zu Produkten identifizieren.
- *Datenprofilierungstools:* Damit lassen sich automatisch zusammenfassende Statistiken generieren, sodass Sie Probleme mit der Datenqualität erkennen. Das führt zu einem schnellen Überblick über die Dateneigenschaften. Diese Tools können fehlende Werte, Ausreißer und inkonsistente Daten identifizieren und so bei der Datenbereinigung und -aufbereitung helfen.
- *Anomalieerkennung:* Eine wichtige Technik zur Identifizierung von Datenpunkten, die erheblich von der Norm abweichen. In Anwendungen wie Betrugserkennung oder Qualitätskontrolle können automatisierte Systeme ungewöhnliche Muster oder Ausreißer identifizieren, die weiter untersucht werden sollten.

Aufbereitung der Daten zur Nutzung durch KI-Algorithmen und -Modelle

Nachdem Sie Ihre Datensysteme ordnungsgemäß gespeichert, organisiert und strukturiert haben (wie ich im Abschnitt »Ihre Marketingdaten an die richtige Stelle bringen« weiter vorn in diesem Kapitel erläutere), kann sich Ihr Marketingfokus auf die Aufbereitung der Daten für Anwendungen der künstlichen Intelligenz (KI) richten. Die Datenaufbereitung umfasst dabei mehrere wichtige Schritte, darunter Datenbereinigung, -transformation sowie ihre Aufteilung. Die Qualität der Daten beeinflusst direkt die Effizienz von KI-Modellen im Marketing und folgt der Devise »Garbage in, garbage out«.

Daten bereinigen und verbessern

Daten, die aus verschiedenen Quellen stammen, sind oft lückenhaft und unvollständig. Es fehlten bestimmte Werte, zudem existieren Ausreißer und offensichtliche Fehler. *Datenbereinigung* nennt sich der systematische Prozess der Identifizierung und Behebung dieser Unvollkommenheiten. Dieser stellt die Datenqualität und -konsistenz sicher. Zu den wichtigsten Aspekten der Datenbereinigung gehören:

- **Beheben fehlender Werte:** Techniken wie *Imputation* ersetzen fehlende Daten und vervollständigen sie. Damit wird gewährleistet, dass Machine-Learning-Modelle die verfügbaren Daten auch effektiv nutzen können. Fehlende Werte werden berücksichtigt, indem sie durch geschätzte oder berechnete Werte ersetzt werden. In einem Datensatz mit Kundendaten kann diese Bereinigung beispielsweise das Ausfüllen fehlender Telefonnummern umfassen, um den Datensatz zu vervollständigen.
- **Umgang mit Ausreißern:** *Ausreißer* sind Datenpunkte, die erheblich von der Norm abweichen und zu verzerrten Modellen oder Ergebnissen führen können. Bei der Datenbereinigung werden Ausreißer identifiziert und bereinigt, indem sie je nach Kontext entweder als Ausnahmen im Datensatz vermerkt oder entfernt werden.
- **Korrigieren von Fehlern:** Während der Datenbereinigung können Sie Fehler in den Daten korrigieren, zum Beispiel Tippfehler oder Inkonsistenzen. Dieser Prozess stellt sicher, dass die Daten dem vordefinierten Schema und den gewünschten Qualitätsstandards entsprechen.

Daten transformieren

Bei der *Transformation von Daten* geht es darum, Daten in einem Format so darzustellen, dass sie für KI-Modelle als Trainingsdaten geeignet sind. Diese Transformationen können verschiedene Vorgänge umfassen, darunter:

- **Normalisierung und Datenskalierung:** Hier werden numerische Daten *normalisiert,* um sie in einen bestimmten Bereich zu bringen, der für den Datenpunkt angemessen und vordefiniert ist. Wenn Sie beispielsweise Werte zwischen 0 und 1 skalieren (*Min-Max-Skalierung*), um die Kaufabsicht eines Nutzers für ein bestimmtes zu ermitteln, kann so die Eingabe zum Training eines KI-Modells angepasst werden. Eine andere Datenskalierungstechnik – die *Z-Score-Standardisierung* – normalisiert Daten, indem sie diese in eine Verteilung mit einem Mittelwert von 0 und einer Standardabweichung von 1 umwandelt. Diese Methode funktioniert für Daten, die einer Normalverteilung folgen, sodass Modelle für maschinelles Lernen (ML) damit arbeiten können.

Durch die Normalisierung wird sichergestellt, dass dieselben Datenpunkte keine unterschiedlichen Werteskalen aufweisen, die den Lernprozess von KI-Modellen beeinträchtigen können.

- **Codierung:** Kategorische Daten, wozu nicht numerische Werte wie Produkt- oder Städtenamen gehören, müssen codiert werden. Dazu werden sie in ein numerisches Format umgewandelt, damit sie von der KI richtig verarbeitet und gelernt werden können.

  Damit KI-Modelle effizient mit allen Datentypen arbeiten können, müssen Sie Daten codieren. Zu den gängigen Codierungstechniken gehört die *One-Hot-Codierung*, bei der Sie jede Kategorie durch einen binären Vektor darstellen, der aus Einsen und Nullen besteht. Codierungstechniken wie Label-Codierung (eine Methode, die platzsparender ist als die One-Hot-Codierung) oder Embedded Codes (bei denen ebenfalls Vektoren verwendet werden) tragen dazu bei, dass sich kategorische Daten effektiv in das Modell integrieren lassen.

Daten in Teilmengen aufteilen

Bei der *Datenaufteilung* wird der Datensatz in Trainings-, Validierungs- und Testsätze gesplittet. Zur Entwicklung von KI-Modellen ist eine solche Datenaufteilung erforderlich, da sie ein kontrolliertes und systematisches Training, Optimieren und Auswerten des Modells ermöglicht.

Jede Unterteilung dient bei der Entwicklung von KI-Modellen einem bestimmten Zweck:

- **Trainingssatz:** Bringt dem KI-Modell etwas bei. Durch den Trainingssatz lernt das Modell anhand der Daten, Muster zu erkennen und Vorhersagen zu treffen.
- **Validierungsset:** Hilft bei der Feinabstimmung von Modell- *Hyperparametern*, das heißt Parametern, deren Werte den Lernprozess steuern. Der Validierungssatz hilft, die Leistung des KI-Modells vor dem endgültigen Test zu optimieren.
- **Testphase:** Dient zur Bewertung der Generalisierungsleistung des Modells. Das ist die Fähigkeit, sich an die Daten anzupassen, die auch zur Erstellung des Modells verwendet wurden. Die Verwendung eines separaten Datensatzes für die Testphase stellt sicher, dass das KI-Modell bei unbekannten Daten gut funktioniert und nicht überangepasst wird. Denn dann würde es zu sehr mit den Trainingsdaten übereinstimmen und bei neuen Daten fehlerhafte Angaben machen.

Daten reduzieren

Der »Fluch der Dimensionalität« tritt auf, wenn Ihre Daten zu viele Variablen oder Merkmale aufweisen und ist häufig eine Herausforderung im Umgang mit KI oder maschinellem Lernen. Er entsteht, weil das Datenvolumen exponentiell wächst, wenn die Anzahl der Merkmale zunimmt. Dieser Fluch kann Marketingdaten in KI-Modellen komplexer und weniger effizient machen. Das führt dazu, dass die KI-Engine ungenaue Erkenntnisse entwickelt oder fehlerhafte Marketingmaßnahmen empfiehlt.

Um dieses Problem anzugehen, verwenden Datenwissenschaftler Techniken zur Dimensionsreduzierung und Merkmalsextraktion. Das kann den Datensatz vereinfachen und gleichzeitig wesentliche Informationen erhalten.

- **Reduzierung der Anzahl der Features in einem Datensatz unter Beibehaltung der wesentlichen Informationen:** Zu den wichtigsten Aspekten dieses Prozesses gehören:
  - *Principal Component Analysis (PCA):* Diese weitverbreitete Methode identifiziert *Hauptkomponenten*, indem sie lineare Kombinationen der ursprünglichen Merkmale gruppiert. Anschließend ordnet sie die Hauptkomponenten nach ihrer Wichtigkeit und projiziert die Daten auf weniger Dimensionen. Dieser Prozess führt zu einem reduzierten Datensatz, der dennoch so viele Variationen und Informationen wie möglich enthält.
  - *t-Distributed Stochastic Neighbor Embedding (t-SNE):* Diese Technik hilft bei der Visualisierung von Daten, indem sie sich auf die Erhaltung lokaler Ähnlichkeiten zwischen Merkmalen konzentriert. t-SNE erstellt eine einfachere Darstellung der Daten und versucht dabei, die relativen Abstände zwischen Datenpunkten beizubehalten. Dies macht sie zu einem wertvollen Werkzeug zum Verständnis von Datenclustern und -mustern.
- **Erstellen neuer Features auf der Grundlage vorhandener Features:** Der Prozess der *Feature-Extraktion* deckt durch die Analyse der ursprünglichen Features latente Muster und Beziehungen in den Daten auf, die Datenwissenschaftler möglicherweise nicht sehen. Wichtige Punkte zur Feature-Extraktion sind:
  - *Convolutional Neural Networks (CNNs):* Eine Klasse von Deep-Learning-Modellen, die automatisch Merkmale bei der Bildanalyse extrahieren. Durch die Identifizierung und Darstellung komplexer Merkmale und Muster – wie Kanten, Texturen und Formen aus Rohpixeldaten – können CNNs die Bildverarbeitung erfolgreich durchführen.
  - *Latente Merkmale:* Merkmale, die Datenwissenschaftler in den Originaldaten möglicherweise nicht erkennen. Sie können wertvolle Erkenntnisse liefern und häufig zu einer verbesserten Leistung des Modells führen. Bei der Verarbeitung natürlicher Sprache kann diese Analyse beispielsweise zugrunde liegende semantische Informationen aus Textdokumenten extrahieren.

Umgang mit unausgewogenen und irrelevanten Daten

Bei *unausgewogenen Daten* tritt zum Beispiel eine Klasse, die ein bestimmtes Merkmal repräsentiert, deutlich häufiger auf als eine andere. Hier können Sie bestimmte Techniken anwenden, um dieses Ungleichgewicht zu beheben und sicherzustellen, dass Modelle des maschinellen Lernens (ML) keine Verzerrungen aufweisen und dadurch Ihre Marketingdaten verfälschen. Zu den Methoden gehören:

- **Oversampling:** Im Kern geht es darum, die Repräsentation der Minderheitenklasse zu erhöhen und so einen ausgewogeneren Datensatz zu fördern.
- **Undersampling:** Hier werden Beobachtungen aus der großen Klasse zufällig aus dem Datensatz eliminiert.
- **Anwendung spezieller Algorithmen** zur Bekämpfung unausgewogener Daten

Bei der Datenaufbereitung müssen Sie relevante Merkmale (messbare Merkmale oder Eigenschaften) der Daten auswählen. Irrelevante oder redundante Merkmale (die nicht auf die Informationen abzielen, die Sie gewinnen möchten) können Rauschen verursachen und die Modellleistung negativ beeinflussen. Datenwissenschaftler verwenden Techniken wie Recursive Feature Elimination (RFE) oder Feature Importance Scores. Dabei werden Key Features identifiziert, die erheblich die Prognosefähigkeit des Modells steigern können. Indem Sie sich auf relevante Merkmale konzentrieren, können Sie Ihre KI-Marketingmodelle effizienter und effektiver trainieren.

IN DIESEM KAPITEL

Grundlagen des maschinellen Lernens und neuronaler Netze

Lernarten, die KI nutzen kann

Ein Blick in die Bildverarbeitung

Wichtige Werkzeuge und Terminologie

Kapitel 5
Verbindungen herstellen: Maschinelles Lernen und neuronale Netzwerke

Viele Menschen verwenden Begriffe wie »maschinelles Lernen« oder »neuronale Netze« viel zu oft. Das hat allerdings seinen Grund: Denn zusammen bilden diese Technologien die Basis, auf der jede andere KI-Innovation aufbaut. Es ist wichtig zu verstehen, wie maschinelles Lernen und neuronale Netzwerke tatsächlich funktionieren. Denn das verschafft Ihnen eine genaue Vorstellung davon, welche Potenziale in KI stecken und was sie kann und was nicht.

In diesem Kapitel erkläre ich das maschinelle Lernen (ML) mit einfachen Begriffen und beschreibe den Prozess, wie Maschinen aus den Daten lernen, mit denen sie konfrontiert sind. Ich stelle auch neuronale Netzwerke als eine Methode vor, mit der maschinelles Lernen erreicht werden kann – indem vom menschlichen Gehirn inspirierte Algorithmen verwendet werden, um Muster in Daten zu erkennen.

Das Verständnis von maschinellem Lernen und neuronalen Netzwerken ist für Marketingfachleute von entscheidender Bedeutung. Denn diese Technologien ermöglichen ein personalisiertes Marketing, prädiktive Analysen und eine Automatisierung. Das wiederum erhöht die Effizienz der Marketingmaßnahmen und verbessert die Consumer Insights. Sie erstellen Content, erkennen Betrug und unterstützen den Kundensupport. Insgesamt unterstützen diese Technologien die Marketers dabei, datengesteuerte Entscheidungen zu treffen und in einem wettbewerbsintensiven Markt mit einer personalisierten Kundenansprache zu punkten.

Der Prozess des maschinellen Lernens

Maschinelles Lernen (ML) ist ein Zweig der künstlichen Intelligenz (KI). Informatiker trainieren Computer, aus den Daten zu lernen, auf die sie stoßen, statt sich auf eine Programmierung zu verlassen. Wie dieser Prozess genau funktioniert? Stellen Sie sich vor, Sie bringen Kindern bei, Früchte zu erkennen. Sie zeigen ihnen verschiedene Früchte und nennen sie bei ihren Namen. Mit der Zeit beginnen die Kinder, Früchte auch ohne Ihre Hilfe zu erkennen. Ähnlich verhält es sich beim maschinellen Lernen: Wissenschaftler stellen einem Computer Daten (wie Bilder von Früchten) und die dazugehörigen Beschriftungen (Namen der Früchte) zur Verfügung: Der Computer lernt daraufhin, neue Daten (über Früchte) selbstständig zu erkennen. Praktisch jedes Bilderkennungstool wird heute mithilfe von maschinellem Lernen trainiert. Wenn Sie jemals FaceID auf Ihrem iPhone aktiviert haben, haben Sie maschinelles Lernen ermöglicht; Sie haben das iPhone darauf trainiert, Ihr Gesicht zu erkennen.

Maschinelles Lernen ist also so, als würde man Computern beibringen, aus Erfahrung zu lernen. Indem man sie mit Daten füttert, geeignete Algorithmen verwendet und Modelle im Detail abstimmt, kann man Computer Aufgaben ausführen lassen, ohne dass sie für jede Aufgabe explizit programmiert werden müssen. Wie ich in Kapitel 4 erwähne, bilden Daten die Grundlage für maschinelles Lernens. Qualität und Quantität der Daten beeinflussen direkt, wie gut eine Maschine lernt. Stellen Sie es sich so vor: Wenn Sie lernen, ein Musikinstrument zu spielen, werden Sie umso besser, je mehr Sie üben (oder Daten hinzufügen). Wenn Sie jedoch mit einer mangelhaften Einstellung (oder Daten von schlechter Qualität) üben, werden Sie niemals ein guter Klavierspieler.

Wie gut Ihre KI-Engine das maschinelle Lernen integriert, hängt von einigen wichtigen Faktoren ab:

- **Modell und Algorithmen:** Das »Gehirn«, das das *maschinelle Lernmodell* ermöglicht, ist ein Computerprogramm. Dieses verwendet Algorithmen, die Anweisungen zum Umgang mit Daten geben. Ein *Algorithmus* ist wie ein Rezept. So wie Sie verschiedene Rezepte zum Backen eines Kuchens nehmen können, können Sie auch verschiedene Algorithmen zum Verarbeiten und Lernen von Daten verwenden. Die Wahl des Algorithmus hängt oft von der Art der Daten, der Aufgabe und dem gewünschten Ergebnis ab.

- **Training und Testen:** Nachdem Sie die Algorithmen entwickelt haben, trainieren Sie Ihr ML-Modell mit einem Teil Ihrer Daten. Nach dem Training testen Sie das Modell mit einem anderen Datensatz, um herauszufinden, wie gut das Modell gelernt hat. Dieser Trainings- und Testprozess stellt sicher, dass Ihr Modell sich die Trainingsdaten nicht nur merkt (ein Ergebnis, das als *Überanpassung* oder *Overfitting* bezeichnet wird), sondern die darin enthaltenen Muster gut genug versteht, um die Testdaten zu extrapolieren.

- **Überanpassung und Unteranpassung:** Diese möglichen Ergebnisse sind häufige Herausforderungen beim maschinellen Lernen. *Überanpassung* ist wie das Auswendiglernen von Antworten auf einen bestimmten Test, ohne dass die Inhalte verstanden wurden. Der Schüler, der die Antworten auswendig gelernt hat, kann bei einem anderen Test durchfallen. Genauso kann ein ML-Modell mit Trainingsdaten hervorragende Ergebnisse erzielen, bei neuen, unbekannten Daten jedoch schlecht abschneiden.

Unteranpassung ist das Gegenteil. Das Modell ist zu allgemein und kann die Muster in den Trainingsdaten nicht erfassen. Das führt zu einer schlechten Leistung oder, anders gesagt, zu ungenauen oder zu allgemeinen Empfehlungen.

- **Anwendungen in der Praxis:** Maschinelles Lernen ist allgegenwärtig! Von der Empfehlung von Songs auf Musikplattformen über Wettervorhersagen und Krankheitsdiagnosen bis hin zur Unterstützung bei finanziellen Entscheidungen und Sprachassistenten auf Smartphones – ML ist in vielerlei Hinsicht Bestandteil unseres Alltags. Wenn Sie beispielsweise den Musikdienst Spotify nutzen, profitieren Sie von dessen Machine-Learning-Algorithmen. Sie helfen dem Dienst dabei, Songs zu empfehlen, die Ihnen gefallen könnten.

  Algorithmen für maschinelles Lernen verbessern das Marketing, indem sie personalisierte Produktempfehlungen auf der Grundlage des Kundenverhaltens abgeben. Sie sagen auch Trends voraus und helfen Marketingfachleuten, Kundenbedürfnisse und -präferenzen zu antizipieren.

Neuronale Netze verstehen

Um auf der Diskussion über maschinelles Lernen im vorangegangenen Abschnitt aufzubauen, sollten Sie tiefer in eine der spannendsten Techniken des maschinellen Lernens einsteigen: in die Geheimnisse der neuronalen Netzwerke. *Neuronale Netzwerke* wurden von der Struktur des menschlichen Gehirns inspiriert. Sie bestehen aus Algorithmen, die darauf ausgelegt sind, Muster zu erkennen. Beim maschinellen Lernen geht es darum, Computer aus Erfahrungen lernen zu lassen. Neuronale Netzwerke verarbeiten dagegen Daten, indem sie nachahmen, wie das Gehirn Rohdaten markiert und einordnet.

Schichten eines neuronalen Netzwerks

Stellen Sie sich Ihr Gehirn für einen Moment als eine geschäftige Stadt vor. Die Nervenzellen (Neuronen) sind die Gebäude der Stadt, und die Dendriten und Axone sind die Straßen, die sie verbinden und Wege für Informationen schaffen. Ähnlich verhält es sich beim maschinellen Lernen: Ein neuronales Netzwerk verfügt über künstliche Neuronen, die durch »Pfade« verbunden sind, um Daten zu übertragen.

Sie können sich den Aufbau eines neuronalen Netzes etwa so vorstellen:

- **Input Layer:** Das Haupttor, wo Sie Informationen (Ihre Daten) in die Stadt einspeisen. Kehren Sie zurück zum Beispiel der Obsterkennung, das ich weiter vorn in diesem Kapitel im Abschnitt »Der Prozess des maschinellen Lernens« vorgestellt habe. In diesem Beispiel werden die Daten als beschriftete Daten eingespeist – ein Bild und ein dazugehöriger Name.
- **Hidden Layer:** Die verschlungenen Straßen und Viertel, in denen Daten zwischen den Gebäuden fließen und die Datenverarbeitung stattfindet. Ein wesentlicher

Bestandteil neuronaler Netzwerke ist die *Aktivierungsfunktion.* Diese entscheidet, wie viele Signale an den nächsten Layer übertragen werden. Sie sind wie die Ampeln in einer Stadt, die den Informationsfluss steuern.

- **Output Layer:** Das endgültige Ziel. Hier gibt das neuronale Netz seine Vorhersage ab oder klassifiziert die Daten, die die Hidden Layer durchlaufen haben. Stellen Sie sich ein Netzwerk vor, das darauf trainiert wurde, eine Katze zu identifizieren. Das neuronale Netzwerk leitet die bereitgestellten Bilddaten durch sein Netzwerk, zerlegt das Bild und untersucht Merkmale wie Kanten und Formen. Am Ende der Reise entscheidet es, ob es sich bei dem Bild um eine Katze handelt, und bietet diese Schlussfolgerung als Ergebnis an.

Das Trainieren eines neuronalen Netzwerks spiegelt den überwachten Lernprozess des maschinellen Lernens wider und weist folgende Merkmale auf:

- **Iterativer Lernprozess:** Durch die Verwendung gekennzeichneter Daten trifft das Netzwerk Vorhersagen, lernt aus Fehlern und verfeinert seinen Ansatz – ein Prozess, der *Backpropagation* (Fehlerrückführung) genannt wird. In neuronalen Netzwerken füttern Programmierer das Netzwerk mit handgeschriebenen Zahlen. Diese geben an, wie richtig seine Vorhersagen waren, sodass das Netzwerk seine Vorhersagen an dieses Feedback anpassen kann. Das Ziel ist also, dem Netzwerk dabei zu helfen, mit jeder Iteration besser zu werden.
- **Justierbare Gewichtung:** Verbindungen zwischen künstlichen Neuronen haben Gewichte, die ihre Bedeutung kennzeichnen. Während Daten durch Schichten und Verbindungen wandern, verfeinert das Netzwerk diese Gewichte, indem es ihnen mehr oder weniger Bedeutung für das Ergebnis zuschreibt). Damit verbessert es seine Vorhersagen.

Tiefe neuronale Netze verfügen über zahlreiche Hidden Layer. Sie ermöglichen es dem System, komplizierte Muster zu erkennen, und lenken das Potenzial des maschinellen Lernens in neue Richtungen. Sprachassistenten wie Siri (für Apple-Produkte) oder Alexa (für Amazon-Produkte) sind hierfür gute Beispiele. Diese Netzwerke verarbeiten Sätze, erkennen den Kontext und generieren präzise Antworten. Im Bereich Marketing geben tiefe neuronale Netze Kunden Produktempfehlungen und bieten ihnen eine kontextbezogene Werbung an. Denn sie verstehen sämtliche Interaktionen des Kunden mit einer Marke auf deren Website (und darüber hinaus).

Herausforderungen bei neuronalen Netzen

Neuronale Netze erweitern die Fähigkeiten im Bereich des maschinellen Lernens (ML). Sie ermöglichen es Computern, profunde Erkenntnisse aus Daten zu ziehen und sich anzupassen. Sie können diese virtuellen Gehirne mit ihren komplexen Verbindungen und Schichten für zahllose Aufgaben trainieren: von der einfachen Bilderkennung bis hin zum Verstehen menschlicher Sprache. Diese Anpassungsfähigkeit von ML mit der Tiefe neuronaler Netze öffnet die Tür zu fortgeschrittenen KI-Use-Cases. Im Marketing können neuronale Netze beispielsweise die Social-Media-Ads in Ihrem Instagram-Feed optimieren. Die Werbung wird damit nicht nur auf Ihre Interessen, sondern auch auf Ihre unmittelbaren Einkaufsbedürfnisse abgestimmt – alles dank der Leistungsfähigkeit neuronaler Netze.

Die Leistungsfähigkeit der Integration von ML in neuronale Netze hat jedoch auch potenzielle Nachteile:

- **Überanpassung:** Wenn ein Modell bei der Auswertung von Trainingsdaten gute Ergebnisse erzielt, jedoch nicht bei der Auswertung neuer Daten (wie in Bezug auf ML im Abschnitt »Der Prozess des maschinellen Lernens« weiter vorn in diesem Kapitel erläutert). Neuronale Netzwerke können zu spezialisiert sein und können damit bei unbekannten Daten keine allgemeinen Vorhersagen mehr treffen.
- **Rechenintensität:** Wie bei komplexen ML-Modellen können tiefe neuronale Netze extrem ressourcenintensiv und zeitaufwendig sein. Dies kann den Einsatz neuronaler Netzwerke für kleinere Unternehmen unerschwinglich teuer machen, wenn sie versuchen, alles selbst zu machen. Erfreulicherweise bieten Dienste wie Google Cloud und Amazon Web Services kleinen Unternehmen eine günstigere Möglichkeit an, die KI für ihre Marketingmaßnahmen zu nutzen.

Überwachtes und unüberwachtes Lernen

Wenn Sie versuchen, maschinelles Lernen (ML) und neuronale Netzwerke zu verstehen, kommen Sie zu den Konzepten des überwachten und unüberwachten Lernens. Der Abschnitt »Neuronale Netzwerke verstehen« weiter vorn in diesem Kapitel befasst sich mit dem Training neuronaler Netzwerke mithilfe von Iterationen gekennzeichneter Daten. Diese Art des Trainings ist *überwachtes Lernen* in Aktion. Beim *unüberwachten Lernen* erhält der Algorithmus im KI-Modell Daten ohne explizite Anweisungen. Er weiß nicht, was die Daten darstellen oder was mit ihnen zu tun ist. Das System versucht, die Muster und die Struktur aus den Daten zu lernen, ohne gekennzeichnete Antworten zu erhalten, die den Lernprozess leiten.

Der Weg des überwachten Lernens

Wenn Sie die Analogie der geschäftigen Stadt verwenden (siehe den Abschnitt »Schichten eines neuronalen Netzwerks« weiter vorn in diesem Kapitel), ist überwachtes Lernen in diesem Fall wie die Verwendung eines GPS. Sie kennen Ihren Startpunkt und Ihr Ziel. Bei dieser Art des Lernens stellen Sie dem Algorithmus Eingabe-Ausgabe-Paare zur Verfügung: also die Datenpunkte, die aus den Eingaben und ihren entsprechenden korrekten Ausgaben bestehen. Durch diese Paarung ist das Lernen »überwacht«, weil Sie dem Modell im Wesentlichen die Antworten liefern.

Sie präsentieren dem Netzwerk viele Beispiele (die Eingabedaten). Für jedes davon kennt das Netzwerk die richtige Ausgabe, weil Sie es mit dieser Information versorgen. Mit jedem Trainingsbeispiel passt das Netzwerk seine *Gewichte* (die relative Wichtigkeit der Daten) an, um den Unterschied zwischen seiner Vorhersage und der tatsächlichen Antwort zu verringern.

Die Forschung im Bereich des maschinellen Lernens zeigt, dass überwachte Algorithmen, insbesondere neuronale Netzwerke, mit zunehmender Anzahl gekennzeichneter Daten beeindruckende Genauigkeitsraten erreichen können. Beispielsweise erreichen Bilderkennungsmodelle bei bestimmten Datensätzen eine Genauigkeit von über 95 Prozent, wenn sie mit Millionen gekennzeichneter Bilder trainiert wurden. Tatsächlich sind von der Fehlerquote von 5 Prozent oder weniger typischerweise Bilder betroffen, die Menschen auf den ersten Blick ebenfalls ins Stolpern bringen – wie das klassische Beispiel von Chihuahuas im Vergleich zu Blaubeermuffins. (Sie können diese Bilder online finden, indem Sie nach »Chihuahuas und Blaubeermuffins« suchen.)

Die Freiheit des unüberwachten Lernens genießen

Vergleichen Sie überwachtes Lernen (siehe vorheriger Abschnitt), bei dem Sie ein GPS verwenden, um zu Ihrem Ziel zu gelangen, mit einem Abenteuer in einer geschäftigen Stadt, bei dem Sie überhaupt kein GPS verwenden – das ist unüberwachtes Lernen. Beim unüberwachten Lernen erkundet die KI die Daten, ohne bestimmte Ziele im Auge zu haben. Sie sucht stattdessen nach Mustern, Strukturen oder hilfreichen Orientierungspunkten, um eine Grundlage für die Identifizierung und Gruppierung der Daten zu schaffen.

Sie können neuronale Netze für das unüberwachte Lernen verwenden, allerdings sind sie häufig anders aufgebaut. Eine gängige Architektur ist der Autoencoder. Ein *Autoencoder* ist ein Algorithmus, der die Eingabedaten codiert und dann decodiert, wodurch die Originaldaten wiederhergestellt werden. Damit lernt die KI die wesentlichen Merkmale und Muster in den Daten, während sie diese durchkämmt.

Eine der Stärken des unüberwachten Lernens – insbesondere beim *Clustering* (hier werden Datenpunkte auf der Grundlage ihrer Ähnlichkeiten gruppiert) – besteht darin, dass es Marketers helfen kann, ihren Kundenstamm zu segmentieren. Ein Einzelhandelsunternehmen könnte beispielsweise feststellen, dass sich 70 Prozent seiner Kundendaten auf den Kauf von Haushalts- und Küchenartikeln beziehen, und 30 Prozent auf Interesse an Elektronik. Diese Art datengesteuerter Erkenntnisse kann als Grundlage für gezielte Marketingstrategien dienen.

Beispiele für überwachtes und unüberwachtes Lernen

In der geschäftigen Stadt des maschinellen Lernens ist überwachtes Lernen eine geführte Tour. Sie stellt sicher, dass der Computer bestimmte Ziele erreicht. Gleichzeitig kann der Computer beim unüberwachten Lernen frei erkunden und selbst verborgene Schätze und Muster entdecken. Neuronale Netze als grundlegende Infrastruktur in dieser Stadt lassen sich für jeden Lernansatz maßschneidern, sei es für das explizite Training mithilfe gekennzeichneter Daten oder aber für die Suche nach Mustern in den unerforschten Bereichen der Rohdaten.

Hier einige Beispiele für jede Lernart:

- **Überwachtes Lernen:** Stellen Sie sich vor, Sie haben einen Obstkorb und für jede Frucht ein Etikett. Beim überwachten Lernen zeigen Sie dem Computer einen Apfel und sagen ihm: »Das ist ein Apfel.« Dasselbe gilt für die anderen Früchte. Mit der Zeit und mit genügend Beispielbildern kann der Computer ein Bild einer Frucht erkennen, das er noch nie zuvor gesehen hat, und es korrekt als Apfel oder Banane bezeichnen.
- **Unüberwachtes Lernen:** Stellen Sie sich vor, Sie gehen durch eine geschäftige Stadt und sehen viele ähnliche Geschäfte – in einem Bereich Cafés, in einem anderen Buchhandlungen. Unüberwachtes Lernen findet statt, wenn die KI diese Geschäfte auf der Grundlage ihrer Ähnlichkeiten kategorisiert, ohne dass ihr die Kategorienamen explizit mitgeteilt werden. In der Praxis kann eine KI also die unterschiedlichsten Nachrichtenbeiträge betrachten und sie nach Themengebieten wie Sport, Politik oder Unterhaltung gruppieren, ohne dass ihr gesagt wird, welche Themen das sind.

Zusammen erweitern diese Lernmethoden die KI-Fähigkeiten und geben Marketingexperten (und anderen KI-Nutzern) Werkzeuge an die Hand, mit denen sie bekannte Wahrheiten erkennen, aber auch verborgene Erkenntnisse aufdecken.

Reinforcement Learning

In der dynamischen Landschaft des maschinellen Lernens (ML) ist Reinforcement Learning (*bestärkendes Lernen*) eine Variante des maschinellen Lernens. Hier lernt ein KI-Agent, Entscheidungen zu treffen, indem er für seine Aktionen Belohnungen oder Strafen erhält. Er ist wie ein abenteuerlustiger Reisender, der ständig dazulernt und sich auf Basis des Feedbacks immer wieder neu anpasst. Durch die Integration neuronaler Netze in Umgebungen des Reinforcement Learning können KI-Modelle komplexe Probleme bewältigen: von der Beherrschung von Spielen bis hin zur Abgabe personalisierter Produktempfehlungen.

Um bei der Analogie der geschäftigen Stadt für maschinelles Lernen zu bleiben: Stellen Sie sich Reinforcement Learning so vor, als würden Sie versuchen, sich in der Stadt zurechtzufinden, indem Sie Intuition, Versuch und Irrtum sowie gelegentliche Tipps von Einheimischen nutzen. Jedes Mal, wenn Sie eine richtige Entscheidung treffen – wie zum Beispiel eine Abkürzung nehmen, die Sie schneller an Ihr Ziel bringt –, werden Sie belohnt. Wenn Sie jedoch in einem Stau landen, ist Ihre Strafe eine verspätete Ankunft.

Obwohl neuronale Netzwerke und andere Modelle des maschinellen Lernens häufig auf strukturierten Daten basieren (wie etwa der beschriftete Obstkorb beim überwachten Lernen, der im Abschnitt »Der Weg des überwachten Lernens« weiter vorn in diesem Kapitel behandelt wird), beruht das bestärkende Lernen auf der Interaktion mit der Umgebung und dem Lernen aus den Ergebnissen dieser Interaktionen. Sie können neuronale Netzwerke in Reinforcement

Learning integrieren, insbesondere für komplexe Aufgaben. Mit der Zeit helfen die Systeme dem KI-Lernenden (dem neuronalen Netzwerk) vorherzusagen, welche Aktionen auf der Grundlage seiner bisherigen Erfahrungen die höchsten Belohnungen bringen werden.

Reinforcement Learning im E-Mail-Marketing

Hier ein Beispiel für Reinforcement Learning aus der Welt des Marketings: Stellen Sie sich ein E-Commerce-Unternehmen vor, das seine Werbe-E-Mail-Kampagnen verbessern möchte. Innerhalb seines E-Mail-Systems sind die Empfänger die Umgebung und die E-Mail-Plattform fungiert als Agent, der am bestärkenden Lernprozess teilnimmt.

Durch die Analyse von Kundendaten wie Kaufhistorie, *Öffnungsraten* (der Prozentsatz der E-Mail-Nachrichten, die von den Empfängern tatsächlich geöffnet werden) und *E-Mail-Interaktionen* (jeder Status oder jedes Ergebnis, das im Zusammenhang mit der gesendeten E-Mail auftritt) experimentiert das System mit verschiedenen Designs für seine Mails. Das Newsletter-System erhält ein positives Feedback, wenn die Empfänger die E-Mails öffnen, die sie erhalten. Und es erhält größere Belohnungen, wenn die Klicks zu Käufen führen. Das System erhält keine Belohnung für E-Mails, die ignoriert werden (was einer Strafe gleichkommt).

Weil das System mit der Zeit lernt, passt es das Design seiner E-Mails an das individuelle Kundenverhalten an. Das führt zu höheren Klickraten und Umsätzen. Dieser adaptive Ansatz kann nicht nur den Umsatz des Unternehmens steigern, sondern auch die Kundenzufriedenheit erhöhen. (In Kapitel 19 finden Sie weitere Informationen zum E-Mail-Marketing.)

Exploration versus Ausbeutung

Ein entscheidender Aspekt des bestärkenden Lernens ist das *Dilemma zwischen Exploration und Ausbeutung*. Soll der KI-Agent neue Aktionen ausprobieren (*Exploration*) oder bei dem bleiben, was seiner Erfahrung nach am besten funktioniert (*Ausbeutung*)? Das entspricht der Entscheidung, ob Sie ein neues Restaurant ausprobieren (Exploration) möchten oder in ein bekanntes gehen (Ausbeutung) wollen. Wenn Sie zu viel erkunden, kann es sein, dass Sie Zeit mit nicht zufriedenstellenden Speisen vergeuden. Wenn Sie zu wenig erkunden, kann es sein, dass Ihnen einige großartige kulinarische Erlebnisse entgehen. Im Beispiel des E-Mail-Systems aus dem vorhergehenden Abschnitt hat die KI die Wahl, eine E-Mail komplett neu zu gestalten (vielleicht um einen anderen Verbrauchertyp zu erreichen) oder nur geringfügige Änderungen an einem vorhandenen Design vorzunehmen, das bereits positive Ergebnisse gezeigt hat.

Das Gleichgewicht zwischen Exploration und Ausbeutung ist entscheidend. Denken Sie an Online-Streaming-Plattformen, die Filme oder Musik empfehlen. Wenn sie nur das vorschlagen, was Ihnen zuvor gefallen hat (Nutzung), sind die Tipps auf Dauer eintönig. Wenn sie jedoch immer neue Genres empfehlen (Erkundung), erhalten Sie vielleicht auch Empfehlungen, die Sie überhaupt nicht ansprechen.

Wenn Sie sich fragen, wie wirkungsvoll Reinforcement Learning ist, werfen Sie einen Blick auf Netflix, das diese Technik – neben anderen – einsetzt. Das Unternehmen schätzt, dass sein Empfehlungssystem – das Exploration und Ausbeutung ausbalanciert – ihm über eine Milliarde Dollar pro Jahr spart. Denn es reduziert damit die Kündigerrate (weitere Informationen zur Bekämpfung der Kundenabwanderung finden Sie in Kapitel 11) und erhöht die Zufriedenheit der Nutzer. Selbstverständlich setzt Netflix Reinforcement Learning auch ein, um die E-Mails an seine Kunden zu optimieren.

Beim Reinforcement Learning handelt es sich um eine kontinuierliche Anpassung. Im Gegensatz zum überwachten Lernen, bei dem sich das Modell nach dem Training möglicherweise überhaupt nicht ändert, verfeinern Reinforcement-Agenten ihre Strategien ständig. Damit sind sie in sich ändernden Umgebungen vielseitig einsetzbar.

Sequenzen und Zeitreihen beherrschen

Im Bereich des maschinellen Lernens (ML) spielen, wie in der gesamten Informatik und im digitalen Marketing, Sequenzen und Zeitreihen eine zentrale Rolle:

- ✔ **Sequenz:** Im maschinellen Lernen geordnete Datenpunktsätze. Betrachten Sie die Abfolge von Wörtern in einem Satz, zum Beispiel »Hallo« und »Welt«, um den Satz »Hallo, Welt« zu bilden.
- ✔ **Zeitreihen:** Eine Sequenz, die sich durch ihre zeitliche Anordnung auszeichnet. Besonders wichtig, wenn Datenpunkte bestimmten Zeitpunkten entsprechen. Denken Sie an ein maschinelles Lernmodell, das Herzschlagmuster analysiert oder Aktienkurse vorhersagt: Jedes Datenelement ist mit einem Zeitstempel versehen und bildet einen kontinuierlichen Datenstrom.

Wie sich neuronale Netze bei der Zeitreihenanalyse auszeichnen

Neuronale Netze (die ich im Abschnitt »Neuronale Netze verstehen« weiter vorn in diesem Kapitel bespreche) sind für Sequenzen und Zeitreihen besonders leistungsfähig, da sie sich an vorherige Eingaben erinnern können. Zum Beispiel:

- ✔ **Rekurrente neuronale Netze (RNN)** können Sequenzen verarbeiten, indem sie vorherige Datenpunkte berücksichtigen. Damit sind RNN ideal für Zeitreihenvorhersagen. Diese Fähigkeit ist besonders im digitalen Marketing wichtig, da sie eine genaue Prognose von Verbraucherverhalten, Kampagnenleistung und Nachfragemustern liefert und so effektivere und Time-to-Market-Strategien ermöglicht.
- ✔ **Long-Short-Term-Memory-Netzwerke (LSTM)**, eine Art RNN, sind darauf ausgelegt, sich langfristige Abhängigkeiten in Sequenzen zu merken. Im Marketing sind LSTM-Netzwerke wertvoll, um historisches Kundenverhalten zu verfolgen und zu verstehen. Der Kasten »Einsatz von LSTM-Netzwerken« in diesem Kapitel bietet ein Beispiel für den Einsatz von LSTM-Netzwerken in Marketingmaßnahmen.

Stellen Sie sich vor, Sie trainieren ein neuronales Netzwerk, um Aktienkurse vorherzusagen. Mithilfe eines RNN analysiert das Modell Daten aus den vergangenen Monaten:

- **Januar:** 100 US-Dollar/Aktie
- **März:** 110 US-Dollar/Aktie
- **Mai:** 130 US-Dollar/Aktie
- **Juli:** 150 US-Dollar/Aktie

Das LSTM erfasst den Aufwärtstrend und prognostiziert unter Berücksichtigung der Saisonalität der Vorjahre einen leichten Rückgang in den kommenden Wintermonaten.

Beim maschinellen Lernen muss die KI Sequenzen und Zeitreihen in neuronalen Netzen beherrschen, insbesondere für Anwendungsfälle im Marketing und in der Kundenbindung. Wenn Ihr Data- und Analytics-Team diese Tools nicht zur Analyse Ihrer Kundendaten verwendet, entgehen Ihnen möglicherweise wichtige Möglichkeiten zur Optimierung des Marketings – darunter Consumer Insights, genaue Umsatzprognosen oder Anhaltspunkte für neue, innovative Ansätze in Marketingkampagnen.

Einsatz von LSTM-Netzwerken

Hier ein Beispiel dafür, wie ein Online-Abonnementdienst Long Short-Term Memory (LSTM; siehe den Abschnitt »Wie sich neuronale Netze bei der Zeitreihenanalyse auszeichnen« in diesem Kapitel) nutzen kann, um Kundenabwanderungen vorherzusagen: Durch die Analyse von Zeitreihendaten, die über Abonnementinteraktionen gesammelt wurden – beispielsweise die täglichen Interaktionen der Nutzer, Kundenfeedback und Zahlungshistorie – prognostiziert das LSTM-Modell die Wahrscheinlichkeit, ob ein Kunde sein Abonnement im kommenden Monat kündigt.

Nachdem das Modell Kunden mit hoher Abwanderungswahrscheinlichkeit identifiziert hat, kann das Marketingteam eingreifen, um diese Kunden zu halten. Es kann ihnen maßgeschneiderte Anreize wie Rabatte oder personalisierten Content bieten. Durch diesen LSTM-gesteuerten Marketingansatz kann das Unternehmen die Kundenabwanderung effektiv reduzieren, die Kundenbindung erhöhen und den Customer Value steigern.

Funktionen, Herausforderungen und Tools für Zeitreihen nutzen

Im Zusammenhang mit neuronalen Netzen können bestimmte Merkmale von Datenverarbeitungsmethoden helfen, Zeitreihen zu verstehen. Außerdem können Tools die Funktionsweise der Zeitreihenanalyse in neuronalen Netzen verbessern. Aber wie bei jeder anderen Technologie können Sie auch hier bei der Anwendung auf Herausforderungen stoßen. Tabelle 5.1 bietet einen Überblick über wichtige Merkmale, Herausforderungen und Tools im Zusammenhang mit Zeitreihen in neuronalen Netzwerken.

Kategorie	Funktion	Beschreibung
Features		
	Einbettung	stellt die Sequenzen in kompakter Form dar und erfasst die Beziehungen zwischen verschiedenen Zeitpunkten
	Trenderkennung	erkennt langfristige Aufwärts- oder Abwärtsbewegungen in einer Reihe
	Saisonalitätserkennung	identifiziert wiederkehrende Muster wie etwa jährliche Umsatzspitzen
Herausforderungen		
	Überanpassung	Die Trainingsdaten passen möglicherweise zu genau zueinander. Das führt dazu, dass neuronale Netze bei der Bereitstellung neuer Daten eine mangelhafte Leistung erbringen.
	Komplexität	Der Betrieb von LSTM-Netzwerken und anderen Sequenzmodellen kann rechenintensiv und die Feinabstimmung kompliziert sein.
Tools und Methoden		
	Aufmerksamkeitsmechanismus	ermöglicht dem Modell, sich stärker auf bestimmte Teile der Sequenz zu konzentrieren als auf andere, was bei Aufgaben wie der Sprachübersetzung nützlich ist
	Transferdenken	verwendet vortrainierte Modelle, um Zeitreihenvorhersagen zu verbessern, insbesondere bei begrenzten Daten
	Dropout-Layer	helfen dabei, eine Überanpassung neuronaler Netzwerke zu verhindern, indem sie während des Trainings zufällig Einheiten ausschließen

Tabelle 5.1: Besonderheiten von Zeitreihen in neuronalen Netzen

Entwicklung des Sehens und der Bildverarbeitung in der KI

Das menschliche Sehvermögen fasziniert Wissenschaftler und Ingenieure. Die Fähigkeit, Gesichter zu erkennen, Szenen zu interpretieren und Farben zu unterscheiden, ist ein kompliziertes Zusammenspiel von biologischer Struktur und neuronaler Analyse. In der Welt der künstlichen Intelligenz (KI) hat die Nachbildung dieses Zusammenspiels zu bahnbrechenden Entwicklungen im Bereich des maschinellen Sehens geführt, bei dem neuronale Netze die Hauptrolle spielen.

Die ersten Schritte der maschinellen Bildverarbeitung begannen in den 1960er-Jahren, als Forscher Maschinen beibringen wollten, Bilder zu erkennen und zu interpretieren. Die Arbeiten in dieser Zeit waren rudimentär und konzentrierten sich auf einfache Formen und Muster. Doch als die Rechenleistung der Maschinen zunahm, wuchs im Bereich der maschinellen Bildverarbeitung auch der Ehrgeiz der Forscher.

Die 2010er-Jahre brachten dann eine regelrechte Revolution. *Convolutional Neural Networks* (CNNs; Deep-Learning-Modelle, die zur Verarbeitung strukturierter Rasterdaten wie Bilder entwickelt wurden) übertrafen bei der Klassifizierung von Bildern traditionelle Methoden wie Support Vector Machines und manuell entwickelte Features. Bis 2015 erreichten neuronale Netze bei dem ImageNet-Wettbewerb – einer jährlichen Challenge für Forscher und Ingenieure im Bereich der Bilderkennung – eine erstaunlich niedrige Fehlerquote von 3,57 Prozent. Damit übertrafen sie die menschliche Leistung in diesem Wettbewerb.

Wie neuronale Netze Bilder verarbeiten

Im Grunde ist ein digitales Bild eine Sammlung von Pixelwerten. Eine bestimmte Anzahl von Pixeln entspricht der Höhe und Breite des Bildes. In Farbbildern hat jedes Pixel außerdem drei Werte, die den Intensitäten von Rot, Grün und Blau (RGB) entsprechen. Zusammen mit der Anzahl der Pixel in Höhe und Breite bildet eine Sammlung aller Farbwerte der Pixel eine dreidimensionale Anordnung, die als Eingabedaten für die Analyse durch KI-Modelle verwendet werden kann.

Neuronale Netzwerke, insbesondere Convolutional Neural Networks (CNNs), sind gut darin, diese Anordnung von Bildinformationen zu verarbeiten. Eine detaillierte Beschreibung dieser Verarbeitung würde den Rahmens dieses Buches sprengen, aber vereinfacht ausgedrückt verwenden CNNs Schichten von Neuronen, die über die Bilddaten gleiten und Merkmale wie Kanten, Texturen und Muster erkennen. Eine Reihe von Pooling-Schichten, die zwischen den Convolutional-Layern eingestreut sind, trägt dazu bei, die räumlichen Dimensionen zu reduzieren (das heißt das Bildfeld zu glätten), während wichtige Merkmale erhalten bleiben.

Nutzung der Leistungsfähigkeit von Convolutional Neural Networks (CNNs)

CNNs mit ihrer spezialisierten, geschichteten Architektur veränderten die maschinelle Bildverarbeitung. Statistisch gesehen wurde im Jahr 2020 bei über 80 Prozent der Bildverarbeitungsaufgaben in der KI-Forschung irgendeine Form von CNNs genutzt, was deren Dominanz und Effizienz unterstreicht.

CNNs verwenden bei der Bildanalyse folgende Techniken:

- **Lernen von Merkmalen:** Im Gegensatz zu herkömmlichen Methoden, bei denen Merkmale von Experten manuell entworfen und ausgewählt wurden, lernen CNNs diese Merkmale automatisch aus Bilddaten.
- **Hierarchische Darstellung:** Niedrigere Layer (die ersten Schichten des neuronalen Netzes) können Kanten erkennen, während tiefere Layer (die weiteren Schichten im Netzwerk) komplexe Strukturen wie Gesichter oder Tiere erkennen können.
- **Transfer Learning:** CNNs, die für eine Aufgabe trainiert wurden (zum Beispiel das Erkennen von Hunden), können sich mit minimalem zusätzlichen Training an eine andere, verwandte Aufgabe anpassen (beispielsweise das Identifizieren von Hunderassen).

Prominente Beispiele für den Einsatz von Bildverarbeitungstechnologien sind autonome Fahrzeuge und medizinische Bildverarbeitung. Von Teslas bis zu Ford-Versionen sind alle autonomen Fahrzeuge mit Kameras ausgestattet, die Bilder für die Verarbeitung aufnehmen, zum Beispiel zum Interpretieren von Verkehrssignalen und Erkennen von Fußgängern. In der medizinischen Bildverarbeitung können Radiologen mithilfe von neuronalen Netzen Anomalien wie Tumore mit extrem hoher Genauigkeit erkennen.

In der Welt des Marketings und der CRM-Systeme gibt es zahlreiche Beispiele für maschinelles Sehen. So integrierte beispielsweise eine Mode-E-Commerce-Plattform ein CNN, um ihr Produktempfehlungssystem zu verbessern.

- **Erfassung von Daten zu Kundenpräferenzen:** Wenn Nutzer Bilder von Kleidungsstücken in sozialen Medien oder auf der Plattform selbst hochladen oder mit ihnen interagieren, erfasst CNN die visuellen Muster und Stile der Kleidungsstücke.
- **Analyse der Kleidungsvorlieben:** Durch das Erkennen bestimmter Merkmale wie Farben, Texturen und Designs erstellt CNN ein Bild davon, welche Art von Kleidung dem Kunden gefällt.
- **Empfehlung ähnlicher Produkte:** Auf der Grundlage der Analyse der Produkteigenschaften empfiehlt das System dem Nutzer ähnliche Artikel aus dem Bestand der Plattform.

Dieser visuell orientierte Empfehlungsansatz optimiert nicht nur das Einkaufserlebnis für die Nutzer. Er kann auch den Umsatz steigern, indem er relevante Produktoptionen auf der Grundlage visueller Präferenzen präsentiert.

Einblick in fortgeschrittene Bildverarbeitungstechniken

Die maschinelle Bildverarbeitung im Bereich neuronaler Netze ist ein Beweis für die unglaubliche Leistungsfähigkeit und das Potenzial des maschinellen Lernens. Die Reise begann mit der rudimentären Formerkennung in den 1960er-Jahren und endete heute bei der hyperrealistischen Bilderzeugung.

Die Weiterentwicklung des maschinellen Sehens in der KI geht über einfache CNNs hinaus und kann mithilfe der folgenden Features komplexere visuelle Aufgaben bewältigen:

- **Generative Adversarial Networks (GANs):** Dieses fortschrittliche Machine-Learning-Modell besteht aus einem Netzwerk, das Bilder generiert, und einem, das diese auswertet. GANs können hyperrealistische Bilder (beispielsweise von Personen und Orten) erzeugen, die oft nicht mehr von echten Bildern zu unterscheiden sind.

Wenn Sie schon einmal Bild-KIs wie Midjourney oder DALL-E 3 verwendet haben, um ein Bild für eine Präsentation oder ein Werbemotiv zu erstellen, haben Sie GANs in Aktion erlebt.

- **Segmentierung und Objekterkennung:** CNNs klassifizieren ganze Bilder, aber ein Mask-R-CNN-Modell kann mehrere Objekte innerhalb eines Bildes identifizieren und sie präzise abgrenzen. Kameras und Autobahnmautstellen werden beispielsweise darauf trainiert, Autokennzeichen zu erkennen.
- **Bild-zu-Bild-Konvertierung:** Stellen Sie sich vor, Sie wandeln eine Bleistiftskizze in ein farbenfrohes Kunstwerk um. Netzwerke wie Pix2Pix und CycleGAN können diese Transformation durchführen.

Trotz der großen Fortschritte bei der Bildverarbeitungskapazität bleiben einige Herausforderungen bestehen:

- **Data Bias:** Neuronale Netze lernen aus Daten. Wenn diese Daten verzerrt oder voreingenommen sind, können die Vorhersagen des Modells unfair oder ungenau sein. So hatten frühe Gesichtserkennungssysteme beispielsweise wegen voreingenommener Trainingsdaten Schwierigkeiten, Personen mit dunklerer Hautfarbe zu erkennen (diese Systeme erhielten überwiegend Daten zu Personen mit hellerer Hautfarbe).
- **Rechenleistung:** Neuronale Netze erfordern eine erhebliche Rechenleistung, was die Echtzeitverarbeitung oder Bereitstellung auf Geräten mit geringen Ressourcen zu einer Herausforderung macht.
- **Interpretierbarkeit:** Bei neuronalen Netzen, die oft als *Black Boxes* bezeichnet werden, ist es schwer zu erkennen, wie sie zu einer bestimmten Entscheidung gekommen sind. Für sensible Anwendungen wie die medizinische Bildverarbeitung ist dies aber von entscheidender Bedeutung.

Tools für maschinelles Lernen und neuronale Netze

Die Anfangsstadien des maschinellen Lernens (ML) in der Mitte des 20. Jahrhunderts waren von manuellen Berechnungen und begrenzten Datensätzen geprägt. Als sich jedoch das Potenzial der KI zu entfalten begann, wurden in den 1990er- und 2000er-Jahren die ersten ML-Tools und -Bibliotheken entwickelt. Die schnellen Fortschritte im Bereich des Deep Learning, das heißt die Verwendung mehrschichtiger neuronaler Netze zur Modellierung komplexer Datenmuster in den 2010er-Jahren, brachte dann eine Fülle spezialisierter Tools für neuronale Netze hervor.

Diese Tools, die aus dem Zusammenspiel von Wissenschaft und Industrie entstanden sind, machen Maschinen intelligenter und intuitiver. Sie müssen diese Tools zwar nicht gut kennen. Aber wenn Sie das Ökosystem kennen und wissen, wie diese Tools maschinelles Lernen, neuronale Netze und maschinelles Sehen verbinden, können Sie wichtige Einblicke gewinnen und deren Potenzial besser einschätzen.

Beteiligung von Python

Die Programmiersprache Python hat sich aufgrund ihrer Einfachheit und Robustheit zur Lingua Franca des maschinellen Lernens entwickelt. Mehrere Python-basierte *Bibliotheken* (Codesegmente, die für bestimmte Aufgaben wiederverwendbar sind) sind seitdem zu Eckpfeilern geworden:

- ✔ **Keras:** Als High-Level-Programmierschnittstelle (API) für neuronale Netze erleichtert Keras das Entwerfen und Trainieren komplexer neuronaler Modelle. Ursprünglich unabhängig, ist es jetzt Teil des TensorFlow-Ökosystems.
- ✔ **PyTorch:** PyTorch wurde 2016 vom KI-Forschungslabor von Facebook entwickelt und wird für seinen Dynamic Computational Graph gelobt (der Änderungen und Fehlerbehebungen im laufenden Betrieb ermöglicht). Das macht PyTorch für Forschungszwecke besonders attraktiv.
- ✔ **scikit-learn:** Diese 2007 eingeführte Bibliothek bietet einfache und effiziente Tools für Data-Mining und Datenanalyse. Mit über 20.000 GitHub-Repositories, die sie im Jahr 2021 verwenden, ist sie ein Favorit für klassische maschinelle Lernaufgaben.
- ✔ **TensorFlow:** TensorFlow wurde 2015 von Google eingeführt und ist zum Synonym für die Modellierung neuronaler Netze geworden. Seine Flexibilität ermöglicht den Einsatz auf verschiedenen Plattformen: von Servern bis hin zu Smartphones.

Es ist hilfreich, mit der Terminologie der KI-Programmierung vertraut zu sein. Bevor Sie in Panik geraten: Als Marketer müssen Sie Python nicht beherrschen oder sich in dessen Bibliotheken vertiefen. Aber wenn Sie mit Data-, Tech- und Analyseteams zusammenarbeiten, werden Sie möglicherweise auf Diskussionen über Python und die zugehörigen Bibliotheken stoßen. Dank der Fortschritte bei *GPT* (*Generative Pre-trained Transformer*, eine Art maschinelles Lernen, das auf Prompts neue Inhalte generiert) können Sie als Marketer diese KI anweisen, in Ihrem Namen Python-Code zu generieren. Damit können Sie mit Ihrer KI-Plattform interagieren, ohne technischer Experte sein zu müssen.

Einblicke in Deep-Learning-Plattformen

Der Aufstieg von Deep-Learning-Anwendungen (wie Bilderkennung und Verarbeitung natürlicher Sprache) führte zu einer Nachfrage an Plattformen, die End-to-End-ML-Workflows bewältigen können. Zwei Deep-Learning-Plattformen, die an Bedeutung gewonnen haben, sind:

- ✔ **Google Cloud ML Engine:** Managed Service, der es Entwicklern ermöglicht, Machine-Learning-Modelle in der Cloud zu erstellen, zu trainieren und bereitzustellen (das heißt, die Modelle werden auf Remote-Servern und nicht auf lokalen Maschinen entwickelt und ausgeführt). Er lässt sich nahtlos in TensorFlow integrieren (siehe vorheriger Abschnitt), sodass der Übergang von der Modellerstellung zur Bereitstellung reibungslos verläuft.
- ✔ **Amazon SageMaker:** Diese 2017 eingeführte Plattform bietet Tools zum Erstellen, Trainieren und Bereitstellen von Machine-Learning-Modellen im großen Maßstab (je nach Umfang der Daten).

Bis 2024 nutzten Tausende von Unternehmen für ihre KI-Anforderungen entweder Google Cloud ML oder SageMaker.

IN DIESEM KAPITEL

Marketing mit natürlicher Sprachverarbeitung

Modelle, mit denen Sie KI optimal nutzen können

Herausfinden, wie Ihre Kunden denken

Grenzen der Emotionsanalyse durch KI

Best Practices im Marketing mit KI

Kapitel 6
Natürliche Sprachverarbeitung und Stimmungsanalyse

In dem riesigen digitalen Universum, das wesentlich unseren Alltag bestimmt, sind Worte und Bilder eine wichtige Währung. Jeder Insta-Post, jede Produktbewertung oder jede E-Mail verbirgt Insights, wartet nur darauf, genutzt zu werden. Aber wie kann ein Unternehmen angesichts der Masse an Worten, die jeden Tag im Umlauf sind, die Wünsche, Vorlieben und Abneigungen seiner (potenziellen) Kunden im Auge behalten und daraus einen echten Mehrwert erhalten? Hier kommt die Verarbeitung natürlicher Sprache (Natural Language Processing, kurz NLP) ins Spiel – eine vielversprechende Technologie, die unsere Alltagssprache analysiert und daraus Erkenntnisse gewinnt. In der Welt des Marketings ist die Verwendung von NLP so, als ob Sie die Gedanken Ihrer Kunden ständig und jeden Tag aufs Neue unter die Lupe nehmen würden.

Die Verarbeitung natürlicher Sprache (NLP) ist ein Zweig der künstlichen Intelligenz (KI). Er konzentriert sich auf die Interaktion zwischen Computern und Menschen in natürlicher Sprache. Vereinfacht ausgedrückt handelt es sich dabei um eine Technologie, die Maschinen befähigt, Sprache oder Wörter zu verstehen, sie zu interpretieren und darauf zu reagieren.

Stellen Sie sich vor, Sie sind Einzelhändler, der täglich Tausende von Produktbewertungen erhält. Diese manuell zu sichten, um Informationen herauszufiltern, ist nicht nur mühsam, sondern auch extrem ineffizient. Vermutlich ist es für eine Person (oder sogar ein Team) nahezu unmöglich, dies kosteneffizient zu erledigen. Mithilfe von NLP können Sie dagegen sofort bestimmte Daten analysieren und Trends aus diesen Produktbewertungen erkennen. Wenn Kunden von Ihrem *»weichen Stoff«* schwärmen, wissen Sie, worauf Sie Ihr Marketing oder Ihren Nachschub konzentrieren müssen. Wenn sie wiederholt die *»langsame Lieferung«* erwähnen, ist das ein Hinweis, Ihre Versandlogistik zu überdenken.

In diesem Kapitel erfahren Sie, wie Sie die Verarbeitung natürlicher Sprache (NLP) und die Stimmungsanalyse digitaler Texte in konkrete Handlungsanweisungen umwandeln können. Durch die Entschlüsselung von Kundenbewertungen, Social-Media-Beiträgen und E-Mails können Sie intelligentere Entscheidungen treffen und das Kundenerlebnis verbessern. Das Kapitel behandelt grundlegende Elemente der NLP (Linguistik und Statistik), die Integration von maschinellem Lernen sowie die Auswirkungen von KI-Transformatoren und beschreibt bestimmte Aufmerksamkeitsmechanismen. Es befasst sich auch mit praktischen Anwendungen und zeigt die Herausforderungen, die mit der Nutzung dieser KI-Technologien für Marketingmaßnahmen verbunden sind.

Die Entmystifizierung von NLP

NLP ist mehr als nur ein Werkzeug. Es ist im digitalen Zeitalter die Brücke zwischen Unternehmen und ihren Kunden. Wenn Unternehmen die Sprache der Kunden wirklich verstehen, nehmen sie nicht einfach nur das Kundenfeedback wahr. Sie können vielmehr vorausschauend handeln, Strategien entwickeln und ihren Kunden einen größeren Mehrwert bieten. NLP ist für Unternehmen so wichtig, weil sie durch diese Technologie die alltägliche Kommunikation ihrer Kunden verstehen können.

In der sich ständig weiterentwickelnden Welt des NLP bilden zwei grundlegende Elemente – Linguistik und statistische NLP – den Motor. Er treibt die Leistung der meisten KI-Lösungen an, die Unternehmen zum Verstehen und Interagieren mit menschlicher Sprache verwenden. Die Linguistik liefert das Regelwerk und die Statistik ist für die Anpassungsfähigkeit verantwortlich. Zusammen können die NLP-Tools damit die Sprache so verstehen, wie sie heute gesprochen wird, und sich mit ihr gemeinsam weiterentwickeln.

Sie müssen die Fähigkeiten dieser grundlegenden Elemente (Linguistik und Statistik) begreifen, wenn Sie NLP und seine Anwendungen für Ihr Marketing im Zeitalter der künstlichen Intelligenz nutzen möchten.

Erforschung der Linguistik für NLP

Im Mittelpunkt jeder Sprache steht ein Satz von Regeln, Strukturen und Semantiken – das Fachgebiet der Linguistik. Wenn Wissenschaftler von *Linguistik* für NLP sprechen, meinen sie damit die Anwendung linguistischer Prinzipien, die Computern helfen sollen, die Feinheiten der menschlichen Sprache zu verstehen.

Denken Sie an den Bedeutungsunterschied zwischen »Komm, wir essen, Opa« und »Komm, wir essen Opa«. Ein winziges Satzzeichen kann oft die gesamte Stimmung eines Satzes verändern. Die Prinzipien der Linguistik helfen NLP-Systemen, solche Nuancen zu erkennen.

Durch die Einbettung linguistischer Regeln in NLP-Modelle können Unternehmen eine genauere und kontextbezogenere Sprachverarbeitung sicherstellen und so ihre Chatbots, Transkriptionsdienste und andere sprachorientierte Tools unterstützen.

Der Eckpfeiler der Sentimentanalyse sind ausgefeilte linguistische Algorithmen. Diese Algorithmen sind wie ein erfahrener Chirurg darauf spezialisiert, Sprache zu sezieren, indem sie Erkenntnisse aus einem Wortgeflecht herausarbeiten. Sie arbeiten, indem sie Text analysieren – sei es ein Tweet, eine Produktbewertung oder eine Kunden-E-Mail – und Schlüsselwörter und Ausdrücke identifizieren, die eine emotionale Bedeutung haben.

Beispielsweise würde eine Kundenrezension mit dem Satz »Diese neue Hautpflegeserie ist revolutionär und meine Haut hat sich noch nie besser angefühlt« mit positiven Markierungen für die Wörter *»revolutionär«* und *»besser«* gekennzeichnet. Die Nutzung und Analyse dieser Ausdrücke zum Verständnis der Stimmung hilft Unternehmen dabei, schnell zu erkennen, was sie als Nächstes tun sollten. Diese linguistische Analyse ist wie ein Deep Dive in die Sprache, um Kundeninsights zu gewinnen.

Mit statistischem NLP das große Ganze erkennen

Obwohl linguistische Regeln einen strukturierten Ansatz zum Textverständnis bieten, ist Sprache dynamisch und verändert sich ständig. Hier kommt statistisches NLP ins Spiel. *Statistisches NLP* nutzt mathematische Modelle, um Sprache, basierend auf Mustern und Wahrscheinlichkeiten, zu analysieren. Stellen Sie sich einfach vor, Sie würden Maschinen die Fähigkeit der Prognose beibringen.

Wenn jemand beispielsweise »Ich leide unter dem ...« in eine E-Mail-Nachricht eintippt, könnte ein statistisches NLP-Modell – basierend auf der Häufigkeit früherer Phrasen – *»Wetter«* als wahrscheinliches nächstes Wort vorschlagen. Dieser datengesteuerte Ansatz hat Bereiche wie die maschinelle Übersetzung und die Stimmungsanalyse revolutioniert (siehe den Abschnitt »Das Geheimnis der Sentimentanalyse« weiter hinten in diesem Kapitel). Unternehmen können damit ganz neue Erkenntnisse gewinnen und Vorhersagen aus riesigen Mengen an Textdaten treffen.

Warum Linguistik und NLP wichtig sind

Beide Systemkomponenten – Linguistik für NLP (siehe den Abschnitt »Erforschung der Linguistik für NLP« weiter vorn in diesem Kapitel) und statistisches NLP (besprochen im vorhergehenden Abschnitt) – haben ihre Stärken und Schwächen. Die Linguistik kann komplexe Sprachstrukturen verarbeiten und grammatikalisch korrekte Sätze generieren. Programmierer können jedoch nicht für jede mögliche Sprachstruktur Regeln erstellen. Und regelbasierte Systeme sind von Natur aus unflexibel und schwer zu pflegen.

Statistisches NLP hingegen kann große Datenmengen verarbeiten und Muster erkennen, die mit Regeln nur schwer zu erfassen sind. Auf der anderen Seite kann die Interpretation statistischer Modelle schwierig sein. Sie führt möglicherweise nicht immer zu grammatikalisch korrekten Sätzen.

NLP mit maschinellem Lernen verbessern

Denken Sie an einige der sprachbasierten Anwendungen, die Sie zur Kundenansprache einsetzen: Chatbots auf Ihrer Website, die in Echtzeit mit Kunden interagieren, intelligente Assistenten wie Alexa, die Sprache verstehen und darauf reagieren, oder Tools zur Sentimentanalyse, die die Stimmung von Social-Media-Posts während einer Produkteinführung messen.

Bei diesen Beispielen handelt es sich nicht nur um schicke technische Tools, sondern um reale Use Cases bei der Verarbeitung natürlicher Sprache (NLP). Sie werden von Unternehmen heute genau so eingesetzt, um ihren Kunden einen besseren Service zu bieten. NLP kann zudem in vielen Bereichen eingesetzt werden, die über die im vorhergehenden Absatz genannten hinausgehen: in der medizinischen Forschung, bei Suchmaschinen, Business Intelligence, Spracherkennung, Dokumentzusammenfassung, der maschinellen Übersetzung und Spam-Erkennung sowie der Eigennamenerkennung (Named Entity Recognition), dem automatisierten Ausfüllen von Fragebogen, Autocomplete-Funktionen (Autovervollständigung), der Text Prediction und mehr.

Integration von NLP und maschinellem Lernen

Da die Interaktionen zwischen Menschen und Unternehmen zunehmend digital gesteuert werden, wird es immer wichtiger, dass Maschinen die menschliche Sprache verstehen und präzise darauf reagieren. Obwohl die Wurzeln von NLP tief in der Linguistik und Statistik liegen, haben technologische Fortschritte zu einem transformativen Ansatz geführt: maschinelles Lernen (ML) für NLP.

Diese Synergie von KI-Systemen definiert die Grenzen dessen neu, was Informatiker im Bereich der Sprachtechnologie entwickeln können. Sie stellt einen Sprung von der reinen Sprachverarbeitung zum tiefen Sprachverständnis dar. Für Unternehmen, die für digitale Innovationen bereit sind, ist diese Kombination aus NLP und maschinellem Lernen ein Weg zur Entwicklung wirklich intelligenter und intuitiver sprachbasierter Anwendungen. Damit können Kunden personalisiert, kosteneffizient und in Echtzeit angesprochen werden.

Nutzen Sie für Marketingmaßnahmen die Kombination aus NLP und maschinellem Lernen. Denn so können Sie das bekannte Marketingversprechen »die richtige Botschaft, am richtigen Ort, zur richtigen Zeit« erfüllen.

Die Integration der beiden Technologien erfolgt auf zwei Ebenen:

- ✔ **Maschinelles Lernen in NLP:** Wie ich in anderen Kapiteln (insbesondere Kapitel 4 und 5) erläutere, geht es beim maschinellen Lernen darum, Computern beizubringen, aus Erfahrung zu lernen. Anstatt Regeln für die Sprachverarbeitung manuell zu erstellen, werden ML-Modelle anhand riesiger Datensätze trainiert, sodass sie Muster, Nuancen und Feinheiten der Sprache erkennen können. Stellen Sie sich vor, Sie trainieren ein Modell anhand von Millionen von Kundenrezensionen. Mit der Zeit ist das Modell geübt darin, auch Gefühle, Vorlieben und sogar kulturelle Unterschiede zu verstehen und Rohtext in umsetzbare Erkenntnisse umzuwandeln.

- **Deep Learning und NLP:** *Deep Learning*, eine Untergruppe des maschinellen Lernens (also fortgeschrittene Lernmodelle, die große Datensätze und komplexe Algorithmen verwenden), ist in Verbindung mit NLP noch leistungsfähiger. Durch die Verwendung neuronaler Netzwerke (inspiriert vom menschlichen Gehirn; siehe Kapitel 5) dringen Deep-Learning-Modelle tief in Sprachstrukturen ein. Nehmen wir beispielsweise die Herausforderung, den Kontext in Sätzen zu verstehen. Traditionelle Modelle könnten mit dem Wortbestand in einer Phrase wie »Ich saß auf einer Bank am Ufer eines Flusses« im Vergleich zu »Ich ging zur Bank, um Geld abzuheben« Schwierigkeiten haben. Doch *Deep-Learning-Modelle* können den Unterschied erkennen, indem sie umgebende Wörter, die Satzstruktur und sogar vorherige Sätze im selben Absatz analysieren.

Die Kombination von NLP und maschinellem Lernen verschafft Unternehmen und Marketers einen nie da gewesenen Wettbewerbsvorteil. Der automatisierte Kundensupport wird individueller und effizienter, Inhaltsempfehlungen werden hochgradig personalisiert und Echtzeitübersetzungen deutlich präziser. Automatisierter Kundensupport geht über die bloße Verarbeitung von Sprache hinaus; er kann die Absichten, Emotionen und Wünsche des Kunden verstehen und sogar vorhersehen.

Anpassung an das emotionale Spektrum

In der dynamischen Welt der Kundenemotionen versagen Einheitslösungen. Wenn es darum geht, auf Stimmungen von Kunden zu reagieren und sie zu interpretieren, sind Modelle des maschinellen Lernens (ML) bestens geeignet. Sie bieten einen deutlich differenzierteren Ansatz zur Stimmungsanalyse als herkömmliche Technologielösungen, die stark auf strukturierten Daten beruhten (bei denen jede mögliche Frage eines Kunden spezifische Antworten hatte). Informatiker trainieren diese neuen Modelle anhand riesiger Datensätze mit Textinhalten, damit die Modelle lernen, die Feinheiten und Komplexität menschlicher Emotionen zu erkennen und zu interpretieren.

Beispielsweise könnte das Marketingteam einer Sportmarke ML nutzen, um die feinen Unterschiede zwischen »*Die neuen Laufschuhe sind gut*« und »*Die neuen Laufschuhe sind ein Gamechanger!*« zu erkennen. Obwohl beide Aussagen positiv sind, unterscheiden sich Begeisterung und Intensität deutlich. Durch ständiges Lernen und Anpassen sind ML-Modelle für Marketingexperten wie eine Linse, durch die sie die Gefühlswelt ihrer Kunden betrachten können. Und das viel besser und genauer, als dies allein durch eine grundlegende Stimmungsanalyse möglich wäre (siehe den Abschnitt »Das Geheimnis der Sentimentanalyse« weiter hinten in diesem Kapitel).

NLP-Algorithmen und -Modelle sind nicht nur Tools, die die Kundenstimmung erfassen. Unternehmen können damit die Welt aus der Sicht ihrer Kunden betrachten und auf diese Sichtweise reagieren, indem sie Rohdaten in umsetzbare Erkenntnisse umwandeln. Die Einbeziehung von NLP und Stimmungsanalyse kann das Marketing Ihres Unternehmens in vielen Bereichen stark verbessern. Sie wissen damit, wann Sie einen Kunden aufgrund positiver Feedbacktrends zu einem Upgrade bewegen können, wie Sie Ihr Produkt anpassen müssen (zum Beispiel wegen wiederholter Beschwerden über eine Funktion) und ob Sie Ihren Kundensupport (zum Beispiel langsame Reaktionszeiten) verändern sollten.

Untersuchung von Transformern und Aufmerksamkeitsmechanismen

Ein neues Schlagwort – Transformer – hat die Welt der natürlichen Sprachverarbeitung (NLP) im Sturm erobert. Neben *Aufmerksamkeitsmechanismen* (die es Modellen ermöglichen, sich auf bestimmte Teile der Eingabedaten zu konzentrieren und diese nach Relevanz zu priorisieren) zählen auch *Transformer* zu den KI-Modellen, die die Art und Weise verändern, wie Maschinen die menschliche Sprache verstehen. Darunter versteht man fortgeschrittene neuronale Netzwerkarchitekturen, die ganze Datensequenzen gleichzeitig verarbeiten, um komplexe Abhängigkeiten zwischen entfernten Elementen – wie unterschiedliche Absätze in einem Dokument – zu erfassen.

Transformatoren und Aufmerksamkeitsmechanismen stellen den aktuellen Höhepunkt der NLP-Innovation dar. Indem sie die Lücke zwischen maschineller Verarbeitung und menschlichem Sprachverständnis schließen, öffnen sie Unternehmen die Tür zu einer neuen Ära der Kundenbindung und damit (hoffentlich) zu einer neuen Stellung im Markt.

Für Marketingfachleute hat die Einführung von Transformatoren und Aufmerksamkeitsmechanismen das Potenzial einer Goldmine. Marketingabteilungen können mit diesen Technologien Inhalte erstellen, die beim Publikum ankommen, differenzierte Erkenntnisse aus Kundenfeedback gewinnen oder Chatbots entwickeln, die mit verblüffender Relevanz reagieren. Transformatoren und Aufmerksamkeitsmechanismen treiben die generative KI-Welt in der Praxis an und sind daher für das Marketing wirklich transformativ (kein Wortspiel beabsichtigt).

Hier ein kurzer Blick auf die Transformator- und Aufmerksamkeitsmechanismus-Technologien:

- **Transformer:** Betrachten Sie Transformer, die erstmals 2017 eingeführt wurden, als das neueste architektonische Wunderwerk der KI. Im Gegensatz zu herkömmlichen Modellen, die Wörter in einer Sequenz – eines nach dem anderen – verarbeiten, können Transformer ganze Sätze oder Absätze gleichzeitig betrachten. Dies hilft dem Transformer, Beziehungen zwischen Wörtern zu erfassen, egal wie weit sie voneinander entfernt sind. Stellen Sie sich vor, die KI untersucht die Stimmung des Feedbacks eines Kunden, das lautet:

  »Trotz der frustrierend langen Wartezeit und der Tatsache, dass ich mehrmalig zurückrufen musste, um herauszufinden, wann die Bestellung versendet wird, war ich von dem Produkt begeistert.«

  Ein Transformator kann lange Wartezeiten mühelos mit begeistert verknüpfen, um ein ganzheitliches Verständnis des Feedbacks zu erhalten. ***Hinweis:*** Das T im Namen des Konversationsmodells ChatGPT steht für Transformer (und GPT steht für Generative Pre-trained Transformer).

- **Aufmerksamkeitsmechanismen:** Die wahre Kraft hinter dem Transformer. So wie Menschen bestimmten Wörtern mehr Aufmerksamkeit schenken, wenn sie versuchen, einen Satz zu verstehen, ermöglicht dieser Mechanismus dem Modell, sich auf bestimmte, relevante Teile der Eingabedaten zu konzentrieren. In dem Satz *»Jane, die zweimal in Paris war, sagte, der Eiffelturm sei atemberaubend«* beispielsweise legt der Aufmerksamkeitsmechanismus bei der Bestimmung der wichtigsten Aussage mehr Gewicht auf *»Jane«* und *»Eiffelturm«*. Er erkennt, dass die Hauptbedeutung des Satzes darin besteht, wie schön Jane den Eiffelturm findet, und nicht, dass sie zweimal in Paris war.

Die Sprachmodelle Bidirectional Encoder Representations from Transformers (BERT) und GPT verwenden beide Aufmerksamkeitsmechanismen. BERT untersucht den Text in zwei Richtungen – sowohl vor als auch nach den Hauptwörtern –, um Nuancen und Bedeutung besser erfassen zu können.

Das Geheimnis der Sentimentanalyse

Im Zeitalter digitaler Interaktionen, in dem jeder Klick, jede Bewertung oder jeder Kommentar eine Geschichte erzählt, sind Unternehmen ständig auf der Suche nach den Stimmungen, die diese Interaktionen beeinflussen. Die KI-basierte Stimmungsanalyse ist damit das Tool, mit dem Marketingfachleute den Puls ihrer Kunden abhören und messen können. So können Sie wie durch ein Fenster in die Gedanken Ihrer Kunden sehen: Sie können nicht nur hören, was sie sagen, sondern spüren auch, wie sie sich fühlen.

Die Sentimentanalyse ist also mehr als nur ein Werkzeug: Sie bildet die Brücke zwischen Unternehmen und der Gefühlswelt ihrer Kunden. In einer Welt, in der Kaufentscheidungen oft von Emotionen bestimmt werden, ist sie für Marketers einen Wegweiser, um sich in den komplexen Gefilden der Kundengefühle zurechtzufinden.

Die Stimmung erfassen

Die *Sentimentanalyse* ist eine NLP-Technik, die bestimmt, ob ein Textabschnitt eine positive, negative oder neutrale Stimmung aufweist. Es ist die Wissenschaft und Kunst, aus Wörtern eine emotionale Stimmung zu extrahieren und ein abstraktes Gefühl in messbare Daten umzuwandeln. Stellen Sie sich eine Rezension vor, in der es heißt: *»Die Schuhe sind schick, aber furchtbar unbequem.«* Die Sentimentanalyse kann die positive Stimmung gegenüber dem Stil und die negative Stimmung gegenüber dem Komfort genau erfassen und so eine mehrdimensionale Sicht auf das Feedback bieten.

Die Magie der Sentimentanalyse liegt in ihrer Vielseitigkeit. Deutlich wird das an diesen Beispielen:

- ✔ **Für eine Hotelkette** wird eine Feedback wie *»Der Meerblick war atemberaubend«* als positiv erkannt und *»Der Zimmerservice war furchtbar langsam«* als negativ.
- ✔ **Für ein Technologieunternehmen** sind Kommentare wie *»Die Benutzeroberfläche der App ist unglaublich benutzerfreundlich«* ein positives Zeichen, während *»Sie stürzt häufig ab«* die Alarmglocken läuten lässt.

- **In der Unterhaltungsbranche** können sogar subtile Gefühle wie »*Das Konzert war ganz okay*« als neutral oder leicht negativ erkannt und eingeordnet werden.

Für Marketingfachleute ist der Einsatz der Sentimentanalyse vergleichbar mit der Entdeckung einer Goldmine. In diesem Fall handelt es sich bei dem Gold jedoch um Kundeninsights, die ein differenziertes Verständnis der Kundenmeinungen über bloße Sternebewertungen oder Likes hinaus bieten. Marketers können Kampagnenfeedback, Produkteinführungen oder sogar Social-Media-Trends in Echtzeit analysieren und die gewonnenen Erkenntnisse nutzen, um Strategien anzupassen und Kundenwünsche zu berücksichtigen. Die Sentimentanalyse sammelt nicht nur Feedback; sie hilft Ihnen auch, die Emotionen hinter dem Feedback zu verstehen und ansprechende Antworten zu formulieren.

Sprachnuancen verstehen

Die wahre Herausforderung bei der Sentimentanalyse besteht darin, sich mit den vielen Nuancen von Kontext und Semantik auseinanderzusetzen. Wörter allein sind nur die Spitze des Eisbergs. Erst wenn ihre Bedeutung im Kontext verstanden wird, erhält man Zugang zu den relevanten Informationen. Die semantische Analyse hilft, die Bedeutung hinter Wörtern zu interpretieren, indem sie Feinheiten der Sprache wie Sarkasmus, Ironie und Metapher erkennt.

Im Marketing bedeutet das Verstehen dieser Feinheiten, dass Sie nicht nur wissen, was ein Kunde wörtlich gesagt hat: »Das ist das interessanteste Parfüm, das ich je gerochen habe.« Sondern auch zu entschlüsseln, ob es sich dabei um ein Kompliment oder eine Kritik handelt. Ein Report des Digital Marketing Institute zeigte, dass Marken, die erweiterte semantische Analysen einsetzten, eine bessere Ausrichtung auf die Kundenbedürfnisse erzielten.

Integration von Social-Media-Analysen

Im digitalen Zeitalter können soziale Medien das Schlachtfeld sein, auf dem Marken zum Gewinner oder vernichtet werden. Die Stimmungsanalyse lässt sich perfekt mit Social-Media-Analysen kombinieren und bietet Echtzeiteinblicke in die öffentliche Meinung. Diese Integration ermöglicht es Marketingexperten, Chats in sozialen Medien zu überwachen und in Echtzeit die Stimmung bei einer Produkteinführung oder einer Werbekampagne einzuschätzen.

Ein Getränkehersteller könnte beispielsweise die Reaktionen auf die Markteinführung einer neuen Geschmacksrichtung auf X (früher Twitter) verfolgen und sofort erkennen, ob die Stimmung überwiegend positiv, gemischt oder negativ ist. Daten des Social-Media-Management-Tools Sprout Social zeigen, dass Marken, die aktiv Stimmungsanalysen bei der Überwachung sozialer Medien nutzen, eine bessere Kundenbindung haben. Social-Media-Analysen sind dabei mehr als ein reines Monitoren: Sie sind wie ein Finger am Puls des Verbraucherzeitgeistes.

Herausforderungen für NLP und Sentimentanalyse

Im digitalen Zeitalter verlassen sich Marketingexperten stark auf die Verarbeitung natürlicher Sprache (NLP) und Stimmungsanalyse, um sich die in den Textdaten verborgenen Schätze der Consumer Insights zu erschließen. Der Weg ist jedoch mit Komplikationen gepflastert, da diese Technologien mit den Feinheiten der menschlichen Sprache und Emotionen umgehen müssen.

Das Verständnis dieser Nuancen ist nicht nur eine wissenschaftliche Herausforderung, sondern auch für Marketingexperten, die ihre Kunden besser verstehen wollen. Sie müssen in der Lage sein, diese Herausforderungen zu erkennen und anzugehen. Hier einige der Herausforderungen, denen KI-Systeme im Umgang mit dem Faktor Mensch gegenüberstehen:

- ✔ **Umgangssprache und Redewendungen:** Umgangssprache und Redewendungen entwickeln sich ständig weiter und spiegeln kulturelle Veränderungen und Trends wider. Herkömmliche NLP-Systeme, die oft auf statischen Wörterbüchern und Regeln basieren, haben Mühe, mit dieser linguistischen Entwicklung Schritt zu halten. Beispielsweise kann ein System, das mit Daten von vor fünf Jahren trainiert wurde, von aktuellen Begriffen im Internet verwirrt sein. Diese Einschränkung ergibt sich aus der algorithmischen Starrheit von NLP-Modellen ohne Lernmechanismen. Diese würden es ihnen ermöglichen, sich dynamisch an neue linguistische Trends anzupassen.

- ✔ **Wechselnde Stimmungen:** Wechselnde Stimmungen in einem einzigen Textbeitrag sind für Stimmungsanalysealgorithmen ein komplexes Szenario. Die aktuelle Technologie basiert häufig auf Keyword-basierten Ansätzen oder einfachen Stimmungsbewertungen, die nuancierte Ausdrücke falsch interpretieren können. Die Herausforderung liegt in dem Unvermögen der Technologie, verschiedene Stimmungen innerhalb ein- und desselben Textes kontextbezogen zu gewichten und einen ganzheitlichen Stimmungswert zu erkennen, der den Grundtenor widerspiegelt (siehe den Abschnitt »Untersuchung von Transformern und Aufmerksamkeitsmechanismen« weiter vorn in diesem Kapitel. Er gibt einen Überblick, wie KI-Systeme Betonungen verstehen. Fortgeschrittenere Algorithmen zur Sentimentanalyse beziehen maschinelles Lernen ein und können mit diesen Komplexitäten umgehen.

- ✔ **Sarkasmus und Ironie:** Sarkasmus und Ironie verdrehen die beabsichtigte Bedeutung von Wörtern und sind damit eine erhebliche Herausforderung für NLP-Algorithmen, die Texte hauptsächlich auf der Grundlage oberflächlicher Wortbedeutungen analysieren. Den meisten aktuellen Systemen fehlt das ausgefeilte kontextuelle und pragmatische Verständnis, das zum Erkennen dieser Feinheiten erforderlich ist. Diese Einschränkung liegt in dem Unvermögen der Technologie, umfassenderes Wissen und emotionale Intelligenz zu integrieren. Genau die sind aber für die Interpretation solcher indirekter Ausdrucksformen unerlässlich.

- ✔ **Kulturelle und sprachliche Vielfalt:** Der globale digitale Marktplatz bringt eine Vielzahl von Sprachen und kulturellen Kontexten mit sich, jeder mit einer einzigartigen sprachlichen Struktur und ganz eigenen Konnotationen. Aktuelle NLP-Technologien weisen häufig eine Vorliebe für weiter verbreitete Sprachen wie Englisch und Spanisch auf. Wenig verbreitete Sprachen können diese Technologien nicht so genau verarbeiten. Fortschritte bei auf maschinellem Lernen basierendem NLP haben jedoch dazu geführt, dass inzwischen eine größere Bandbreite an Sprachen und Dialekten berücksichtigt werden kann.

Darüber hinaus übersehen diese Systeme oft die Feinheiten des kulturellen Kontexts, was die Stimmungsinterpretation erheblich beeinflusst. Denn die KI-Technologie kann die zahlreichen und vielfältigen kulturellen Nuancen, die unseren Sprachgebrauch beeinflussen, nicht in vollem Umfang berücksichtigen.

Best Practices für die Verwendung von NLP und Sentimentanalyse

Fortschrittlichen Unternehmen eröffnet die Konvergenz von natürlicher Sprachverarbeitung (NLP) und Stimmungsanalyse neue Wege für das Verständnis und die Interaktion mit Kunden. Um das volle Potenzial dieser Technologien auszuschöpfen, müssen Unternehmen eine Reihe von Best Practices einhalten, die sowohl technische als auch ethische Aspekte dieser KI-Tools berücksichtigen:

- **Eine genaue und vielfältige Datenerfassung priorisieren:** Effektive NLP- und Stimmungsanalysen beginnen mit der Erfassung hochwertiger, vielfältiger Daten. Unternehmen müssen darauf abzielen, Daten aus einer Vielzahl von Quellen zu sammeln – wie etwa aus sozialen Medien, Kundenbewertungen, Umfragen und direkten Kundeninteraktionen. Nachdem die Modemarke H&M ihre Datenerfassung diversifiziert und dadurch ein umfassenderes Verständnis der Kundenstimmung erreicht hat, erzielte sie eine deutliche Steigerung der Kundenzufriedenheit.

Setzen Sie nicht auf eine begrenzte Anzahl von Datenquellen. Denn damit erhalten Sie verzerrte und unvollständige Erkenntnisse.

- **Geeignete NLP- und Sentimentanalysetools auswählen:** Passen Sie Ihre Toolauswahl an die spezifischen Geschäftsanforderungen an und berücksichtigen Sie dabei Faktoren wie Sprachunterstützung, Integrationsmöglichkeiten und die erforderliche Komplexität der Analyse. Unternehmen, die Tools verwenden, die auf ihre individuellen Anforderungen abgestimmt sind, können mit einer deutlichen Steigerung in der Genauigkeit ihrer Erkenntnisse rechnen.

Treffen Sie Ihre Entscheidung für das zu verwendende Tool nicht ausschließlich auf der Basis von Kosten oder Beliebtheit. Denn diese Kriterien korrelieren möglicherweise nicht mit den spezifischen Anforderungen Ihres Unternehmens.

- **Analyse kontextualisieren und Grenzen erkennen:** Sowohl NLP als auch Sentimentanalyse müssen kontextbezogen sein, um effektiv zu sein. Beispielsweise berücksichtigt der Ansatz von Netflix den spezifischen Kontext von Benutzerkommentaren, was zu genaueren Inhaltsempfehlungen führt. Aktuelle NLP-Technologien haben ihre Einschränkungen, insbesondere im Umgang mit Mehrdeutigkeiten, Sarkasmus und kulturellen Nuancen (siehe vorheriger Abschnitt). Eine Fehlinterpretation dieser Elemente kann zu ungenauen Analysen und möglicherweise falschen Geschäftsentscheidungen führen.

- ✔ **Für kontinuierliches Lernen und Anpassung sorgen:** Der Bereich NLP entwickelt sich ständig weiter. Stellen Sie sicher, dass Ihre NLP- und Sentimentanalysemodelle regelmäßig aktualisiert werden, um neue linguistische Muster, aufkommende Modewörter und sich entwickelnden Sprachgebrauch zu verstehen. Damit können Sie die Relevanz und Genauigkeit der Analysen aufrechterhalten. Amazons Ansatz, seine Algorithmen kontinuierlich zu aktualisieren, ist ein Beweis für die Wirksamkeit dieser Praxis.

- ✔ **Quantitative und qualitative Erkenntnisse integrieren:** Obwohl NLP und Stimmungsanalyse quantitative Daten liefern, können Sie diese Daten durch qualitative Forschung ergänzen, um ein tieferes Verständnis der Stimmungen und Vorlieben der Kunden zu erlangen. Starbucks' Strategie, algorithmische Analyse mit direktem Kundenfeedback zu kombinieren, ist ein Paradebeispiel für diesen Ansatz. Wenn man sich ausschließlich auf quantitative Daten verlässt, übersieht man möglicherweise die differenzierten Erkenntnisse, die Menschen aus qualitativen Analysen gewinnen können. Denn diese basieren auf Daten, die im direkten Dialog mit Menschen gesammelt wurden.

- ✔ **Ethische Standards und Datenschutzbestimmungen einhalten:** Setzen Sie NLP und Stimmungsanalyse nach ethischen Gesichtspunkten ein. Unternehmen müssen Datenschutzgesetze respektieren und Transparenz bei ihren Datenverarbeitungspraktiken wahren. Sie müssen Vorschriften wie die Datenschutz-Grundverordnung (DSGVO) nicht nur aus rechtlichen Gründen einhalten, sondern auch, um das Vertrauen Ihrer Kunden zu erhalten. (Weitere Informationen zu Ethik und Datenschutz finden Sie in Kapitel 22.)

- ✔ **Mehrsprachige Funktionen für eine globale Reichweite nutzen:** Wenn Ihr Unternehmen weltweit agiert, sollten Sie NLP-Tools nutzen, die mehrere Sprachen und Dialekte verarbeiten können. Damit sind die Erkenntnisse, die Ihre Tools erzielen, nicht auf eine einzige Sprachgruppe beschränkt. Sie bieten ein umfassenderes Verständnis Ihrer globalen Kundenbasis. Wenn die sprachliche Vielfalt nicht berücksichtigt wird, kann dies zu verzerrten Erkenntnissen und verpassten Chancen auf internationalen Märkten führen. (Informationen zum Einsatz von KI zum Übersetzen und Lokalisieren von Marketinginhalten finden Sie in Kapitel 17.)

- ✔ **Mit NLP-Experten und Linguisten zusammenarbeiten:** Diese Zusammenarbeit kann die Wirksamkeit von Stimmungs- und Sprachanalysen erheblich steigern. Die Experten können wertvolle Einblicke in die Feinheiten der Sprache geben und dabei helfen, Algorithmen für noch genauere Erkenntnisse zu optimieren. Unterschätzen Sie nicht die Komplexität der Sprachverarbeitung! Holen Sie sich bei Bedarf fachkundige Beratung, beispielsweise bei der Entwicklung anspruchsvoller Sprachmodelle oder beim Umgang mit bestimmten Sprachnuancen im Kundenfeedback.

Durch die Implementierung der Best Practices in der obigen Liste kann Ihr Unternehmen die Komplexität von NLP und Stimmungsanalyse effektiv bewältigen. Das führt zu aufschlussreicheren und wirkungsvolleren Marketingstrategien. Diese Praktiken unterstreichen die Bedeutung eines ganzheitlichen, ethisch einwandfreien und sich kontinuierlich weiterentwickelnden Ansatzes. Dieser ist für das Verständnis und für die Einbindung von Kunden in unserer heutigen digitalen Landschaft unerlässlich.

IN DIESEM KAPITEL

Mit Predictive Analytics in die Zukunft blicken

Die richtigen Verfahren für Ihre KI

Erstellen, Verwenden und Optimieren von KI-Systemen

KI-Filter für detaillierte Anwendungen

Kapitel 7
Zusammenarbeit bei Prognosen, Verfahren, Systemen und Filtern

Im Bereich der künstlichen Intelligenz (KI) sind Prognosen, Verfahren, Systeme und Filter die Grundpfeiler, auf der das gesamte Potenzial der KI erst zur Geltung kommen kann. Diese Komponenten steuern nicht nur die Kernfunktionen der KI-Systeme, sondern prägen auch die Art und Weise, wie Menschen mit diesen Systemen interagieren und von ihnen profitieren. *Prognosen* sind das Herzstück der KI. Sie nutzen historische Daten, um zukünftige Ergebnisse vorherzusagen. Diese Funktion ist besonders hilfreich in Bereichen wie dem Gesundheitswesen. Dort können KI-basierte Prognosen helfen, Krankheiten mit einer Präzision zu diagnostizieren, die die von menschlichen Experten übertrifft.

Verfahren in der KI beziehen sich auf die Algorithmen und Protokolle. Sie bestimmen, wie KI-Systeme lernen und sich anpassen. Programmierer müssen diese Verfahren sorgfältig entwerfen, um sowohl Effizienz als auch Genauigkeit sicherzustellen. Beispielsweise können richtig konzipierte KI-Algorithmen Daten exponentiell schneller verarbeiten und analysieren als Menschen. KI-Systeme mit schlecht konzipierten Verfahren können wiederum enorme Probleme verursachen.

Die *Systeme* in der KI beschreiben die Infrastruktur und Architektur, die diese intelligenten Fähigkeiten unterstützen.

Schließlich hilft das *Filtern* KI-Systemen dabei, riesige Mengen an Informationen zu durchforsten und nur das herauszusieben, was für die jeweilige Aufgabe relevant und nützlich ist. KI-gesteuertes Filtern hat Bereiche wie die Empfehlung von Inhalten revolutioniert, wo

Algorithmen für eine personalisierte User Experience sorgen. Fortschritte beim KI-Filtern tragen zu einer deutlichen Steigerung des Engagements auf allen möglichen Plattformen bei.

Erfahren Sie in diesem Kapitel, wie Prognosen, Verfahren, Systeme und Filter das Rückgrat der modernen KI bilden.

Predictive Analytics verstehen

In der KI-Welt dient *Predictive Analytics* (ein wichtiger Bereich von Advanced Analytics) dazu, Vorhersagen über unbekannte zukünftige Ereignisse zu treffen. Dazu werden Daten, statistische Algorithmen und Techniken des maschinellen Lernens eingesetzt. Predictive Analytics

- ✔ verfügt über Kenntnisse im Bereich Data-Mining und untersucht große Datenbanken, um neue Informationen zu generieren.
- ✔ basiert stark auf *maschinellem Lernen,* einem Teilbereich der KI-Technologie. Dieser ermöglicht es Systemen, selbstständig aus Erfahrungen zu lernen und sich zu verbessern. (Weitere Informationen zum maschinellen Lernen finden Sie in Kapitel 5.)

Die Wirksamkeit prädiktiver Analysen in der KI wird deutlich, wenn man sich deren Erfolge in der Geschäftswelt ansieht. In bestimmten Bereichen, wie etwa der Betrugserkennung, erreichen diese Systeme Genauigkeitsraten von über 95 Prozent.

Der Markt für Predictive-Analytics-Anwendungen wächst derzeit rasant. Prognosen gehen von einem Umsatzanstieg von 7,2 Milliarden US-Dollar im Jahr 2020 auf 22,1 Milliarden US-Dollar bis 2026 aus (Statistiken sind in Gartner-Artikeln unter `www.gartner.com/` verfügbar). Dieser Anstieg entspricht einer durchschnittlichen jährlichen Wachstumsrate von 21,2 Prozent. Laut einer im Januar 2024 aktualisierten Umfrage von MicroStrategy (`https://community.microstrategy.com/`) nutzen über 52 Prozent der Unternehmen erweiterte und prädiktive Analysen, um bessere Einblicke und kontextbezogene Informationen in ihre Betriebsabläufe zu erhalten.

Einsatz von Predictive Analytics in verschiedenen Branchen

Zahlreiche Branchen nutzen Predictive Analytics, um ihre Betriebsabläufe zu verbessern. Dabei ist KI in verschiedenen Bereichen eine wichtige treibende Kraft bei ihrer Entwicklung und Anwendung. Das zeigen diese Beispiele:

- ✔ **Gesundheitswesen:** KI-Modelle wie IBM Watson nutzen einen Mix aus strukturierter und unstrukturierter Datenanalyse, um Muster in Patientendaten zu analysieren und das Auftreten von Krankheiten wie Krebs vorherzusagen.

  Auch andere Anwendungen verbessern die Patientenergebnisse und senken die Behandlungskosten. So nutzt beispielsweise Googles DeepMind Health KI, um eine Verschlechterung des Zustands eines Patienten, insbesondere ein akutes Nierenversagen, bis zu 48 Stunden vor seinem Eintreten vorherzusagen. Diese Fähigkeit, kritische Gesundheitsereignisse vorherzusehen, verbessert die Behandlungsergebnisse für Patienten um beeindruckende 30 Prozent und senkt gleichzeitig die Behandlungskosten um die Hälfte. (Weitere Informationen finden Sie unter `https://deepmind.google/discover/blog/using-ai-to-give-doctors-a-48-hour-head-start-on-life-threatening-illness/`.)

- **Finanzsektor:** Unternehmen nutzen Predictive Analytics für Kreditscoring und Risikomanagement. Damit können sie die Wahrscheinlichkeit eines Zahlungsausfalls von Kreditnehmern bewerten und Markttrends vorhersagen, um Investitionen zu unterstützen. KI-gestützte Predictive Analytics spielen auch eine entscheidende Rolle bei der Betrugserkennung. Mehr als 70 Prozent der Banken nutzen bereits KI-Lösungen zur Betrugsbekämpfung.

  Paradebeispiele sind PayPal und Visa, die täglich Millionen von Transaktionen mithilfe hochentwickelter KI-Algorithmen überprüfen. Diese KI-Systeme identifizieren betrügerische Aktivitäten präzise und gewährleisten sichere Transaktionen für die User weltweit. (Informationen zur Sicherheit von PayPal finden Sie unter `www.paypal.com/us/security/learn-about-paypal-secure-technology`.)

- **Einzelhandel:** Prädiktive Modelle helfen Unternehmen dabei, das Kundenverhalten zu verstehen und die Verwaltung des Lagerbestands zu optimieren. Das ermöglicht auch personalisierte Marketingkampagnen.

  Amazon, ein führendes Unternehmen im Einzelhandel, verwendet prädiktive Modelle, um Kundenkäufe vorherzusagen. Diese Strategie hat im Laufe der Zeit zu einem Umsatzanstieg von 20 Prozent und einer Reduzierung der Lagerkosten um 5 Prozent geführt. Das Unternehmen verwendet eine vorausschauende Versandmethode. Produkte werden versendet, noch bevor ein Kunde die endgültige Bestellung aufgegeben hat. Diese Proaktivität veranschaulicht die Leistungsfähigkeit prädiktiver Analysen im Handel.

- **Fertigung:** KI unterstützt die vorausschauende Wartung und die Optimierung der Lieferkette. Das reduziert die Ausfallzeiten der Maschinen (um bis zu 50 Prozent), verlängert ihre Lebensdauer (um 20 bis 40 Prozent) und führt zu einer höheren Effizienz in der Lieferkette.

  Der Einsatz von Predictive Analytics bei der Gasturbinenproduktion durch Siemens ist ein herausragendes Beispiel. Durch die Vorhersage von Ausfällen kann Siemens die Wartung effizienter planen und sowohl die Zuverlässigkeit als auch die Effizienz seiner Anlagen verbessern.

- **Transport und Logistik:** Prädiktive Analysen tragen dazu bei, die Zeit von Auslieferungen zu verkürzen, indem die Routen – je nach Verkehrsaufkommen – auf den Straße umgeleitet werden.

  Ein bemerkenswertes Beispiel hierfür ist der Einsatz von KI bei Uber. Durch die Vorhersage der schnellsten Routen verkürzt das Unternehmen die Wartezeiten der Kunden, verbessert das Fahrerlebnis und reduziert die tatsächliche Fahrtzeit um bis zu 25 Prozent.

- **Cybersicherheit:** Die Implementierung prädiktiver Analysen erkennt bis zu 95 Prozent potenzieller Bedrohungen durch Hacker. Gleichzeitig wird die Reaktionszeit auf Sicherheitsprobleme drastisch reduziert.

  Unternehmen wie Darktrace nutzen KI-gesteuerte Analysen, um Bedrohungen proaktiv zu identifizieren und einzudämmen. Sie sind damit potenziellen Cyberangriffen einen Schritt voraus und können so ihre digitalen Assets schützen.

- **Energiebranche:** Dieser Sektor profitiert von Predictive Analytics bei der Prognose der Nachfrage. Durch KI konnte die Genauigkeit bei den Prognosen um bis zu 20 Prozent gesteigert werden.

  Die Predix-Plattform von GE nutzt KI, um die Energieerzeugung und -verteilung zu optimieren. Sie sorgt für eine effiziente Anpassung an schwankende Nachfragen, was zu einem nachhaltigeren und kostengünstigeren Energiemanagement führt.

- **Marketingmaßnahmen:** Durch den Einsatz prädiktiver Analysen werden Marketingkampagnen effektiver; die Response Raten steigen um 10 bis 20 Prozent.

  Der Empfehlungsalgorithmus von Netflix, der auf individuellen Sehgewohnheiten basiert, ist ein hervorragendes Beispiel. Dieser personalisierte Ansatz steigert nicht nur die Nutzerbindung. Er spielt auch eine zentrale Rolle bei der Positionierung von Netflix als Anbieter von Topinhalten.

In jedem der oben aufgeführten Geschäftsbereiche rationalisiert Predictive Analytics die Abläufe und führt zu erheblichen Verbesserungen bei Effizienz, Kosteneinsparungen und Kundenzufriedenheit. Weil sich KI kontinuierlich weiterentwickelt, werden auch der Einfluss und die Anwendung von Predictive Analytics weiter zunehmen. Das wird in vielen Branchen wertvolle und businessrelevante Lösungen hervorbringen.

KI-basierte Predictive Analytics haben ihre ganz eigenen Herausforderungen. Die Genauigkeit der Vorhersagen hängt stark von der Qualität der verwendeten Daten ab – das unterstreicht die Notwendigkeit robuster Methoden zur Datenerfassung und -verarbeitung. Ethische Bedenken wie Datenschutz, Einwilligung und Voreingenommenheit spielen bei der Bereitstellung von Predictive Analytics ebenfalls eine entscheidende Rolle. Darüber hinaus kann die Komplexität von KI-Modellen eine Herausforderung für die Transparenz und die effektive Verwaltung dieser Systeme sein.

Entwicklung von Prognosemodellen

Unternehmen verwenden prädiktive Modelle, um zukünftige Ereignisse vorherzusagen. Um ein prädiktives Modell zu erstellen, müssen Sie grundsätzlich Wissenschaft und Kunst verbinden: Sie müssen

- eine Problemdefinition angeben, die möglichst wenig Mehrdeutigkeiten aufweist.
- eine sorgfältige Datenverarbeitung durchführen, damit die KI-Modelle genau bleiben.

- ✔ Ihren Algorithmus ausschließlich auf der Grundlage sauberer Daten trainieren.
- ✔ Ihr Modell gründlich auf Genauigkeit, Leistung und Verzerrung testen.
- ✔ eine kontinuierliche Überwachung durchführen. So können Sie beurteilen, ob Ihr Modell genaue und angemessene Antworten liefert.

Der Prozess mag komplex erscheinen, aber er ist nur eine Reihe logischer Schritte. Wenn diese Schritte effektiv ausgeführt werden, können Technologen leistungsstarke Tools erstellen, die die Entscheidungsfindung und Strategie in Unternehmen aller möglichen Branchen vorantreiben.

Befolgen Sie diese Schritte, um valide Vorhersagemodelle zu erstellen und zu testen:

1. **Definieren Sie das Problem. Geben Sie an, was Sie vorhersagen wollen.**

   Geben Sie detailliert an, welche Prognosen Sie benötigen – sei es die Wahrscheinlichkeit, ob ein Kunde einen Kauf tätigt, sei es das Risiko eines Maschinenausfalls oder der zukünftige Verlauf eines Börsenkurses. Ein Einzelhandelsunternehmen möchte beispielsweise eine Prognose darüber, welche Produkte während der Weihnachtszeit besonders gefragt sein werden.

2. **Sammeln Sie die richtigen Mengen an Daten.**

   Vorhersagemodelle sind nur so gut wie die Daten, mit denen sie trainiert werden. Bei Produkten für den Einzelhandel könnte das Unternehmen beispielsweise Daten über frühere Verkäufe, demografische Daten der Kunden und Daten über saisonale Trends erheben.

Qualitativ hochwertige Daten können die Genauigkeit von Prognosemodellen um bis zu 60 Prozent verbessern. Dies umfasst häufig die Bereinigung und Vorverarbeitung der Daten (weitere Informationen zur Datenverarbeitung finden Sie in Kapitel 4), um sie für eine Analyse brauchbar zu machen.

3. **Wählen Sie den KI-Algorithmus, den Sie für ein Prognosemodell einsetzen möchten.**

   Sie können aus verschiedenen Algorithmen wählen, darunter Entscheidungsbäume, neuronale Netze oder Regressionsmodelle. Jeder Algorithmus kann bestimmte Arten von Problemen besonders gut lösen. Neuronale Netze eignen sich beispielsweise bestens für komplexe Probleme mit großen Datensätzen, wie etwa die Bilderkennung.

4. **Trainieren Sie den ausgewählten Algorithmus mit einem Teil der Daten.**

   Während dieses Trainings lernt der Algorithmus, Muster und Zusammenhänge zu erkennen. Beispiel Einzelhandel: Hier könnte der Algorithmus lernen, wie unterschiedliche demografische Merkmale der Kunden mit der Nachfrage nach bestimmten Produkten korrelieren.

5. **Testen und validieren Sie die Genauigkeit des Modells mithilfe eines separaten Datensatzes, mit dem Sie den Algorithmus noch nicht gefüttert haben.**

   Dieser Schritt ist entscheidend, um die Anwendbarkeit des Modells in der Praxis zu beurteilen. Modelle erreichen in dieser Phase normalerweise eine Genauigkeit von über 90 Prozent. Sie müssen allerdings eine mögliche *Überanpassung* beachten, also eine Situation, in der ein Modell bei Trainingsdaten gut abschneidet, bei neuen, unbekannten Daten jedoch schlecht. (Die Einzelheiten zu Überanpassung beschreibe ich in Kapitel 5.)

6. **Setzen Sie das Prognosemodell ein und überwachen Sie seine Ergebnisse.**

   Setzen Sie das Modell ein, um Vorhersagen anhand neuer Daten zu treffen. In einem Szenario für den Einzelhandel könnte das Modell nun die künftige Produktnachfrage vorhersagen.

7. **Überwachen Sie den Algorithmus weiterhin, um sicherzustellen, dass das Modell nach wie vor genau arbeitet.**

   Denn die Arbeit endet nicht mit der Bereitstellung der KI, da sich Muster und Trends kontinuierlich ändern können.

Best Practices für Predictive Analytics

Für die Erstellung effektiver Predictive Analytics ist die Einhaltung einer Reihe von Best Practices erforderlich. Jedes dieser Verfahren spielt eine entscheidende Rolle für den Erfolg eines Prognosemodells. Durch die Einhaltung dieser Vorgehensweisen können Unternehmen die Genauigkeit und Effektivität ihrer Predictive-Analytics-Bemühungen maximieren, was zu besseren Entscheidungen und zu verbesserten Ergebnissen in den jeweiligen Bereichen führt.

Tabelle 7.1 enthält neun wichtige Best Practices, jeweils mit Beispielen, die die Anwendung veranschaulichen sollen.

Best Practice	Beschreibung	Beispiel aus der Praxis
Beginnen Sie mit einem klaren Ziel.	Definieren Sie, was Sie mit Ihrem Modell erreichen möchten.	Mithilfe prädiktiver Modelle kann eine Bank ermitteln, bei welchen Kunden die Rückzahlung ihrer Kredite wahrscheinlich in Verzug gerät.
Stellen Sie die Datenqualität sicher.	Garbage in, garbage out: Sorgen Sie dafür, dass nur hochwertige Daten einfließen.	Ein Health-Care-Dienstleister verwendet saubere, gut gekennzeichnete Patientendaten, um Gesundheitsergebnisse genau vorherzusagen.
Nutzen Sie relevante Features.	Wählen Sie die Datenfeatures aus, die für das Problem am relevantesten sind.	Ein Einzelhändler nutzt relevante Merkmale wie die Anzahl früherer Käufe, um das Kaufverhalten seiner Kunden vorherzusagen.

Best Practice	Beschreibung	Beispiel aus der Praxis
Gehen Sie mit fehlenden Daten sorgfältig um.	Entwickeln Sie Strategien zum Umgang mit Datenlücken.	Eine Fluggesellschaft kann Durchschnittswerte verwenden, um fehlende Datenpunkte in den Ankunftszeiten von Flügen zu ergänzen und so Verspätungen besser vorhersagen zu können.
Teilen Sie Daten in Trainings- und Testsätze auf.	Vermeiden Sie die Verwendung derselben Daten zum Trainieren und Testen von Prognosemodellen, um eine Überanpassung zu verhindern.	Ein Streamingdienst wie Spotify verwendet vermutlich separate Datensätze, um seinen Algorithmus für Musikempfehlungen zu trainieren und zu validieren.
Wählen Sie den richtigen Algorithmus.	Passen Sie den Algorithmus dem Problem und Datentyp an.	Durch die Verwendung eines Convolutional Neural Network (ConvNet) anstelle eines linearen Regressionsmodells kann ein komplexes Problem wie die Bilderkennung effektiver gelöst werden. Denn das ConvNet lernt direkt aus den Daten.
Vermeiden Sie Überanpassung.	Verwenden Sie Techniken wie Regularisierung oder Kreuzvalidierung, die das Modell kalibrieren und die verwendeten Daten variieren.	Ein E-Commerce-Unternehmen kann mithilfe der Kreuzvalidierung sicherstellen, dass sich sein Produktempfehlungsmodell gut auf Neukunden übertragen lässt. Anders ausgedrückt: Es gibt auch wertvolle Empfehlungen für Neukunden, die zuvor noch nicht mit Ihrem Unternehmen interagiert haben.
Gehen Sie iterativ vor.	Verfeinern Sie das Modell kontinuierlich auf der Grundlage von Feedback.	Ein Computerprogrammierer muss möglicherweise ein Verkehrsmanagementsystem regelmäßig aktualisieren, um es an veränderte Verkehrsmuster je nach Tageszeit, Wochentag und Jahreszeit anzupassen.
Transparenz beachten.	Stellen Sie sicher, dass Nutzer die Entscheidungen des Modells verstehen und erklären können.	Um die regulatorischen Anforderungen zu erfüllen, muss ein Finanzinstitut erklären können, wie sein KI-Modell Kreditwürdigkeitsdaten bewertet.

Tabelle 7.1: Entwickeln erfolgreicher Prognosemodelle

KI-Verfahren in der Praxis

Verfahren umfassen spezifische Algorithmen und Protokolle, die festlegen, wie KI-Systeme Informationen verarbeiten, aus Erfahrungen lernen und Entscheidungen auf der Grundlage dieser Daten treffen. Diese Facette der KI ist sowohl ein theoretischer Rahmen als auch eine praktische Notwendigkeit. Denn damit werden Mechanismen beschrieben, die es KI-Systemen ermöglichen, effektiv zu funktionieren.

Im Kern geht es in der *Verfahrenstheorie und -praxis* um die systematische Entwicklung und Implementierung von KI-Systemen. Dieser vielschichtige Prozess umfasst Datenerfassung, Datenvorverarbeitung, Modellauswahl, Modelltraining und Modellbewertung. Ziel des Prozesses ist die Schaffung präziser, zuverlässiger und effektiver KI-Systeme. Die Entwicklung dieser Systeme erfordert einen multidisziplinären Ansatz. Der Ansatz kombiniert Elemente aus Mathematik, Informatik, Linguistik und Psychologie.

Durch eine sorgfältige Entwicklung und Implementierung ausgefeilter Algorithmen kann künstliche Intelligenz Aufgaben automatisieren, die schwierige Entscheidungen treffen und komplexe Probleme lösen. Die Ergebnisse können erhebliche Auswirkungen auf Technologie, Industrie und den Alltag haben. Dies sollten Sie in der Verfahrenstheorie und -praxis bei der Entwicklung von KI-Systemen berücksichtigen:

- **Codierung und Integration von Algorithmen in Softwaresystemen:** KI-Verfahren basieren auf algorithmischem Design und Computertheorie und werden durch Algorithmen umgesetzt – Regelsätze oder Anweisungen, die speziell für Aufgaben wie Mustererkennung oder prädiktive Analyse entwickelt wurden. Im Gesundheitswesen analysieren KI-Algorithmen beispielsweise medizinische Bilder, um bei der Früherkennung von Krankheiten zu helfen. Untersuchungen zeigen, dass strenge Verfahren und Praktiken zur Optimierung von Algorithmen die Effizienz eines KI-Systems zur medizinischen Analyse um über 50 Prozent steigern können.

- **Automatisierung von Entscheidungsprozessen:** KI-Systeme nutzen verschiedene Ansätze, um komplexe Entscheidungsprozesse zu automatisieren. Technologien wie die robotergestützte Prozessautomatisierung (RPA) können dabei durch KI unterstützt werden, um regelbasierte Aufgaben effizienter zu erledigen. RPA-Tools auf Basis künstlicher Intelligenz automatisieren repetitive Aufgaben in Geschäftsprozessen und halten sich bei der Interaktion mit digitalen Systemen an vordefinierte Verfahren. Dadurch wird die Effizienz gesteigert und menschliches Versagen reduziert.

- **Rationalisierung der Entscheidungsprozesse:** *Heuristiken*, also Faustregeln, sind ein wesentlicher Bestandteil der Verfahrenstheorie – in Bereichen, in denen es darum geht, Entscheidungsprozesse zu rationalisieren. Heuristiken verbessern die Rolle der KI bei der Verarbeitung natürlicher Sprache (NLP; weitere Informationen zu NLP finden Sie in Kapitel 6) erheblich und unterstützen Aufgaben wie die Sprach- und Sentimentanalyse. KI-Verfahren ermöglichen es Maschinen, menschliche Sprache zu verstehen und zu generieren; eine Leistung, die ein Navigieren durch die komplexe Welt von Syntax, Semantik und Kontext erfordert.

- **Einbeziehung von Lernalgorithmen zur Unterstützung der Selbstanpassung der KI:** Anpassung und Lernen sind für die Verfahrenstheorie ebenfalls von zentraler Bedeutung. KI-Systeme enthalten häufig Lernalgorithmen, mit denen sie ihre Verfahren auf der Grundlage neuer Daten oder Erfahrungen modifizieren können. Diese Anpassungsfähigkeit kann man in autonomen Fahrzeugen sehen. Dort werden Sensoren und KI-Algorithmen kombiniert, um navigieren und sich in Echtzeit an veränderte Straßenbedingungen anpassen zu können.

Als Marketer, der KI in der Praxis einsetzt, müssen Sie die Fallstricke unzureichend implementierter KI-Verfahren kennen. Diese Nachteile können Probleme mit der Datenqualität, der Komplexität und potenzielle Verzerrungen bei algorithmischen Entscheidungen betreffen. Obwohl KI-Verfahren für Marketer ein technischer und damit eher trockener Aspekt der KI sein mögen, müssen Sie die Bedeutung von Verfahren verstehen. Denn diese wirken sich auf die Empfehlungen der KI für Marketingkampagnen aus. Sie sind oft der entscheidende Faktor, ob Sie sich auf ein KI-System verlassen können.

Lebenszyklus der KI-Systementwicklung

Programmierer verwenden den Software Development Life Cycle (SDLC), um Systeme für künstliche Intelligenz zu entwickeln. Dieser Lebenszyklus ähnelt der traditionellen Softwareentwicklung, weist jedoch spezifische Nuancen und Komplexitäten auf, die die KI betreffen. Obwohl Marketingexperten diesen Life Cycle vermutlich nicht beeinflussen können, sollten Sie sich in die Lage eines KI-Kunden versetzen. Wenn Sie also die Schritte verstehen, die ein Technologieteam bei der Entwicklung einer KI-Anwendung für das Marketing durchläuft, können Sie zum richtigen Zeitpunkt und auf die richtige Weise Input für den Entwicklungsprozess geben. Damit stellen Sie auch sicher, dass die daraus resultierende Anwendung auch die Marketingaktivitäten unterstützt. ***Hinweis:*** Der KI-SDLC umfasst die Erstellung von Verfahren (siehe vorheriger Abschnitt) während der Entwicklung des neuen KI-Systems.

Ein Techteam befolgt bei der Entwicklung der KI-Anwendungen für das Marketing folgende Schritte:

1. **Definieren Sie das Problem und den Umfang des Systems.**

   In dieser ersten Phase geht es darum, das Problem, das das KI-System lösen soll, klar zu definieren. Dazu gehört auch das Verständnis der Geschäftsziele, der verfügbaren Daten und der gewünschten Ergebnisse.

   Eine Studie von McKinsey aus dem Jahr 2020 (`www.mckinsey.com/featured-insights/artificial-intelligence/ai-adoption-advances-but-foundational-barriers-remain`) zeigt, dass etwa 35 Prozent der KI-Projekte scheitern, weil die Problemstellung nicht klar definiert ist und die Übereinstimmung mit den Geschäftszielen fehlt. Als beispielsweise IBM Watson Health die Krebsbehandlung verändern sollte, stand das Projekt vor Herausforderungen, die teilweise auf die anfänglich zu hohe Komplexität des Problems zurückzuführen waren.

2. **Sammeln und bereiten Sie die erforderlichen Daten vor.**

   Daten sind die Basis eines jeden KI-Projekts. Systeme sind in hohem Maße auf relevante, valide und strukturierte Daten angewiesen. In dieser Phase werden relevante Daten gesammelt (was ein gewaltiges Vorhaben sein kann) und anschließend entsprechend bereinigt, formatiert und partitioniert.

Laut Gartner geben Unternehmen Millionen von Dollar für die Datenerfassung und -bereinigung aus. Google forderte beispielsweise für die Entwicklung seines KI-gestützten Assistenten umfangreiche Daten aus Sprachproben in verschiedenen Dialekten und Sprachen an, um Genauigkeit und Inklusivität zu gewährleisten.

3. **Wählen Sie das KI-Modell aus, das zum definierten Problem passt.**

   Das Modell kann maschinelles Lernen, Deep Learning oder andere KI-Methoden beinhalten. Die Wahl hängt von der Art des Problems, den verfügbaren Daten und dem gewünschten Ergebnis ab.

   OpenAI entwickelte beispielsweise GPT-4, eines der fortschrittlichsten Sprachverarbeitungsmodelle, indem es eine akribische Modellauswahl und -entwicklung durchführte und sich an den spezifischen Zielen des Sprachverständnisses und der Sprachgenerierung orientierte. GPT-4 gilt als eines der besten generativen KI-Modelle der Welt (aber Claude von Anthropic gilt als besser geeignet für längere Texte).

4. **Trainieren und testen Sie das KI-Modell mithilfe der vorbereiteten Daten.**

   In diesem Schritt werden zunächst die Modellparameter so angepasst, dass das Modell genaue Vorhersagen oder Entscheidungen treffen kann. Diese Trainingsphase erfordert hohe Ressourcen in Form von Rechenleistung, Strom und finanziellen Investitionen (möglicherweise mehrere Hunderttausend Euro). Nach diesem Training gehen die Entwicklungsteams in die Testphase des Modells über.

   Probleme mit dem Autopilotsystem von Tesla (in ihren selbstfahrenden Autos) verdeutlichen die Notwendigkeit rigoroser Schulungen und Tests unter Verwendung großer Mengen an Fahrdaten. Nur so können sie Zuverlässigkeit und Sicherheit gewährleisten.

5. **Setzen Sie KI-Systeme in realen Situationen ein und überwachen Sie die Ergebnisse.**

   Entwicklungsteams müssen Systeme vorsichtig in einer realen Umgebung einsetzen. Nach der Implementierung müssen sie eine kontinuierliche Überwachung durchführen, um sicherzustellen, dass das System wie vorgesehen funktioniert. Gleichzeitig werden so Daten für weitere Verbesserungen gesammelt.

   Das KI-Rekrutierungstool von Amazon, das Frauen diskriminierte und deswegen eingestellt wurde, unterstreicht die Bedeutung einer kontinuierlichen Überwachung und Auswertung nach der Einführung. Ein positives Beispiel ist Spotify. Dessen Musikempfehlungs-Engine zeigt, wie kontinuierliche Überwachung im Laufe der Zeit zu einer erfolgreichen Anpassung und Verbesserung führen kann.

6. **Führen Sie regelmäßige Systemwartungen und -aktualisierungen durch.**

   Betrachten Sie KI-Systeme nicht als »Set and Forget«-Lösungen. Ein Teil der Systemüberwachung (siehe Schritt 5) liefert die Informationen, die Sie benötigen, um die Systeme durch regelmäßige Updates und Wartung anzupassen. Damit bleiben diese Systeme relevant und effektiv.

Microsoft musste seinen KI-Chatbot Tay nach der Veröffentlichung aufgrund unerwarteter Interaktionen mit den Usern schnell anpassen. Denn er begann, höchst beleidigende und rassistische Kommentare zu twittern.

Unternehmen, die einen strukturierten KI-SDLC einhalten, haben bessere Chancen, KI-Systeme zu entwickeln, die nicht versagen und sich über einen längeren Zeitraum bewähren. Der Weg durch den KI-SDLC bringt allerdings auch einige Herausforderungen mit sich. Eine Umfrage von Deloitte (`www2.deloitte.com/ph/en/pages/technology-media-and-telecommunications/articles/now-decides-next.html`) zeigt, dass viele Befragte bei der Einführung von KI Bedenken hinsichtlich Missbrauch von Klienten- oder Kundendaten (von 34 Prozent) sowie der Erklärbarkeit/Transparenz (31 Prozent) äußern.

Filterung der KI verstehen

Stellen Sie sich das Filtern in der KI wie das fachmännische Navigieren durch einen riesigen Ozean vor – nur dass dieser Ozean Informationen enthält, die wertvolle Weisheiten bergen. In der KI bedeutet das *Filtern*, dass Algorithmen eingesetzt werden, um riesige Datenmengen zu durchforsten und dann nur die Teile herauszufiltern, die für eine bestimmte Aufgabe oder einen Entscheidungsprozess am relevantesten sind.

Wenn KI Daten filtert, ist es, als hätten Sie einen hochintelligenten Assistenten in einer riesigen, scheinbar unendlichen Datenbibliothek. Dieser Assistent versteht nicht nur, wonach Sie suchen, sondern weiß auch genau, wo er es findet. Netflix setzt beispielsweise KI-basierte Filter ein. Diese liefern so gute Vorschläge, dass sie von 80 Prozent der User auf der Plattform angesehen werden, so das Unternehmen (laut CEO Reed Hastings, `https://stratoflow.com/how-netflix-recommendation-algorithm-work/`). Die KI analysiert Ihren Sehverlauf und Ihre Vorlieben und filtert daraus zahlreiche Filme und Serien, die Ihrem Geschmack entsprechen.

Wissen, wo gefiltert wird

Hier einige weitere Beispiele dafür, wie KI Onlineinhalte filtert:

- ✔ **Onlineshopping:** Plattformen wie Amazon nutzen Filter, um das Einkaufserlebnis der User durch gezielte Vorschläge zu verbessern. Sie untersuchen ihr Surfverhalten, frühere Einkäufe und Suchanfragen mit dem Ziel, Produkte zu präsentieren, die sie kaufen könnten. Dieses KI-Feature spielt eine große Rolle. Die Empfehlungsengine steigerte den Umsatz des Unternehmens erheblich.
- ✔ **Social-Media-Plattformen wie Facebook und Instagram:** Hier sehen die User einen kuratierten Newsfeed, der auf einer KI-Filterung basiert. Die KI bewertet Ihre Interaktionen – Likes, Shares und Kommentare – und filtert dann den nie enden wollenden Strom an Posts. Daraufhin werden Ihnen Inhalte angezeigt, die eine große Chance haben, dass sie Ihr Interesse wecken.

- **Ihr E-Mail-Dienst:** Dienste wie Gmail nutzen hochentwickelte KI-Algorithmen, um die Flut an E-Mails zu durchforsten, Spam wirksam herauszufiltern und dafür zu sorgen, dass Ihr Posteingang übersichtlich und relevant bleibt. Angesichts der endlosen Flut an E-Mails, die viele Menschen täglich erhalten, ist das keine leichte Aufgabe.

International Data Corporation (IDC, ein führendes globales Marktforschungsunternehmen) prognostiziert, dass das weltweite Datenvolumen bis 2025 auf 175 Zettabyte (jedes Zettabyte entspricht einer Milliarde Terabyte) ansteigen wird (`www.datauniverseevent.com/en-us/blog/general/AI-and-the-Global-Datasphere-How-Much-Information-Will-Humanity-Have-By-2025.html`). In dieser Welt kann Ihnen die Rolle der KI beim Filtern von Informationen helfen, verschiedenste Optionen durchforsten und Ihnen genau das präsentieren, was Sie brauchen – oft sogar bevor Sie überhaupt merken, dass Sie es brauchen.

Die Filterung durch die KI ist der heimliche Held unserer digitalen Experience. Sie arbeitet leise und effizient im Hintergrund, um unsere Interaktionen mit dem Internet persönlicher und einfacher zu gestalten. Weil sich die KI weiterentwickelt, werden ihre Filterfähigkeiten künftig immer ausgefeilter. Damit wird sich auch die digitale Experience aller User stark verändern.

KI-Filterung in Empfehlungssystemen

Es gibt vielfältige KI-basierte Empfehlungssysteme. Sie setzen unterschiedliche Techniken ein, um personalisierte Inhalte bereitzustellen. Jeder Systemtyp – ob kollaboratives Filtern, inhaltsbasiertes Filtern oder Hybridsysteme – verwendet seine eigenen Methoden, um die individuellen Präferenzen der Nutzer zu verstehen und zu berücksichtigen. Hier ein kurzer Blick auf die verschiedenen Filtersysteme:

- **Kollaboratives Filtern:** Kann Empfehlungen basierend auf kollektivem Nutzerverhalten abgeben. Dieser Ansatz basiert auf der Idee, dass Nutzer mit ähnlichen Vorlieben auch ähnliche Wünsche haben. Was dem einen gefällt, könnte wahrscheinlich auch dem anderen gefallen. Diese Technik kann Usern in Umgebungen mit vielen Interaktionsdaten starke Empfehlungen geben.

  Ein Beispiel für dieses kollaborative Filtern ist die wöchentliche Discover-Playlist von Spotify. Durch die Hörmuster seiner riesigen Userbasis kann Spotify Menschen mit ähnlichen Musikvorlieben identifizieren und ihnen Songs vorschlagen, die den anderen gefallen haben. Diese intuitive und dynamische Empfehlungsmethode entwickelt sich ständig weiter, weil sie immer neue Benutzerdaten aufnimmt.

- **Inhaltsbasiertes Filtern:** Verfolgt einen individuelleren Ansatz als das kollaborative Filtern. Es gibt Empfehlungen, indem die verfügbaren Inhalte mit dem Profil des Nutzers und dessen zurückliegenden Interaktionen abgeglichen werden. Diese Methode ist vergleichbar mit einem persönlichen Kurator, der Ihre Vorlieben bis ins kleinste Detail kennt.

Netflix setzt diese Strategie effektiv ein. Der Streamingdienst analysiert die von Ihnen gesehenen Filme und Serien und analysiert dabei Merkmale wie Genre, Besetzung und Handlung. Anschließend empfiehlt er ähnliche Inhalte. Dieser Ansatz sorgt dafür, dass die Empfehlungen eng auf Ihre spezifischen Interessen abgestimmt sind, was zu einem personalisierten Fernseherlebnis führen soll.

- ✔ **Hybridsysteme:** Hybride Empfehlungssysteme kombinieren die Vorteile der kollaborativen und inhaltsbasierten Filterung und stellen so eine robustere Lösung dar. Diese Systeme sind gut geeignet, um häufig auftretende Probleme wie beispielsweise das Cold-Start-Problem zu lösen. Das tritt beispielsweise bei neuen Kunden auf, die nur über eine kurze Interaktionshistorie verfügen.

  Die Recommendation Engine von Amazon ist ein Paradebeispiel für ein funktionierendes Hybridsystem. Sie verwendet Daten aus Ihrem bisherigen Kaufverlauf (kollaborative Daten) und mergt diese mit den Details der Artikel, die Sie angesehen haben (Inhaltsdaten), um neue Vorschläge zu generieren. Dieser Fusionsansatz ermöglicht es Amazon, hochrelevante Empfehlungen zu unterbreiten, die erheblich zur Kundenzufriedenheit und zum Umsatz beitragen.

Über die kollaborative und inhaltsbasierte Filterung hinaus können Unternehmen eine der folgenden Methoden verwenden:

- ✔ **Kontextbezogene Empfehlungen:** Stellt eine weitere Verfeinerung dar, da zusätzliche Kontextfaktoren wie etwa Tageszeit, Standort oder das Gerät, das der Verbraucher verwendet, berücksichtigt werden. Diese Methode kann die Relevanz erhöhen, weil sie nicht nur versteht, was Ihnen gefällt, sondern auch, wann und wo Sie das Angebot nutzen.

  Beispielsweise könnte eine Nachrichten-App, die auf kontextbezogene Empfehlungen setzt, morgens andere Inhalte anbieten als abends und sich so an die Lesegewohnheiten im Tagesverlauf und Vorlieben des Nutzers anpassen.

- ✔ **Wissensbasierte Empfehlungen:** Schließlich können wissensbasierte Empfehlungen akzeptable Empfehlungen liefern, wenn keine Daten über Präferenzen vorliegen. Diese Systeme basieren auf spezifischem Branchenwissen und haben generelle Erkenntnisse, ob bestimmte Artikelmerkmale den Bedürfnissen und Vorlieben der Kunden entsprechen.

  Ein Online-Innenarchitekturdienst könnte beispielsweise diesen Ansatz nutzen. Er könnte Möbel und Einrichtungsgegenstände auf Basis der abgefragten Stilvorlieben und der Maße des Wohnraums vorschlagen.

IN DIESEM KAPITEL

Die Bedeutung generativer KI-Technologie

Grundlagen der generativen KI-Architektur

Anwendungen von generativer KI in Wissenschaft und Wirtschaft

Der Einsatz von generativer KI und mögliche Konsequenzen

Kapitel 8
Sich mit generativer KI vertraut machen

Generative KI wurde der Welt erstmals am 30. November 2022 vorgestellt, als die Organisation OpenAI ChatGPT der breiten Öffentlichkeit zugänglich machte. Sofort setzte ein Run auf ChatGPT ein, die Applikation wuchs so schnell wie keine andere zuvor. Bis Ende Januar 2023 erreichte sie 100 Millionen aktive monatliche User. Einige Monate später, Ende 2023, musste OpenAI sogar vorübergehend die Anmeldung für die kostenpflichtige Premium-Version der KI-Engine sperren, da man nicht über genügend Server und Rechenleistung verfügte, um die Nachfrage zu decken.

Generative KI ist ein Teilbereich der künstlichen Intelligenz (KI), der sich auf die Erstellung neuer Inhalte konzentriert – von Texten und Bildern bis hin zu Musik und Code. Den Kern der generativen KI bilden Modelle maschinellen Lernens, insbesondere solche, die auf Deep-Learning-Techniken beruhen und anhand extrem großer Datensätze trainiert wurden. Diese Modelle generieren dann Ausgaben, die aus ihren Trainingsdaten das am besten geeignete nächste Wort, die nächste Phrase oder das am besten geeignete Pixel vorhersagen. Wie Google in seiner Übersicht zur generativen KI (zu finden unter `https://ai.google/discover/generativeai/`) erklärt, wird die Phrase »*Kaffee und (Lückentext)*« eher mit »*Kuchen*« als beispielsweise mit »*Schnürsenkel*« ergänzt. Die Engine der generativen KI wird also darauf trainiert, zu erraten, dass »*Kuchen*« das wahrscheinlich nächste Wort in dem Satz ist.

In diesem Kapitel stelle ich Ihnen generative KI in verschiedenen Formen vor, erörtere ihre Bedeutung (insbesondere für die Business- und Marketingwelt) und gebe Ihnen einen Einblick in ihre Struktur und Anwendungen.

So verändert generative KI die Spielregeln

Generative KI demokratisiert die Kreativität wie keine andere Technologie zuvor. Mit einem doppelten Effekt: Durch die Bereitstellung von Tools zur Generierung hochwertiger Inhalte senkt sie die Einstiegshürde in kreative Bereiche und bietet Inhaltserstellern die Möglichkeit, in kürzerer Zeit ihren Output zu steigern. Das heißt: Die Generierung von Content wird einfacher und gleichzeitig schneller. Im Gegenzug können kleine Unternehmen und unabhängige Entwickler jetzt professionelle Inhalte erstellen, ohne dass große Budgets oder spezielle Fähigkeiten erforderlich sind.

Generative KI (insbesondere seit der Einführung von ChatGPT) hat also die menschliche Vorstellungskraft beflügelt. Verbraucher können künstliche Intelligenz aus erster Hand über die Oberflächen von ChatGPT erleben – sogar über Smartphone-Apps wie ChatOn und Alissu.

Andere generative KI-Plattformen bieten nicht nur Apps für Text, sondern auch für Bilder und Videos. Einige dieser GenAI-Plattformen sind:

- ✔ DALL-E 3 (`https://openai.com/index/dall-e-3/`)
- ✔ Gemini (Gemini – chatten und inspirieren lassen)
- ✔ Midjourney (`www.midjourney.com`)
- ✔ Stability AI (`www.stability.ai`)

Möglicherweise unterschätzen Sie die Bedeutung der generativen KI und betrachten sie einfach als ein Automatisierungstool, wie es sie in der Geschichte immer mal wieder gab (zum Beispiel als das Automobil die Kutsche ablöste). Doch diese Sichtweise ignoriert das Potenzial von generativer KI. Denn es kann ganze Unternehmen verändern, ihre Kostenstrukturen reduzieren und die Produktivität steigern.

Hier einige Beispiele für die Potenziale generativer KI:

- ✔ **In der Unterhaltungsindustrie** sollen KI-generierte Inhalte die Produktionskosten um 20 bis 30 Prozent senken, wie aus einer Analyse von PwC hervorgeht. (PwC, PricewaterhouseCoopers, ist eine der weltweit größten Unternehmens- und Wirtschaftsberatungen). Gleichzeitig ruft generative KI bei Schauspielern und Drehbuchautoren große Besorgnis hervor. Sie befürchten, dass ihre Arbeit dazu verwendet werden könnte, die KI-Modelle zu trainieren. Und die würden dann Videos und Texte produzieren – was ihnen möglicherweise Jobs und Aufträge kosten könnte.
- ✔ **Bei der Softwareentwicklung** unterstützt Microsofts GitHub Copilot (`www.github.com/features/copilot`) – unterstützt von OpenAI – Programmierer, indem es ganze Codezeilen oder -blöcke vorschlägt und so die Produktivität enorm steigert. Eine Studie von OpenAI ergab, dass damit die Codiergeschwindigkeit um bis zu 50 Prozent erhöht und die Entwicklungskosten gesenkt werden können.
- ✔ **In den Bereichen Architektur und Design** generieren KI-Tools wie Project Dreamcatcher von Autodesk (`www.research.autodesk.com/projects/project-dreamcatcher`) zahlreiche Designalternativen, die an bestimmten Zielen und Anforderungen

ausgerichtet sind. Diese Fähigkeit rationalisiert den Designprozess und gibt den Menschen Zeit, sich auf kreativere Aspekte bei der Gestaltung zu konzentrieren.

Die wichtigsten Konzepte und Techniken der generativen KI

Wenn Sie die Kernkonzepte und -techniken der generativen KI kennen, verstehen Sie auch ihre Fähigkeiten und potenziellen Anwendungsfelder. Dieses Wissen ist für jeden von entscheidender Bedeutung, der tiefer in die Welt der generativen KI eintauchen möchte, sei es aus wissenschaftlichen, beruflichen oder persönlichen Gründen. Denn jedes Element in der Architektur definiert nicht nur die technischen Aspekte der generativen KI, sondern ebnet auch den Zugang zu verschiedenen Anwendungen und den damit verbundenen ethischen Überlegungen.

Tabelle 8.1 bietet Ihnen einen kurzen Überblick über die grundlegenden Konzepte und Techniken generativer KI-Systeme.

Konzept oder Struktur	Beschreibung	Wirkung	Anwendung
generative kontradiktorische Netzwerke (Generative Adversarial Networks, GANs)	Ein System, das aus zwei Teilen besteht: Der *Generator* erzeugt Daten (Bilder oder Text) und der *Diskriminator* vergleicht die erzeugten Daten mit realen Daten (siehe Kapitel 5).	Erzeugt synthetische Daten, die oft nicht von menschlich erstellten Inhalten zu unterscheiden sind.	Wird häufig bei der Bilderzeugung, beim Videospieldesign und sogar bei der Erstellung realistisch klingender Sprache (beispielsweise für einen automatisierten Kundensupport) verwendet.
Variational Autoencoder (VAEs)	Ein generatives Modell, das hauptsächlich zur Bildgenerierung verwendet wird.	Codiert Daten in einem latenten Raum (siehe den Eintrag »Latenter Raum« in dieser Tabelle) und decodiert sie dann, um neue Datenpunkte zu generieren.	Wird in Anwendungen zur Stilübertragung und zur Erzeugung synthetischer Daten verwendet, wobei die statistischen Eigenschaften des Originaldatensatzes erhalten bleiben.
Transformer-Modell	Transformer-Modelle wurden ursprünglich für Aufgaben bei der Verarbeitung natürlicher Sprache (NLP) entwickelt, zeigen aber auch bei generativen Aufgaben bemerkenswerte Fähigkeiten (siehe Kapitel 6).	Generiert menschenähnlichen Text (in Modellen wie GPT-4), was es für Anwendungen wie Content-Erstellung, Conversational AI und sogar Codierung nützlich macht.	Ihre Architektur ermöglicht die effektive Verarbeitung sequenzieller Daten und macht sie für Aufgaben geeignet, die ein Verständnis des Kontexts oder der Abfolge erfordern, wie etwa Sprachübersetzungen oder Textzusammenfassungen.

Konzept oder Struktur	Beschreibung	Wirkung	Anwendung
Reinforcement Learning (bestärkendes Lernen)	Vor allem bekannt für seine Anwendungen in der Robotik und beim Gaming. Kann aber auch Entscheidungsalgorithmen in der generativen KI verbessern (siehe Kapitel 5).	Dabei werden Modelle trainiert, Entscheidungssequenzen zu treffen, indem sie für das Erreichen bestimmter Ziele belohnt werden.	Diese Technik ist in Szenarien von entscheidender Bedeutung, in denen KI Ergebnisse auf der Grundlage komplexer und dynamischer Umgebungen generieren muss.
Neural Style Transfer	Dabei wird unter Verwendung tiefer neuronaler Netzwerke der Stil eines Bildes auf den Inhalt eines anderen Bildes angewendet.	Ist eine beliebte Technik in Kunst und Design. Sie ermöglicht die Erstellung künstlerischer Bilder durch die Mischung verschiedener Stile und Inhalte.	Diese Technik agiert an der Schnittstelle zwischen KI und Kreativität und zeigt, wie KI den künstlerischen Ausdruck erweitern kann.
Latenter Raum	In generativen Modellen stellt der latente Raum eine komprimierte Wissensrepräsentation der Daten dar.	Generiert durch Erkunden und Bearbeiten dieses latenten Raums neue Dateninstanzen mit unterschiedlichen Merkmalen.	Das Verständnis des latenten Raums ist von entscheidender Bedeutung für die Kontrolle und Verbesserung der Qualität der generierten Ausgaben.
Generierung synthetischer Daten	Generative KI kann synthetische Datensätze erstellen, die die statistischen Eigenschaften realer Daten nachahmen.	Erweist sich als besonders nützlich in Szenarien, in denen Daten selten, vertraulich oder teuer zu erfassen sind, wie beispielsweise bei Anwendungen im Gesundheitswesen.	Werden im Gesundheits- und Finanzwesen sowie beim autonomen Fahren verwendet, wo bei realen Daten Datenschutz- oder Sicherheitsbedenken auftreten können.
Deepfakes	Synthetische Medien, bei denen das Bild einer Person mithilfe künstlicher Intelligenz durch ein anderes ersetzt wird.	Unterstreicht die erweiterten Fähigkeiten der generativen KI, wirft aber auch erhebliche ethische Bedenken in Bezug auf Fehlinformationen und Datenschutz auf.	Für eine verantwortungsvolle Entwicklung und Anwendung müssen Entwickler die ethischen Implikationen generativer KI verstehen.

Tabelle 8.1: Konzepte und Strukturen der generativen KI

Automatisierung des Kreativprozesses

Die transformative Kraft der generativen KI liegt in ihrer Fähigkeit, kreative Prozesse, die früher ausschließlich dem Menschen vorbehalten waren, zu automatisieren und zu verbessern. Im Bereich der Kunst können KI-Algorithmen Originalwerke hervorbringen, die denen von Menschen in nichts nachstehen. So wurde beispielsweise ein KI-generiertes Porträt mit dem Titel »Edmond de Belamy« im Auktionshaus Christie's für 432.500 Dollar verkauft, was den künstlerischen und kommerziellen Wert KI-generierter Kunst unterstreicht.

In der Musik kann KI Stücke im Stil klassischer Komponisten komponieren, völlig neue Genres schaffen oder gemeinsam mit Menschen neue Musik kreieren. Diese Anwendungen sind nicht nur reine Theorie; Projekte wie die Jukebox von OpenAI haben gezeigt, dass sie Musik in verschiedenen Stilen generieren können – von Rock bis Klassik. Es versteht sich von selbst, dass die Auswirkungen generativer KI auch bei der Content-Generierung für das Marketing äußerst hilfreich sein können. Denn wenn KI-Tools unique und ansprechende Inhalte produzieren können, wird dadurch der Zeit- und Arbeitsaufwand erheblich reduziert.

Überprüfung des Trainingsprozesses für generative KI

Der Trainingsprozess von generativen KI-Modellen (auch als Large Language Models oder LLMs bezeichnet) ist ein anspruchsvolles Verfahren: Es ermöglicht diesen Modellen, neue Daten zu generieren, die dem Trainingsdatensatz sehr ähnlich sind. Der Trainingsprozess ist *iterativ* (mit Wiederholungen) und komplex. Er erfordert eine sorgfältige Überwachung und kontinuierliche Anpassungen. Nur dann kann das Modell effektiv lernen und qualitativ hochwertige Ergebnisse liefern. Der Erfolg dieses Prozesses hängt nicht nur von den technischen Gesichtspunkten ab, sondern auch von der Fähigkeit des Modells, die Daten und die spezifischen Nuancen der anstehenden Aufgabe zu verstehen.

Wenn Sie die Möglichkeit haben, an einem Trainingsprozess für generative KI teilzunehmen, sollten Sie die folgenden Schritte beachten:

1. **Sammeln und vorverarbeiten Sie den Datensatz.**

   Der Datensatz muss umfangreich und vielfältig sein. Wenn Sie beispielsweise beabsichtigen, mit dem Modell Bilder menschlicher Gesichter zu erzeugen, benötigen Sie einen großen Datensatz mit Bildern menschlicher Gesichter, mit dem Sie arbeiten können. Nach der Datenerfassung müssen Sie die Daten bereinigen und vorverarbeiten, indem Sie Techniken wie Normalisierung, Skalierung und (möglicherweise) Augmentation verwenden, um die Modellleistung zu verbessern. (Informationen zu Datentechniken finden Sie in Kapitel 4.)

2. **Wählen Sie je nach Datentyp und gewünschter Ausgabe ein bestimmtes generatives Modell aus.**

   Wählen Sie eine Modellarchitektur – wie GANs –, die Ihren Daten, basierend auf den definierten Hyperparametern des Modells (zum Beispiel Lernrate, Anzahl der Schichten und so weiter), entspricht. Diese Wahl beeinflusst die Lernfähigkeit und Ausgabequalität des Modells erheblich. Sie entscheidet, ob ein Modell beispielsweise besser darin ist, längere Texte zu generieren oder Antworten für mathematische Fragestellungen zu liefern.

3. **Trainieren Sie das ausgewählte Modell, indem Sie es mit dem gesammelten, vorverarbeiteten Datensatz füttern.**

   Das Modell beginnt, die zugrunde liegenden Muster der Daten zu lernen. Bei GANs umfasst dieses Lernen das gleichzeitige und konkurrierende Trainieren von zwei Netzwerkkomponenten – dem Generator und dem Diskriminator. Der Generator erstellt Daten und der Diskriminator wertet sie aus. (Eine Beschreibung zu GANs finden Sie im vorhergehenden Abschnitt.)

4. **Bewerten Sie die Modellleistung während des gesamten Trainingsprozesses.**

   Überwachen Sie regelmäßig die Leistung des Modells. Damit gehen Sie sicher, dass es richtig lernt und Fortschritte macht. Testen Sie es mit einem Satz von Validierungsdaten, die das Modell noch nicht gesehen hat. Wenn das Modell nicht wie erwartet funktioniert, können Sie die Modellarchitektur oder den Trainingsprozess anpassen. Diese Anpassungen können das Optimieren von Hyperparametern oder das Ändern der Modellstruktur betreffen.

5. **Wenden Sie Strategien an, um bekannte Trainingsherausforderungen zu überwinden.**

   Manchmal lernt das Modell die Trainingsdaten zu gut. Es kann sie nicht verallgemeinern, auf neue Daten übertragen und eine vernünftige Bandbreite an Ergebnissen erzeugen (eine Situation, die als *Überanpassung* bezeichnet wird). Insbesondere in GANs kann es zu einem Modus-Kollaps kommen, wenn der Generator begrenzte Ausgabetypen erzeugt, die der Diskriminator leicht als falsch identifiziert. Sie können verschiedene Strategien anwenden, um so einen Modus-Kollaps zu verhindern, zum Beispiel indem Sie unterschiedliche Architekturen verwenden, Daten erweitern oder die Trainingsmethode ändern.

6. **Optimieren Sie Modelle, um die Leistung zu verbessern oder bestimmte Aufgaben zu erfüllen.**

   Nach dem anfänglichen Training müssen Sie Ihr Modell möglicherweise optimieren, indem Sie einen kleineren, spezifischeren Datensatz für bestimmte Aufgaben bereitstellen. Das können beispielsweise Daten sein, die gängige Antworten auf Kundenanfragen enthalten (wenn Sie das Modell als Chatbot zur Unterstützung von Kunden verwenden möchten). Sie können auch ein vorab trainiertes Modell als

Ausgangspunkt verwenden und es für eine bestimmte Aufgabe anpassen. Dies ist vor allem dann nützlich, wenn Ihnen für die neue Aufgabe nur begrenzte Daten zur Verfügung stehen.

7. **Testen und implementieren Sie das trainierte Modell.**

   Nachdem Sie einen effektiven Trainingszyklus durchlaufen haben, können Sie das Modell testen. Dazu stellen Sie neue Daten bereit, um sicherzustellen, dass das Modell gut verallgemeinern (eine gute Vielfalt erzeugt) und in realen Szenarien qualitativ hochwertige Ergebnisse generieren kann. Anschließend können Sie das trainierte Modell für den praktischen Einsatz bereitstellen, indem Sie es in Softwareanwendungen, Onlinedienste oder andere technologische Tools integrieren.

GPT-Modelle verstehen

GPT-Modelle (Generative Pre-trained Transformer Model) erwiesen sich als bedeutender Durchbruch bei der Verarbeitung natürlicher Sprache (Natural Language Processing, kurz NLP, das ich ausführlich in Kapitel 6 behandele) und der generativen KI. Um GPT-Modelle genauer kennenlernen zu können, muss man ihre Struktur, ihr Training und ihre Einsatzbereiche verstehen. Dazu sollte man nicht nur ihre technische Ausgereiftheit bewundern, sondern auch die Folgen und Herausforderungen sowie ihre disruptive Kraft auf die verschiedenen Branchen betrachten.

GPT-Modelle basieren auf der Transformer-Architektur (siehe den Abschnitt »Die wichtigsten Konzepte und Techniken der generativen KI« weiter vorn in diesem Kapitel), die für ihre Fähigkeit bekannt ist, sequenzielle Daten, insbesondere Text, zu verarbeiten. GPTs bestehen aus Layern von Transformer-Blöcken, die Text parallel verarbeiten, was ein effizientes Training und eine effiziente Generierung ermöglicht.

Das Training der Modelle ist intensiv

Das Training umfasst große und vielfältige Datensätze, die ein breites Spektrum der Sprachverwendung abdecken. Diese Modelle werden anhand einer großen Menge an Text vorab trainiert und dann für bestimmte Aufgaben feinabgestimmt. (Die Schritte des Trainingsprozesses finden Sie im Abschnitt »Überprüfung des Trainingsprozesses für generative KI« weiter vorn in diesem Kapitel.) Der Trainingsprozess ist rechenintensiv und erfordert häufig fortschrittliche Computerhardware und einen erheblichen Zeitaufwand.

Das Vortraining hilft den Modellen, ein allgemeines Sprachverständnis zu entwickeln, und die Feinabstimmung passt das Modell an bestimmte Anwendungen an. GPT-Modelle lernen während des Feinabstimmungsprozesses weiter, wodurch sie für bestimmte Aufgaben oder Branchen fit gemacht werden. Aufgrund der benötigten hohen Rechnerkapazitäten während des Trainings verfügen nur wenige Unternehmen weltweit über die Ressourcen, die für die Entwicklung großer Sprachmodelle (LLMs) wie GPT-4 von OpenAI nötig wären.

GPT-Modelle lernen die möglicherweise in ihren Trainingsdaten vorhandenen Diskriminierungen und replizieren diese unbeabsichtigt, was ethische Fragen aufwirft. Ihre Fähigkeit, realistische Texte zu generieren, birgt zudem das Risiko eines Missbrauchs zur Erstellung von Fake News oder anderen Fehlinformationen. Darüber bleiben die hohen Rechnerkapazitäten, die zum Trainieren und Ausführen dieser Modelle erforderlich sind, nicht ohne Auswirkungen auf die Umwelt.

Untersuchung der Funktionsweise der Modelle

GPT-Modelle generieren Text auf *autoregressive* Weise. Das bedeutet, dass sie das nächste Wort in einer Sequenz auf der Grundlage der vorherigen Wörter vorhersagen. Sie sind in der Lage, Inhalte zu verstehen und kontextbasiert zu generieren und eignen sich daher für Aufgaben wie die Nachahmung von Konversationen, die Zusammenfassung von Inhalten und das Verfassen von Texten. Die Skalierbarkeit von GPT-Modellen wird an ihrer zunehmenden Größe und ihren wachsenden Fähigkeiten deutlich, die sich von GPT-1 bis GPT-4 entwickelt haben.

Vom Schreiben von Artikeln bis zum Verfassen von Gedichten können GPT-Modelle kohärente und kontextrelevante Inhalte generieren. Ihr Verständnis von Kontext und Sprachnuancen macht sie zudem für Übersetzungsaufgaben geeignet. Sie können zum Beispiel

- ✔ **anspruchsvolle Chatbots** und virtuelle Assistenten unterstützen, die natürliche und kontextbezogene Gespräche führen können. Unternehmen nutzen diese Assistenten im Marketing und Kundensupport, um Kaufempfehlungen zu geben und Fragen zum Produkt zu beantworten.
- ✔ **die Softwareentwicklung** durch die Generierung von Code Snippets unterstützen.
- ✔ **im Bildungswesen** sinnvoll sein, in dem sie Aufgaben wie Nachhilfe und die Erstellung von Lerninhalten übernehmen.

Der Trend zur wachsenden Größe und Komplexität von GPT-Modellen wird sich wahrscheinlich fortsetzen und zu noch leistungsfähigeren Systemen führen. Wissenschaftler und KI-Unternehmen arbeiten gleichermaßen daran, die Modelle effizienter und weniger ressourcenintensiv zu machen. Die laufende Forschung konzentriert sich auf die Eindämmung von Verzerrungen und die Gewährleistung einer ethischen Verwendung von GPT-Modellen. Die Zeit wird zeigen, ob die Forschung weit genug fortschreitet, um die inhärenten Verzerrungen in den Ergebnissen einzuschränken. Denn diese Voreingenommenheiten sind in den alltäglichen Daten, die zum Trainieren der Modelle verwendet werden, enthalten.

Erstellen neuer Texte, Bilder und Videos

In diesem Abschnitt erkläre ich, wie Mitarbeiter generative KI nutzen können, um Texte, Bilder und Videos zu generieren. Für Marketingmaßnahmen werden derzeit bereits viele *synthetische Daten* genutzt (Daten, die durch Technologie erstellt werden). Wie in Kapitel

9 erläutert, verwenden Unternehmen beispielsweise generative KI, um synthetische Panels zu erstellen – künstliche Fokusgruppen, die Marktforschern helfen, mehr über ihre Kunden zu erfahren. Wenn Sie diese Technologie für Marketingzwecke nutzen oder dies planen, sollten Sie ein breites Verständnis für die Magie der generativen KI haben. Dieses Bewusstsein kann Ihnen helfen, ein Gefühl für die damit verbundenen Chancen und Risiken zu entwickeln.

Text generieren

Bei der Textgenerierung geht es darum, zusammenhängende und kontextrelevante Texte zu erstellen, die sich so lesen, als hätte sie ein Mensch geschrieben. Dieser Prozess wird in erster Linie von Modellen wie GPT (siehe den Abschnitt »GPT-Modelle verstehen« weiter vorn in diesem Kapitel) gesteuert. Diese wurden mit umfangreichen Textsammlungen trainiert, die speziell für die Sprachforschung verwendet werden. Während des Trainings lernen diese Modelle Sprachmuster, -strukturen und -nuancen. Sie funktionieren als *autoregressive Modelle* und generieren Text, indem sie das nächste Wort oder Zeichen, basierend auf dem vorhergehenden Kontext, vorhersagen. Diese sequenzielle Vorhersage wird iterativ wiederholt, wodurch die Generierung von Sätzen und ganzen Absätzen möglich wird.

Ein Schlüssel zur Effektivität von GPT-Modellen ist ihre Fähigkeit, den Kontext über lange Textabschnitte hinweg zu verstehen und im Gedächtnis zu behalten. Dadurch können sie Erzählungen erstellen, die nicht nur grammatikalisch korrekt, sondern auch kontextuell kohärent und aussagekräftig sind. In den letzten Jahren hat sich das Kontextfenster – die Menge an Kontext, die ein generatives KI-Modell aufnehmen kann – erheblich vergrößert, was diese Tools viel leistungsfähiger macht. Sie können jetzt beispielsweise ein ganzes Buch in GPT-4 eingeben. Dieses Buch kann dann als Kontext verwendet werden, wenn es bestimmte Fragen für Sie beantwortet.

Die fortschrittlichen Fähigkeiten dieser Modelle verändern Bereiche wie die Inhalteerstellung, Chatbots und sogar das kreative Schreiben massiv. Sie zeigen, wie hochentwickelt die KI im Bereich der Verarbeitung natürlicher Sprache (NLP) inzwischen ist. Ein faszinierendes Beispiel für diesen hohen Standard ist das Buch von Reid Hoffman, einem der Gründer von LinkedIn: *Impromptu: Amplifying Our Humanity Through AI*. Hier tritt GPT-4 als Co-Autor auf (veröffentlicht von Dallepedia LLC). Das zeigt, wie viel diese Technologie leisten kann.

Bilder erstellen

Bei der Bilderzeugung spielen GANs eine entscheidende Rolle. Wie bereits im Abschnitt »Die wichtigsten Konzepte und Techniken der generativen KI« weiter vorn in diesem Kapitel erwähnt, besteht ein GAN aus zwei Teilen: einem Generator, der Bilder erzeugt, und einem Diskriminator, der das Erstellte auswertet.

Der Generator lernt auf der Grundlage des Trainingsdatensatzes immer realistischere Bilder zu erzeugen. Sie sind von menschlich erstellten oder fotografierten Bildern nicht mehr zu unterscheiden. Gleichzeitig verbessert der Diskriminator seine Fähigkeit, zwischen realen und von KI generierten Bildern zu unterscheiden. Dieser Wettbewerbsprozess verbessert die Qualität und den Realismus der generierten Bilder.

Abgesehen von GANs verwenden bildgenerierende Modelle Techniken wie den *Neural Style Transfer*. Hier wird der Stil eines Bildes (wie etwa die Textur eines Gemäldes) auf den Inhalt eines anderen Bildes (wie etwa eines Fotos) angewendet, wodurch völlig neue, stilisierte Bilder entstehen.

Video produzieren

Die Videogenerierung durch generative KI ist ein komplexer Prozess, der über die Erstellung einzelner Bilder hinausgeht. Er erfordert die Einhaltung der *zeitlichen Kohärenz*. Das bedeutet, dass aufeinanderfolgende von der KI generierte Frames zueinander konsistent sein müssen, um eine flüssige Bewegung und eine zeitliche Kontinuität zu gewährleisten.

KI-Modelle der Videogenerierung werden mit umfangreichen Videodatensätzen trainiert, sodass sie die Dynamik von Bewegung und Veränderung im Laufe der Zeit verstehen können. Der Prozess kombiniert häufig Bilderzeugungstechniken für die Qualität und den Realismus einzelner Bilder (die ich im vorhergehenden Abschnitt bespreche) mit Sequenzvorhersagemethoden, ähnlich denen, die bei der Textgenerierung verwendet werden (diese bespreche ich im Abschnitt »Text generieren« weiter vorn in diesem Kapitel). Damit wird eine Bildsequenz erstellt, die ein zusammenhängendes Video ergibt.

Diese Fähigkeit, realistische und kontextuell konsistente Videos zu generieren, findet in Bereichen wie Filmproduktion, Spieleentwicklung und virtuellen Simulationen breite Anwendung. Sie erhöht die Möglichkeiten, wie KI komplexe dynamische visuelle Erlebnisse reproduzieren und erweitern kann. Es gibt bereits Filme wie zum Beispiel *The Frost*, *Check Point* und *Glitch*, bei denen generative KI zum Einsatz kam, natürlich unter menschlicher Aufsicht.

Wichtige generative KI-Modelle für den Verbraucher

Es gibt Dutzende von generativen KI-Modellen – von der Inhaltserstellung bis zur Programmierung –, die es zu zahlreichen Use Cases gebracht haben. Die Erörterung jedes einzelnen Modells würde so viel Inhalt ergeben, dass man mehrere Bücher füllen könnte. In Tabelle 8.2 stelle ich die wichtigsten generativen KI-Modelle vor, die als Basis für zahlreiche anderen KI-Tools gelten können.

Modell	Merkmale	Pro	Kontra	Kosten
GPT-4 von OpenAI	verfügt über 100 Billionen Parameter, eine hervorragende Leistung, Steuerbarkeit, Bildeingabefunktionen und mehrsprachige Unterstützung	bekannt für seinen Erfindungsreichtum, seine Genauigkeit, Sicherheit und Stabilität; Einsatz spart Zeit und Kosten	mögliche Verzerrungen und die Möglichkeit falscher Antworten	kostenlose Version, mit zusätzlichen Gebühren für bestimmte Aufgaben, kostenpflichtige Version mit Membership
AlphaCode	Schulung in Programmiersprachen, einschließlich Python, C++ und Java; 41,4 Milliarden Parameter mit einem vollständigen transformerbasierten Sprachmodell	intelligente Filtermechanismen nach umfangreicher Codegenerierung; erweiterte Sprachverarbeitung; bietet Zugriff auf etwa 13.000 Beispielaufgaben	weniger zugänglich für kleinere Projekte; kann einem mit einer steilen Lernkurve unnötig komplex erscheinen	kostenlos
GitHub Copilot	entwickelt zur Codevervollst-ändigung; enthält Codevorschläge und unterstützt mehrere Programmiersprachen; lernt aus Open-Source-Code und lässt sich nahtlos in verschiedene integrierte Entwicklungsumgebungen (IDEs) integrieren	schnelles Prototyping und Erkunden; kontextbezogene Vorschläge; verbessert die Produktivität und Effizienz der Entwickler	Die Qualität und Sicherheit des generierten Codes kann variieren; potenzielles Risiko einer negativen Auswirkung auf die Fähigkeiten der Entwickler.	Monatsabonnement für 10 US-Dollar/Monat; Jahresabonnement für 100 US-Dollar/Jahr
Google Gemini	erweiterte Sprachverständnis-funktionen und aktuelle Informationen; integriert in die Google-Suche; hilft bei Aufgaben im Zusammenhang mit Softwareent-wicklung und Programmierung	enthält ein Bewertungssystem zur Verbesserung der Feedbackschleife; Googles Engagement für eine ethische und transparente KI-Entwicklung	Bei der Integration anderer Systeme kann die Auswahl für die User beschränkt sein. Sie sind gezwungen, nur Produkte zu verwenden, die mit Gemini kompatibel sind.	kostenlos, mit einer erweiterten Version für 19,95 US-Dollar pro Monat

Modell	Merkmale	Pro	Kontra	Kosten
Claude	hilfreicher, fairer und sicherer KI-Assistent; kann große Textmengen verarbeiten und natürliche Gespräche führen; sprachlich vielseitig einsetzbar	hohes Maß an Benutzerengagement und Feedback; liefert detaillierte und leicht verständliche Antworten	Die begrenzte Verfügbarkeit außerhalb bestimmter Regionen schränkt die Zugänglichkeit für eine globale Nutzerbasis ein.	Claude Instant: 1,63 US-Dollar/Million Token für Eingabeaufforderungen und 5,51 US-Dollar/Million Token für Abschlüsse; robusterer Claude-v1: 11,02 US-Dollar/Million Token für Eingabeaufforderungen und 32,68 US-Dollar/Million Token für Abschlüsse
Perplexity	kombiniert generative KI mit Websuche, um vorgefertigte Antworten zu produzieren; zitiert seine Quellen für die zurückgegebenen Informationen	bietet eine Informationsabfrage in Echtzeit und verfügt über eine benutzerfreundliche Oberfläche; eignet sich gut zum Codieren und Lösen schwieriger mathematischer Probleme	kann manchmal zu komplexen oder mehrdeutigen Antworten führen	kostenlose Version mit Werbung; Pro-Version 20 US-Dollar/Monat oder 200 US-Dollar/Jahr

Tabelle 8.2: Wichtige generative KI-Modelle

Die Herausforderungen bei der Verwendung generativer KI-Modelle

Obwohl die Verwendung generativer KI-Modelle Ihnen signifikante Effizienzsteigerungen bieten kann, weil sie Ihnen viel Arbeit abnimmt, bringt sie auch eine Reihe von Herausforderungen und Risiken mit sich. Diese Nachteile reichen von technischen Einschränkungen bis hin zu ethischen Bedenken und wirken sich auf verschiedene Bereiche aus. Die Bewältigung dieser Herausforderungen erfordert einen vielschichtigen Ansatz. Er sollte die Verbesserung der Datensatzvielfalt, die Implementierung robuster ethischer Richtlinien, die Verbesserung der Transparenz und Interpretierbarkeit von Modellen sowie die Entwicklung starker rechtlicher Rahmenbedingungen für die Verwendung generativer KI umfassen.

Weil sich die KI-Technologie kontinuierlich weiterentwickelt, müssen beim Einsatz generativer KI-Modelle die damit verbundenen Herausforderungen und Risiken sorgfältig berücksichtigt werden.

Die technischen Herausforderungen und Einschränkungen erkennen

- **Datenqualität und Verzerrung:** Generative Modelle sind nur so gut wie die Daten, mit denen sie trainiert werden. Ein bemerkenswertes Beispiel ist Tay, der KI-Chatbot von Microsoft. Er musste innerhalb von 24 Stunden nach seiner Einführung offline genommen werden, weil er beleidigende und voreingenommene Tweets generierte. Dieser Vorfall verdeutlichte das Risiko, dass Modelle Voreingenommenheiten übernehmen, wenn sie in ihren Trainingsdaten vorhanden sind.

  Auch bei der Bildgenerierung können Verzerrungen in Datensätzen zur Verstärkung von Stereotypen führen. Ein generatives Modell, das vorwiegend mit Bildern männlicher Ärzte und weiblicher Krankenschwestern trainiert wurde, wird beispielsweise dieses Geschlechterstereotyp übernehmen.

- **Rechnerkapazitäten und Umweltauswirkungen:** Das Training groß angelegter generativer Modelle wie GPT-4 erfordert erhebliche Rechnerressourcen, was zu einem hohen Energieverbrauch führt. Der mit dem Training solcher Modelle verbundene CO_2-Fußabdruck wirft Umweltbedenken auf.

- **Transparenz von Modellen:** Menschen haben oft Schwierigkeiten zu verstehen, wie generative Modelle bestimmte Entscheidungen treffen oder bestimmte Ergebnisse generieren. Tatsächlich ist dies in wissenschaftlichen Kreisen ein großes Problem – wenn wir nicht genau verstehen, wie die Ergebnisse der Modelle aussehen, wie können wir ihnen dann vertrauen? Dieser Mangel an Transparenz kann Probleme verursachen, insbesondere in kritischen Anwendungen wie dem Gesundheitswesen oder bei juristischen Fragen. Bei der Arzneimittelforschung beispielsweise kann die Unkenntnis darüber, warum ein Modell eine bestimmte Molekülstruktur vorschlägt, dessen Einführung verhindern.

- **Kontrolle der Ausgabe:** In Fällen, in denen bestimmte Ergebnisse unerwünscht oder schädlich sind, haben Programmierer und Nutzer dieser KI-Tools keine Möglichkeit zu garantieren, dass das Modell diese Ergebnisse auch konsequent vermeidet.

Ethische und gesellschaftliche Konsequenzen

Die Vorteile der generativen KI sind enorm, aber Schwierigkeiten beim Verständnis und bei der Kontrolle der Technologie, bergen auch Risiken (siehe hierzu den vorhergehenden Abschnitt). Diese Risiken werden verstärkt, wenn einzelnen Menschen oder der Gesellschaft durch den Einsatz von generativer KI-Technologie absichtlich oder unabsichtlich Schaden zugefügt wird.

Hier einige Beispiele:

- **Deepfakes und Fehlinformationen:** Generative KI hat zur Verbreitung von *Deepfakes* geführt – äußerst realistischen und überzeugend gefälschten Videos oder Audioaufnahmen. Diese Technologie birgt erhebliche Risiken für Fehlinformationen und Manipulation; so haben beispielsweise Deepfake-Videos falsche Darstellungen von Persönlichkeiten des öffentlichen Lebens geschaffen. Das kann möglicherweise die öffentliche Meinung beeinflussen oder das Image eines Unternehmens schädigen.
- **Datenschutzproblem:** Die Verwendung realer Daten zum Trainieren generativer Modelle wirft Probleme beim Datenschutz auf. Clearview AI beispielsweise sah sich mit Vorwürfen und rechtlichen Klagen konfrontiert, weil es sein Gesichtserkennungssystem mit Milliarden von Bildern trainierte, die ohne Zustimmung der abgebildeten Personen aus dem Internet gesammelt wurden. Diese Praxis ist im Hinblick auf die Verletzung individueller Datenschutzrechte bedenklich.
- **Geistiges Eigentum und kreative Schöpfung:** Von KI generierte Kunst, Musik und Literatur werfen Fragen zu geistigen Eigentumsrechten auf. Der Fall von »Edmond de Belamy«, einem von KI generierten Gemälde, das bei einer Auktion für eine beträchtliche Summe verkauft wurde, löste eine Debatte darüber aus, wer das Urheberrecht besitzt – die Schöpfer des Algorithmus oder die KI selbst. In der Musikbranche wirkt von KI generierte Musik, die dem Stil bestehender Künstler stark ähnelt, im Hinblick auf Originalität und Urheberrechtsverletzungen bedenklich.
- **Unvorhersehbare Ergebnisse:** Generative Modelle können Ergebnisse produzieren, die unbeabsichtigte oder unvorhergesehene Folgen haben. Beispielsweise könnte ein KI-Modell, das zur Generierung kreativer Handlungsstränge entwickelt wurde, Erzählungen produzieren, die anstößig oder kulturell unsensibel sind.
- **Sicherheitsrisiken:** Es bestehen auch Bedenken hinsichtlich eines potenziellen böswilligen Einsatzes generativer KI, etwa zum Erstellen von Phishing-E-Mails oder zum Fälschen juristischer Dokumente, was erhebliche Sicherheitsrisiken bergen könnte.

Teil III

Mit KI Kunden besser kennenlernen

IN DIESEM TEIL ...

- ✔ entdecken Sie, wie KI das Verständnis und die Vorhersage des Kundenverhaltens verbessert.
- ✔ finden Sie heraus, welche KI-Anwendungen Ihnen bei der Lead-Bewertung, dem Customer Lifetime Value und der dynamischen Preisgestaltung helfen können.
- ✔ entdecken Sie Best Practices und häufige Fallstricke bei der Integration von KI in den Geschäftsbetrieb.
- ✔ führen Sie mithilfe von KI-Techniken und -Tools eine effektive Modellierung und Messung der Kundenabwanderung durch.

IN DIESEM KAPITEL

Die verschiedenen Facetten der Verhaltenssegmentierung

Welche Daten für die Segmentierung wichtig sind

Segmentierungen mit KI erstellen und verfeinern

Mit Personas arbeiten

Feedback von synthetischen Kunden erhalten

Kapitel 9
Segmentierung und Persona-Entwicklung

In einem wettbewerbsorientierten Umfeld ist es entscheidend, die Bedürfnisse und Verhaltensweisen der Verbraucher zu verstehen und darauf zu reagieren, um richtige und wirkungsvolle Marketingmaßnahmen zu treffen. Marken können ihre Angebote differenzieren, wenn sie ihre Kunden gut kennen und auf ihre individuellen Bedürfnisse so individuell wie möglich eingehen. Kundenorientierung ist umso wichtiger, weil Performance-Marketingtaktiken stärker automatisiert und immer produktspezifischer werden. Die *Segmentierung*, ein Eckpfeiler des heutigen Marketings, ermöglicht es Unternehmen, ihre Kunden anhand von Kaufverhalten, demografischen Merkmalen, Lebensabschnittspräferenzen, Interaktionen, Meinungen und so weiter zu kategorisieren.

Die *verhaltensbasierte Segmentierung* ist ein vielschichtiger Ansatz, der Ihnen hilft, Ihre Kunden zu verstehen und mit ihnen zu interagieren. Diese Segmentierungsstrategie geht über die demografischen und psychografischen Daten (Klassifizierung von Personen nach ihren Einstellungen und anderen psychologischen Kriterien) hinaus. Stattdessen basiert die verhaltensbasierte Segmentierung auf der Beobachtung und Analyse des tatsächlichen Verbraucherverhaltens (zum Beispiel Kaufgewohnheiten und Produktnutzung), um tiefere Einblicke in ihre Motivationen und Entscheidungsprozesse zu gewinnen. Durch das Internet ist die Analyse des Verbraucherverhaltens im Laufe der Zeit einfacher geworden. Das macht die verhaltensbasierte Segmentierung zu einer immer leistungsfähigeren und genaueren Methode.

In diesem Kapitel können Sie die Grundlagen der Verhaltenssegmentierung sowie die damit verbundenen Datenanforderungen erkunden. Sie erfahren außerdem mehr über KI-gesteuerte Segmentierungsfaktoren sowie darüber, wie Sie KI-generierte Personas und forschungsbasierte Methoden in den Marketingansatz Ihres Unternehmens integrieren können.

Die Elemente der Verhaltenssegmentierung

Die *Segmentierungsmethode* analysiert, wie Verbraucher mit Produkten, Dienstleistungen oder – allgemeiner – Marken interagieren. Im Gegensatz zu demografischen Faktoren wie Alter, Geschlecht oder Standort, die relativ statisch bleiben, bieten Kundeninteraktionen einen dynamischen Einblick in das Verbraucherverhalten. Die Analyse hängt von Aktionen ab – wie Kaufmustern, Produktnutzung und Entscheidungsdynamiken. Diese Faktoren bieten einen tieferen Einblick in die Beweggründe der Verbraucherentscheidungen.

Die Verhaltenssegmentierung wird typischerweise in folgende Elemente unterteilt:

- ✔ **Kaufverhalten:** Die allgemeinen Kaufgewohnheiten der Verbraucher, das heißt

  - die Häufigkeit und Volumen der Einkäufe,
  - die Arten der gekauften Produkte oder Dienstleistungen,
  - der Zeitpunkt der Einkäufe,
  - die Markenauswahl.

  Wenn Sie wissen, ob ein Kunde häufig kauft, viel ausgibt oder bestimmte Produktkategorien bevorzugt, können Sie gezielteres Marketing und bessere *Customer-Lifecycle-Maßnahmen* entwickeln (Programme, die den Kunden während seiner gesamten Beziehung zum Unternehmen binden, normalerweise durch kontinuierliche E-Mails mit informativen und unterhaltsamen Inhalten). Unternehmen wie Amazon und Walmart gehen hier mit gutem Beispiel voran. Sie nutzen die Daten aus früheren Einkäufen, dem Browserverlauf und das Verhalten ähnlicher Kunden, um personalisierte Produktempfehlungen und E-Mail-basierte Anreize zu geben. Diese verbessern die Customer Experience und führen zu weiteren Einkäufen.

- ✔ **Nutzungsverhalten:** Wie Verbraucher Produkte oder Dienstleistungen nutzen, einschließlich der

  - Analyse der Häufigkeit, Art und Weise der Produktnutzung sowie des Kontexts.
  - Auswertung der allgemeinen Verbraucherstimmung und der direkten Erfahrungen bei der Verwendung der Produkte.

  Denken Sie an abonnementbasierte Dienste wie Netflix oder Spotify, die ihre Angebote auf das aktuelle Konsumverhalten ihrer Kunden zuschneiden. Indem sie ihr Nutzungsverhalten untersuchen – beispielsweise bevorzugte Genres oder Sehgewohnheiten –, erstellen sie personalisierte Empfehlungen, die eine stärkere Kundenbindung fördern.

✔ **Entscheidungsprozess:** Gibt Einblicke in die Faktoren, die die Kaufentscheidungen der Verbraucher beeinflussen, wie zum Beispiel

- *die Geschwindigkeit, mit der Verbraucher Kaufentscheidungen treffen:* Manche Verbraucher sind möglicherweise Impulskäufer und entscheiden sich schnell für einen Kauf.
- *der Grad der Einbindung des Kunden in den Kaufprozess:* Andere Verbraucher recherchieren sorgfältig und ausführlich, bevor sie eine Kaufentscheidung treffen. Diese Art der Recherche erfordert einen viel höheren Grad der Einbindung in den Kaufentscheidungsprozess.

Wenn Sie diese Unterschiede im Entscheidungsverhalten erkennen, können Sie Ihre Marketingstrategien anpassen. Sie können an bestimmten Punkten im Prozess relevante Informationen und Botschaften bereitstellen, die auf die Entscheidungspräferenzen der Verbraucher abgestimmt sind.

Die wahre Stärke der Verhaltenssegmentierung liegt darin, dass sie Ihnen dabei hilft, Marketingtaktiken zu personalisieren, Produktangebote zu verfeinern und das allgemeine Kundenerlebnis basierend auf dem tatsächlichen Verhalten der Verbraucher zu verbessern. Durch die Entschlüsselung von Verhaltenssignalen kann Ihr Unternehmen gezielte Kampagnen entwickeln, die bei bestimmten Zielgruppen Anklang finden. Dieser Ansatz erhöht die Kundenbindung, steigert die Kundenzufriedenheit und fördert eine dauerhafte Markentreue.

Beschaffung der richtigen Kundendaten

Bei der Verhaltenssegmentierung besteht die Herausforderung darin, auf die richtigen Datenquellen zuzugreifen und diese zu interpretieren, um alle Facetten des Verbraucherverhaltens zu entschlüsseln. Diese Datenquellen sind die Grundlage, auf der Sie Ihren Marketingplan über Customer-Relationship-Management-Programme (CRM) sowie E-Mail-Kampagnen abwickeln können. Die Möglichkeiten der KI und insbesondere der Verhaltenssegmentierungsmodelle bieten tiefere Einblicke in diese Kundendaten.

Wenn Sie planen, diese KI-Technologie für Ihre Marketingmaßnahmen einzusetzen, müssen Sie zunächst wissen, welche Arten von Daten Sie benötigen und wo Sie diese erhalten. Eine Aufschlüsselung dieser Informationen finden Sie in Tabelle 9.1.

Laut einer Microsoft-Studie zum Kundenservice (`https://info.microsoft.com/rs/157-GQE-382/images/EN-CNTNT-Report-DynService-2017-global-state-customer-service.pdf`) bevorzugen 77 Prozent der Konsumenten Marken, die aufgrund ihrer bisherigen Interaktionen ein umfassendes Verständnis für ihre Vorlieben und Bedürfnisse zeigen.

Die Daten, die Sie erfassen, unterstreichen die entscheidende Rolle der Verhaltenssegmentierung nicht nur bei der Ansprache ihrer Zielgruppen, sondern auch beim Aufbau echter und dauerhafter Kundenbeziehungen. Sie lenken Ihr Unternehmen in eine Richtung, bei der personalisierte Interaktionen und maßgeschneiderte Erlebnisse im Vordergrund stehen. Im Abschnitt »Nutzung von KI-Personas für alle Geschäftsaktivitäten« weiter hinten in diesem Kapitel finden Sie Beispiele dafür, wie Sie die richtigen Daten einsetzen können.

Datentyp	Datenpunkte	Quellen	Zweck
Transaktionen	Historie der Einkäufe, einschließlich der Häufigkeit der Transaktionen, bevorzugte Produkte oder Dienstleistungen, ausgewählte Marken und ihr finanzieller Wert	Kassensysteme (an der Kasse in einem stationären Geschäft bezahlen), Onlineshopping und Kreditkartenunternehmen	Um Einblicke für maßgeschneiderte Marketingkampagnen und personalisierte Produktempfehlungen zu erhalten. Auch um herauszufinden, wo Kunden außerhalb Ihres Unternehmens Geld ausgeben (zum Beispiel von Unternehmen wie Visa).
Web- und Mobile-Analyse	Onlineverhalten, wie zum Beispiel Klickraten, Browsing-Muster und die Verweildauer auf bestimmten Webseiten	Webanalyselösungen wie Google Analytics	Um das Onlinekundenerlebnis zu optimieren, Benutzeroberflächen zu verfeinern, Inhalte zu personalisieren, die Navigation zu verbessern und Onlineumgebungen an spezifische Benutzeranforderungen anzupassen.
Social Media	Kennzahlen wie Engagement-Level, Sharing-Verhalten, Kommentare und Tonalität (wie zum Beispiel »*Gefällt mir*«)	Social-Media-Plattformen wie Facebook, X (früher Twitter), TikTok und Instagram	Um Einblicke in die Vorlieben und Stimmungen der Verbraucher zu gewinnen, die als Grundlage für Strategien zu einer verhaltenssegmentierten Entwicklung von Personas dienen.
Kunden-feedback	skizziert Kundenerfahrungen, Vorlieben, Schwachstellen und Gefühle	Umfragen, Bewertungen, Kundendienstprotokolle und andere verwandte Kanäle	Um Marketing- und Verkaufsstrategien (neu) zu gestalten, die die Bedürfnisse der Verbraucher effektiv ansprechen und die Marketingmaßnahmen auf einen kundenorientierten Ansatz ausrichten.

Tabelle 9.1: Daten zur Verhaltenssegmentierung

So führt die KI eine Segmentierung durch

Die Integration von künstlicher Intelligenz (KI) und maschinellem Lernen in Modelle der Verhaltenssegmentierung verändert grundlegend, wie Unternehmen ihre Kunden verstehen und mit ihnen interagieren. Die Kombination der beiden Technologien eignet sich hervorragend für die Verarbeitung riesiger Datenmengen, das Aufdecken komplexer Muster und die Erstellung von Segmentierungsmodellen, die wiederum Ihr Verständnis des Verbraucherverhaltens verbessern können. KI spielt in der Welt der Verhaltenssegmentierung zwei spezifische Rollen:

- ✔ **Datenverarbeitung im großen Maßstab:** KI- und maschinelle Lernalgorithmen können riesige Datensätze mit höchster Effizienz verarbeiten. Mit ihren Rechenkapazitäten können sie riesige Datenmengen analysieren und komplexe Verhaltensmuster aufdecken, die Menschen möglicherweise nicht erkennen. Durch die Analyse dieser komplexen Muster erhalten Unternehmen differenzierte Einblicke in das Verhalten, die Vorlieben und die Entscheidungsprozesse der Verbraucher.

Mit der Fähigkeit der KI, Daten in großem Maßstab zu verarbeiten, können Unternehmen verborgene Zusammenhänge und Trends aufdecken. Dies führt zu tiefen Insights in ihren Kundenstamm und ermöglicht fundierte Marketingentscheidungen. Nicht jedes Unternehmen nutzt die Chancen der KI. Aber diejenigen, die dies tun, verschaffen sich in allen Bereichen des Marketings einen Wettbewerbsvorteil – beispielsweise bei der Schaffung von Bekanntheit, der Steigerung des Umsatzes, der Umsetzung von Lifecycle-Marketing und der Förderung der Kundenbindung.

- ✔ **Segmentierung automatisieren:** Fortgeschrittene KI-Algorithmen automatisieren die Segmentierung, indem sie Szenarien verwenden, in denen die KI die Verbraucher anhand ihrer Verhaltensmerkmale selbstständig, wiederholt und in Echtzeit gruppiert. Diese Algorithmen – ausgestattet mit maschinellen Lernfunktionen – optimieren die Erstellung spezifischer und dynamischer Segmentierungsmodelle.

  Durch die Automatisierung des Kundensegmentierungsprozesses können Sie schnell Marketingkampagnen für Customer Lifecycle Marketing, zielgerichtetes Marketing und personalisierte Kundenerlebnisse erstellen. Durch die Agilität und Genauigkeit der automatisierten Segmentierungsmodelle können Sie außerdem Ihre Ansätze schnell an sich ändernde Verbrauchergewohnheiten anpassen.

Ihr Unternehmen kann KI-gesteuerte Verhaltensdaten und die daraus abgeleitete Segmentierung nutzen, um seinen Kunden hyperpersonalisierte Erlebnisse zu bieten. Sie können nicht nur Ihre Marketingstrategien optimieren, sondern auch engere Bindungen zu Ihren Zielgruppen aufbauen. Damit erhöhen Sie die Kundentreue und fördern bei Ihren Kunden das Bedürfnis, auch anderen von der Marke zu erzählen. Durch den Einsatz von KI zur Verhaltenssegmentierung können Sie in einer sich schnell entwickelnden Marktlandschaft flexibel bleiben.

Zwei Beispiele, wie Unternehmen Verhaltensdaten verwenden:

- ✔ **Netflix erstellt für jeden Nutzer personalisierte Empfehlungen.** Netflix nutzt KI-Algorithmen, um Nutzer in Echtzeit anhand ihrer Sehgewohnheiten zu segmentieren. Dazu werden Sehmuster, Vorlieben und Interaktionen analysiert. Dieser personalisierte Ansatz soll das Nutzererlebnis durch kuratierte Empfehlungen verbessern, die Verweildauer erhöhen und die Zufriedenheit und Bindung an Netflix positiv beeinflussen.

  Netflix veröffentlichte 2023 einen Bericht (`https://about.netflix.com/en/news/what-we-watched-a-netflix-engagement-report`), aus dem hervorging, wie viele Stunden die Nutzer mehr als 18.000 der verfügbaren Titel angeschaut hatten: 100 Milliarden Stunden. Der Report zeigt den Zusammenhang zwischen Sehverhalten und der Art von Serien und Filmen, die angesehen wurden. ***Hinweis:*** Was Netflix nicht preisgab (und auch nicht öffentlich machen wollte), ist, wie sie diese Daten dann verwenden, um ihre eigenen Marketingmaßnahmen voranzutreiben.

- ✔ **Spotify bietet jedem Benutzer Einblicke in die Musik, die er – und andere Kunden – im Laufe eines Jahres gehört haben.** Spotify verwendet ML-Algorithmen, um User anhand ihrer Musikvorlieben zu kategorisieren. Durch die

Untersuchung des Hörverhaltens, der bevorzugten Genres und Skipping-Muster erstellt Spotify maßgeschneiderte Wiedergabelisten und Empfehlungen. Damit wird jedem User eine personalisierte musikalische Reise geboten. Da Spotify Hörerdaten sehr genau verfolgt, können diese auch in die Marketingplattform Spotify Wrapped einfließen. Diese bietet allen Kunden Informationen zu den individuellen und aggregierten Hörgewohnheiten aller 574 Millionen Hörer, wie zum Beispiel

- Top-5-Künstler und Top-5-Genres,
- besondere Highlights von Künstlern oder Werken, darunter Taylor Swift als Nummer-eins-Künstlerin des Jahres 2023 (nicht sehr überraschend), der Aufschwung von Rihannas Musik nach ihrem Super-Bowl-Auftritt im Jahr 2023 und die Popularität des Titelsongs von »Succession« bei der Premiere der vierten Staffel der Fernsehserie.

Spotify Wrapped ist ein gelungenes Beispiel für die Verwendung von Verhaltensdaten in einem Marketingprogramm (die Leute teilen ihre Spotify-Wrapped-Zusammenfassungen in den sozialen Medien). Es zeigt, über wie viele Verhaltensdaten die Plattform verfügt und was sie mit diesen Daten tun kann.

Segmentierungsmodelle verfeinern, validieren und verbessern

Marketingexperten verwenden verhaltensbasierte Segmentierungsmodelle, um genaue und relevante Datenanalysen zu erhalten. Dabei ist die *Verfeinerung* ein zentraler Prozess. Sie trägt dazu bei, dass Segmentierungsmodelle weiterentwickelt werden und mit dem sich ständig ändernden Verbraucherverhalten übereinstimmen. Der iterative Ansatz zur Modellentwicklung umfasst die Einbeziehung neuer Daten, die Feinabstimmung von Algorithmen und die Validierung der Segmente anhand realer Verhaltensweisen.

Zwei Aspekte bei der Verfeinerung des KI-Modells

Der Kern der kontinuierlichen Verfeinerung liegt in der fortlaufenden Einspeisung relevanter, aktualisierter Daten in bestehende Segmentierungsmodelle. Über die Daten hinaus nehmen Programmierer Anpassungen an den Modellalgorithmen vor, um die Komplexität und Wirksamkeit der Modelle zu verbessern.

Beachten Sie bei Verfeinerungsstrategien diese Punkte:

- ✔ **Integration neuer Daten:** Ein kontinuierlicher Datenzufluss ist das Lebenselixier der Segmentierungsmodelle. Es fördert ihre Anpassungsfähigkeit und Weiterentwicklung und hält sie mit dem sich ständig wandelnden Verbraucherverhalten synchron. Durch die Integration neuer Erkenntnisse (der Daten) bleiben diese Modelle dynamisch, reaktionsschnell, relevant und genau.

- ✔ **Algorithmische Anpassungen:** Die Agilität von Segmentierungsmodellen hängt stark von der Anpassungsfähigkeit und Feinabstimmung der zugrunde liegenden Algorithmen ab. Ob es darum geht, neue Datentrends zu berücksichtigen, die Leistung zu optimieren oder die Lernmechanismen der Algorithmen zu verfeinern – diese kontinuierlichen Anpassungen tragen dazu bei, dass die KI-Modelle agil genug bleiben, um neue Informationen schnell aufzunehmen und zu verarbeiten. Gleichzeitig behalten sie die für eine aufschlussreiche Segmentierung erforderliche Präzision. Auf diese Weise entwickeln sich die Modelle im Einklang mit der dynamischen Verbraucherlandschaft und ermöglichen Unternehmen, fundierte, datengesteuerte Entscheidungen zu treffen.

Das Unternehmen Procter & Gamble verfeinert seine Segmentierungsmodelle kontinuierlich mithilfe KI-basierter Techniken. Das Unternehmen bezeichnet seine Strategie als »Smart Audience Work«, mit der es sich von einer Marketingansprache an alle hin zu einem *One-to-One-Marketing* bewegt (wo das Unternehmen mit jedem Kunden auf sehr persönliche Weise spricht). Auf der Grundlage ihrer einer Milliarde Verbraucher-IDs erstellte Proctor & Gamble spezifische Zielgruppensegmente und konzentrierte seine Marketingmaßnahmen von einigen Dutzend Segmenten auf über 350 ausgewählte Zielgruppen (oder Verhaltenssegmente).

Validierungstechniken

Einige der Validierungstechniken, die zur Stärkung der Verhaltensmodelle verwendet werden, sind:

- ✔ **Kreuzvalidierung:** Hier werden Segmentierungsmodelle anhand unterschiedlicher Datensätze getestet, um Konsistenz und Zuverlässigkeit sicherzustellen. Wenn Sie die Modelle unterschiedlichen Datensätzen unterziehen, können Sie überprüfen, ob diese robuste und allgemeine Segmentierungsstrategien unterstützen.

- ✔ **Prädiktive Analyse:** Dabei wird das Kundenverhalten auf der Grundlage bestimmter Segmente vorhergesagt. Wenn Sie das Verbraucherverhalten mithilfe der Segmentierungsmodelle antizipieren, können Sie die Genauigkeit Ihrer Vorhersagen anhand des tatsächlichen Verhaltens beurteilen und so die Wirksamkeit des Segmentierungsansatzes bestätigen.

Ausrichtung der Persona-Entwicklung

Die Kombination aus Verhaltenssegmentierung (über die Sie im Abschnitt »Die Elemente der Verhaltenssegmentierung« weiter vorn in diesem Kapitel mehr erfahren) und *Persona-Entwicklung* (Entwicklung repräsentativer Kundenprofile) kann die Marketingmaßnahmen Ihres Unternehmens verfeinern. Nachdem Sie Verhaltenssegmente identifiziert haben, können Sie Personas entwickeln. Dazu müssen Sie Customer Research betreiben, die Zielgruppensegmentierung analysieren und über Customer Experience nachdenken. Diese Elemente bieten wichtige Insights (einschließlich Kundenbeschreibungen, Interaktionsszenarien und Hintergrundinformationen), die den segmentierten Daten Leben und Tiefe verleihen. Diese Synthese vermenschlicht Rohdaten und bietet Ihnen den Kontext und die Empathie, die für die Entwicklung gezielter Marketingstrategien (und andere Geschäftsstrategien) entscheidend sind.

Zu den Komponenten KI-generierter Personas gehören:

- ✔ **Demografie:** KI-gesteuerte Personas umfassen demografische Merkmale wie Alter, Geschlecht, Einkommen und andere relevante Identifier. Diese Faktoren vermitteln ein grundlegendes Verständnis, trotzdem müssen Sie Verhaltensdaten einbeziehen, um eine ganzheitliche Darstellung zu erhalten.
- ✔ **Verhaltensmerkmale:** Über demografische Merkmale hinaus enthalten aus der Segmentierung abgeleitete Personas komplexe Verhaltensnuancen. Wie ich bereits im Abschnitt »Elemente der Verhaltenssegmentierung« weiter vorn in diesem Kapitel erläutere, bereichern diese Merkmale – Kaufgewohnheiten, Einkaufsvorlieben, Motivationen und Entscheidungsmuster – Personas mit detaillierten Verhaltensprofilen.

Die Attribute von Personas mit realen Personen abzugleichen, ist eine Herausforderung. Wenn Sie aussagekräftige Personas erstellen möchten, müssen Marketer Spezifität und Genauigkeit in Einklang bringen und gleichzeitig sicherstellen, dass Personas tatsächliche Verbraucher widerspiegeln.

Die Authentizität von KI-Personas überprüfen

KI-generierte Personas können Ihnen dabei helfen, wertvolle Consumer Insights zu generieren. Denn künstliche Intelligenz kann Personas viel schneller erstellen und ihre Attribute festlegen, als ein Marketingteam dazu in der Lage wäre. Trotzdem ist menschliche Aufsicht unbedingt erforderlich. Denn erst wenn Menschen den authentischen Kern dieser Personas validieren, wird nicht nur die Genauigkeit der Darstellung gestärkt, sondern auch ethische Überlegungen berücksichtigt (zum Beispiel die Sicherstellung, dass die KI-generierten Personas in keiner Weise voreingenommen sind). Und das ist von entscheidender Bedeutung.

Die menschliche Überwachung von Personas umfasst diese Funktionen:

- ✔ **Expertenvalidierung:** Menschliches Fachwissen ist im Validierungsprozess von KI-generierten Personas unverzichtbar. Die Experten verfügen in der Regel über das notwendige Fachwissen, um KI-basierte Personas sorgfältig anhand echter Kundendaten zu prüfen.

  Die menschliche Aufsicht ermöglicht eine gründliche und differenzierte Bewertung und ihre sorgfältige Prüfung garantiert, dass die Personas das Wesen – die unterschiedlichen Merkmale und Verhaltensweisen – der Zielgruppen, die sie repräsentieren, genau widerspiegeln. Wenn die Personas der Kundenbasis so genau wie möglich entsprechen, können Marketingfachleute die Bedürfnisse und Vorlieben der Kunden besser einschätzen.

- **Kontinuierliche Feedbackschleifen:** Die Einrichtung kontinuierlicher Feedbackschleifen bildet einen dynamischen Rahmen für die fortlaufende Validierung und Weiterentwicklung von KI-Personas. Feedbackmechanismen dienen als Kanäle zum Erfassen und Integrieren von Erkenntnissen, die aus sich entwickelnden Verhaltensweisen, Vorlieben und Tendenzen der Verbraucher gewonnen werden. Durch die aktive Einbindung von Feedback und Daten in Echtzeit können sich Personas organisch auf der Grundlage der neuesten Daten weiterentwickeln. Es handelt sich um einen iterativen Prozess, der die Relevanz und Genauigkeit der Personas im Laufe der Zeit sicherstellt.

Dieser adaptive Ansatz ermöglicht es Ihnen, mit dem Markt Schritt zu halten und schnell auf Änderungen im Verbraucherverhalten zu reagieren. Dazu müssen Sie allerdings sicherstellen, dass Personas eine aktuelle und authentische Darstellung der Zielgruppe widerspiegeln. Letztendlich verfeinern und verbessern Feedbackschleifen kontinuierlich die Fähigkeit der Personas, gemeinsam mit ihnen strategische Marketingentscheidungen zu treffen.

Ethische Überlegungen bei der Persona-Entwicklung

Die Zusammenarbeit zwischen KI-Technologie und menschlicher Expertise bei der Persona-Validierung ist ein Balanceakt. Die KI-gesteuerten Personas bieten wertvolle Einblicke, aber erst die menschliche Aufsicht gewährleistet Genauigkeit, ethische Integrität und Übereinstimmung mit dem realen Verbraucherverhalten. Sie müssen also bei der Persona-Erstellung ethische Überlegungen im Auge behalten, wenn Sie Daten effektiv nutzen, Transparenz und Verantwortung demonstrieren und Vertrauen sowie Glaubwürdigkeit in Ihre verbraucherorientierten Strategien fördern wollen.

Diese operativen Elemente helfen Ihnen, bei der Entwicklung von Personas für Marketingmaßnahmen ein ethisches Gleichgewicht zu wahren:

- **Transparenz und Zustimmung des Kunden:** Die ethische Entwicklung von Personas basiert auf den Grundprinzipien der Transparenz und des Respekts gegenüber Kundendaten. Die Einhaltung dieser Prinzipien erfordert einen transparenten Umgang mit Daten. Dieser gewährleistet, dass die Kunden über den Verwendungszweck ihrer Daten bei der Erstellung von Personas gut informiert sind.

Die ausdrückliche Zustimmung der Kunden zur Nutzung ihrer Daten wahrt ethische Standards und Datenschutz und fördert eine Kundenbeziehung, die auf Vertrauen und Respekt basiert. Unternehmen senden ihren Kunden häufig E-Mails, in denen sie ausdrücklich um ihre Zustimmung zur Nutzung ihrer Daten bitten, oder sie verlangen von den Kunden, dass sie beim Besuch der Unternehmenswebsite eine Datenschutzrichtlinie akzeptieren. Diese Transparenz entspricht nicht nur den gesetzlichen Anforderungen, sondern ist auch ein Bekenntnis zum Schutz der Privatsphäre der Kunden und zum verantwortungsvollen Umgang mit ihren Daten. Kapitel 22 enthält weitere Informationen zu Ethik und Datenschutz bei Marketingpraktiken.

- ✔ **Vermeidung von Stereotypen und Vorurteilen:** Ethische Überlegungen erfordern, dass Unternehmen bei der Erstellung von Personas Stereotype und Vorurteile vermeiden. Die menschliche Aufsicht ist in diesem Prozess ein entscheidender Kontrollpunkt. Ein menschlicher Beobachter kann unbeabsichtigte Vorurteile, die sich in die Entwicklung von Personas einschleichen können, erkennen und korrigieren. Ihr Unternehmen muss diese Vorurteile sorgfältig prüfen und korrigieren. Es muss sichergestellt sein, dass die Personas, die Sie für Marketingstrategien verwenden, die Vielfalt und Komplexität echter Verbraucher authentisch und genau darstellen.

Nutzung von KI-Personas für alle Geschäftsaktivitäten

KI-generierte Personas sind eine unschätzbare Ressource, die verschiedene Geschäftsbereiche sowie Marketing- und Produktentwicklungsstrategien beeinflussen kann. Personas werden aus der Verhaltenssegmentierung abgeleitet und bieten umfassende Einblicke in Kundenprofile. Sie helfen, Ihren Marketingansatz zu optimieren und maßgeschneiderte Kundenerlebnisse zu schaffen. Ihr Unternehmen kann diese Personas schnell erstellen und sie über alle Unternehmensangebote verteilen – wenn Sie die richtigen Daten sammeln und diese von Menschen überprüfen lassen (siehe den Abschnitt »Die Authentizität von KI-Personas überprüfen« weiter vorn in diesem Kapitel).

Ebenso spielen KI-Personas bei der Produktentwicklung und Innovation eine entscheidende Rolle. KI-Personas liefern wertvolle Einblicke in die komplexe Landschaft der Bedürfnisse, Präferenzen und Probleme von Verbrauchern. Diese Insights können Sie nutzen, um Lösungsangebote und Erlebnisse zu entwickeln, die genau auf die Wünsche und Herausforderungen Ihrer Zielgruppe zugeschnitten sind.

Das Kundenerlebnis verbessern

Mithilfe von KI-Personas können Sie personalisierte Erlebnisse für Kunden und maßgeschneiderte Interaktionen an verschiedenen Touchpoints schaffen. Vom Kundensupport bis zu Kundenschnittstellen steuern diese Personas die Anpassung von Erlebnissen genau nach den Präferenzen, die jede Persona auszeichnet.

Personas ebnen den Weg für maßgeschneiderte Serviceleistungen, Kundensupportmechanismen und Engagement-Strategien (wie zum Beispiel gezielte Social-Media-Aktivitäten), die bei den Kunden hinter den Personas authentisch ankommen. Indem Sie Interaktionen und Erlebnisse an die Vorlieben und Verhaltensweisen von Personas anpassen, können Sie eine persönlichere und ansprechendere Customer Journey schaffen. Diese Personalisierung kann nicht nur die Zufriedenheit steigern, sondern auch dauerhafte Kundenbeziehungen fördern.

Das Onlineportal Airbnb verwendet Personas, die aus der Verhaltenssegmentierung abgeleitet wurden, und verfeinert damit die Customer Journey. Durch den Einsatz dieser

Personas konnte Airbnb das Engagement der Benutzer deutlich steigern. Diese Erfolgsgeschichte unterstreicht die transformative Kraft des Einsatzes von Personas, die zur Verbesserung der Geschäftsergebnisse aus der Verhaltenssegmentierung abgeleitet wurde.

Je zeitnaher Sie die Personas erstellen (mit der entsprechenden Erfassung von Verhaltensdaten und der daraus resultierenden Segmentierung), desto besser kann Ihr Unternehmen aktuelle, differenzierte Vorlieben bedienen. Diese maßgeschneiderte Interaktion kann die Zufriedenheit der Kunden erhöhen und ihnen das Gefühl geben, verstanden und wertgeschätzt zu werden. Denn sie bietet ihnen genau das, wonach sie suchen. Unternehmen erreichen ein höheres Maß an Engagement und Loyalität, weil sich die Kunden während ihrer gesamten Customer Journey stärker gebunden und umsorgt fühlen.

Wenn Sie die Verhaltensfacetten innerhalb von Personas verstehen, können Sie als Unternehmen über bloße Reaktionen hinausgehen und proaktiv auf Kundenbedürfnisse eingehen. Mit diesem proaktiven Ansatz können Sie auf Kundenwünsche eingehen, bevor diese überhaupt ausgesprochen werden. Sie können damit die Erwartungen der Kunden nicht nur erfüllen, sondern sie sogar übertreffen. Denn Sie beschreiten einen Weg, der genau auf die Wünsche der Kunden abgestimmt ist.

Mit Personas das Marketing steuern

Wie ich im Abschnitt »Ausrichtung der Persona-Entwicklung« weiter vorn in diesem Kapitel erläutert habe, ermöglichen KI-Personas eine präzise Zielgruppenansprache, weil Werbebotschaften und Content auf die differenzierten Vorlieben und Verhaltensweisen bestimmter Zielgruppensegmente abgestimmt sind. Diese Anpassung sorgt dafür, dass Ihre Kampagnen bei Ihren Zielgruppen Anklang finden, sie für Ihre Marke begeistern und potenzielle Käufer in Bestandskunden umwandeln. So können Sie engere Kundenbeziehungen aufbauen und den Umsatz steigern. KI-Personas können auch die Effizienz und Wirkung von Marketingkampagnen steigern. Dieser maßgeschneiderte Ansatz kann die Effektivität von Kampagnen erhöhen, die Nutzung von Ressourcen optimieren und den Return on Investment (ROI) verbessern.

Durch die präzise Beachtung der Bedürfnisse und Vorlieben unterschiedlicher Personas, die auf der Grundlage valider Marketing- und Verkaufsdaten entwickelt wurden, können Unternehmen eine wirkungsvollere und kosteneffizientere Outreach-Strategie entwickeln. Im Idealfall führt diese zu einem größeren Erfolg ihrer Marketingkampagnen.

Verhaltenssegmentierung und KI-gesteuerte Persona-Entwicklung definieren das Marketing neu, da sie Ihnen als Marketer die Erstellung gezielter Kampagnen ermöglichen. Sie können Ihre Nachrichten, Inhalte und Werbebotschaften über eine Vielzahl von Kanälen und Taktiken hinweg genau kalibrieren. Diese präzise Ausrichtung stellt sicher, dass Ihre Marketingmaßnahmen bei bestimmten Zielgruppen exakt ankommen und so zu einer tieferen Bindung und einem höheren Response bei den durch die Personas repräsentierten Kunden führen.

Produktangebote an Personas ausrichten

Personas können während des Produktentwicklungszyklus so etwas wie Leitsterne sein. Das beginnt schon bei der Ideenfindungsphase (siehe Kapitel 12). Sie beleuchten den Weg, den Marketingexperten und Produktdesigner einschlagen können, um Produkte und Dienstleistungen zu entwickeln, die bei einer bestimmten Zielgruppe Anklang finden. Die Verwendung von Personas in der Produktentwicklung fördert eine verbraucherorientierte Einstellung und trägt dazu bei, dass jede Funktion und jeder Aspekt des Produkts den Erwartungen der Zielgruppe entspricht.

Sie können die Erkenntnisse aus KI-gestützten Personas bei der Produktkreation und -entwicklung nutzen, indem Sie die Bedürfnisse, Vorlieben und Verhaltensweisen bestimmter Verbrauchergruppen identifizieren. Diese Erkenntnisse können Sie dann nutzen, um Angebote zu entwickeln, die genau auf die Anforderungen bestimmter Personas und damit auf die durch diese Personas repräsentierten Zielgruppen zugeschnitten sind. Diese Ausrichtung kann die Wahrscheinlichkeit der Produktakzeptanz und der damit verbundenen Kundenzufriedenheit erhöhen.

Die Integration von KI-Personas in die Phase der Produktentwicklung kann eine Kultur fördern, in der sich iterative Produktverbesserungen im gleichen Tempo wie das sich ändernde Verbraucherverhalten entwickeln. Die ständige Anpassung an die sich ändernden Erwartungen und Bedürfnisse von Personas dient damit als Echtzeit-Leitfaden für die Produktentwicklung. Als Ergebnis erhalten Sie eine Reihe von Angeboten, die genau darauf abgestimmt sind, beim Publikum großen Anklang zu finden und so zu größerer Relevanz, Zufriedenheit und Loyalität zu führen.

Im Idealfall teilen sich Marketing- und Produktentwicklungsabteilungen dieselben Personas und nutzen diese für ihre jeweiligen Aktivitäten. In der Realität ist das jedoch nicht immer der Fall. Das kann zu Diskrepanzen führen, wie ein Unternehmen seine Produkte vermarktet, und den tatsächlichen Merkmalen, die sie aufweisen.

Einsatz synthetischer Kundenpanels

Für jeden Marketer ist die Leitung eines Panels zur Verbraucheranalyse mit Herausforderungen verbunden. Sie müssen einen Zeitplan für das Marketingteam festlegen (was Sie im Laufe eines Quartals oder Jahres über Ihre Kunden erfahren möchten), die *Führungsebene* (die obersten Führungskräfte) an Bord holen, das Budget sichern, Mitglieder für die Kundenpanels rekrutieren, aus der Forschung Erkenntnisse über das Verbraucherverhalten ableiten und sicherstellen, dass diese Insights Marketing- und Produktentscheidungen tatsächlich beeinflussen. Aber mit dem Aufkommen von Generative Pre-trained Transformers (GPT) – zum Beispiel GPT-4 und andere generative KI-Modelle – werden Sie einige dieser Aufgaben möglicherweise deutlich leichter bewältigen können.

Einige Agenturen wie Pereira O'Dell und Dentsu sind Vorreiter bei Experimenten zur Erstellung von Personas. Betrachten Sie das in den folgenden Abschnitten vorgestellte Szenario, ergänzt durch Forschungsergebnisse der Harvard Business School im Artikel »Using

GPT for Market Research« von Professorin Ayelet Israeli und den Microsoft-Ökonomen James Brand und Donald Ngwe (2023). Dieser Artikel beschreibt sowohl die Risiken als auch die Möglichkeiten, die dieses Szenario bietet. Um auf den Artikel zuzugreifen, gehen Sie zu www.hbs.edu, wählen INSIGHTS | FACULTY PUBLICATIONS und geben Sie dann in die Suchmaske »Using GPT for Marketing Research« ein.

Aufbau synthetischer Panels

Marketingagenturen nutzen zunehmend Kommentare auf Social Media , um synthetische Kundenpanels zu erstellen. Ihre Methode besteht darin, alle Kommentare vom TikTok-Konto einer Marke zu exportieren und diese dann in ChatGPT einzuspeisen. Die Agentur kann ChatGPT dann anweisen, mithilfe der Erkenntnisse aus den hochgeladenen Daten ein Panel aus vier verschiedenen, von ihr definierten Personas zu bilden. ChatGPT fungiert dann als Moderator und stellt den Panelisten Fragen zur Marke und ihren Produkten. Nachdem die Agenturen die Interaktionen eine Weile beobachtet haben, geben sie ihren Teams die Möglichkeit, ebenfalls Fragen zu stellen und die Antworten auszuwerten. Dieser Prozess ist nicht nur kostengünstig und einfach, sondern liefert auch wichtige Erkenntnisse.

Stellen Sie sich nun vor, Sie könnten diesen Ansatz zur Panelerstellung verbessern, indem Sie

- ✔ aktuelle demografische und psychografische Kundendaten aus internen Datenbanken oder externen Quellen hochladen, wie etwa den Daten aus statistischen Ämtern, anstatt sich auf Kommentare in sozialen Medien zu verlassen;
- ✔ alle Gespräche mit Vertriebs- und Kundendienstmitarbeitern im vergangenen Jahr integrieren.

Denken Sie an die potenzielle Tiefe und Vielfalt des Panels, das mit diesen spezifischen Kundendaten erstellt wird, an die uniquen künstlichen Personas, die erstellt werden, und an die Fülle der daraus resultierenden Fragen und Antworten. Nicht zuletzt könnte diese Methode die Kosten von Kundenforschungsprogrammen drastisch senken und gleichzeitig vergleichbare (oder sogar bessere) Erkenntnisse liefern als die, die Sie zuvor mit verbraucherzentrierten Forschungsmethoden wie Kundenpanels und Umfragen erhalten haben.

Die Chancen nutzen

Synthetische Panels haben ihre eigenen Chancen und Risiken. Wenn sie nicht richtig verwaltet werden, liefern synthetische Panels möglicherweise nicht so viele Erkenntnisse wie menschliche Panels. Die Professorin der Harvard University und zwei Ökonomen von Microsoft, die das im Abschnitt »Einsatz synthetischer Kundenpanels« weiter vorn in diesem Kapitel erwähnte Paper verfasst haben, wollten untersuchen, wie sich große Sprachmodelle (LLMs) bei Forschern und Praktikern bewährten, die sich mithilfe dieser Modelle ein Verständnis der Verbraucherpräferenzen verschaffen wollten.

Im Folgenden finden Sie eine Zusammenfassung der Erkenntnisse aus dieser Studie:

- ✔ **GPT funktioniert für Forschungszwecke.** Die Analyse legt nahe, dass GPT – und LLMs im weiteren Sinne – Ihnen effektiv dabei helfen können, Kundenpräferenzen aufzudecken. Auf Nachfrage zeigte GPT eine Reihe von Verhaltensweisen, die mit der Wirtschaftstheorie übereinstimmen, darunter eine abnehmende Preissensibilität bei höherem Einkommen (was in der traditionellen Forschung immer wieder belegt wird). Ganz so, als ob GPT ein zufällig ausgewählter Kunde wäre.

Anders als Menschen hat GPT in der Regel weniger Probleme mit geäußerten Präferenzen im Vergleich zu offenbarten Präferenzen. Denn es versucht nicht, Forscher in irgendeiner Weise zu beschwichtigen – sondern sagt einfach die Wahrheit. Menschen dagegen neigen bei der Beantwortung von Forschungsfragen dazu, Antworten zu geben, von denen sie glauben, dass der Forscher sie haben möchte, und nicht das, was sie tatsächlich denken.

- ✔ **GPT liefert aufschlussreichere Ergebnisse als Menschen.** Die Ergebnisse waren zudem spezifisch und detailliert, aber auch realistisch und stimmten mit den Ergebnissen aus bestehender, auf echten Verbrauchern basierender Forschung überein. Darüber hinaus litten die Ergebnisse nicht unter Mängeln wie menschlicher Voreingenommenheit, die Forschung, die auf menschlichen Probanden beruht, typischerweise aufweist. Tatsächlich legten die Ergebnisse nahe, dass GPT auch bei der Entwicklung neuer Produkte helfen und zumindest die Ergebnisse aus menschenzentrierter Forschung ergänzen könnte. Dadurch würde sich die Anzahl der für eine Studie erforderlichen menschlichen Teilnehmer reduzieren.

- ✔ **GPT dient als realistischer Simulator der Kundenwahl.** Die Autoren des Papers glauben, dass GPT als realistischer Simulator der Kundenwahl dienen kann, ohne dass große menschliche Panels erforderlich sind. Die Studie verwendete GPT effektiv für *Conjoint-Analysen* (eine statistische Technik), um zu verstehen, welche Eigenschaften eines Produkts am wertvollsten waren. Die Autoren glauben, dass GPT durch die Bereitstellung verschiedener Formen von Wissen (das heißt Hintergrundinformationen wie frühere durchgeführte Forschungsstudien) und die Einbeziehung von Personas kontextspezifischer sein kann.

- ✔ **GPT und andere LLMs werden immer genauer.** Die Autoren des Papers sind der Ansicht, dass LLMs die Kundenforschung mit der Zeit immer besser unterstützen können. Eine verbesserte Genauigkeit von LLMs und der Zugriff auf mehr Echtzeitdaten können dazu führen, dass LLMs noch tiefere und aufschlussreichere Aspekte des Verbraucherverhaltens erfassen und daraus Schlussfolgerungen ableiten können. Diese Weiterentwicklung kann letztendlich zu einer Neubewertung der Verbraucherforschung führen. Sie muss nicht grundsätzlich und idealerweise Menschen rekrutieren, interviewen und/oder befragen.

Risikomanagement

Bei synthetischen Panels ist nicht alles rosig. Die Forscher des Harvard-Artikels »Using GPT for Market Research« (2023) haben einige Risiken identifiziert, die Sie im Hinterkopf behalten sollten, wenn Sie synthetische Panels als Ergänzung zu Ihren traditionellen Forschungsmaßnahmen einsetzen wollen.

Hier einige der in dem Dokument beschriebenen Risiken:

- **Präferenzen können veraltet sein.** Da GPT ohne spezifische Daten, die normalerweise durch Kundenforschung bereitgestellt werden, und ohne Zugriff auf das Echtzeitinternet (eine Einschränkung, die sich zum Zeitpunkt, an dem ich dies schreibe, gerade ändert) trainiert ist, können einige der offenbarten Präferenzen statisch oder veraltet sein.

Achten Sie genau darauf, welche Daten Sie zur Schulung des LLM für Ihre Marktforschung heranziehen. Bedenken Sie, dass es möglicherweise einige Verbraucher gibt, die nicht online posten oder möglicherweise nicht einmal über einen Internetzugang verfügen. GPT kann deren Denkweise nicht widerspiegeln, wenn Sie das Tool nicht mit zusätzlichen Daten versorgen, die die Ansichten dieser Verbraucher widerspiegeln.

- **Die Formulierung ist bei GPT wichtig.** Die Forschung hat gezeigt, dass GPTs empfindlich auf die Formulierung von Prompts reagieren. (***Hinweis:*** Sie können diese Sensibilität selbst testen, indem Sie GPT-spezifische Fragen zum Verbraucherverhalten stellen, aber jedes Mal unterschiedliche Wörter verwenden, um Ihre Zielkunden zu beschreiben.) Obwohl die Studie keine signifikanten Unterschiede in den Ergebnissen aufgrund der unterschiedlichen Formulierung von Fragen festgestellt hat, sollten Sie die Wortwahl als potenzielles Risiko im Auge behalten. Dieses Risiko gilt ebenso für traditionelle, personenzentrierte Forschung, bei der das Umfragedesign die Umfrageteilnehmer stark beeinflussen kann.

- **LLMs können halluzinieren (was sowohl gut als auch schlecht ist).** In diesem Zusammenhang bedeutet *Halluzination*, dass das Sprachmodell selbstbewusst falsche Informationen zurückgibt, was den Forscher in die Irre führen und zu falschen Schlussfolgerungen über die Kunden führen kann. LLMs können jedoch durch Halluzination Erkenntnisse oder potenzielle Produktmerkmale ans Licht bringen, an die kein Mensch jemals gedacht hätte, wie beispielsweise die Vorhersage, wie Verbraucher mit Technologien interagieren könnten, die noch nicht auf den Markt gekommen sind.

- **LLMs fehlt das ethische Urteilsvermögen.** LLMs wie GPT-4 mangelt es an einem ethischen Urteilsvermögen und den geistigen Fähigkeiten, die Menschen brauchen, um sich mit heikleren ethischen Fragen rund um das Kundenverhalten auseinanderzusetzen. Darüber hinaus besteht bei GPTs das Risiko, voreingenommene Antworten zu liefern, je nachdem, welche Daten zu ihrem Training oder Optimierung verwendet werden. Menschliches Urteilsvermögen und menschliche Aufsicht werden bei der Verwendung von synthetischen Panels noch einige Zeit eine wichtige Rolle spielen.

- **Kontextuelles Verständnis kann verloren gehen.** LLMs können kontextuelles Verständnis vermissen. Wie ich in Kapitel 1 erwähne, sind Menschen noch weit von einer entwickelten *künstlichen allgemeinen Intelligenz* (ein Zustand, in dem KI über so viel Denkvermögen, Lernfähigkeit und gesunden Menschenverstand verfügt, dass es dem menschlichen Wahrnehmungsvermögen ähnelt) entfernt. LLMs können umfassendere Erkenntnisse und differenziertere Zusammenhänge fehlen, weil sie sich noch in einem frühen Entwicklungsstadium befinden.

KI ist ausgereift genug, um als sinnvolle Ergänzung zur personenorientierten Forschung zu dienen. In Fällen, in denen der Prozess angemessen überwacht wird und die richtigen Dateneingaben vorliegen, kann sie sogar bestehende Forschungsmethoden angemessen ersetzen. Allein dieser Gedanke ist für einen Marketer faszinierend. Wird sich die menschenorientierte Kundenforschung, die normalerweise viel zeitaufwendiger und kostspieliger ist, weiterentwickeln? Oder wird sie irgendwann in der Zukunft einfach aussterben? Die Zeit wird es zeigen.

IN DIESEM KAPITEL

Ein Trio entscheidet über den Drive Ihrer Marketingstrategie

Das Lead Scoring durch den Einsatz von KI optimieren

Den Customer Lifetime Value mithilfe von KI berechnen

Durch Marktanalysen zu dynamischen Preisen

Kapitel 10
Lead Scoring, Lifetime Value und dynamische Preisgestaltung

Lead Scoring, Lifetime-Value(LTV)-Kennzahlen und dynamische Preisgestaltung sind die Grundpfeiler einer Marketingstrategie, mit der sich die Performance im Vertrieb steigern lässt. Obwohl es sich um verschiedene Konzepte handelt, greifen sie doch ineinander, wenn es darum geht, Preisentscheidungen in Echtzeit zu treffen. Denn das Trio entscheidet darüber, wie viel ein Unternehmen ausgeben sollte, um einen Lead basierend auf Prognosen für seinen Lifetime Value zu gewinnen.

Lead Scoring (bezeichnet die Wahrscheinlichkeit, ob aus einem potenziellen ein zahlender Kunde wird), *Lifetime-Value-Metriken* (Schätzungen des Umsatzpotenzials über die gesamte Dauer einer Kundenbeziehung) und *dynamische Preisgestaltung* (Anpassung des Produktpreises an aktuelle Marktbedingungen) beruhten früher auf Fachwissen und einfachen Berechnungen. Mit den Fortschritten in der künstlichen Intelligenz (KI) gewinnen diese Konzepte neue Bedeutung, da sie automatisiert werden können und auf Daten basieren.

Als Marketer müssen Sie diese drei Konzepte verstehen, um ein profitables, kontinuierliches Wachstum Ihres Unternehmens zu erzielen – insbesondere wenn Sie für die Kundenansprache auf digitale Kanäle angewiesen sind. Damit sind Sie in bester Gesellschaft. Denn tatsächlich nutzt jeder Onlineshop – allen voran Onlinemarktplätze wie Amazon, Uber, Expedia und Etsy – diese Strategien, um seine Umsätze zu steigern.

In diesem Kapitel beschreibe ich zunächst jede der drei Strategien und erkläre anschließend, wie Unternehmen sie nutzen. Dann gehe ich darauf ein, wie der Einfluss der KI diese Strategien verändert. Schließlich stelle ich einige innovative Unternehmen vor, die bei den damit verbundenen Transformationen First Mover sind.

Drei Kernkonzepte für das Zusammenspiel

In der Welt des Marketings arbeiten Lead Scoring, Lifetime-Value(LTV)-Zuweisungen und dynamische Preisgestaltung Hand in Hand, um profitables Wachstum zu erzielen. Diese Strategien bilden die Basis für eine länger anhaltende Kundenbeziehung.

Diese drei verwandten Konzepte übernehmen folgende Parts:

- ✔ **Das Lead Scoring dient als Einstieg**, indem es *potenzielle Leads* (also potenzielle Kunden, die Sie ansprechen können) analysiert. So werden die vielversprechendsten Kunden eruiert, und zwar im Hinblick auf die dafür erforderlichen Kosten für die Ansprache.
- ✔ **LTV-Berechnungen bestimmen das langfristige Potenzial.** Im Rahmen der Lead-Akquise wird hier nicht nur der unmittelbare Wert eines Kunden berechnet, sondern wie hoch seine längerfristigen Umsatzbeiträge sind, beispielsweise durch wiederholte Transaktionen. Damit ist das für die Lead-Akquise ausgegebene Geld die finanzielle Rendite, denn es berücksichtigt unmittelbare Käufe, aber auch die Kaufneigung über einen längeren Zeitraum.
- ✔ **Die dynamische Preisgestaltung verleiht Geschäftstaktiken eine höhere Flexibilität.** Der Preis für ein Produkt wird an den erwarteten LTV des Verbrauchers angepasst.

Potenzielle Leads identifizieren

Beim *Lead Scoring* werden einzelnen Leads eindeutige Werte oder Punktzahlen zugewiesen. Dabei werden vielschichtiger Kriterien des Kunden sorgfältig bewertet, darunter demografische Merkmale, Verhaltensmuster, die Quelle, die zum Lead führte, sowie die Markenbindung. Mit diesem Verfahren kann ein Unternehmen seine Leads effektiv in Gruppen unterteilen. Wenn Sie unter diesen Leads das höchste Konvertierungspotenzial (ein Kunde, der tatsächlich kauft) und den Lifetime Value ermitteln, können Sie sich auf die Leads konzentrieren, die langfristig den wahrscheinlich größten Nutzen bringen.

Stellen Sie sich beispielsweise eine E-Commerce-Plattform vor, die Lead-Scoring-Algorithmen verwendet, um Besucher mit einer erhöhten Kaufneigung zu identifizieren. Diese Algorithmen identifizieren die potenziellen Kunden anhand ihres Browserverlaufs, ihrer Interaktionsmuster (zum Beispiel wie oft sie auf bestimmte Links auf Ihrer Website klicken) und früherer Interaktionen mit der Marke, sodass Sie wissen, worauf Sie Ihre Marketingmaßnahmen konzentrieren müssen.

Für die Marketing- und Sales-Strategien Ihres Unternehmens kann der Einsatz von Lead-Scoring-Algorithmen helfen, ihre Maßnahmen zur Kundenbindung anzupassen. Das Ziel besteht letztendlich darin, höhere Konversionsraten zu fördern und die Ressourcen so zu optimieren, dass sie sich auf die wertvollsten Leads konzentrieren.

Kundenpotenzial maximieren

Berechnungen des Lifetime Value (LTV) gehen über den Bereich unmittelbarer Transaktionen hinaus. Sie prognostizieren den langfristigen Wert, den ein Kunde einem Unternehmen bringt. Diese Analyse berücksichtigt das vergangene Kaufverhalten und seine Kundenbindung. Sie antizipiert auch potenzielle zukünftige Interaktionen. Damit wird die Rentabilität geschätzt, die ein Kunde während seiner Beziehung zu einem Unternehmen beitragen könnte.

LTV-Berechnungen können helfen, Marketingmaßnahmen anzupassen, Kundenbonusprogramme zu entwickeln und Serviceleistungen so zu gestalten, dass sie den Wert jeder Kundeninteraktion maximieren. Wenn Sie das langfristige Potenzial Ihrer Kunden einschätzen können, können Sie auch besser Ressourcen zuweisen und Engagement-Strategien entwickeln.

In einem praktischen Szenario kann eine Marke beispielsweise feststellen, dass Verbraucher mit bestimmten demografischen und verhaltensbezogenen Merkmalen (zum Beispiel ein bestimmtes Alter und bestimmte Website-Nutzungsmuster) ausnahmslos weniger Schritte benötigen, um einen Kauf abzuschließen, und dann über einen Zeitraum von 18 Monaten mehr Einkäufe tätigen als der durchschnittliche Verbraucher. Berechnet man die Rentabilität aller Käufe und zieht die ursprünglichen Akquisitionskosten ab, erhält man den Lifetime Value dieses Kunden.

Schnelle Anpassung an Marktbedingungen

Dynamische Preisgestaltung steht für die Flexibilität und Anpassungsfähigkeit, die in der heutigen, hart umkämpften Geschäftswelt gefordert wird. Diese Strategie beinhaltet die schnelle und zeitnahe Anpassung der Preise auf der Grundlage mehrerer Faktoren, darunter Nachfrageschwankungen, Preisanalysen der Konkurrenz und Lifetime-Value-Berechnungen. Gleichzeitig berücksichtigt es das Kundenverhalten, das sich ebenfalls kontinuierlich ändert und beispielsweise an saisonale Gegebenheiten anpasst.

Durch die dynamische Anpassung von Preisen und Angeboten können Sie die kurz- und langfristige Umsatzgenerierung Ihres Unternehmens optimieren. Der personalisierte Preisansatz kann Ihrem Unternehmen dabei helfen, mit den sich entwickelnden Markttrends und den Vorlieben Ihrer Kunden Schritt zu halten.

Aus diesem Grund ändern Car-Sharing-Anbieter ihre Preise während der Rushhour oder bei hoher Nachfrage dynamisch und schaffen so ein Gleichgewicht zwischen Angebot und Nachfrage. Das Ziel: die Einnahmequellen zu optimieren, ohne die Kundenzufriedenheit *zu* sehr zu beeinträchtigen. Dieselben Unternehmen können auch unterschiedliche Preise festsetzen, je nachdem, wie groß die Markentreue der einzelnen Kunden oder wie hoch die Akquisitionskosten auf dem jeweiligen Markt sind.

Leads mithilfe von KI erzielen

Die Einbindung von maschinellem Lernen (ML), prädiktiven Analysen und verwandter Tools für künstliche Intelligenz (KI) in Marketingmaßnahmen läutet für Ihr Unternehmen im Umgang mit Lead Scoring (dabei wird jedem Lead ein Wert zugewiesen, der auf seiner Konvertierungswahrscheinlichkeit und seinem Gesamtwert für das Unternehmen basiert) einen Paradigmenwechsel ein. Sie können diesen Wandel nutzen und so die Genauigkeit des Lead Scoring erhöhen (indem Sie vor allem die Leads mit hohem Wert ansprechen), was wiederum zu einer erheblichen Verbesserung der Conversion Rate (mehr Verkäufe) und einer stärkeren Kundenbindung (was bedeutet, dass Sie Ihre Kunden an Ihre Marke und Ihr Unternehmen binden) führen kann.

Mit KI-Lösungen für mehr Präzision

KI-Technologien sorgen bei Lead-Scoring-Methoden für Flexibilität, präzise Prognosen und eine Priorisierung in Echtzeit. In diesem Abschnitt untersuche ich die Änderungen, die KI an einem ehemals starren Ansatz zum Lead Scoring mit sich bringt.

Nutzung von Algorithmen des maschinellen Lernens

Das Herzstück der Integration von KI in die Lead-Bewertung sind die ausgeklügelten Algorithmen des maschinellen Lernens, die sie verwendet. Diese Algorithmen und verwandte KI-Modelle entwickeln sich – wenn sie anhand riesiger Kundendatensätze trainiert werden – ständig weiter und passen sich an. Mithilfe dieser Funktion kann Ihr Unternehmen das Verhalten und die Vorlieben von Kunden präzise vorhersagen. Das wiederum ermöglicht Ihnen, einem Lead einen genaueren Wert zuzuweisen und damit bessere Entscheidungen zu treffen.

Anstatt nur einige wenige Kundenattribute als Grundlage für die Lead-Bewertung hinzuzuziehen, können Algorithmen des maschinellen Lernens Hunderte von Attributen in Echtzeit analysieren. Ihre Geschwindigkeit und die Menge der analysierten Attribute können zu deutlich präziseren Priorisierungen für die gezielte Ansprache und Gewinnung Ihrer Marketing-Leads führen.

Präzision durch Predictive Analytics

Ein unverzichtbarer Aspekt der KI-gestützten Lead-Bewertung ist die prädiktive Analyse, mit der Ihr Unternehmen Kundenaktionen und -präferenzen vorhersehen kann. Durch die Gewinnung von Erkenntnissen aus historischen Daten optimiert die prädiktive Analyse Lead-Bewertungsmodelle und sorgt für eine genauere Identifizierung und eine Priorisierung hochwertiger Leads. Die prädiktive Analyse kann auch zu einer genaueren Lead-Bewertung führen, wenn Kundenentscheidungen in Echtzeit berücksichtigt werden – also während sich ein Kunde auf seiner *Customer Journey* oder einem Weg zum Kauf des Produkts befindet.

KI-Tools fungieren damit als *Präzisionsverstärker*. Nutzen Sie die charakteristische Fähigkeit der KI, subtile Muster und Korrelationen in Daten zu erkennen, was die Verfeinerung von Lead-Scoring-Modellen unterstützt. Das Ergebnis ist eine verbesserte Granularität und Präzision bei der Identifizierung hochwertiger Leads mit einem höheren Konvertierungspotenzial.

Durch die Kombination historischer und Echtzeitperspektiven durch Predictive Analytics kann Ihr Unternehmen das zukünftige Kundenverhalten vorhersagen. Das geschieht auf der Grundlage historischer Daten, aller bisherigen Kundeninteraktionen mit dem Unternehmen und allgemeiner Marktfaktoren. Sie können zudem die Lead-Bewertung anpassen, indem Sie Predictive Analytics verwenden. Damit können Sie beispielsweise den Absatz eines Produkts in der Weihnachtssaison für bestimmte Kundensegmente vorhersagen – auf der Grundlage von Kunden- und Wettbewerbsdaten sowie makroökonomischen Faktoren.

Verbesserung der Kundenschnittstellen mit KI

KI-basierte Schnittstellen zum Kunden sind die Voraussetzung für den Einsatz von Lead-Scoring-Methoden, mit denen Sie Kunden präzise identifizieren und höhere Konversionsraten erzielen können. Diese Tools – die von KI-gestützten Chatbots bis hin zu personalisierten Einkaufserlebnissen reichen – optimieren die Lead-Bewertung und erhöhen das Verständnis Ihres Unternehmens für Kundeninteraktionen. Obwohl diese Tools scheinbar nur auf der Oberfläche der Kundenschnittstelle dienen, erfassen sie auch spezifische und detaillierte Daten über den User. Diese Daten sind die Grundlage für die im ersten Punkt dieser Liste aufgeführten Algorithmen.

Durch die Betrachtung von Verhaltensmustern und Kontextdaten können KI-Scoring-Tools die Leads von Kunden trennen und kategorisieren, die am ehesten zur Konvertierung neigen. Mit dieser Differenzierung kann Ihr Unternehmen Ressourcen besser steuern, Engagement-Strategien auf diese vielversprechenden Interessenten zuschneiden und damit das Konvertierungspotenzial maximieren.

Validierung des KI-gestützten Lead Scoring anhand empirischer Belege

Unterstützt durch menschliche Aufsicht und strenge statistische Analysen können die neuen KI-Tools selbst komplizierte Lead-Scoring-Prozesse optimieren. Mit empirischen Daten aus der Praxis können Sie die Verbesserungen der Lead-Genauigkeit und die Erhöhung der Conversion Rates durch die KI-gestützten Lead-Scoring-Systeme belegen.

Bevor Sie KI-generierte Empfehlungen in Ihrem Lead-Scoring-Programm umfassend einsetzen, sollten Sie diese mithilfe von Tests (zum Beispiel indem Sie manuell prüfen, ob die KI die richtige Empfehlung für die richtigen Leads liefert) und anhand kleiner Kundenstichproben validieren. Andernfalls besteht das Risiko, dass das Lead Scoring nicht so genau ist, wie Sie es sich wünschen. Sie müssen jede KI-Integration in Ihr Business sorgfältig testen und validieren.

Mit KI-Tools können Sie eine Lead-Bewertung in Echtzeit realisieren. Dadurch erhalten Sie ein unmittelbares Feedback dazu, wie Leads mit Ihren Marketingmaßnahmen interagieren. Mit dieser Funktion können Marketingfachleute ihren Ansatz validieren und Strategien und Taktiken schnell an das Verhalten der Leads anpassen. Wenn beispielsweise ein bestimmter Kunden-Lead plötzlich sein Engagement für ein bestimmtes Produkt oder eine bestimmte Dienstleistung erhöht, kann das KI-System den Lead Score für diesen Lead sofort aktualisieren. Dadurch können verschiedene Marketingaktionen wie gezielte E-Mails oder personalisierte Angebote ausgelöst werden.

Datenanalyse mit KI-Tools verbessern

Durch die Integration von künstlicher Intelligenz in Lead-Scoring-Tools wird bei den analytischen Fähigkeiten ein Sprung nach vorn gemacht. Genauer gesagt können Unternehmen mit Tools, die auf ML-Algorithmen und Predictive Analytics basieren, umfangreiche Datensätze effektiver und flexibler integrieren. Diese Einbeziehung weiterer Daten verleiht der Grundlage für KI-Lead-Scoring-Empfehlungen mehr Tiefe.

Hier einige Beispiele, wie die leistungsstarken Datenanalysefunktionen der KI Ihre Lead-Scoring-Bemühungen verbessern können:

- ✔ **Integration unterschiedlicher Datenquellen:** KI-Systeme können Daten aus einer Vielzahl von Quellen integrieren und verarbeiten, darunter Social Media, E-Mail-Interaktionen, Customer-Relationship-Management-Systeme (CRM) und Website-Analysen. Diese umfassende Sicht auf Ihre Kundenbasis stellt sicher, dass die Lead-Bewertung auf einem ganzheitlichen Verständnis basiert. Denn berücksichtigt werden die Interaktionen des Kunden mit der Marke über verschiedene Kanäle hinweg. Dies ermöglicht eine genauere und umfassendere Bewertung als mit herkömmlichen Methoden wie der Bewertung des Leads auf der Grundlage des Marketingkanals, über den er gekommen ist. Denn dabei werden unterschiedliche Datenpunkte möglicherweise übersehen. Der Kanal ist für die Wahrscheinlichkeit, dass der Lead zu einem Kunden wird, selten allein verantwortlich.
- ✔ **Verbesserte Effizienz und weniger Voreingenommenheit:** KI-gesteuertes Lead Scoring automatisiert einen Prozess, der traditionell zeitaufwendig und anfällig für menschliches Versagen und Voreingenommenheit war. Durch den Einsatz datengesteuerter Algorithmen verringert KI die Wahrscheinlichkeit subjektiver Voreingenommenheit wie die Bewertung eines Leads basierend auf dem Geschlecht oder der ethnischen Zugehörigkeit der Person. Solche Voreingenommenheiten können das Lead Scoring beeinträchtigen, indem sie Leads mit hohem Potenzial ignorieren und allgemeine Aussagen über den Nutzer treffen.

  Stattdessen verbessern KI-Tools, die ML-Algorithmen enthalten, ihre eigene Leistung im Laufe der Zeit kontinuierlich mithilfe von Techniken des bestärkenden Lernens (weitere Informationen zu diesen Techniken finden Sie in Kapitel 5). Weiterer Vorteil für Ihr Unternehmen: Die Einbindung von KI gibt den Marketingexperten auch die Freiheit, sich auf die Strategie und die kreativen Aspekte des Marketings zu konzentrieren, anstatt sich mit dem mechanischen Prozess der Lead-Erfassung zu befassen.

- **Personalisierung im großen Maßstab:** KI-Tools ermöglichen es Marketingfachleuten, Leads nicht nur auf der Grundlage breiter Kategorien, sondern auch anhand differenzierter, individueller Verhaltensweisen und Vorlieben zu bewerten. Die Einbeziehung dieses granularen Ansatzes zur Analyse von Kundendaten kann bei den Marketingmaßnahmen zu einem hohen Maß an Personalisierung führen. Beispielsweise kann KI

  - *die Interaktion eines einzelnen Leads verfolgen* und dabei bestimmte Arten von Inhalten, die in verschiedenen Website-Bereichen verbrachte Zeit und die Reaktion auf verschiedene Marketingkampagnen berücksichtigen. Mit diesem Detaillierungsgrad kann Ihr Unternehmen personalisierte Marketingstrategien und Interaktionen entwickeln, die auf einzelne Leads zugeschnitten sind und beispielsweise nur die Werbung für relevantere und spezifischere Produkte einbezieht. Eine solche Personalisierung kann die Konversionsraten erheblich verbessern. Denn die Kunden sehen mit Sicherheit die Produkte, von denen Sie wissen, dass sie ihnen gefallen.

  - *sich auf hochwertige Leads konzentrieren,* indem sie hochwertige und präzise Daten für Lead-Scoring-Tools liefert. Sie können die aus der Analyse Ihrer KI gewonnenen Daten nutzen, um sich auf hochwertige Leads zu konzentrieren und deren Interaktionen (mit Werbebotschaften und angebotenen Produkten) so gestalten, dass ein höheres Maß an Kundenzufriedenheit erreicht wird.

- **Optimierte Analyseprozesse:** Mit KI-gesteuerten Lead-Scoring-Tools kann Ihr Unternehmen selbst effektive Analyseprozesse noch optimieren. Vor der Einführung von KI hinderten komplizierte und zeitaufwendige Verfahren (wie die manuelle Überprüfung jedes einzelnen Leads) Marketingteams daran, potenzielle Kunden schnell zu identifizieren. Jetzt hat KI die Fähigkeit, riesige Datenmengen zu verwalten, was diesen Identifizierungsprozess enorm beschleunigt. KI-Tools können sehr schnell unterschiedliches Verbraucherverhalten analysieren und wertvolle Erkenntnisse extrahieren, die früher unter den Schichten komplexer Daten verborgen waren.

Unternehmen, die KI-gestützte Lead-Scoring-Funktionen anbieten

Unternehmen, die Lead-Scoring-Funktionen anbieten, haben sehr schnell KI-Technologien in ihre Angebote integriert. Gleichzeitig gibt es KI-Start-ups, die Lead Scoring ganz anders angehen als die bestehenden etablierten Unternehmen. Sie bauen ihre Geschäftsmodelle von vornherein so auf, dass KI-basierte Lösungen im Mittelpunkt ihres Angebots stehen.

Tabelle 10.1 zeigt eine Auswahl von Unternehmen, bei denen eine Beschleunigung der Lead-Bewertung durch den Einsatz künstlicher Intelligenz vielversprechend erscheint.

Name der Firma	Website	Lösungsdetails
Adobe Marketo	http://business.adobe.com/products/marketo	Teil von Adobe. Bietet eine Lösung zur Marketingautomatisierung, die KI- gesteuertes Lead Scoring umfasst. Die vielversprechendsten Leads werden auf Basis ihrer Interaktion mit Marketinginhalten und ihrem Onlineverhalten identifiziert.
Apollo.io	www.apollo.io	Eine Vertriebsplattform mit Lead Scoring, Analysen und einer umfangreichen Datenbank für die Integration von Kundenakquise und Kundenbeziehungsmanagement (CRM). Sie bietet umfassende Daten zu Millionen von Unternehmen und Entscheidungsträgern und unterstützt Unternehmen dabei, potenzielle Kunden zu identifizieren und Kontakt mit ihnen aufzunehmen.
Forwrd	www.forwrd.ai	Eine Business-to-Business-KI-Plattform, die auf Predictive Analytics spezialisiert ist und Unternehmen dabei hilft, ihren Umsatz zu steigern. Sie ermöglicht es Unternehmen, No-Code-Apps für Predictive Scoring zu erstellen (dabei kann der User die App bauen, ohne dass ein Entwickler erforderlich ist). Damit können kaufbereite Interessenten und Kunden, die abwandern möchten, identifiziert werden. Das kann die Lead-Priorisierung und Kundenbindungsstrategien verbessern.
HubSpot	www.hubspot.com	Eine umfassende CRM-Plattform mit erweiterten Lead-Scoring-Funktionen. Das KI-gesteuerte System ermöglicht es Unternehmen, Leads basierend auf ihrem Verhalten und Engagement zu bewerten, was die Priorisierung potenzieller Kunden erleichtert.
Infer	www.getinfer.io	Bietet eine prädiktive Lead-Scoring-Plattform, die KI nutzt, um Unternehmen bei der Identifizierung und Ansprache ihrer besten Interessenten zu unterstützen. Lässt sich in vorhandene CRM- und Marketingautomatisierungstools integrieren.
Lead-Squared	www.leadsquared.com	Bietet ein CRM für die Vertriebsabwicklung mit starkem Fokus auf Lead Scoring und nutzt KI zur Verfolgung und Bewertung von Leads basierend auf den Interaktionen dieser Leads mit dem Unternehmen.
Oracle Eloqua	www.oracle.com/cx/marketing/automation	Eloqua ist Teil der Marketing-Cloud von Oracle und bietet KI-basiertes Lead Scoring, sodass Unternehmen Leads auf der Grundlage detaillierter Kundeninsights effektiver bewerten und pflegen können.
Salesforce Einstein	www.salesforce.com/products/einstein	Als Teil der Salesforce-Plattform setzt Einstein auf maschinelles Lernen, um historische Verkaufsdaten zu analysieren und vorherzusagen, bei welchen Leads die größte Konvertierungswahrscheinlichkeit besteht.
Zoho CRM	www.zoho.com/crm	Enthält einen KI-Assistenten, Zia, der eine vorausschauende Lead-Bewertung ermöglicht. Zia analysiert Kundeninteraktionsdaten, um die Wahrscheinlichkeit einer Lead-Konvertierung vorherzusagen.

Tabelle 10.1: Unternehmen, die KI in Lead-Scoring-Lösungen anbieten

Lifetime Value für das Lead Scoring berechnen

In den folgenden Abschnitten bespreche ich die Beziehung zwischen Lifetime-Value-Berechnungen (LTV), die auf künstlicher Intelligenz (KI) basieren, und Lead-Scoring-Methoden, um deren gemeinsame Auswirkungen auf businessrelevante Entscheidungen zu demonstrieren. Durch die Analyse der Prognosemodelle und Algorithmen, die den LTV-Berechnungen zugrunde liegen, können Sie detailliertere Informationen über Ihre bestehenden und potenziellen Kunden erhalten. Und damit können Sie fundiertere und datenbasierte Marketingentscheidungen treffen.

Eine vorausschauende Kundenanalyse ermöglichen

Früher berechneten Unternehmen den *historischen Lifetime Value*, indem sie die kumulierten Käufe eines Produkts in einem bestimmten Zeitraum, die durchschnittliche Bestellgröße, die durchschnittliche Zahl der Transaktionen und die durchschnittliche Dauer von Bestellungen analysierten. Wenn ein Kunde beispielsweise über zehn Jahre hinweg jedes Jahr einen Weihnachtsbaum für 50 Euro kaufte, lag sein historischer Lifetime Value über diesen Zeitraum bei 500 US-Dollar.

Durch den Einsatz von KI-gestützten Tools kann ein Unternehmen die LTV-Berechnung weiter verfeinern, indem es Schätzungen errechnet (basierend auf dem historischen Kaufverhalten) und den prädiktiven Customer Lifetime Value vorhersagt. Dieser Wert basiert auf der voraussichtlichen Kaufneigung eines Kunden in der Zukunft. Der prädiktive Customer Lifetime Value kann aktuelle und zukünftige Kundenakquisitionskosten, die Kauffrequenz, erwartete Allgemeinkosten und andere Makrofaktoren berücksichtigen.

Die Rolle der KI bei der Analyse historischer Daten für LTV-Berechnungen reicht weit über den reinen Rückblick hinaus. Sie wandelt große, komplexe Datensätze in Vorhersagen zum Kundenverhalten in umsetzbare Erkenntnisse um. Damit kann Ihr Unternehmen fundiertere Entscheidungen über Ihre potenziellen Kunden treffen.

Hier eine spezifischere und sachlichere Aufschlüsselung der Funktionsweise dieses prädiktiven LTV-Konzepts, zusammen mit Beispielen aus der Praxis:

- **Analyse historischer Kundendaten:** KI-Lösungen können Ihrem Unternehmen dabei helfen, vergangene Kundendaten gründlich zu analysieren, was früher eine anspruchsvolle Aufgabe war. Beispielsweise kann ein Einzelhandelsunternehmen KI nutzen, um Verkaufsdaten, Kundenfeedback und Onlineengagement der vergangenen Jahre zu untersuchen. Diese Analyse hilft dem Unternehmen zu verstehen, welche Produkte am beliebtesten sind, welche Marketingstrategien am effektivsten sind und welche Kundensegmente im Laufe der Zeit am wertvollsten sind.

- **Detaillierte Erkenntnisse aus früheren Interaktionen:** KI-Technologien nutzen fortschrittliche Algorithmen und Modelle des maschinellen Lernens (ML), um umfangreiche historische Daten zu durchforsten. Diese Tools können Muster erkennen, die menschlichen Analysten möglicherweise entgehen. Beispielsweise verwendet ein Streamingdienst wie Netflix KI, um die Sehgewohnheiten und Bewertungen von Millionen von Nutzern zu analysieren. Diese Analyse hilft Netflix, die Vorlieben der Zuschauer bis ins kleinste Detail zu verstehen und Entscheidungen darüber zu treffen, in welche Shows oder Filme künftig investiert werden soll.

- **Genaues Verständnis des Customer Lifetime Value:** Durch die Fähigkeit der KI, tiefgehende Analysen durchzuführen, kann Ihr Unternehmen den wahren Wert verschiedener Kundensegmente verstehen. Eine Fluggesellschaft könnte KI beispielsweise nutzen, um Flugbuchungsdaten zu analysieren und herauszufinden, welche Kunden Vielflieger sind. Dies führt zu gezielteren Bonusprogrammen und personalisierten Marketingstrategien für diese wertvolle Klientel.

- **Information für zukünftige Geschäftsstrategien:** Erkenntnisse aus der KI-gesteuerten Analyse historischer Daten leiten künftige Geschäftsentscheidungen. Beispielsweise könnte ein E-Commerce-Unternehmen durch den Einsatz von KI erkennen, dass Kunden, die bestimmte Produkte kaufen, eher Wiederholungskäufe tätigen. Diese Insights können zu gezielten Marketingkampagnen und Produktempfehlungen führen, die wiederum die Kundenbindung und den Lifetime Value erhöhen.

- **Entwicklung proaktiver Geschäftsstrategien:** KI hilft nicht nur dabei, das bisherige Kundenverhalten zu verstehen, sondern auch, zukünftige Trends vorherzusagen. Ein Autohersteller könnte KI beispielsweise nutzen, um frühere Verkaufsdaten zu analysieren und dann vorherzusagen, welche Features in Zukunft wahrscheinlich beliebt sein werden. Damit könnte er die Entwicklung neuer Modelle beeinflussen. (Für Menschen dagegen dürfte die Analyse solch großer Datenmengen zu schwierig sein. Darüber hinaus sind sie möglicherweise nicht in der Lage, aus der Analyse auf wichtige Funktionen neuer Modelle zu schließen.) Außerdem könnten Autohersteller prädiktive Modellierungstechniken der KI nutzen, um zu verstehen, welche Kunden wahrscheinlich *abwandern* (woanders kaufen), wenn es Zeit für ein neues Auto ist. Dann könnte der Hersteller diesen Kunden besondere Anreize bieten, damit sie der Marke treu bleiben.

Unternehmen, die KI-gestützte LTV-Berechnungen anbieten

Es gibt eine Reihe von Unternehmen, die KI-basierte Lösungen im Bereich der LTV-Berechnungen anbieten. In Tabelle 10.2 sind einige der namhaftesten Akteure aufgeführt.

Name der Firma	Website	Lösungsdetails
Adobe Analytics	http://business.adobe.com/products/analytics	KI-gestützte Analysetools, die tiefe Einblicke in das Kundenverhalten ermöglichen, LTV-Berechnungen verbessern und Ihrem Unternehmen helfen, Ihre Marketingstrategien effektiv anzupassen
Bloomreach	www.bloomreach.com	spezialisiert auf digitale Erlebnisse und Personalisierung; nutzt KI zur Analyse umfangreicher Kundeninteraktionen und bietet detaillierte LTV-Berechnungen für verbesserte Marketing- und Kundenerlebnisstrategien
Google Cloud	http://cloud.google.com/products/ai	erweiterte KI-Tools zur Analyse umfangreicher Kundendatensätze unterstützen Unternehmen bei der genauen Berechnung des LTV und beim Treffen fundierter Marketingentscheidungen
IBM Watson	www.ibm.com/watson	bietet ausgefeilte KI-Modelle, die das Kundenverhalten analysieren, Erkenntnisse für LTV-Berechnungen liefern und es Ihrem Unternehmen ermöglichen, personalisierte Strategien zur Kundenbindung zu entwickeln
Pecan	www.pecan.ai	KI-Start-up, das prädiktive Analysen vereinfacht und Ihrem Unternehmen die einfache Berechnung des LTV und anderer wichtiger Kennzahlen ermöglicht und so die Entscheidungsprozesse verbessert, ohne dass tiefgreifende technische Fachkenntnisse erforderlich sind
Salesforce	www.salesforce.com	integriert KI-gesteuerte Analysen in seine Customer-Relationship-Management-Plattform (CRM), sodass Ihr Unternehmen den LTV schätzen und prädiktive Erkenntnisse über das Kundenverhalten gewinnen kann, um effektivere Verkaufsstrategien zu entwickeln
SAP Business AI	www.sap.com/products/artificial-intelligence.html	Die KI-Integration von SAP in CRM- und Analysetools bietet tiefe Einblicke in den Kunden-LTV und hilft Ihrem Unternehmen, datengesteuerte Entscheidungen für eine gezielte Kundenbindung zu treffen.
Voyantis	www.voyantis.ai	KI-Start-up, das auf Wachstumsprognosen und LTV-Berechnungen spezialisiert ist und Tools anbietet, die Ihre Marketingausgaben optimieren und Umsatzwachstumsstrategien durch prädiktive Analysen verbessern
Zeta	www.zetaglobal.com	ein Martech-Unternehmen, das KI zur Echtzeit-Datenverarbeitung nutzt, um genaue LTV-Berechnungen zu ermöglichen und bei effizienten Strategien zur Kundengewinnung und -bindung zu helfen
Zoho Analytics	www.zoho.com/analytics	nutzt KI zur Datenanalyse und unterstützt Unternehmen bei der effektiven Berechnung des LTV, wodurch gezieltere und effizientere Marketing- und Vertriebsbemühungen ermöglicht werden

Tabelle 10.2: Unternehmen mit KI-basierten LTV-Lösungen

Lead Scoring und LTV-Insights für dynamische Preisgestaltung nutzen

Durch die effektive Kombination der Elemente von Lead Scoring (die ich im Abschnitt »Leads mithilfe von KI erzielen« weiter vorn in diesem Kapitel bespreche) und Lifetime Value (siehe den Abschnitt »Lifetime Value für das Lead Scoring berechnen« weiter vorn in diesem Kapitel) mit *dynamischer Preisgestaltung* (einem Prozess, bei dem die Preise in Echtzeit auf der Grundlage der Marktnachfrage, der Konkurrenz und anderer externer Faktoren angepasst werden) können Sie Ihre Marketingpraktiken verfeinern. Das führt zu einer höheren Kundenbindung, einer Maximierung des Umsatzpotenzials und verschafft Ihnen in Ihrem speziellen Markt einen Wettbewerbsvorteil.

Hier einige Möglichkeiten, wie Ihr Unternehmen diese Chancen nutzen kann:

- ✔ **Dynamische Preisanpassungen:** KI-Algorithmen analysieren Kundendaten, Markttrends und Preise der Konkurrenz, um die Kosten von Produkten oder Dienstleistungen dynamisch anzupassen. Ein Modehändler kann beispielsweise KI nutzen, um Preise basierend auf saisonalen Trends, Lagerbeständen und der Kaufhistorie einzelner Kunden zu ändern. Diese Preisanpassungen stellen sicher, dass der Einzelhändler seine Preise wettbewerbsfähig hält und seine Gewinnmargen optimiert.
- ✔ **Nutzung von Lead Scoring in der Preisstrategie:** Beim *Lead Scoring* werden potenzielle Kunden anhand der Wahrscheinlichkeit bewertet, ob sie konvertieren oder einen Kauf tätigen. Ein Softwareunternehmen könnte Lead Scoring verwenden, um dynamische Preise zu erstellen, indem es personalisierte Abonnements anbietet. Leads mit hoher Punktzahl – bei denen die Wahrscheinlichkeit besteht, dass sie Premiumdienste kaufen – könnten Angebote für höherpreisige Produkte beinhalten, während andere mit Basis- oder vorübergehenden Optionen angesprochen werden.
- ✔ **Einbeziehung des Customer Lifetime Value (LTV):** Der LTV hilft Ihnen, den langfristigen Wert von Kunden zu verstehen. Ihr Unternehmen kann ihn effektiv nutzen, um Preisstrategien für verschiedene Marktsegmente zu steuern. Ein Luxusautohändler könnte LTV-Bewertungsmethoden verwenden, um hochwertige Kunden zu identifizieren, die gerne neue Autos fahren und über einen Zeitraum von 20 Jahren mit größerer Wahrscheinlichkeit alle vier Jahre ein neues Modell kaufen. Für diese Kunden könnte der Händler exklusive Angebote oder Anreize für künftige Käufe anbieten, denn er kennt ihr hohes Potenzial für eine langfristige Beziehung.
- ✔ **Nutzung verhaltensbasierter Daten:** Streaming-Plattformen wie Netflix oder Hulu können mithilfe künstlicher Intelligenz Abonnementgebühren basierend auf Sehgewohnheiten, der Popularität bestimmter Inhalte und den Preisstrategien der Konkurrenz anpassen. Hotels und Resorts könnten dynamische Preise einführen, um die Zimmerpreise anzupassen und so Auslastung und Umsatz basierend auf der Nachfrage nach bestimmten Zimmertypen, dem LTV der Gäste und der Saisonalität optimieren.

Tabelle 10.3 zeigt zehn bedeutende KI-Start-ups und Unternehmen, die auf dynamische Preislösungen spezialisiert sind.

Name der Firma	Website	Lösungsdetails
Competera	www.competera.net	hilft Einzelhändlern, durch Marktdatenanalyse wettbewerbsfähige Preise festzulegen
Dynamic Prizing	www.dynamicpricing.ai	ermöglicht Unternehmen, ihre Preise in Echtzeit auf der Grundlage der Marktnachfrage, des Wettbewerbs und anderer relevanter Faktoren zu optimieren
Earnix	www.earnix.com	Preis- und Produktpersonalisierungslösungen für die Finanz- und Versicherungsbranche, mit einem Schwerpunkt auf Risikobewertung und Bedarfsanalyse
Feedvisor	www.feedvisor.com	algorithmische Preisanpassungs- und Umsatzoptimierungsplattform für Onlinehändler mit Fokus auf Profitabilitätsmaximierung
Imprice	www.imprice.ai	hilft E-Commerce-Unternehmen, optimale Preise festzulegen, Gewinne zu maximieren und auf dem Markt wettbewerbsfähig zu bleiben
Omnia Retail	www.omniaretail.com	dynamische Preisgestaltung und Marketingautomatisierung, maßgeschneidert für Einzelhändler, um Preisstrategien effizient zu optimieren
Pricefx	www.pricefx.com	umfassende cloudbasierte Preissoftware mit KI-Funktionen, die Unternehmen bei der Umsetzung effektiver dynamischer Preisstrategien unterstützt
Pros	www.pros.com	KI-basierte Lösungen für Preis- und Umsatzmanagement, die Preisentscheidungen in Echtzeit in verschiedenen Sektoren ermöglichen
Revionics	www.revionics.com	KI-gesteuerte Preisoptimierungs- und Werbelösungen für Einzelhändler zur Verbesserung der Preisstrategie und Wettbewerbsfähigkeit
Zilliant	www.zilliant.com	KI-basierte Lösungen für dynamische Preisgestaltung und Umsatzwachstum; hilft Unternehmen, datengesteuerte Preisentscheidungen zu treffen, um die Rentabilität zu maximieren

Tabelle 10.3: Unternehmen mit KI in dynamischen Preislösungen

IN DIESEM KAPITEL

Alles Wichtige zum Churn Modeling

Ihre Messmethoden mit KI optimieren

Mit KI-Tools die Kundenabwanderung managen

Kapitel 11
Churn-Modellierung und -Messung mit KI

Churn Modeling (eine Technik zur Vorhersage des Kundenverhaltens) hilft Ihrem Unternehmen, bessere Entscheidungen über seine Marketingstrategien zur Kundenbindung zu treffen. Dieses Kapitel befasst sich mit den unterschiedlichen Facetten der Churn-Modellierung. Es liefert erst einen Überblick und beschreibt dann, wie mit den Techniken der künstlichen Intelligenz (KI) das Churn Modeling effektiver werden kann. Denn wenn Sie *Churn* (Kundenverlust) erkennen, bevor er eintritt, kann Ihr Unternehmen proaktive Maßnahmen zur Kundenbindung ergreifen. In diesem Kapitel erkläre ich Ihnen, wie Sie KI-basiertes Churn Modeling einsetzen, um für sich passende Kundenbindungsstrategien zu definieren.

Ein effektives Churn-Management hängt in hohem Maße von der Komplexität Ihrer *Messvorgänge* ab – also davon, wie Sie Kundendaten erfassen, verarbeiten und analysieren. Mithilfe KI-gestützter Datenerfassungs- und Überwachungstechniken können Sie tiefere und genauere Einblicke in das Verhalten und die Stimmung Ihrer Kunden gewinnen. KI-basierte Tools zur Visualisierung und zum Reporting können Ihnen als Marketer helfen, komplexe Datensätze zu verstehen, den Zustand Ihres Kundenstamms zu beurteilen und die Abwanderungswahrscheinlichkeit bestimmter Kunden zu definieren.

Abschließend möchte ich noch darauf hinweisen, dass KI-Tools beim Modeling und der Messung von Kundenabwanderung ein transformatives Potenzial haben. In diesem Kapitel stelle ich eine Auswahl effektiver KI-Tools vor, mit denen Sie sowohl die Vorhersagegenauigkeit als auch die Effizienz beim Churn-Management verbessern können.

Alles über Churn Modeling

Die traditionelle Formel zur Ermittlung der *Abwanderungsrate* (wie viele Kunden Sie im Laufe der Zeit verlieren) war eine einfache Berechnung, die sich auf einen bestimmten Zeitraum bezieht (zum Beispiel monatlich, vierteljährlich oder jährlich):

$$Churn\ Rate = \frac{Beginning\ Customers - Ending\ Customers}{Beginning\ Customers} \times 100$$

»Beginning Customers« bezieht sich dabei auf die Zahl der Anfangskunden, »Ending Customers« auf die Anzahl der Kunden am Ende.

Die Unternehmen stellten jedoch fest, dass die Berechnung der aktuellen Abwanderungsrate nicht genügend verwertbare Informationen für konkrete Entscheidungen lieferte. Daher versuchten sie, ihre zukünftigen Churn Rates zu prognostizieren, um ihre Kostenstrukturen effektiver zu managen.

Hier kommt das *Churn Modeling* ins Spiel. Es ist eine prädiktive Technik, die analytische Prozesse einbezieht, um die Wahrscheinlichkeit vorherzusagen, ob und wann Kunden die Nutzung eines Dienstes beenden. Churn-Modeling-Prozesse verwenden historische Kundendaten, um Verhaltensmuster und Indikatoren zu erkennen, die der Kündigung eines Produkts oder Dienstes vorausgehen. Heutzutage umfasst die Kunst des Churn Modeling sowohl traditionelle statistische Methoden als auch neuere, KI-gesteuerte Ansätze.

Durch die Analyse verschiedener Kundenattribute – wie Demografie, Nutzungsverhalten, Serviceinteraktionen und Zufriedenheitsniveaus – können Unternehmen ein Vorhersagemodell erstellen, das die Abwanderungswahrscheinlichkeit für jeden Kunden schätzt. Unternehmen verwenden Techniken wie den Net Promoter Score (NPS), der direktes Kundenfeedback aus erster Hand (zum Beispiel Umfragen) sammelt. Damit können Kundentreue und -zufriedenheit als Input für ihre Vorhersagemodelle gemessen werden.

Ihr Churn-Modell erstellen

Die Entwicklung eines Churn-Modells beginnt mit der Datenerfassung und -aufbereitung. Dies ist ein entscheidender Schritt, um die Genauigkeit der Prognosen Ihrer KI-Tools sicherzustellen.

- ✔ Bereinigen, normalisieren und transformieren Sie Daten, damit sie für das Modeling geeignet sind (siehe Kapitel 4).
- ✔ Extrahieren Sie die Datenmerkmale, die für die Vorhersage der Kundenabwanderung relevant sind, zum Beispiel wie häufig Kunden mit dem Unternehmen interagieren, Änderungen in Interaktionsmustern, Rechnungen und Kontakte mit dem Kundensupport.

Best Practice im Marketing: Verwenden Sie generative KI, um automatisiert prädiktive Merkmale zu generieren und die auszuwählen, die am ehesten auf eine Kundenabwanderung hinweisen. Die kann auch die Generierung neuer Variablen aus vorhandenen Datenpunkten durch fortgeschrittene Datentechniken umfassen, wie zum Beispiel die Umwandlung von

Merkmalen und die Entdeckung von Merkmalen, die von Modellen des maschinellen Lernens (ML) verwendet werden. Weitere Informationen zum maschinellen Lernen finden Sie in Kapitel 5.

Anschließend erfolgt die Datenaufbereitung durch Auswahl eines Modeling-Ansatzes, der von logistischer Regression und Entscheidungsbäumen bis hin zu komplexeren Ensemblemethoden oder neuronalen Netzwerken reichen kann. (Weitere Informationen zum Erstellen von Vorhersagemodellen finden Sie in Kapitel 7.) Die Auswahl eines Modeling-Ansatzes und der geeigneten Tools hängt vom Geschäftskontext (das heißt der Art Ihres Geschäfts und Ihrer Branche) und den verfügbaren Daten ab.

Ihr Churn-Modell validieren, kalibrieren und integrieren

Nachdem Sie das Churn-Modell erstellt haben (siehe vorheriger Abschnitt), müssen Sie es validieren und kalibrieren. Damit gewährleisten Sie, dass es mit *unbekannten Daten* gut funktioniert, also mit neuen Daten, die nicht in die anfängliche Modellentwicklung einbezogen wurden. Sie können die Leistung eines Churn-Modells – also seine Vorhersagekraft – normalerweise anhand von Kennzahlen wie *Genauigkeit* (Anteil korrekter Vorhersagen), *Recall* (Fähigkeit, alle tatsächlichen Churn-Fälle zu identifizieren) und *Präzision* (Genauigkeit bei der Identifizierung von Churn-Fällen) bewerten und Techniken wie *Kreuzvalidierung* (Aufteilen von Daten in Teilmengen, um sie mehrmals zu trainieren und zu testen) oder die Verwendung eines *Hold-out-Datensatzes* (Reservieren eines Teils der Daten für die endgültige Modellbewertung) anwenden.

Durch Testen Ihres Modells mithilfe von Genauigkeits-, Recall- und Präzisionsmetriken können Sie feststellen, wie gut das Modell zwischen Kunden unterscheiden kann, die abwandern, und Kunden, die bleiben. Wenn das Modell diese Unterscheidung nicht erfolgreich vornehmen kann, ist seine Verwendung sinnlos.

Best Practice im Marketing: Nutzen Sie generative KI, um reale Szenarien zu simulieren und Modelle in virtuellen Umgebungen einem Stresstest zu unterziehen. Diese Simulationen ermöglichen eine kontinuierliche Validierung und Verfeinerung von Modellen, ohne das Ende langfristiger Geschäftszyklen abwarten zu müssen.

Um die Ergebnisse des Churn Modeling besser umsetzbar zu machen, müssen Sie die Ergebnisse in Ihre Systeme für das Kundenbeziehungsmanagement (CRM) integrieren (weitere Informationen zu CRMs finden Sie in Kapitel 19). Diese Integration ermöglicht Ihnen die proaktive Betreuung der Kunden, die Sie als gefährdet einstufen. Dazu zählen gezielte Bindungsstrategien, die auf die spezifischen Gründe für die prognostizierte Kündigerrate zugeschnitten sind. Zu diesen Strategien können personalisierte Angebote, die zeitnahe Lösung von Serviceproblemen oder Änderungen der Kundenbindungsstrategien gehören. (Weitere Informationen zu diesen Techniken finden Sie im Abschnitt »Mit Kundenbindungsstrategien der Kundenabwanderung entgegenwirken« weiter hinten in diesem Kapitel.)

Die Einbindung von Churn-Prognosen in CRM-Systeme und andere reguläre Geschäftsprozesse erfordert folgende Maßnahmen:

- **Laufende Verfeinerung und Neukalibrierung** des Abwanderungsmodells, um es an verändertes Kundenverhaltens und Marktbedingungen anzupassen.
- **Kontinuierliches Lernen** aus neuen Kundendaten und Feedbackschleifen, um die Sensibilität des Modells gegenüber Veränderungen in der Kundendynamik zu erhöhen.

Best Practice im Marketing: Implementieren Sie mithilfe generativer KI ein automatisches Neutraining von Abwanderungsmodellen, das auf aktuelle Daten zugreift. Dieses Trainings-Setup stellt sicher, dass die Modelle immer auf dem neuesten Stand der Kundentrends und -verhaltensweisen bleiben, ohne dass menschliches Eingreifen nötig wäre.

Bessere Einblicke in die Kundenabwanderung mit generativer KI

Das Aufkommen der KI, insbesondere der generativen KI, hat das Churn Modeling erheblich verändert, da es differenziertere Erkenntnisse und Vorhersagen ermöglicht. Da die generative KI Daten analysieren und generieren kann, die echte Kundeninteraktionen und -verhalten widerspiegeln, liefert sie tiefergehende Erkenntnisse zur Kundenabwanderung. Diese Fähigkeit markiert einen Wechsel von traditionellen statistischen Modellen zu dynamischeren, sich selbst verbessernden KI-Systemen: Sie können sich anpassen und im Laufe der Zeit immer präziser werden, da sie aus ihren eigenen Fehlern lernen.

Generative KI verbessert das Churn Modeling, indem sie Kundenverhalten und Reaktionen auf verschiedene Anreize oder Angebote simuliert. Beispielsweise können Unternehmen durch den Einsatz von Technologien wie *Generative Adversarial Networks* (GANs; maschinelle Lernmodelle, die neue Daten erstellen, die Trainingsdaten ähneln) synthetische und dennoch realistische Kundenprofile und Interaktionsdaten erstellen. Diese Profile helfen beim Testen und Verfeinern der Churn Prediction unter verschiedenen Bedingungen, ohne auf das Eintreten realer Ereignisse warten zu müssen. Durch die Fähigkeit, synthetische Daten zu generieren, können Lücken geschlossen werden, die auftreten, wenn die realen Daten spärlich sind oder Datenschutzbedenken die Verwendung tatsächlicher Kundendaten einschränken.

Best Practice im Marketing: Verwenden Sie generative KI, um synthetische Daten zu erstellen, die echtes Kundenverhalten und Interaktionen nachahmen. Diese Vorgehensweise ermöglicht ein robusteres Testen und Trainieren von Churn-Modellen, ohne den Datenschutz zu gefährden oder sich ausschließlich auf verfügbare historische Daten zu verlassen.

KI erweitert den Umfang der Daten, die Unternehmen für Churn Modeling und damit verbundene Marketingmaßnahmen zur Verfügung stehen, auch noch in anderer Hinsicht.

- **Sie können ausgefeiltere Customer Journey Mappings entwickeln.** *Customer Journey Mapping* erfasst den Weg, den ein Kunde bei der Interaktion mit einem

Unternehmen verfolgt. Indem KI-Modelle potenzielle künftige Interaktionen auf der Grundlage früherer Verhaltensmuster vorhersagen, können sie die Abwanderung in verschiedenen Phasen des Kundenlebenszyklus vorhersagen. Diese Vorhersagefähigkeit ermöglicht es Unternehmen, präventive Maßnahmen zu ergreifen, die auf die spezifischen Bedürfnisse und Vorlieben einzelner Kunden an verschiedenen Touchpoints ihrer Reise zugeschnitten sind. Prädiktive Erkenntnisse können zudem Ihre personalisierten Marketingmaßnahmen verbessern und die allgemeine Kundenzufriedenheit erhöhen.

✔ **Sie können multimodale Datenquellen in ein analytisches Framework für Ihr KI-basiertes Churn Modeling integrieren.** Diese Datenquellen können Text-, Sprach- und digitale Interaktionen umfassen. Diese Integration ermöglicht eine ganzheitliche Sicht auf das Kundenerlebnis und erfasst Nuancen, die Ihnen bei der Analyse separierter Daten möglicherweise entgehen. Beispielsweise können Techniken zur Verarbeitung natürlicher Sprache (NLP) die Kundenstimmung bei Anfragen an den Kundendienst oder bei Social-Media-Posts analysieren. Damit können sie frühzeitig Warnsignale für Unzufriedenheit sein, die zur Abwanderung oder Kündigung führen können.

In der Praxis erfordert die Implementierung von KI im Churn Modeling eine robuste Infrastruktur und einen strategischen Ansatz im Datenmanagement. Sie müssen Datenqualität, Datenschutz und ethischen Überlegungen Priorität einräumen, damit Sie das Kundenvertrauen aufrechterhalten und die Einhaltung gesetzlicher Vorschriften bei Ihren KI-gesteuerten Bemühungen berücksichtigen. Lassen Sie außerdem Mitarbeiter die Ergebnisse der KI-Modelle interpretieren und die gewonnenen Erkenntnisse validieren. Setzen Sie diese Erkenntnisse dann in Strategien um, indem Sie sie (idealerweise) in die CRM-Systeme Ihres Unternehmens integrieren.

Best Practice im Marketing: Halten Sie beim Einsatz generativer KI einen hohen ethischen Standard ein und sorgen Sie für Transparenz bei der Verwendung von Kundendaten und den damit verbundenen Maßnahmen. Kommunizieren Sie diese Praktiken klar gegenüber Ihren Kunden, damit Sie Vertrauen aufbauen und den Wert personalisierter Dienste betonen können.

Mit Kundenbindungsstrategien der Kundenabwanderung entgegenwirken

Kundenbindungsstrategien, die *die Kundenabwanderung* verringern und die *Kundenzufriedenheit* steigern, sind für Unternehmen von entscheidender Bedeutung. Sie steigern den *Lifetime Value* (der Gesamtgewinn, der von einem Kunden während seiner Geschäftsbeziehung erzielt wird). Sie müssen dafür proaktiv effektive Bindungstaktiken implementieren, indem Sie sowohl datenbasierte Erkenntnisse (wie prädiktive Analysen zur Prognose des Kundenverhaltens und Ermittlung von Abwanderungsrisiken) als auch personalisierte Kundeninteraktionen (zum Beispiel Direktnachrichten per E-Mail oder SMS) nutzen.

Viele Unternehmen glauben, dass ihr Geschäft schneller wächst, wenn sie sich auf die Kundenbindung konzentrieren. Denn Bestandskunden zu halten, ist in der Regel günstiger, als neue Kunden zu gewinnen. Und zufriedene Kunden ermutigen gerne andere dazu, ebenfalls Kunden zu werden.

Best Practice im Marketing: Implementieren Sie KI-gestützte Analysen, um die Effektivität von Strategien zur Reduzierung der Kundenabwanderung in Echtzeit zu überwachen und sofortige Anpassungen und Optimierungen zu ermöglichen.

KI-gestützte Churn Prediction bei T-Mobile

In der hart umkämpften Telekommunikationsbranche nutzt T-Mobile (`www.t-mobile.com`) KI, um Abwanderungen von Kunden präzise vorherzusagen und zu managen. Das Unternehmen integriert Daten aus einer Vielzahl von Quellen, darunter Anrufaufzeichnungen, Datennutzungsmuster, Rechnungshistorie, Netzwerkqualität, Interaktionen mit dem Kundendienst und sogar Social-Media-Aktivitäten. Mit diesem umfassenden Datensatz kann T-Mobile robuste Modelle zur Vorhersage von Kundenabwanderungen erstellen. Es verwendet Algorithmen des maschinellen Lernens, um das Kundenverhalten zu analysieren, die Abwanderungswahrscheinlichkeit vorherzusagen und gefährdete Kunden mit hoher Treffsicherheit zu identifizieren.

Hier einige der Methoden, die T-Mobile mithilfe von KI in seiner Kundenbindungsstrategie verwendet:

- ✔ **Risikokategorien:** Durch die Kategorisierung der Nutzer in verschiedene Risikokategorien kann T-Mobile sein Customer-Relationship-Management auf die spezifischen Bedürfnisse und Bedenken jeder Gruppe abstimmen. Kunden mit hohem Risiko erhalten möglicherweise spezielle Angebote, Treueprämien oder personalisierte Services, um ihre Zufriedenheit zu steigern.
- ✔ **Hinweise in Echtzeit:** Das KI-System erkennt frühe Warnsignale für Kundenabwanderung und ermöglicht es dem Unternehmen, Probleme durch proaktive Kundendienstarbeit, gezielte Werbeaktionen oder Verbesserungen beim Netzwerkausbau zu beheben.
- ✔ **Kontinuierliches Feedback und Modellanpassung:** Dies stellt sicher, dass das KI-System von T-Mobile effektiv bleibt und sich an das sich entwickelnde Kundenverhalten und die sich wandelnden Marktbedingungen anpasst.

Dieser umfassende KI-gesteuerte Ansatz hat laut T-Mobile und seinen Technologiepartnern zu einer höheren Kundenzufriedenheit, geringeren Abwanderungsraten und einem treueren Kundenstamm geführt.

Personalisierung der Kundeninteraktionen

Marketingexperten nutzen Datenanalysen (auf Basis künstlicher Intelligenz), um Kunden anhand ihres Verhaltens, ihrer Vorlieben und früherer Interaktionen zu segmentieren. Anschließend entwickeln sie personalisierte Kommunikations- und Marketingstrategien für die verschiedenen Zielgruppen.

Sie können beispielsweise E-Mail-Marketingkampagnen mit entsprechenden Angeboten und Inhalten auf die Vorlieben oder das bisherige Kaufverhalten einzelner Kunden zuschneiden – insbesondere auf jene Kunden, deren Analysen darauf hindeuten, dass sie wahrscheinlich abwandern werden. Marketers nutzen auch personalisierte Produktempfehlungen auf Websites oder in Apps, um die Nutzereinbindung zu verbessern und die Wahrscheinlichkeit von Wiederholungskäufen zu erhöhen.

Best Practice im Marketing: Nutzen Sie Erkenntnisse aus generativer KI und Datenanalyse, um hochgradig personalisierte Strategien zur Kundenbindung zu entwickeln. Nutzen Sie zudem prädiktive Erkenntnisse, um Kundenbedürfnisse vorherzusehen und proaktiv darauf einzugehen – immer mit dem Ziel, die Kundenzufriedenheit und -bindung zu steigern.

Verbesserung des Kundensupports

Ermutigen Sie Ihr Unternehmen, mehrere Kanäle für den Kundensupport bereitzustellen, zum Beispiel Telefon, E-Mail, Live-Chat und soziale Medien. Damit ist gewährleistet, dass Ihre Kunden auch wirklich schnell Hilfe erhalten. Investieren Sie in die Schulung von Supportmitarbeitern, damit diese Anfragen effizient und mit dem nötigen Einfühlungsvermögen bearbeiten können. Bewerten Sie regelmäßig die Qualität des bereitgestellten Supports und holen Sie Kundenfeedback ein, um Ihren Service kontinuierlich zu verbessern.

Durch die Implementierung KI-gesteuerter Chatbots als Teil Ihrer Kundensupportstrategien können Sie sofort Antworten auf alle gängigen Anfragen liefern und Personalressourcen bei komplexeren Problemen einsetzen.

Implementierung von Bonusprogrammen

Entwickeln Sie Bonusprogramme, die Stammkunden mit Rabatten, Sonderangeboten oder einem exklusiven Zugang zu neuen Produkten belohnen. Sie können diese Programme so gestalten, dass sie nicht nur Käufe belohnen, sondern auch die Interaktion mit der Marke über verschiedene Kanäle fördern, zum Beispiel über Social Media oder die Teilnahme an Umfragen oder Bewertungen. Denken Sie darüber nach, *Gamification-Elemente* (spielerische Ansätze von Computer- und Videogames) in Ihre Kundenbindungsmaßnahmen einzubauen – zum Beispiel das Sammeln von Punkten für Social-Media-Interaktionen oder das Vervollständigen von Profilen. Diese Art von Aktivitäten kann die Loyalität der Kunden erhöhen.

Nutzen Sie KI, um die Prämien Ihres Bonusprogramms zu personalisieren. Analysieren Sie Kundendaten, um Angebote an individuelle Vorlieben und Verhaltensweisen anzupassen. Automatisieren Sie das Tracking und die Belohnung von Gamification-Elementen wie beispielsweise Interaktionen auf Social Media oder die Teilnahme an Umfragen, um das Engagement und die Kundenbindung zu steigern.

Durchführung regelmäßiger Feedback- und Follow-up-Initiativen

Gestalten Sie Ihre Marketingmaßnahmen so, dass Sie regelmäßig mit Kunden in den Dialog treten. Dann erhalten Sie Feedback zu ihren Erfahrungen mit Ihren Produkten, Ihrer Website oder ihren Erwartungen an Interaktionsmöglichkeiten. Sie können Umfragen, Abstimmungen und die direkte Kommunikation (zum Beispiel E-Mail oder WhatsApp) verwenden, um Feedback zur Kundenzufriedenheit und zu Verbesserungsmöglichkeiten zu erhalten.

Gehen Sie auf das Kundenfeedback ein, das Sie erhalten – insbesondere auf negative Kritik. Teilen Sie Ihren Kunden mit, welche Änderungen Sie aufgrund ihrer Vorschläge vornehmen. Wenn Sie Ihre Follow-up-Initiativen transparent machen, können Sie Vertrauen aufbauen und Ihren Kunden zeigen, dass Ihnen ihre Meinung wichtig ist.

Best Practice im Marketing: Integrieren Sie Feedbackmechanismen direkt in die Customer Journey Customer Journey, beispielsweise nach einem Kauf oder einer Interaktion mit dem Kundenservice. Nutzen Sie dann generative KI, um dieses Feedback in Echtzeit zu analysieren und darauf zu reagieren, beispielsweise durch das Anbieten personalisierter Rabatte oder den exklusiven Zugriff auf Produkte in begrenzter Stückzahl. Diese sofortige Analyse und Reaktion kann dazu beitragen, aufkommende Unzufriedenheit oder potenzielle Abwanderungstrigger schnell zu identifizieren.

Befragung von Abwanderern und Rückgewinnungskampagnen

Wenn Kunden sich zum Absprung entschließen, beispielsweise indem sie ein Abonnement kündigen oder einen Warenkorb abbrechen: Führen Sie eine Exit-Umfrage durch, um die Gründe dafür zu verstehen und allgemeine Verhaltensweisen zu identifizieren, gegen die Sie angehen können. Nutzen Sie die Leistungsfähigkeit der KI, um dieses Feedback zu analysieren, Muster zu erkennen und gezielte Strategien zur Verbesserung der Kundenbindung einzusetzen.

Führen Sie Kampagnen zur Kundenrückgewinnung durch, die besondere Anreize bieten oder auf die spezifischen Anliegen eingehen, die zur Kündigung geführt haben. Wenn Kunden beispielsweise zu einem Konkurrenten wechseln, der bessere Preise anbietet, sollten Sie ein gezieltes Angebot machen, das eine Preisanpassung oder einen Rabatt auf seinen nächsten Einkauf vorsieht.

Fallstudie: Chewy nutzt KI zur Bekämpfung der Kundenabwanderung

Chewy (`www.chewy.com`), ein Onlinehändler, der sich auf Heimtierprodukte spezialisiert hat, ist für seinen sehr guten Kundenservice bekannt, ein Ruf, der durch konsequente, persönliche Betreuung seiner Kunden aufgebaut wurde. Eine ihrer Maßnahmen ist ein proaktiver Ansatz zur Kundenzufriedenheit. So überrascht Chewy seine Kunden beispielsweise oft mit handgeschriebenen Notizen und unerwarteten Geschenken, wie Blumen oder einer Beileidskarte, wenn sie vom Tod eines Haustiers erfahren. Diese einfühlsame Geste zeigt nicht nur ihr Engagement in der Kundenbetreuung, sondern fördert auch eine tiefe emotionale Kundenbeziehung. Das Kundenserviceteam ist rund um die Uhr verfügbar. Das trägt dazu bei, dass jedes Problem – von Bestellanfragen bis hin zur Produktberatung – umgehend gelöst werden kann.

Darüber hinaus zeichnet sich Chewy durch eine reibungslose Abwicklung von Retouren und Rückerstattungen aus, sodass der Prozess für die Kunden stressfrei abläuft. Wenn ein Kunde ein Problem mit einem Produkt meldet, erstattet Chewy häufig den Kaufpreis oder ersetzt ihn, ohne dass der Artikel zurückgeschickt werden muss. Dabei stehen Komfort und Vertrauen im Vordergrund. Darüber hinaus spendet Chewy manchmal zurückgegebene Artikel an örtliche Tierheime. So wird aus einer Herausforderung im Kundenservice ein positiver Beitrag für die Gesellschaft. Diese Kombination aus aufmerksamen Gesten, Support rund um die Uhr und unkomplizierter Problemlösung ist ein Beispiel für den beispielhaften Kundenservice von Chewy, der einen hohen Standard in der E-Commerce-Branche setzt. Es ist nicht überraschend, dass dies zu sehr treuen Kunden führt, die sich nur sehr selten abwenden.

Ihre Mess- und Analyseprozesse steigern

Das Ziel von *Messvorgängen* in Unternehmen ist es, die Wirksamkeit von Messansätzen zu bewerten, Messprozesse zu optimieren und mit den daraus resultierenden Erkenntnissen das Unternehmenswachstum voranzutreiben. Ein effektives Messsystem liefert umsetzbare Erkenntnisse, die als Grundlage für die Entscheidungsfindung und eine strategische Planung dienen können. Im Kontext des Marketings kann Ihr Unternehmen Messvorgänge einrichten, die Leistungskennzahlen kontinuierlich verfolgen, Kundendaten analysieren und Strategien anpassen, um insgesamt die Effizienz zu verbessern.

Befolgen Sie bei der Implementierung dieser Strategien folgende Schritte. Damit können Sie Messprozesse einrichten, die das Marketing in Ihrem Unternehmen unterstützen:

1. **Definieren Sie klare Ziele und Leistungskennzahlen (KPIs), die Messvorgängen zugrunde liegen.**

   Legen Sie Ziele fest, die für den Erfolg Ihres Unternehmens, insbesondere für Ihre Marketingmaßnahmen, stehen. Identifizieren Sie KPIs.

- *Messen Sie den Fortschritt bei der Erreichung Ihrer spezifischen Ziele.* KPIs müssen auf Ihre Geschäftsziele abgestimmt, leicht messbar und relevant sein und Insights über die Performance ihres Geschäfts geben.
- *Integrieren Sie allgemeine Kennzahlen zum Geschäftserfolg.* Sie können beispielsweise Finanzkennziffern, Kundenzufriedenheitswerte, Kundenakquisezahlen, Angaben zur *Markenstärke* (zum Beispiel wie viele Kunden wahrscheinlich in naher Zukunft kaufen werden) und zur unternehmerischen Effizienz erfassen.

2. **Richten Sie robuste Datenerfassungssysteme ein, die genaue und relevante Unternehmensdaten zur Analyse sammeln.**

   Die Implementierung dieser Systeme umfasst folgende Punkte:

   - *Einrichten automatisierter Datenerfassungstools* wie Customer-Relationship-Management-Systeme (CRM), Webanalysen und Kundenfeedback-Plattformen
   - *Sicherstellen, dass die gesammelten Daten von hoher Qualität sind.* Dies bedeutet, dass die Daten vollständig, genau, aktuell und konsistent sein müssen. Informationen zur Qualität und Quantität der Daten finden Sie in Kapitel 4.
   - *Durchführen regelmäßiger Audits zu den Datenerfassungsprozessen,* um die Integrität der Daten zu gewährleisten
   - *Sicherstellen, dass alle Datenerfassungssysteme miteinander kommunizieren und eine gemeinsame Taxonomie verwenden,* das heißt eine gemeinsame Methode zur Beschreibung desselben Datentyps in mehreren Systemen

3. **Beschaffen und implementieren Sie erweiterte Analyse- und KI-Technologien, um die erfassten Daten zu analysieren.**

   Modelle des maschinellen Lernens können Muster und Trends erkennen, die mit herkömmlichen Analysemethoden nicht offensichtlich werden. Zum Beispiel:

   - Predictive Analytics kann auf der Grundlage historischer Daten künftige Trends vorhersagen und Unternehmen so dabei unterstützen, proaktive Entscheidungen zu treffen.
   - KI-gesteuerte Analysen können Anomalien in Daten hervorheben. Damit weisen sie unter Umständen auf Probleme hin, die eine sofortige Aufmerksamkeit erfordern.

Im Zusammenhang mit Kundenabwanderungsmodellen können KI-gestützte prädiktive Analysen viel größere Datensätze mit höherer Genauigkeit analysieren als ein Mensch. Damit können Unternehmen Muster erkennen und das Kundenverhalten effektiver vorhersagen, was zu verbesserten Kundenbindungsstrategien führt.

4. **Stellen Sie ein Berichts-Dashboard bereit, das Echtzeiteinblicke in KPIs bietet.**

Gestalten Sie Ihre Berichts-Dashboards interaktiv, benutzerfreundlich und für alle Stakeholder innerhalb der Organisation zugänglich. Im Idealfall sollten die Dashboards anpassbar und für eine große Zahl von Usern innerhalb des Unternehmens verfügbar sein. Damit lassen sich diese Daten aus verschiedenen Perspektiven betrachten und Metriken für tiefere Analysen und Erkenntnisse finden. Diese können dann Grundlage für Entscheidungen – beispielsweise für Marketingmaßnahmen – sein.

5. **Richten Sie einen Prozess zur regelmäßigen Überprüfung und Anpassung der gesamten Messvorgänge ein.**

   Vermeiden Sie statische Messvorgänge durch regelmäßige Überprüfungen und Anpassungen:

   - *Überprüfen Sie regelmäßig die festgelegten KPIs,* die Methoden zur Datenerfassung und die verwendeten Analysetools im Hinblick auf die ursprünglichen Ziele und die sich ändernden Anforderungen des Unternehmens.
   - *Optimieren Sie Prozesse,* indem Sie die Methoden zur Datenerfassung anpassen, KPIs aktualisieren oder neue Analysetechnologien integrieren. Damit verbessern Sie die Funktionen der Datenanalyse.

Best Practice im Marketing: Implementieren Sie eine Reihe KI-gestützter Analysemodelle in Ihre Messvorgänge, darunter Modelle mit kontinuierlicher Lernfähigkeit, wie neuronale Netzwerke und Reinforcement Learning. (Weitere Informationen zu KI-Modellen finden Sie in den Kapiteln 5 und 6.) Diese Modelle können sich schneller an Änderungen im Kundenverhalten oder an Marktbedingungen anpassen als herkömmliche Modelle.

Datenerfassung und -überwachung durch KI

Durch die Integration von KI-gesteuerter Datenerfassung und -überwachung können Messvorgänge in dynamische Systeme umgewandelt werden. Sie verfolgen die Leistung in Echtzeit und verbessern die Entscheidungsgrundlagen, da sie intelligente, datenbasierte Insights liefern. Das Management von Messvorgängen kann im Marketing angesiedelt sein, aber genauso gut bei der IT liegen. In letzterem Fall müssen Marketingleiter den Techteams helfen, auf die richtigen Dateneingaben (häufig von Drittanbietern) zuzugreifen und diese entsprechend zu integrieren.

KI-gesteuerte Datenerfassung und -überwachung kann Messvorgänge optimieren.

- ✔ **Sie erhöht Präzision und Geschwindigkeit,** mit der Sie Daten erfassen und analysieren.
- ✔ **Sie verbessert die Skalierbarkeit,** da sie die Datenmenge für ihre Messvorgänge erhöht.
- ✔ **Sie ergänzt Ihre Abläufe durch ein kontinuierliches Monitoring und die Vorteile des Deep Learning.** Damit wird nicht nur die Qualität der erfassten Daten verbessert, sondern auch tiefere Einblicke in die Daten gewährleistet.

Befolgen Sie die aufgeführten Schritte, um KI-gesteuerte Techniken in die Datenerfassung und -überwachung in Ihrer Marketingabteilung zu integrieren:

1. **Setzen Sie KI-Technologien ein, um die Datenerfassung an verschiedenen *Touchpoints der Customer Journey* (der Reihe von Interaktionen einer Person mit Ihrem Unternehmen) zu automatisieren.**

   Sie können Web-Scraping-Tools wie IoT-Sensoren (Internet of Things) und Schnittstellen (APIs) verwenden, um Rohdaten in Echtzeit von Websites, physischen Geräten und Diensten Dritter (die alle von Kunden verwendet werden) zu sammeln. Diese können Sie in Ihre Marketingmaßnahmen einbinden. Verwenden Sie dann KI-Tools, um diese unstrukturierten Daten in strukturierte Daten umzuwandeln. Diese geben Aufschluss über das Verhalten, die Vorlieben und das Engagement der Kunden. Die Automatisierung des Datenerfassungsprozesses gewährleistet einen konsistenten Datenfluss und verringert die Wahrscheinlichkeit menschlicher Fehler.

2. **Wenden Sie Algorithmen des maschinellen Lernens (ML) an, um die Daten zu bereinigen. Damit können Sie die Datenqualität verbessern.**

   KI-Algorithmen können Anomalien erkennen, Duplikate entfernen und Inkonsistenzen im Datensatz korrigieren. (Weitere Informationen zum maschinellen Lernen finden Sie in Kapitel 5.) Sie können beispielsweise die Verarbeitung natürlicher Sprache (NLP, siehe Kapitel 6) verwenden, um Textdaten – wie Kundenfeedback oder Social-Media-Beiträge – aus verschiedenen Quellen zu interpretieren und zu standardisieren.

3. **Verwenden Sie KI-Technologie, um Datenströme in Echtzeit zu überwachen und Warnungen auszulösen, wenn die KI Anomalien oder wichtige Ereignisse erkennt. Denn dies erfordert möglicherweise ein sofortiges Handeln.**

   Zu den kritischen Punkten zählen ein plötzlicher Rückgang des Benutzerengagements für die von Ihnen vermarkteten Produkte, eine Änderung der Gebotsanforderungen für die von Ihnen gekaufte Suchmaschinenwerbung (weitere Informationen zur Suchmaschinenwerbung finden Sie in Kapitel 15) oder ein Anstieg von fehlerhaften oder nicht abgeschlossenen Transaktionen.

4. **Integrieren Sie prädiktive Analysen in Ihre Messvorgänge, um zukünftige Trends auf der Grundlage historischer Daten vorherzusagen.**

   KI-Modelle können Muster in großen Datensätzen analysieren, um Ergebnisse vorherzusagen (siehe Kapitel 7) – wie etwa potenzielle Abwanderungsraten, Verkaufsspitzen oder Bestandsengpässe. Diese Erkenntnisse ermöglichen Ihrem Unternehmen, proaktive, strategische Entscheidungen zu treffen, wie etwa die Anpassung von Marketingkampagnen, die Optimierung von Lagerbeständen oder die Verbesserung von Kundenservice-Initiativen, bevor Probleme auftreten.

5. **Richten Sie Ihre KI-gestützten Messsysteme für kontinuierliches Lernen sowie eine automatisierte Anpassung und Verbesserung auf der Grundlage neuer Daten und Ergebnisse ein.**

   Sie können ein kontinuierliches Lernen und eine ständige Optimierung Ihrer Systeme erreichen, wenn Sie die von Ihnen verwendeten KI-Modelle regelmäßig mit neuen Daten aktualisieren und diese Modelle nach Bedarf neu kalibrieren. Damit reagieren Sie auf veränderte Marktbedingungen oder Geschäftsstrategien.

Messvorgänge mit KI-Techniken optimieren

Wenn Sie die Messvorgänge Ihres Unternehmens stärken möchten, eignen sich KI-Technologien, um verschiedene Aspekte der Marketingleistung besser zu verstehen und zu optimieren. Sie können mehrere KI-Techniken effektiv in Messvorgänge integrieren, um umsetzbare Erkenntnisse zu gewinnen und zu fundierteren Entscheidungen zu gelangen. Zu diesen Techniken gehören:

- ✔ **Clusteranalyse zur Kundensegmentierung:** KI-gestützte Clusteranalysen helfen dabei, Kunden anhand ihres Verhaltens, ihrer Vorlieben und demografischen Profile genauer zu segmentieren. (Informationen zur Kundensegmentierung finden Sie in Kapitel 9.) Diese Technik verwendet Algorithmen, die große Datensätze analysieren und in Cluster mit ähnlichen Merkmalen gruppieren – ohne sich auf vordefinierte Kategorien zu verlassen. Diese Clustersegmentierung ermöglicht nicht nur ein personalisierteres Marketing und einen persönlicheren Kundenservice, sondern verbessert auch die Präzision von Messvorgängen, da die Messungen auf die Bedürfnisse und Reaktionen bestimmter Kundengruppen abgestimmt sind.

  Best Practice im Marketing: Wenden Sie generative KI-Modelle an, um Kunden dynamisch anhand sich entwickelnder Muster und Verhaltensweisen zu segmentieren. Dieser Ansatz ermöglicht eine Aktualisierungen der Segmentierungen in Echtzeit, also während sich das Kundenverhalten ändert. Dadurch erhalten Sie genauere und zeitnahere Einblicke für personalisierte Interventionen, die die Churn Rate senken können.

- ✔ **Zeitreihenprognosen für Trendanalysen:** Implementieren Sie KI-gesteuerte Zeitreihenanalysen, um kommende Trends auf der Grundlage historischer Daten vorherzusagen. Diese Prognosen können besonders nützlich sein, um Verkaufsmengen, Kundennachfrage oder Marktbewegungen im Zeitverlauf vorherzusagen. KI-Modelle, die Zeitreihenprognosen beinhalten – wie ARIMA (Autoregressive Integrated Moving Average) oder LSTM(Long Short-Term Memory)-Netzwerke (weitere Informationen finden Sie in Kapitel 5) –, analysieren die Daten auf Muster, saisonale Abweichungen und zyklische Veränderungen. Sie erstellen Prognosen, mit denen Ihr Unternehmen effektiver planen und Ressourcen effizienter zuweisen kann.

- ✔ **Stimmungsanalyse für Kundenfeedback:** Wenden Sie Techniken der Verarbeitung natürlicher Sprache (NLP) an (siehe Kapitel 6), um Kundenfeedback, Bewertungen und Erwähnungen in sozialen Medien zu analysieren. Damit können Sie die Kundenstimmung einschätzen und die öffentliche Wahrnehmung verstehen. Mithilfe von

Sentimentanalysen können Unternehmen die Auswirkungen von Marketingkampagnen, Produkteinführungen oder Änderungen im Kundenservice in Echtzeit messen.

✔ **Erkennung von Anomalien für betriebliche Effizienz:** Verwenden Sie KI, um Betriebsdaten zu überwachen und Anomalien zu identifizieren, die auf Ineffizienzen oder Fehler in Geschäftsprozessen hinweisen könnten. Techniken wie die *Ausreißererkennung* (das Identifizieren von Datenpunkten, die erheblich von der Norm abweichen) oder neuronale Netzwerke können ungewöhnliche Datenpunkte automatisch kennzeichnen, wie etwa unerwartete Produktivitätseinbußen, ungewöhnliche Finanztransaktionen oder Fehler in Herstellungsprozessen. Durch die frühzeitige Erkennung dieser Anomalien können Sie schnell Korrekturmaßnahmen ergreifen und so potenzielle Verluste reduzieren und die betriebliche Integrität aufrechterhalten.

✔ **Optimierungsalgorithmen für die Zuweisung von Ressourcen:** Setzen Sie Optimierungsalgorithmen ein, um sicherzustellen, dass die Ressourcen auf die verschiedenen Geschäftsabläufe möglichst effizient verteilt werden. KI kann mehrere Variablen und Einschränkungen analysieren, um optimale Kombinationen für den Ressourceneinsatz vorzuschlagen, die den Output maximieren oder die Kosten minimieren. Ob KI-gesteuerte Optimierung Einblicke in die Anpassung des Personalbestands, die Optimierung der Lieferkettenlogistik oder die Verwaltung des Energieverbrauchs liefert: Sie kann Ihnen einen strategischen Vorteil verschaffen. Denn sie stellt sicher, dass Ihr Unternehmen Ressourcen effektiv nutzt und so die besten wirtschaftlichen Ergebnisse erzielt.

KI-gestütztes Churn-Modell von Amazon Prime

Amazon Prime (`www.amazon.com/amazonprime`) setzt KI-Technologien ein, um Kundenabwanderung vorherzusagen und effektiv zu managen. Grundlage der Strategie ist eine umfangreiche Datenerfassung aus mehreren Quellen, darunter Kaufhistorie, Streaminggewohnheiten, Suchanfragen und Interaktion mit verschiedenen Prime-Diensten. Dieser umfangreiche Datensatz wird in Algorithmen für maschinelles Lernen eingespeist, die das Kundenverhalten analysieren, um *Kündigungen* vorherzusagen. Die Algorithmen berücksichtigen für ihre Prognose eine Reihe von Faktoren, wie die Häufigkeit von Käufen, Streamingaktivitäten, die Nutzung von Prime-Vorteilen und sogar Interaktionen mit dem Kundendienst. Amazon analysiert diese umfassenden Daten– nicht nur, um frühe Anzeichen einer potenziellen Abwanderung zu erkennen, sondern auch die dafür zugrunde liegenden Gründe zu verstehen.

Um der Kundenabwanderung entgegenzuwirken, setzt Amazon Prime auch KI zur Personalisierung der Kundenerlebnisse ein. Wenn beispielsweise die Streamingaktivität eines Nutzers nachlässt, werden ihm von der KI neue Shows oder Filme vorgeschlagen, die sich an seinen bisherigen Sehgewohnheiten orientieren. Gleichzeitig erinnern personalisierte E-Mails und Nachrichten den Nutzer an die verschiedenen Vorteile einer Prime-Mitgliedschaft, wie exklusive Angebote und kostenloser Versand. Proaktive Interventionen sind ebenfalls ein wichtiger Teil der Strategie. Wenn eine potenzielle

Kundenabwanderung erkannt wird, kann Amazon gezielte Werbeaktionen oder Rabatte anbieten, um den Kunden zurückzugewinnen.

Kontinuierliche Verbesserung ist ein Markenzeichen des KI-Systems von Amazon. Die Modelle werden regelmäßig mit neuen Daten und Feedback verfeinert, damit sie genau arbeiten und relevant bleiben. Mit diesem Ansatz kann Amazon Prime potenzielle Kundenabwanderung proaktiv angehen, die Kundenzufriedenheit steigern und eine enge Kundenbindung aufrechterhalten.

Integration von Visualisierungs- und Reporting-Lösungen

Visualisierungs- und Reporting-Lösungen, die Marketingfachleuten eine detaillierte Übersicht über die Messergebnisse bieten, sind wichtige Komponenten für die Effektivität der Maßnahmen. Sie wandeln die Rohdaten aus den Vorgängen in verständliche Erkenntnisse um, die leicht zu verarbeiten sind und weitere Entscheidungen unterstützen.

So können Sie erweiterte Visualisierungs- und Reporting-Tools einsetzen, mit denen Sie die datenbasierten Erkenntnisse Ihres Unternehmens zum Churn Modeling verbessern:

- ✔ **Implementieren Sie interaktive Dashboards und Visualisierungsmechanismen in Echtzeit.** Diese bieten eine zentrale Übersicht der wichtigsten Leistungsindikatoren (KPIs) und Kennzahlen für die Fluktuationsmodellierung über verschiedene Abteilungen und Betriebsabläufe hinweg. Diese Echtzeitfunktion stellt sicher, dass Entscheidungsträger immer Zugriff auf die aktuellsten Daten haben. Das ermöglicht eine sofortige Reaktion auf neu auftretende Probleme oder andere Herausforderungen.

  Mit Tools wie Tableau (`www.tableau.com`), Microsoft Power BI (`www.microsoft.com/power-platform/products/power-bi`) oder Qlik Sense (`www.qlik.com/products/qlik-sense`) können Sie dynamische Datenvisualisierungen erstellen, die in Echtzeit aktualisiert werden und es den Usern damit ermöglichen, die Auswirkungen ihrer Interaktionen sofort nachzuverfolgen. Gestalten Sie das Dashboard für das von Ihnen gewählte Tool nutzerfreundlich. Zudem sollten User in bestimmte Datenpunkte einsteigen oder diese herauszoomen können, um tiefergehende Einsichten zu erhalten.

- ✔ **Entwickeln Sie automatisierte Reportingsysteme**, die regelmäßig umfassende Berichte erstellen. Sie sollten auf die Besonderheiten verschiedener Kundensegmente in unterschiedlichen Phasen der Kundenabwanderung zugeschnitten sein. Die Automatisierung der Berichterstattung spart Zeit und gewährleistet die Konsistenz und Genauigkeit der präsentierten Daten.

Erweiterte Berichtstools können Daten aus mehreren Quellen integrieren und einen ganzheitlichen Überblick über die gesamte Landscape bieten. Sie können damit auch Reportings verfassen, die per Mail direkt an die Stakeholder geliefert werden. So wird sichergestellt, dass alle relevanten Parteien Ihrer Marketingabteilung (und anderer Abteilungen) über die neuesten Trends, Erfolge und Geschäftsbereiche informiert bleiben.

- ✔ **Setzen Sie Tools für Predictive Analytics und Visualisierungen ein.** Damit können Sie kommende Trends vorhersagen und verschiedene Szenarien, die auf unterschiedlichen Parametern basieren, visualisieren. Mit solch einer prädiktiven Visualisierung kann sich Ihr Unternehmen auf Situationen vorbereiten, in denen die Fluktuation steigt oder aber sinkt, und dann proaktive Entscheidungen treffen. Visualisierungstools können helfen, Was-wäre-wenn-Szenarien zu veranschaulichen. Szenarien, die zeigen, wie sich unterschiedliche Strategien auf Ergebnisse wie Kundenbindungsraten, Umsatzprognosen oder Marktexpansion auswirken können.

Test von Tools für Churn Modeling und Messvorgänge

In Tabelle 11.1 werden einige Tools beschrieben, die für die Modellierung und Messung von Abwanderung in großen und kleinen Unternehmen in Betracht gezogen werden sollten. Diese Tools bieten Unternehmen, die KI-basierte Strategien für das Modeling und die Messung von Abwanderung implementieren möchten, eine solide Basis. Sie haben Funktionen, die von der Datenverarbeitung und Modellerstellung bis hin zur Bereitstellung und Visualisierung der Erkenntnisse reichen.

Werkzeug	Website	Beschreibung	Funktion
TensorFlow	`www.tensorflow.org`	eine Open-Source-Plattform, die das Erstellen und Trainieren von Machine-Learning-Modellen ermöglicht, die speziell auf komplexe Datensätze zugeschnitten sind	entwickelt benutzerdefinierte Churn-Prognosemodelle durch den Einsatz von Deep-Learning-Techniken
PyTorch	`http://pytorch.org`	eine Open-Source-Bibliothek für maschinelles Lernen, die dynamische Computergraphen unterstützt	bietet iterative Modellanpassungen für Szenarien zur Abwanderungsvorhersage
H2O.ai	`www.h2o.ai`	eine automatisierte Plattform für maschinelles Lernen, die auch für Laien nützlich ist	Damit können Sie schnell leistungsstarke Modelle, beispielsweise für die Abwanderungsanalyse entwickeln.
Apache Spark	`http://spark.apache.org/mllib`	eine skalierbare Bibliothek für maschinelles Lernen, die Datenverarbeitungsaufgaben über Cluster hinweg übernimmt und große Datensätze schnell analysiert	zur Vorhersage von Abwanderungsraten in Umgebungen mit großen Datenmengen

Werkzeug	Website	Beschreibung	Funktion
Altair RapidMiner	www.altair.com/altair-rapidminer	Diese Data-Science-Plattform bietet eine integrierte Umgebung für Datenaufbereitung, maschinelles Lernen, Deep Learning, Text Mining und Predictive Analytics.	geeignet für die Erstellung detaillierter Churn-Modelle
Alteryx	www.alteryx.com	ein Modell, das sich durch Datenverschmelzung und erweiterte Analysen auszeichnet	lässt sich mit verschiedenen Datenquellen integrieren, um Abwanderungsvorhersagen und Analysen des Kundenverhaltens bereitzustellen
Tableau Einstein	www.tableau.com	ein Präsentationstool, das für seine erweiterten Visualisierungsfunktionen bekannt ist	geeignet für den Einsatz mit Abwanderungsmodellen, um interaktive und umsetzbare Erkenntnisse über Dashboards bereitzustellen
Azure Machine Learning	http://azure.microsoft.com/products/machine-learning	cloudbasierte erweiterte Analysetools, die beim Erstellen und Bereitstellen von Modellen für maschinelles Lernen helfen können	kann Aspekte der Abwanderungsmodellierung automatisieren, von der Datenerfassung bis zur Erkenntnisgewinnung, mit robusten Skalierbarkeitsoptionen
IBM Watson Studio	www.ibm.com/products/watson-studio	eine Reihe von Tools zum gemeinsamen und einfachen Erstellen, Trainieren und Bereitstellen von Modellen	kann Churn-Vorhersagemodelle bereitstellen und unterstützt verschiedene Frameworks und Bibliotheken für maschinelles Lernen und Deep Learning

Tabelle 11.1: KI-Tools zur Modellierung und Messung der Kundenabwanderung

Teil IV
Transformation von Markeninhalten und Kampagnenentwicklung

IN DIESEM TEIL ...

- erkunden Sie die Rolle der KI in kreativen Prozessen und bei der Planung.
- arbeiten Sie mit Use Cases an Conversational User Interfaces und verbessern Ihr Prompt-Design.
- nutzen Sie KI zur Entwicklung neuer kreativer Assets und zur Verbesserung vorhandener Assets.
- verbessern Sie Ihre Suchmaschinenoptimierung (SEO) durch den Einsatz von KI.
- führen Sie A/B-Tests mithilfe von KI-Tools durch.
- nutzen Sie KI zur Regionalisierung und Übersetzung Ihrer Marketingbotschaften.

IN DIESEM KAPITEL

Ideen mithilfe von KI entwickeln

Umgang mit KI-Halluzinationen

Die richtigen KI-Tools für mehr Kreativität finden

Kapitel 12
Ideenfindung und Planung mit KI

Künstliche Intelligenz (KI) zur Unterstützung der Kreativität und zur *Ideenfindung* einzusetzen, ist keine neue Idee. 2018 wurde das KI-generierte Kunstwerk »Das Porträt von Edmond de Belamy« im Auktionshaus Christie's für 432.500 Dollar verkauft. Dieser Preis war fast 45-mal so hoch wie der vor der Auktion geschätzte Wert. Das Werk wurde von einem Generative Adversarial Network (GAN) erstellt, das anhand eines Datensatzes von 15.000 Porträts aus sechs Jahrhunderten trainiert wurde. (Eine Diskussion über GANs finden Sie in Kapitel 8.)

Wenn Sie Überlegungen zur Kreativität in Ihrem Unternehmen anstellen, dann stellen Sie fest: Die Entwicklung von Ideen ist die Grundlage für die Entwicklung erfolgreicher Marketingstrategien, -inhalte und -kampagnen. Bei der Ideenfindung geht es nicht nur darum, einfach Ideen zu entwerfen; es ist auch die Kunst, Ihren Kundenstamm zu erkunden, nach weiteren Möglichkeiten zur Steigerung des Markterfolgs zu suchen und neue Wege nach vorn zu identifizieren. Ideenfindung geschieht nicht im luftleeren Raum. Kundenforschung, Geschäftsziele, Wettbewerbsdynamik, Produktpläne und bisherige Marketingergebnisse sind alles Zutaten für den Ideenfindungsprozess.

Das Marketing greift für seine Planungen die verschiedenen Ideen aus dem Prozess auf und ordnet sie sorgfältig in umsetzbare Schritte und Strategien ein. Damit wird dann ein Fahrplan zur Erreichung der gewünschten Ergebnisse skizziert. Diese Ergebnisse können die Form eines jährlichen Marketingplans, eines Kampagnenbriefings, eines Kreativkonzepts oder sogar eines Medienplans annehmen.

Das Aufkommen generativer KI hat eine neue Ära der Möglichkeiten und Effizienzen eingeläutet, mit denen Unternehmen Ideen entwickeln, Konzepte entwickeln, Strategien ausarbeiten, Marketinginnovationen und sogar neue Produkte entwickeln können. In diesem Kapitel bespreche ich, wie Sie KI und insbesondere generative KI nutzen können, um den Ideenfindungsprozess voranzutreiben.

KI als Ideengeber für Menschen

Bis vor Kurzem war die Vorstellung, dass KI mit der menschlichen Ideenfindung mithalten könnte, geradezu abwegig. Denn die allgemeine Meinung war, dass KI-Tools nicht ausgereift genug sind, um Ideen zu generieren, Namen für Produkte zu entwickeln, Lösungen für unerfüllte Kundenwünsche zu finden oder kreative Erkenntnisse zu gewinnen.

Um diese Hypothese zu testen, führten zwei Professoren der Wharton School of Business der University of Pennsylvania ein Experiment durch. Sie wollten herausfinden, wie eine KI im Vergleich zu den MBA-Studenten der Professoren bei einer unstrukturierten Aufgabe abschneidet. Diese Studie wurde in einem Artikel des Wall Street Journals – »MBA-Studenten versus KI: Wer hat die innovativeren Ideen?« vom 9. September 2023 – beschrieben. Weitere Einzelheiten zu dieser Studie finden Sie im dem englischsprachigen Artikel unter `www.wsj.com/tech/ai/mba-students-vs-chatgpt-innovation-679edf3b` und im Kasten »ChatGPT im Vergleich zu Wharton-MBA-Studenten« in diesem Kapitel.

Diese Studie aus dem Herbst 2023 hat die Wahrnehmung über die Defizite von KI verändert. Die Studie hebt insbesondere die Fähigkeiten der generativen KI hervor – mit ChatGPT 4.0 als Paradebeispiel. Sie zeigt, dass KI mit einer dem Menschen ähnlichen Raffinesse Ideen entwickeln kann.

Bitte beachten Sie, dass auf dieser Ebene der Ideenfindung Menschen normalerweise präzise Prompts für die KI entwickeln und dem Sprachmodell (LLM) domänenspezifisches Wissen bereitstellen (es sei denn, das Modell verfügt bereits über die relevanten Informationen). Die Ergebnisse spezifischer Ideenfindungsstudien haben jedoch gezeigt, dass von der KI generierte Ideen realisierbar und den von Menschen generierten Ideen ebenbürtig (wenn nicht sogar besser) sind.

ChatGPT im Vergleich zu Wharton-MBA-Studenten

Professor Christian Tardiest und Karl Ulrich gaben 200 zufällig ausgewählten MBA-Studenten der Wharton School of Business an der University of Pennsylvania die Aufgabe, eine Idee für ein neues Produkt oder eine neue Dienstleistung zu entwickeln. Diese sollten für College-Studenten attraktiv sein und vom Unternehmen für 50 Dollar oder weniger angeboten werden können. Die Professoren gaben ChatGPT-4 dieselbe Aufgabe und baten es, 100 Ideen zu entwickeln. Um die Hypothese zu untermauern, baten die Professoren ChatGPT-4 weitere 100 Ideen zu entwickeln. Zum Training wurde dem Tool eine Auswahl erfolgreicher Ideen aus früheren Kursen zur Verfügung gestellt. Nach dieser Übung lagen also 400 Ideen vor – 200 von MBA-Studenten und 200 von ChatGPT-4.

Um die Stärke der Ideengenerierung zu beurteilen, untersuchten die Professoren die Zeit, mit der die Ideen generiert wurden, die durchschnittliche Qualität der Ideen und die Anzahl wirklich außergewöhnlicher Ideen. Es überrascht nicht, dass ChatGPT-4 sehr schnell Ideen produzierte – es entwarf in etwa einer Stunde 200 Ideen (mit etwas menschlicher Aufsicht). Die von Menschen generierten Ideen benötigten mehr Zeit. Die Studie verwendete dann eine Onlineumfrage zur Kaufabsicht, um die Qualität der Ideen zu beurteilen. Hier wurde die Frage gestellt:

> »Wie wahrscheinlich ist es, dass Sie auf der Grundlage dieses Konzepts einen Kauf tätigen würden, wenn dieser möglich wäre?«

Die Antworten reichten von »Würde es definitiv nicht kaufen« bis »Würde es definitiv kaufen«.

Die Professoren kamen zu sehr interessanten Ergebnissen bei den durchschnittlichen Kaufwahrscheinlichkeiten:

- ✔ **Von Menschen generierte Idee:** 40 Prozent
- ✔ **ChatGPT-4-Idee ohne Training:** 47 Prozent
- ✔ **ChatGPT-4-Idee mit Training:** 49 Prozent

Diese Ergebnisse zeigten, dass ChatGPT-4 nicht nur viel schneller Ideen generierte, sondern dass auch die Gesamtqualität der Ideen besser war.

Doch die Studie lieferte mehr Ergebnisse als nur Informationen zur Kaufwahrscheinlichkeit. Um festzustellen, ob Studenten oder KI außergewöhnliche Ideen hervorbrachten (schließlich braucht ein Unternehmen normalerweise nur eine außergewöhnliche Idee und nicht Dutzende überdurchschnittlicher Ideen), untersuchte die Studie die besten 10 Prozent der Ideen in jedem Pool. Von diesen 40 Ideen wurden 35 von ChatGPT-4 erstellt, davon 20 aus dem vorab trainierten ChatGPT-4-Set und 15 aus der untrainierten Version von ChatGPT-4. Auch bei diesen Ergebnissen war ChatGPT-4 eindeutig der Spitzenreiter. Damit zeigte sich, dass generative KI nicht nur grundlegende Texterstellungsaufgaben ausführen kann, sondern auch zur Ideenfindung auf höherer Ebene fähig ist.

Die Wharton-Studie, an der sowohl MBA-Studenten als auch ein KI-Tool teilnahmen, brachte 400 Produktideen hervor (200 von Studenten und 200 von ChatGPT-4). Nach Markttests (auf Qualität) aller Ideen lag die durchschnittliche Kaufwahrscheinlichkeit für von Menschen generierte Ideen bei 40 Prozent, während die durchschnittliche Kaufwahrscheinlichkeit für die von KI generierten Ideen bei 47 bis 49 Prozent lag. Die Studie berücksichtigte auch die Geschwindigkeit der Ideengenerierung, um die Effizienz zu ermitteln. (Wenig überraschend generierte ChatGPT-4 seine Ideen viel schneller als die Studenten.) Eine weitere Überprüfung der besten 10 Prozent der Ideen (40 Ideen) ergab, dass 35 dieser Ideen von der KI generiert wurden.

Diese wegweisende Studie betonte die Qualität, Quantität und Effizienz der durch KI generierten Ideen und lieferte folgende wichtige Erkenntnisse:

- ✔ **Generative KI kann ein effektives Tool zur Ideenfindung sein.** Vermutlich konnte bislang keine Technologie in der Menschheitsgeschichte die Ergebnisse erzielen, die in der Wharton-Studie gezeigt wurden. Die Verwendung von KI zur Ideenfindung markiert eine deutliche Abkehr von der bisherigen Technologienutzung, bei der es in der Regel um Wissensmanagement, Automatisierung und Berechnungen ging.

- ✔ **Die Rolle des Menschen könnte sich in einer Welt, in der KI Ideen generiert, verändern.** Menschen könnten nicht mehr nur als Ideengeber fungieren, sondern zu Initiatoren und Bewertern guter Ideen werden. Der Mechanismus zur Auswahl von Ideen wird noch wichtiger. Ein Team aus KI und Menschen kann am besten bestimmen, welche Ideen in einem bestimmten Geschäftskontext am besten anwendbar sind.

- ✔ **Je mehr Menschen die KI steuern, desto besser wird die KI als Ideengeber.** Stellen Sie sich die KI wie einen Co-Piloten vor, der mit starkem menschlichem Input Ideen generieren kann, und nicht wie ein Ideengeber, der mit Menschen um die besten Ideen konkurriert.

- ✔ **Um in Zukunft bessere Produkte und Dienstleistungen anbieten zu können, ist die Zusammenarbeit zwischen Mensch und Maschine erforderlich.** Die Autoren der Wharton-Studie haben in ihrer in diesem Abschnitt beschriebenen Studie auf diese Tatsache hingewiesen. Die Zusammenarbeit zwischen Mensch und KI in jeder Phase des Ideenfindungsprozesses kann zu besseren Ideen führen, als wenn Menschen sie allein entwickeln.

Wenn Sie dem Einsatz generativer KI bei der Ideenfindung immer noch skeptisch gegenüberstehen und Sie die beschriebene Wharton-Studie nur für eine theoretische Übung halten, dann sollten Sie einen Blick auf diese Beispiele aus der Praxis werfen:

- ✔ **Mattel nutzte KI, um Produktentwicklungsideen für seine Marke Hot Wheels voranzutreiben.** Das Unternehmen verwendete generative KI, um viermal so viele Produktbilder zu erstellen wie normalerweise. Wie eine Studie der Unternehmensberatung McKinsey & Company mit dem Titel »How generative AI can boost consumer marketing« zeigt, führte diese große Anzahl von Bildern zu Inspirationen für neue Funktionen und Designs von Produkten. Sie finden die Studie unter `www.mckinsey.com/capabilities/growth-marketing-and-sales/our-insights/how-generative-ai-can-boost-consumer-marketing`.

- ✔ **Coca-Cola brachte eine limitierte Limonadensorte namens Y3000 heraus, die mithilfe künstlicher Intelligenz entwickelt wurde.** Coca-Cola nutzte generative KI, um die Geschmacksvorlieben der Verbraucher zu analysieren und daraus ein Getränk zu entwickeln, das an Himbeer-Slushy erinnert und verschiedene künstliche Süßstoffe enthält. Das Unternehmen nutzte KI auch, um futuristische Grafiken für die Verpackung zu erstellen. Das Tool, das zur Erstellung der Grafiken verwendet wurde, war Stable Diffusion von Stability AI (`www.stability.ai`).

- **Airbus hat beim A320neo-Flugzeug generatives Design und Optimierung mithilfe von KI angewendet.** Durch den Einsatz generativer Designtechnologie hat Airbus das Design der Flügelspitzen am A320neo optimiert und so den Treibstoffverbrauch des Flugzeugs um 3,5 Prozent gesenkt. Damit ist Airbus ein Paradebeispiel für die Anwendung von KI im Produktdesign.
- **Adidas nutzte KI, um seinen Futurecraft-4D-Schuh zu entwerfen.** Das KI-basierte Produktdesign verbesserte den Sohlenkomfort des Schuhs durch eine interne gitterartige Struktur, die aus der KI-Anleitung entstand. Dieses Design bietet Halt und Dämpfung, während gleichzeitig Haltbarkeit und Leichtigkeit erhalten bleiben.

Sind KI-Halluzinationen ein Feature oder ein Bug?

Große Sprachmodelle (LLMs; fortschrittliche KI-Systeme, die anhand riesiger Textdatenmengen trainiert werden, um menschenähnliche Texte zu erzeugen) neigen auch zu *Halluzinationen*. Dabei erzeugen die LLMs falsche, erfundene oder irreführende Informationen. Dieses einzigartige und relativ seltene Phänomen führt dazu, dass das Modell seine Ergebnisse selbstbewusst als richtig präsentiert, obwohl diese jeder Realität entbehren.

Halluzinationen können aus einer Reihe von Gründen auftreten:

- **Die riesigen Datensätze, die zum Trainieren von LLMs verwendet werden**, weisen Lücken oder Ungenauigkeiten auf, was zu falschen Verallgemeinerungen führt.
- **Den LLMs fehlt die persönliche Erfahrung** und sie verfügen über Daten, die sich nur auf einen begrenzten Zeitrahmen beziehen. In diesen Fällen profitieren LLMs nicht davon, aus dem zu lernen, was außerhalb ihres Datensatzes oder ihrer Verarbeitungsparameter passiert.
- **Inhärente Modellbeschränkungen** im Zusammenhang mit statistischen Korrelationen oder komplexen und mehrdeutigen, vom Menschen erstellten Eingabeaufforderungen können ebenfalls zu falschen Ergebnissen führen.

Oberflächlich betrachtet können Sie Halluzinationen als Fehler betrachten – ein negatives Ergebnis, auf das Sie achten sollten. Ich empfehle Ihnen (und alle Nutzer von generativen KI-Lösungen), Tests mit gesundem Menschenverstand durchzuführen und sämtliche Ergebnisse zu überprüfen. Nur so können Sie feststellen, ob die Antworten der KI sachlich richtig sind. Aber wenn es um Ideenfindung geht, haben Halluzinationen eine andere Seite. Sie können die Fähigkeit des LLM, Informationen zu erfinden, als kreatives Ergebnis betrachten, das einem neue Perspektiven eröffnet.

Durch die Integration generativer KI in den kreativen Marketingprozess können Sie neue Ideen gewinnen und gleichzeitig Ihren menschlichen Teamkollegen helfen, ihre eigenen Grenzen zu überwinden. Und wenn Sie die Möglichkeiten berücksichtigen, die KI-Halluzinationen bieten, steigen die möglichen Vorteile exponentiell. Halluzinationen können Ihnen also tatsächlich beim kreativen Marketing helfen.

Unerwartete Ideen und Konzepte

KI-Halluzinationen können zu unerwarteten, neuartigen und völlig neuen Ideen führen, die herkömmliche Denkmuster durchbrechen (also aus der Box ausbrechen). Diese Ideen entstehen wahrscheinlich deshalb, weil die KI-Engine keine Entität ist, die auf realen Erfahrungen beruht, sondern ein textbasiertes statistisches Modell.

Angenommen, Ihr Marketingteam verwendet ein KI-Tool wie ChatGPT, um Ideen für eine neue Werbekampagne für ein Sportgetränk zu sammeln. Ihre Teammitglieder geben verschiedene Prompts zu den Themen Sport, Energie und Erfrischung ein. Die KI halluziniert und generiert ein Konzept über eine futuristische Sportart, die es nicht gibt.

Anstatt diese Ausgabe als irrelevant abzutun, lässt sich das Team vom Fehler der KI inspirieren. Die Teammitglieder arbeiten zusammen an der Entwicklung einer Kampagne rund um diesen fiktiven Sport. Sie erstellen eine Reihe von Getränkeanzeigen, die Sportler beim Training für dieses futuristische Spiel zeigen. Diese Art von Idee könnte die Fantasie des Publikums anregen, die Marke hervorheben und dem Getränk ein Image von Innovation, Energie und Zukunft verleihen.

Neue Wege im unkonventionellen Storytelling

Sie können KI-bedingte Fehler nutzen, um dem Storytelling eine neue Dimension zu verleihen. Denn damit kreieren Sie neue Geschichten, die das Publikum überraschen und so völlig unerwartet Anklang finden. Dieses Storytelling ist im Social-Media-Marketing besonders wertvoll, da es Aufmerksamkeit erregt, Engagement fördert und ein Gefühl von Authentizität und Spontaneität weckt.

Stellen Sie sich vor, ein Reisebüro nutzt KI, um Content für die Werbung von Urlaubspaketen zu erstellen. Die KI halluziniert und beschreibt ein fiktives, exotisches Reiseziel mit einzigartigen kulturellen Merkmalen und Naturwundern, die es in Wirklichkeit nicht gibt. Anstatt diese Generierung als Fehler abzutun, sieht das Marketingteam die Chance zu einer fantasievollen Kampagne. Es entwickelt eine Themenkampagne mit dem Titel »Imagined Destinations«. Sie lädt Menschen dazu ein, diese von KI geschaffenen Orte durch interaktive Onlineerlebnisse zu erkunden, darunter virtuelle Touren, digitale Kunst und ein kreatives Storytelling, das diese fantastischen Reiseziele in Szene setzt.

Um das Engagement zu erhöhen, enthält die Kampagne ein interaktives Element, über das Kunden ihre eigenen Ideen für imaginäre Reiseziele einreichen können. Diese werden dann wieder von der KI weiterentwickelt. Dieser usergenerierte Content fördert nicht nur das Engagement der Community. Er bietet auch Einblicke in die Art von Urlaub und Reiseziele, die sie ansprechen.

Die Kampagne erregt aufgrund ihrer Kreativität und Technologienutzung große Aufmerksamkeit und stärkt den Ruf des Reisebüros als innovatives Unternehmen. Darüber hinaus ist sie eine unterhaltsame und spannende Möglichkeit für potenzielle Kunden, von Reisen zu träumen. Sie sorgt dafür, dass das Reisebüro im Gedächtnis der potenziellen Kunden bleibt, wenn diese eine echte Reise buchen möchten.

Erleichterung von Tests und Experimenten

Sie können Ideen aus KI-Halluzinationen in die Marktforschung einbringen und sie auf ähnliche Weise testen wie die neuen Ideen, die in der Studie der Wharton School entwickelt wurden (siehe den Abschnitt »KI als Ideengeber für Menschen« weiter vorn in diesem Kapitel). Selbst wenn diese Ideen nicht zu erfolgreichen Produkten führen, kann Ihnen die Übung zeigen, was Sie nicht tun sollten. Oder sie kann zu einem neuen Denken bei den beteiligten Marketingteams anregen.

Angenommen, ein Lebensmittelunternehmen verwendet ein KI-Modell, um neue Geschmacksideen für eine Reihe von Snacks zu entwickeln. Während eines Brainstormings schlägt die KI aufgrund einer Halluzination eine bizarre und scheinbar ungenießbare Geschmackskombination vor – etwas, das kein Mensch in Betracht ziehen würde.

Das Produktentwicklungsteam ist von dem ungewöhnlichen Vorschlag fasziniert und beschließt, mit dieser Idee zu experimentieren. Es verfeinert das Konzept und kreiert eine kleine Menge eines Snacks mit diesem einzigartigen Geschmack. Der Snack erweist sich bei Geschmackstests als überraschend ansprechend. Der Geschmack, der als limitierte Auflage angeboten wird, sorgt aufgrund seiner Innovation und der Story über seinen KI-inspirierten Ursprung für Aufsehen. Der Snack erregt Aufmerksamkeit, insbesondere bei experimentierfreudigen Verbrauchern, was den Umsatz steigert und das innovative und mutige Image der Marke stärkt.

Mit generativer KI auf Kurs bleiben

Ich bin überzeugt, dass LLMs mit der Zeit immer weniger halluzinieren werden. Sam Altman, CEO von OpenAI, hat dies bereits bei der Diskussion über ChatGPT zum Ausdruck gebracht. Er geht fest davon aus, dass generative KI mit der Zeit vorhersehbarer, genauer und – mit seinen eigenen Worten – »langweiliger« wird. Altmans Prognosen mögen zutreffen, aber die Funktionsweise generativer KI könnte durch speziell ausgewählte Eingabedaten und sorgfältig ausgearbeitete Prompts weiterhin Halluzinationen und damit unkonventionelles Denken ermöglichen.

Im Allgemeinen betrachten Sie KI-Halluzinationen vielleicht als Fehler, die Sie korrigieren müssen. Aber Sie können sie auch als Quelle kreativer Inspiration nutzen, die zu außergewöhnlichen und innovativen Marketingstrategien führen kann. Wenn Sie erkunden, welche spezifischen Möglichkeiten zur Förderung der Ideenfindung durch den Einsatz generativer KI existieren, sollten Sie bedenken, dass die Prompts, die Sie schreiben, darüber entscheiden, wie einfallsreich die KI in Ihrem Namen sein wird.

Praktische Schritte zur Ideenfindung mit KI

Ein gängiges und nützliches Szenario für den Einsatz generativer KI ist die Ideenfindung während eines Brainstormings. Sie können Brainstormings mit KI nutzen, um ein neues Produkt, ein Kundenwertversprechen, eine Marketingkampagne oder sogar eine umfassendere

Markteinführungsstrategie zu entwickeln. Der Umfang der Ideen, die Sie generieren können, ist nur durch die von Ihnen formulierten Eingabeaufforderungen und die vorhandenen Daten oder Beispiele begrenzt, die Sie in die KI-Engine einspeisen. In den folgenden Abschnitten erkläre ich, wie Sie KI als Co-Pilot verwenden können, wenn Sie in einem Team von Mensch und KI zu neuen, kreativen Ideen kommen wollen.

Mit den richtigen Prompts beginnen

Ein guter Ausgangspunkt für die Kombination menschlicher Kreativität mit den Fähigkeiten der KI besteht darin, beiden Parteien mit Prompts zu briefen. Nehmen wir beispielsweise ein Szenario, in dem Sie zehn Werbekonzepte für eine Apple-Werbung entwickeln möchten, die während des Super Bowl für das neueste iPhone wirbt. Sie können diese Herausforderung sowohl den menschlichen Teilnehmern im Raum als auch einer generativen KI-Engine wie ChatGPT stellen. Folgendes kann passieren:

- ✔ **Das menschliche Team:** Nutzt seine persönlichen Erfahrungen und sein Wissen über Apple und seine iPhones, um innerhalb eines von Ihnen festgelegten Zeitraums Ideen zu entwickeln. Menschliches Verständnis – geprägt durch Erfahrungen, Geschmack und einem Gefühl dafür, was bei den Verbrauchern ankommt (insbesondere im Zusammenhang mit Super-Bowl-Werbung) – fließt in die Ideen ein, die das Team entwickelt.

- ✔ **ChatGPT:** Generiert in nur wenigen Sekunden zehn verschiedene Ideen; einige der Ideen sind natürlich überzeugender als andere. ***Hinweis:*** Je umfangreicher die Informationen sind, die Sie der KI zur Verfügung stellen, desto aussagekräftiger sind die Ideen, die sie generiert. Wenn Sie Apples Markenstrategie, aktuelle Untersuchungen zu den begehrtesten iPhone-Funktionen und Skripte aus Apples erfolgreichen Anzeigen aus der Vergangenheit einbeziehen, können Sie die Ideen der KI deutlich verbessern.

Die Ergebnisse von ChatGPT sollten die menschliche Kreativität nicht ersetzen, denn sie entsprechen möglicherweise nicht den menschlichen Vorstellungen. Der wahre Wert entsteht vielmehr, wenn die an der Brainstorming-Sitzung beteiligten Menschen die KI-generierten Ideen überprüfen und aus dieser Liste drei oder vier Favoriten auswählen. Diese Auswahl bildet dann die Grundlage für die Ausarbeitung neuer, verfeinerter Prompts, die Sie in nachfolgenden Iterationen mit ChatGPT verwenden können, um die ausgewählten Konzepte weiterzuentwickeln und weiter zu verfeinern.

Dieses einfache Beispiel veranschaulicht ein Prinzip, das Sie auf verschiedene Übungen zur Ideenfindung anwenden können. Der Ansatz funktioniert gut, unabhängig davon, ob Sie Ihre Bemühungen auf Werbung, die Definition von Produktmerkmalen oder die strategische Planung konzentrieren möchten.

Schritt für Schritt zu neuen Ideen mit KI

Befolgen Sie unter Berücksichtigung der Informationen aus dem vorhergehenden Abschnitt folgende Schritte, wenn Sie generative KI zur Ideengenerierung verwenden:

1. **Definieren Sie die Ziele Ihrer Ideenfindung.**

   Definieren Sie klar, was Sie mit KI-generierten Ideen erreichen möchten. Vielleicht wollen Sie Produktinnovationen, Marketingstrategien, Problemlösungen für bestehende Initiativen oder neue kreative Marketingkampagnen entwickeln. Legen Sie beim Festlegen der Ziele auch die Grenzen und Kriterien für die gewünschten Ideen fest, einschließlich

   - *Machbarkeit:* Wie viel Zeit und Aufwand können Sie in ein Projekt investieren?
   - *Zielgruppe:* Möchten Sie Bestandskunden ansprechen oder sich eine neue Zielgruppe erschließen?
   - *Budgetbeschränkungen:* Stehen Ihnen neue Mittel zur Verfügung oder ist der Höhe durch frühere Projekte festgelegt?

   Die Definition von Zielen und Grenzen ist eine bewährte Geschäftspraxis. Im Kontext von KI ist sie jedoch umso wichtiger, da Sie möglicherweise mit unterschiedlicheren Ideen als ohne KI-Input konfrontiert werden.

2. **Wählen Sie das/die richtige(n) KI-Tool(s) für Ihre Ziele aus.**

   Wählen Sie ein geeignetes KI-Modell aus, mit dem Sie Ihre Ideen umsetzen möchten. Wählen Sie je nach Ihren Anforderungen ein Tool, das bei der Ideengenerierung für ihre Ziele spezifische Stärken aufweist, wie zum Beispiel

   - Chat GPT (`http://chat.openai.com`) für textbasierte Ideen
   - DALL-E (`http://openai.com/dall-e`) für visuelle Konzepte
   - Stable Diffusion (`http://stability.ai/stablediffusion`) und Runway (`www.runwayml.com`) für multimodale Ideenfindung

   In manchen Fällen ist vielleicht eine Kombination verschiedener Tools sinnvoll – Sie starten mit ChatGPT und übertragen anschließend die Ergebnisse in ein bild- oder videobasiertes Tool. Auf diese Weise können Sie jedes Tool für das verwenden, wofür es am besten geeignet ist.

3. **Bereiten Sie Ihr Ideenfindungsmeeting vor und geben Sie Daten ein.**

   Stellen Sie Daten zusammen, die für Ihr Ziel relevant sind. Beispiele hierfür sind Markttrends, Daten zum Verbraucherverhalten, Ergebnisse früherer Kampagnen, zur Wettbewerbsdynamik oder zu früheren Produkteinführungen. Geben Sie der KI so viel Kontext wie möglich, um ihren Ideenfindungsprozess zu fördern. Wie ich im vorhergehenden Abschnitt anmerkte, sind die potenziellen Ergebnisse umso besser, je mehr qualitativ hochwertige Daten Sie eingeben.

Seien Sie bei der Auswahl der Daten vorsichtig mit der Weitergabe vertraulicher Informationen, da dies zu Datenschutzverletzungen, Datenmissbrauch und möglicherweise rechtlichen Konsequenzen führen kann.

4. **Nutzen Sie Ihr KI-Tool zur Ideenfindung.**

   Geben Sie Ihre ersten Abfragen oder Prompts in das KI-Tool ein, um mit der Ideenfindung zu beginnen. Um die Aussagekraft Ihrer Eingabeaufforderungen zu testen, lassen Sie Ihr menschliches Kreativteam auf dieselben Prompts antworten. Auf diese Weise können Sie schnell feststellen, ob Sie die Abfragen spezifischer gestalten müssen, da Mängel bei Klarheit und Präzision deutlich werden. Wenn Sie dann die Prompts an die von Ihnen festgestellten Mängel anpassen, werden die KI-Ergebnisse immer relevanter und nützlicher.

Während Sie Ihre Eingabeaufforderungen durch Ihr KI-Tool laufen lassen, ermutigen Sie die KI gezielt, eine Fülle von Ideen basierend auf unterschiedlichen Annahmen zu generieren. Beachten Sie die Ratschläge zum Prompt Engineering, die Sie in Kapitel 13 finden. Ermutigen Sie die KI, beispielsweise in der Rolle eines Kreativdirektors, eines Produktdesigners oder eines Zukunftsforschers zu agieren.

5. **Verfeinern Sie die Eingabeaufforderungen auf der Grundlage der generierten Ideen und versuchen Sie es dann erneut.**

   Analysieren Sie die von der KI generierten Ideen auf Relevanz, Innovation, Kreativität und Umsetzbarkeit. Verwenden Sie Feedbackschleifen, in denen Sie Ihre Prompts auf der Grundlage anfänglicher Ergebnisse verfeinern. Damit führen Sie die KI zu Lösungen, die Ihren Zielen entsprechen. Während des Vorgangs sollten Sie die besten Ideen hervorheben und die KI bitten, mehr davon zu generieren. Je mehr Sie die KI anleiten, desto besser sind die nachfolgenden Ergebnisse.

6. **Bewerten und wählen Sie realisierbare Ideen aus.**

   Verwenden Sie die vordefinierten Kriterien (aus Schritt 1), um die vielversprechendsten Ideen zu bewerten und in die engere Auswahl zu nehmen. Ziehen Sie bei der Erstellung dieser Liste in Betracht, nicht nur Feedback von Ihrem Kreativteam, sondern auch von Stakeholdern aus anderen Abteilungen oder vielleicht sogar von Verbrauchergruppen einzubeziehen. Wie die Wharton-Professoren in ihrer Forschung gezeigt haben (siehe den Kasten »ChatGPT im Vergleich zu Wharton-MBA-Studenten« in diesem Kapitel), können Onlineumfragen zur Kaufabsicht ein leistungsstarkes, kundenorientiertes Tool zur Bewertung von Ideen sein.

7. **Entwickeln und testen Sie Ihre Ideen.**

   Entwickeln Sie Prototypen für neue Produktideen. Für Konzepte wie Marketingstrategien können Sie Modelle oder Testkampagnen erstellen oder die Ideen in Ihr formelles Kampagnenbriefing oder Ihren kreativen Entwicklungsprozess einbeziehen. In vielen Fällen können Sie andere KI-Tools verwenden, um textbasierte Ideen in konzeptionelle Zeichnungen, Prototypen oder Videoanimationen zu übersetzen. Diese können Sie dann in Fokusgruppen, Pilotversuchen oder Onlineumfragen testen.

Auswahl der KI-Tools zur Ideenfindung

Gegenwärtig tauchen immer wieder neue KI-Tools zur Ideenfindung auf. Einige dieser Tools sind eigenständige Lösungen, wie etwa Adobe Firefly (`https://firefly.adobe.com/`) und Googles AutoDraw (`www.autodraw.com`); andere Tools sind in umfassendere Softwarepakete integriert.

Besonders hervorzuheben ist beispielsweise der Creative Assistant von TikTok, der im September 2023 eingeführt wurde. Dieser KI-gesteuerte virtuelle Assistent befindet sich im Creative Center von TikTok (`http://ads.tiktok.com/business/creativecenter`) und bietet Werbetreibenden eine dynamische Toolbox zum Erstellen von Inhalten. Durch die Nutzung TikTok-spezifischer Insights liefert der Creative Assistant relevante Vorschläge und Anleitungen für die Erstellung überzeugender und wirksamer Werbebotschaften auf TikTok.

Der Creative Assistant fungiert als virtueller Mitarbeiter und unterstützt Sie bei verschiedenen Aspekten der Content-Erstellung:

- ✔ Er führt Newcomer durch Best Practices auf der TikTok-Plattform.
- ✔ Anzeige und Analyse der leistungsstärksten Anzeigen zur Unterstützung des Research
- ✔ gemeinsames Brainstorming von Ideen und Verfeinerung von Skripten; vor allem dann nützlich, wenn Sie Schwierigkeiten haben, neue Ideen zu entwickeln

Das Tool Creative Assistant erweitert die menschliche Kreativität und steht für die Verschmelzung von menschlichem Einfallsreichtum mit KI-Fähigkeiten. Es ermöglicht Kreativen, ihre Präsenz auf TikTok durch fortlaufende Ideenfindungen zu verbessern. Obwohl der Creative Assistant Vorschläge macht und bei der Erstellung mitarbeitet, behält der Kreative die Kontrolle über die Materialien. Er hat die Freiheit, sie nach Belieben zu verwenden, zu bearbeiten, zu verwerfen oder neu zu erstellen.

Obwohl es Hunderte von KI-Tools gibt, die in Betracht gezogen werden müssen und viele davon auf der Basis von ChatGPT arbeiten, stellt Tabelle 12.1 einige andere bemerkenswerte Tools vor. Obwohl einige von ihnen eher auf die Erstellung von Inhalten als auf die Ideengenerierung ausgerichtet sind, können sie dennoch eine wichtige Rolle bei der Ideenfindung spielen.

Werkzeug	Website	Beschreibung	Funktion
Contextminds	`www.contextminds.com`	ein Tool, das bei der Recherche und Ideenfindung hilft und Mindmapping-Funktionalität mit KI-gesteuerten Inhaltsvorschlägen kombiniert	organisiert Gedanken und stellt Verbindungen durch relevante Artikel, Aufsätze und Videos zu ihren Interessensgebieten her

Werkzeug	Website	Beschreibung	Funktion
HyperWrite	www.hyperwriteai.com	ein Schreibassistent, der den Nutzern hilft, Ideen zu entwickeln und Originaltexte (englisch) zu verfeinern	generiert verschiedene Textformate wie E-Mails oder Marketingtexte
Jasper	www.jasper.ai	ein Tool, das bei der Erstellung schriftlicher Inhalte für verschiedene Zwecke hilft	erstellt überzeugende Storys und Ideen für Marketingtexte, Blogbeiträge und so weiter
Pictory	www.pictory.ai	ein Tool zur Ideenfindung im Videomarketing, das vorhandene Inhalte in ansprechende, teilbare Videoformate umwandelt	erstellt kurze Videos aus längeren Inhalten wie Webinaren oder Blogbeiträgen
Riffusion	www.riffusion.com	ein Tool, das Musik auf der Grundlage von KI-generierten Klangmustern synthetisiert	ermöglicht Experimente mit einzigartigen Klanglandschaften und akustischen Branding-Elementen
Runway	www.runwayml.com	eine Plattform zum Experimentieren mit Modellen des maschinellen Lernens (ML) in Echtzeit	bietet Ideenfindung in den Bereichen Design, Kunst und Multimedia; hilft neue visuelle Konzepte und Effekte zu erkunden
Stability AI	www.stability.ai	ein Text-zu-Bild-Modell, mit dem User visuelle Bilder aus Textbeschreibungen erstellen können	hilft Künstlern, Designern und Vermarktern, schnell vielfältige und kreative visuelle Konzepte zu entwickeln
Synthesia	www.synthesia.io	eine Videoerstellungsplattform, die hochwertige synthetische Medien und personalisierte Videoinhalte generiert	erstellt realistische digitale Avatare und Voiceovers und optimiert so den Videoproduktionsprozess
Wondershare	http://edrawmind.wondershare.com	ein Tool, das die geordnete visuelle Darstellung von Ideen erleichtert und gleichzeitig bei der Ideenfindung hilft	hilft bei der Erstellung von Mindmaps, Flussdiagrammen und Organigrammen, um das kollaborative Denken und Planen zu verbessern
Writer	www.writer.com	ein Schreibassistent für Unternehmen; hilft, klare, konsistente und markengerechte Inhalte zu erstellen	hilft bei Grammatik, Stil und Ton, um eine hohe Schreibqualität in der gesamten Unternehmenskommunikation sicherzustellen

Tabelle 12.1: KI-Tools zur Ideenfindung

IN DIESEM KAPITEL

Use Cases an der Schnittstelle zum Conversational Interface

Prompts überarbeiten und bessere Ergebnisse erzielen

Voreingenommenheit bei Ihren Eingaben vermeiden

Hilfe von Prompt-Design-Apps

Wichtige Tipps zum schnellen Prompting

Kapitel 13
Die besten Prompts für Conversational User Interfaces

Am 30. November 2022 veröffentlichte OpenAI – ein Forschungslabor für künstliche Intelligenz (KI) – eine Betaversion der KI-Konversationsschnittstelle ChatGPT. *ChatGPT* bedeutete ein neues Paradigma für die Interaktion zwischen Menschen und Technologie, eines, das auf der Fähigkeit basiert, mit einem Computer in Alltagssprache (auch als *Verarbeitung natürlicher Sprache* beziehungsweise Natural Language Processing, kurz NLP, bekannt) zu kommunizieren und detaillierte, spezifische Antworten in Echtzeit zu erhalten. ChatGPT entwickelte sich im Handumdrehen zur am schnellsten wachsenden Anwendung der Web-Geschichte – mit 100 Millionen aktiven Benutzern im Januar 2023.

ChatGPT schien ein eigenes Gehirn zu haben, das über das Chatten und Beantworten einfacher Fragen hinausging. Es konnte beispielsweise E-Mails bearbeiten, Reiserouten erstellen, Menüs für das Abendessen empfehlen und Nutzern beim Lösen von Matherechnungen helfen, um nur einige Aufgaben zu nennen. Was ChatGPT noch außergewöhnlicher und menschlicher machte, war die Tatsache, dass es sich daran erinnern konnte, was ein Benutzer zuvor in einem Gespräch gesagt hatte. Dadurch konnte der User Folgefragen zu seiner ursprünglichen Anfrage stellen.

ChatGPT erweitert die KI-Konversationsschnittstellen, die es schon früher gab. Diese gibt es in Form von Chatbots auf Websites, Sprachassistenten wie Alexa und Siri sowie virtuellen Assistenten wie dem Google Assistant, die Ihnen bei der Erledigung von Aufgaben helfen können. Als generativer KI-Agent ist ChatGPT auf außerordentlich große Datensätze und große Sprachmodelle (LLMs; weitere Informationen zu ihrer Verwendung finden Sie in Kapitel 9) angewiesen, um den Kontext zu verstehen, kontextbezogen angemessene Antworten zu generieren und Absichten, Nuancen und Relevanz innerhalb eines Chats richtig zu interpretieren.

Generative KI und Conversational Interfaces können auch Marketingmaßnahmen vereinfachen, wenn die enormen Daten- und Sprachmodellierungsressourcen genutzt werden. In diesem Kapitel erfahren Sie, wie Sie generative KI in der Marktforschung und bei der Konzeption und Umsetzung von Kampagnen nutzen können, wie Sie Prompts erstellen und so verfeinern, dass sie eine konstruktive Interaktion mit Ihrer KI ermöglichen, und welche Tools Sie zum Erstellen Ihrer Eingabeaufforderungen verwenden können. Dieses Kapitel kann Ihnen dabei helfen, besser mit Ihrem KI-Chatbot, aber auch mit anderen Menschen zu kommunizieren!

Anwendungsfälle für Conversational Interfaces überprüfen

Unabhängig von der Branche, in der Sie arbeiten, oder Ihrer beruflichen Aufgabe werden in diesem Abschnitt einige *Anwendungsfälle* (spezifische Szenarien, in denen ein Benutzer mit einer Technologie interagiert, um ein Geschäftsziel zu erreichen) für Conversational Interfaces behandelt. Die Use Cases sollen Ihnen dabei helfen können, Ihre Arbeit intelligenter und effizienter zu erledigen. Diese (keineswegs vollständige) Liste kann Sie auf eigene Ideen bringen, wie Sie Schnittstellen nutzen und ein starkes Prompt-Design anwenden können. Damit kann Ihr Arbeitsleben (und vielleicht auch Ihr Privatleben) effizienter werden:

- ✔ **Brainstorming:** Ob Sie einen neuen Slogan für Ihre Marke verfassen, neue Kampagnenideen entwickeln oder Werbetexte anpassen müssen: KI kann Ihnen beim Brainstorming von Alternativen helfen. Sie können Ihrer KI beispielsweise Ihren aktuellen Firmenslogan und ein kurzes Kriterium (wie »muss vier Wörter haben«) vorgeben. Ihre KI kann Ihnen dann in Sekundenschnelle zehn alternative Slogans generieren.

- ✔ **Codierung:** KI-Tools können Codebeispiele schreiben, wenn Sie detaillierte Anweisungen geben, welches Ergebnis Sie suchen und welche Sprache das Tool verwenden soll. Sie können auch Codebibliotheken, Abhängigkeiten, Dateinamen und andere Details angeben. Ebenso können Sie vorhandenen Code einfügen und das Tool bitten, diesen Code zu debuggen. Tatsächlich können neuere Tools – wie etwa Devin von Cognition.ai (`www.cognition.ai/blog/introducing-devin`) – mittlerweile komplette Anwendungen für Sie codieren.

- ✔ **Extrahieren:** KI-Tools können Ihnen dabei helfen, bestimmte Informationen aus einem größeren Textblock zu extrahieren – beispielsweise wenn Sie einen Rechtsvertrag lesen oder einen Datenpunkt in einem größeren Datensatz finden müssen. KI kann Text oder numerische Daten extrahieren und sie in ein neues Format konvertieren.

- **Neuformatierung:** KI-Tools können Ihnen dabei helfen, Text in ein strukturierteres Layout umzuformatieren, einschließlich Überschriften, Abschnitten und Tabellen. Sie sollten aber daran denken, dass die Qualität der Neuformatierung Ihres Textes stark von den Prompts abhängt, die Sie dem Tool geben. Die *Verkettung von Eingabeaufforderungen* (die ich im Abschnitt »Starke Prompts verfeinern« weiter hinten in diesem Kapitel behandele) unterstützt Sie dabei, spezifischere Anweisungen zu geben, wenn die KI Ihren Text neu formatieren soll.
- **Zusammenfassen:** Einer der beliebtesten Anwendungsfälle für Konversationsschnittstellen ist die Nutzung von KI zum Zusammenfassen. Sie können Artikel, Forschungsberichte, Transkripte, Lieferantenvorschläge und andere lange Textformate in ChatGPT oder eines der anderen KI-Tools einfügen und dann die KI-Schnittstelle bitten, den Inhalt für Sie zusammenzufassen.

Durch die Verwendung verschiedener Aspekten beim Prompting (Rolle, Aufgabe, Stimme und Ton sowie Format, die ich alle im folgenden Abschnitt behandele) können Sie die Richtung vorgeben, wie der Inhalt zusammengefasst werden soll.

- **Synthese:** Mithilfe von KI können Sie mehrere Teile unterschiedlicher Texte zusammenfügen, um ein neues Verständnis oder eine neue Perspektive auf die Informationen zu erhalten. Denken Sie daran, dass Sie ein KI-Tool verwenden müssen (siehe den Abschnitt »Apps zum Prompten verwenden« weiter hinten in diesem Kapitel), mit dem Sie entweder mehrere Textteile hochladen oder mehrere Inhalte in das Tool selbst einfügen können.
- **Schreiben:** Benutzer bitten eine KI häufig, Überschriften, Anzeigentexte, Videoskripte, Blogbeiträge, E-Mails und Slogans zu schreiben. Weitere Informationen finden Sie im Abschnitt »Die Aufgabe der KI identifizieren« weiter hinten in diesem Kapitel. Sie können die Empfehlungen zur Gestaltung von Prompts in diesem und anderen Abschnitten nutzen, wenn Sie dem KI-Tool spezifische Anweisungen geben und es als Schreibhilfe verwenden wollen.

Generative KI und Conversational User Interfaces

Wie also erreicht ChatGPT seine scheinbar menschenähnliche Konversationsfähigkeit? Es verwendet Algorithmen zur Verarbeitung natürlicher Sprache (NLP) und zum maschinellen Lernen (ML), um die Texteingabe zu analysieren, und generiert Antworten auf der Grundlage seines großen Sprachmodells (ich berichte in Kapitel 5 und Kapitel 6 von großen Sprachmodellen). Und so kann ChatGPT eine Konversation auf konstruktive, synchrone und informative Weise führen, ganz anders als jeder Chatbot vor ihm. In den Monaten nach seiner Einführung verkörperte ChatGPT zusammen mit einigen wichtigen Konkurrenten die erste Konversationsschnittstelle, die sich unserem menschlichen Kommunikationsstil anpassen konnte. Bislang mussten wir eine bestimmte Syntax lernen, die die Technologie dann verstehen kann.

Vier der beliebtesten generativen KI-Tools sind:

- ✔ **ChatGPT:** ChatGPT ist das Paradebeispiel für generative KI-Agenten und ermöglicht es den Usern, textbasierte Gespräche in Alltagssprache zu führen. Mit der Einführung von GPT-4.0 im Jahr 2023 wird das Hochladen und Analysieren von Tabellenkalkulationen und anderen Dokumentformaten unterstützt, wodurch noch genauere und kontextbezogenere Antworten generiert werden können. Aufbauend auf der Grundlage von GPT-4 verfügt ChatGPT Omni (Einführung Mitte 2024) über verbesserte multimodale Funktionen, mit denen es Texte, Bilder und andere Datentypen nahtlos verarbeiten und generieren kann. Mit dieser Funktionalität kann ChatGPT Omni umfassendere und kontextbezogen angereicherte Antworten liefern, die das Tool für eine breite Palette von Anwendungen außergewöhnlich vielseitig machen – von detaillierten Textanalysen über das kreative Schreiben bis hin zu komplexen visuellen Beschreibungen.
- ✔ **Gemini:** Früher bekannt als Bard, Googles direkter Konkurrent von ChatGPT, wurde Gemini am 10. Mai 2023 in 180 Ländern eingeführt. Wie ChatGPT erleichtert es textbasierte Gespräche in Alltagssprache und unterstützt *multimodales Denken*, wodurch es Text, Bilder und Audio verarbeiten kann. Gemini zeichnet sich durch schnelle Informationssuchen aus und ist daher ein leistungsstarkes Recherchetool. Zu den jüngsten Updates gehört das Gemini-1.5-Modell mit einem Kontextfenster von bis zu 2 Millionen Token, verbesserter Leistung bei der Codegenerierung, logischem Denken und Unterstützung für Datei-Uploads, einschließlich Tabellenkalkulationen und Dokumenten, für kontextbezogene Antworten.
- ✔ **DALL-E 3:** DALL-E 3 wurde von OpenAI, der Firma hinter ChatGPT, entwickelt und ist eine fortschrittliche Conversational-Schnittstelle zum Erstellen realistischer Bilder und Kunst aus Beschreibungen in natürlicher Sprache. Diese neueste Version bietet verbesserte Bildqualität und Kohärenz, ein genaueres Verständnis komplexer Eingabeaufforderungen sowie erweiterte Funktionen zum Generieren komplexer und vielfältiger Bilder. Mit DALL-E 3 können Nutzer Bilder durch Folgeaufforderungen in natürlicher Sprache verfeinern und anpassen, was präzise Änderungen und kreative Flexibilität ermöglicht. Es gibt auch neue Funktionen wie *Inpainting* (womit Benutzer Teile eines Bildes bearbeiten können, indem sie Änderungen in natürlicher Sprache beschreiben) und Unterstützung des Generierens von Bildern mit bestimmten Stilen und Kompositionen. Es ist ein leistungsstarkes Tool für kreative und professionelle Anwendungen.
- ✔ **Midjourney:** Als direkter Konkurrent von DALL-E 3 verwendet Midjourney ebenfalls Texteingaben in natürlicher Sprache, um daraus Bilder zu erstellen. Es bietet Usern die Möglichkeit, Bilder in einer höheren Auflösung zu speichern, was als *Upscaling* bezeichnet wird und klarere und detailliertere Bilder liefert. Während DALL-E 3 sich durch die Bearbeitung vorhandener Bilder und deren nahtloses Zusammenfügen auszeichnet, ist Midjourney für seinen künstlerischen Stil und seine einzigartigen Bilderzeugungsfunktionen bekannt. Die Stärke von Midjourney liegt in seiner Fähigkeit, visuell beeindruckende und fantasievolle Kunstwerke zu erstellen; es wird von Künstlern und Designern oft wegen seiner ausgeprägten ästhetischen Qualitäten bevorzugt.

Überzeugende Prompts für KI-Antworten schreiben

Menschen kommunizieren vielfältig und nicht immer so eindeutig, wie sie sollten. Auch ChatGPT versteht vielleicht nicht immer, was Sie sagen möchten (genau wie Menschen manchmal) und reagiert daher möglicherweise mit unvollständigen oder völlig falschen Antworten. Um die Funktionen eines Conversational Interface zu künstlicher Intelligenz (KI) (wie ChatGPT) voll auszunutzen, müssen Sie eine Konversation so führen können, dass Sie so schnell wie möglich genaue und informative Antworten erhalten, ohne zu viele Folgefragen stellen zu müssen. Betrachten Sie *Prompt-Design* (wie Sie die Fragen stellen, die Sie im Gespräch mit der KI stellen) als Kunst und Wissenschaft zugleich.

Sie haben vielleicht schon einmal gehört, dass künstliche Intelligenz nur so gut ist wie das, was Sie eingeben – was im Kontext der Conversational-KI absolut zutrifft. Um das Beste aus der KI herauszuholen, müssen Sie Ihre Frage (oder Ihre *Prompts*) sorgfältig formulieren. Konzentrieren Sie sich auf Syntaxelemente – wie Tonfall, Format, Rolle und sogar Aufgabentyp –, während Sie sich Fragen für die KI ausdenken. Um Ihnen dabei zu helfen, diese Aspekte beim Prompting zu verstehen, werde ich in den folgenden Abschnitten alle wichtigen Aspekte durchgehen und Ihnen Tipps, Hinweise und Beispiele gegeben.

Sprache und Tonfall festlegen

Die erste Entscheidung, die Sie beim Schreiben eines Prompts treffen müssen, ist, welche *Sprache* (zum Beispiel formell oder informell) und welchen *Tonfall* (zum Beispiel freundlich oder ernst) Sie verwenden möchten. Der von Ihnen verwendete Tonfall gibt der KI vor, wie sie auf Sie reagiert und mit welchem Detaillierungsgrad sie Ihnen antwortet. Wählen Sie also eine Sprache und einen Tonfall, der sich an den gewünschten Ergebnissen orientiert. Wenn Sie beispielsweise detaillierte technische Informationen für ein Forschungsprojekt benötigen, können Sie eine formelle Sprache und einen ernsten Ton wählen. Wenn Sie hingegen nach einer kreativen Idee für eine Geschichte suchen, sind eine informelle Sprache und ein freundlicher Ton möglicherweise angemessener.

Wenn Sie der KI eine Frage zu einer Arbeitssituation stellen, sollten Sie formeller vorgehen, um eine ernsthaftere und spezifischere Antwort zu erhalten. Wenn Sie hingegen einfach eine Antwort auf eine allgemeine Wissensfrage erhalten möchten, reicht es möglicherweise aus, eher im Plauderton zu sprechen. Tabelle 13.1 listet sieben Sprach- und Tonarten auf, die Sie beim Schreiben einer KI-Eingabeaufforderung verwenden können.

Sprache und Ton	Verwendung
Konversation	Lassen Sie die KI so klingen, als würde sie sich entspannt mit Ihnen unterhalten.
unbeschwert	Wenn es Ihnen nichts ausmacht, dass die KI Humor in den Dialog einbringt.
überzeugend	Die KI kann Ihnen helfen, ein überzeugendes Argument zu einem bestimmten Thema zu finden.

Sprache und Ton	Verwendung
beschreibend	Die KI ergänzt Ihre eigenen spezifischen Fragen mit Details.
spartanisch	Die KI antwortet sowohl konkret als auch kurz.
formell	Die KI antwortet seriös und professionell.
bestimmend	Die KI reagiert selbstbewusst.

Tabelle 13.1: Sprach- und Tonarten beim Schreiben eines KI-Prompts

Hier zwei Beispiele für Prompts, die Stimme und Tonfall, die die KI verwenden soll, explizit definieren:

- ✔ **Konversation:** Schreiben Sie eine E-Mail an einen Kollegen und fragen Sie ihn, ob er Ihnen beim Design der neuen Produktverpackung helfen kann. Verwenden Sie für die E-Mail einen Stil und einen Tonfall wie in einem Gespräch. Sie sprechen mit einem Bekannten, also verwenden Sie natürliche Sprache und Formulierungen.

- ✔ **Professionell:** Schreiben Sie zehn Sätze über die Bedeutung der Werbung für das neue Produkt. Verwenden Sie eine professionelle Sprache und einen professionellen Ton. Verwenden Sie die Sprache und Terminologie der Marketingbranche, geben Sie detaillierte und genaue Informationen an und untermauern Sie Ihre Argumentation mit Statistiken, Forschungsergebnissen und Expertenmeinungen.

Eine Rolle definieren

Die Rolle, die Sie der KI bei der Beantwortung Ihrer Anfrage zuweisen, kann nicht nur einen wesentlichen Einfluss darauf haben, wie sie antwortet, sondern auch darauf, welche Informationen die KI zur Beantwortung der Frage verwendet. Durch die Verwendung von Rollen können Sie der KI weitere Anweisungen geben, die ihr helfen, den besten Weg zur Beantwortung der Fragen zu finden.

Bedenken Sie Ihre eigene Rolle und den Kontext, wenn Sie ein Gespräch mit der KI führen. Anders als in der realen Welt – wo eine andere Person sofort weiß, ob Sie als Elternteil, Lehrer, Mitarbeiter oder Trainer sprechen – müssen Sie der KI diese Informationen explizit mitteilen, damit sie den richtigen Kontext hat. Erst dann weiß sie, wie sie Ihnen am besten antworten kann. Sie können nicht davon ausgehen, dass die KI weiß, wer Sie sind! (Aber sie kann oft Rückschlüsse auf Beziehungen ziehen, je nach Inhalt Ihrer Prompts.)

Hier sind einige Beispiele für Rollen, die die Antwort, die Sie von der KI erhalten, drastisch verändern können. Um eine Rolle in einer Eingabeaufforderung zu benennen, könnten Sie sagen: »Agieren Sie als Vermarkter.« Oder vielleicht sagen Sie etwas wie »Agieren Sie als Markenstratege« – oder auch als Designer, Digitalmarketingspezialist, Autor, Ermittler, Forscher oder Buchhalter. Mit jeder Rolle, die Sie der KI zuweisen, erhalten Sie eine leicht abweichende Antwort auf Ihre Abfrage.

Überlegen Sie sich außerdem, in welchem Ton Sie die Frage stellen (siehe vorheriger Abschnitt) und ob Sie das Gespräch mit der KI in einer bestimmten Rolle führen möchten. Wenn ja, erwähnen Sie diese Rolle explizit in Ihrer KI-Eingabeaufforderung.

Hier zwei Beispiele für Prompts, in denen die Rolle der KI explizit definiert wird:

- **Markenstratege:** Schreiben Sie aus der Rolle eines im Unternehmen tätigen Markenstrategen einen Blogbeitrag, in dem Sie die Gründe für den Namen eines neuen Produkts erläutern.
- **Digitaler Marketingexperte:** Schreiben Sie eine E-Mail in der Rolle eines digitalen Marketingspezialisten. Darin bitten Sie um zusätzliches Budget für eine Facebook-Werbung, die für ein neues Produkt wirbt.

Die Aufgabe der KI identifizieren

Sie denken vielleicht, dass die genaue Beschreibung der Aufgabe für die KI der wichtigste Teil beim Prompting ist. Wenn Sie die Aufgabe skizzieren, sagen Sie der Konversations-KI, was sie konkret erledigen soll. Obwohl oberflächlich die Beantwortung von Fragen die eigentliche Leistung bei den Interaktionen ist, kann KI viel mehr für Sie leisten. Tatsächlich können Sie durch die Ausführung bestimmter Aufgaben die immense Leistungsfähigkeit von KI-Interfaces und damit die ganze Magie, die ChatGPT in die Welt gebracht hat, erst wirklich erkennen.

Zu den wichtigsten Aufgaben, die KI für Sie übernehmen kann, gehört die Erstellung von

- Berichten, Artikeln, Storys, Zusammenfassungen oder Gliederungen,
- Anzeigentexten, Überschriften, Produktbeschreibungen,
- Blog- oder Social-Media-Beiträgen,
- Videoskripten,
- SEO-Keywords.

Sie können die KI sogar bitten, für Sie die Gliederung eines kompletten Buches zu einem bestimmten Thema zu schreiben (und ja, genau das habe ich als Experiment für dieses Buch getan).

Je genauer Sie die Aufgabe für die KI definieren, desto besser ist die Antwort, die Sie erhalten. Bedenken Sie, dass die KI nicht alles kann. Aber sie kann Ihnen sagen, wenn sie eine bestimmte Aufgabe nicht erfüllen kann. Wenn Sie die anstehende Aufgabe sehr spezifisch definieren, ist die Wahrscheinlichkeit am größten, dass die KI Ihnen in der gewünschten Weise hilft.

In diesen beiden Prompt-Beispielen definiert die Eingabeaufforderung explizit die Aufgabe für die KI:

- **Schreiben Sie eine Produktbeschreibung** für das neue Produkt, das das Unternehmen auf der Website verkaufen will.
- **Texten Sie einen Entwurf für eine Marketingkampagne**, in der für das neue Produkt, das das Unternehmen auf den Markt bringen möchte, geworben wird.

Das Format festlegen

Chat-Schnittstellen – wie ChatGPT, Gemini, Perplexity AI und andere – bieten verschiedene Formate, in denen Sie die Antwort anfordern können. Diese Formate umfassen:

- Grafiken
- HTML
- PDF
- Klartext
- Präsentationsfolien
- Rich Text
- Tabellenkalkulation
- Wortwolken
- XML

Im Text können Sie außerdem angeben, ob Sie eine knappe Antwort, eine Liste mit Aufzählungen, eine Antwort im Tabellenformat oder eine ausführliche Antwort wünschen.

Nicht jedes KI-Tool unterstützt jedes Dateiformat und nicht jedes Tool kann die Antwort nach Ihren Vorgaben formatieren. Bei manchen KI-Schnittstellen müssen Sie sich für einen Premiumdienst anmelden, um Zugriff auf die anspruchsvolleren Ausgabeformate zu erhalten. Andere unterstützen die fortgeschritteneren Formate möglicherweise überhaupt nicht. Aber egal welches KI-Tool Sie verwenden: Es wird Sie darauf hinweisen, wenn es ein bestimmtes von Ihnen angefordertes Dateiformat nicht unterstützen kann.

Hier zwei Beispiele für Prompts, die das Format für die KI explizit definieren:

- **Erstellen Sie ein PDF** mit allen Informationen zur Markteinführung des neuen Produkts.
- **Erstellen Sie eine Tabelle**, die zeigt, wie viel Geld das Unternehmen für die Produkteinführung ausgeben muss.

Beispiele für gute und schlechte Prompts im Marketing

Die folgende Liste enthält Beispiele für ein gutes Prompt-Design (mehr dazu im Abschnitt »Überzeugende Prompts für KI-Antworten schreiben« weiter vorn in diesem Kapitel). Sie können diese für Ihre Arbeit nutzen. Bedenken Sie, dass die Antwort, die Sie erhalten, umso besser ist, je spezifischere Informationen Sie der KI geben können:

- ✔ **Gutes Prompt-Design Nr. 1:** Versetzen Sie sich in die Rolle eines Marketingexperten und helfen Sie uns zu verstehen, wie wir für die Einführung unseres neuen Produkts eine einheitliche Markenbotschaft über verschiedene Marketingkanäle hinweg sicherstellen können. Bitte geben Sie eine präzise Antwort im Textformat.
- ✔ **Gutes Prompt-Design Nr. 2:** Versetzen Sie sich in die Rolle eines Werbeagenturmanagers und diskutieren Sie die Pros und Cons des Influencermarketings innerhalb eines integrierten Marketingkommunikationsplans für eine Luxusmarke. Bitte erläutern Sie Ihre Antwort im Textformat und verwenden Sie gegebenenfalls Statistiken und Forschungsergebnisse.
- ✔ **Gutes Prompt-Design Nr. 3:** Versetzen Sie sich in die Rolle eines Marktforschers und beschreiben Sie fortgeschrittene Segmentierungstechniken, die maschinelles Lernen nutzen, um ein besseres Verständnis für hochwertige Kundensegmente zu erlangen. Bitte erläutern Sie Ihre Antwort im Textformat, einschließlich Tabellen.
- ✔ **Gutes Prompt-Design Nr. 4:** Versetzen Sie sich in die Rolle eines Marketingexperten und nennen Sie mir die besten Leistungskennzahlen (KPIs), um die langfristige Bindung und Loyalität unseres Kundenstamms zu beurteilen. Bitte listen Sie die KPIs auf.

Jedes der Beispiele in der obigen Liste enthält die Syntaxelemente »Rolle«, »Stimme und Ton«, »Aufgabe« und »Format«, wie in Tabelle 13.2 beschrieben.

Prompt	Rolle	Stimme und Ton	Aufgabe	Format
1	Vermarkter	überzeugend	Sorgen Sie für eine einheitliche Markenbotschaft.	Text
2	Geschäftsführer einer Werbeagentur	beschreibend	Besprechen Sie die Rolle des Influencermarketings innerhalb eines integrierten Marketingkommunikationsplans für eine Luxusmarke.	Text
3	Marktforscher	beschreibend	Beschreiben Sie erweiterte Segmentierungstechniken.	Text und Tabelle
4	Marketingexperte	nüchtern	Bewerten Sie die langfristige Bindung und Loyalität Ihres Kundenstamms.	Kalkulationstabelle

Tabelle 13.2: Elemente eines guten Prompt-Designs

Tabelle 13.3 zeigt Ihnen Beispiele dafür, was Sie beim Schreiben von Prompts nicht tun sollten. Es sind schlechte Eingabeaufforderungen, die Ihnen keine brauchbaren Ergebnisse liefern.

Schlechter Prompt	Was ist verkehrt?	Wie man es verbessern kann
Zu berücksichtigende Komponenten einer globalen Marketingstrategie.	keine Rolle, kein Kontext und kein Format	Verwenden Sie die richtige Syntax und geben Sie entweder Kontext oder Einzelheiten zu Branche, Unternehmen oder vorliegendem Problem an.
Wie viel besser sind männliche CEOs als weibliche?	große Voreingenommenheit in der Eingabeaufforderung selbst	Die KI wird die zugrunde liegende Annahme selbst nicht infrage stellen, deshalb müssen Sie die Frage objektiver formulieren.
Was ist gutes Marketing?	eine zu allgemeine Frage, um eine sinnvolle Antwort zu erhalten	Stellen Sie eine spezifischere Frage. Oder lassen Sie diesem allgemeinen Prompt spezifischere Eingabeaufforderungen folgen.
Schreiben Sie eine Google-Anzeige für mein Unternehmen.	zu allgemein	Fügen Sie Details zum Produkt, ein Wertversprechen und Informationen zum Zielmarkt hinzu.

Tabelle 13.3: Schlechte Designs für Marketing-Prompts

Starke Prompts verfeinern

Wenn Sie Ihre Prompts verfeinern und ein mehrteiliges Gespräch mit der KI führen möchten, behalten Sie die in Tabelle 13.4 beschriebenen Strategien im Hinterkopf.

Lassen Sie sich nicht entmutigen, wenn die KI nicht sofort die Antwort gibt, die Sie erwartet haben. Wenn Sie Ihre Prompts verfeinern und wiederholen und so ein mehrteiliges Gespräch mit der KI führen, erhalten Sie bessere Antworten. Denn die KI kann auf frühere Teile des Gesprächs zurückgreifen und verfügt sogar über ein Kurzzeitgedächtnis (je nach KI-Tool können es bis zu 75.000 Wörter oder mehr sein). Je öfter Sie mit ihr sprechen, umso besser informiert und reaktionsfähiger wird sie also.

Strategie	Beschreibung
Beginnen Sie mit einem klaren Ziel.	Sie sollten wissen, was Sie mit Ihrem Gespräch erreichen möchten. Nutzen Sie dieses Ziel. Beginnen Sie das Gespräch, indem Sie Prompts erstellen, die die KI schnell zu einem spezifischen, relevanten und informativen Gespräch führen.
Fördern Sie die Konzentration.	Nachdem die KI ihre erste Antwort zurückgegeben hat, fragen Sie mit Folge-Prompts weiter nach. So können Sie die KI dazu drängen, mehr Details anzugeben. Ermutigen Sie sie zu Anweisungen, die Sie für wichtig erachten, und bitten Sie sie gleichzeitig, weniger relevante Anweisungen zu verwerfen.

Strategie	Beschreibung
Zögern Sie nicht, die KI zu fordern.	Die KI gibt möglicherweise eine rudimentäre Antwort, die Ihnen bei Ihrer aktuellen Aufgabe (dem klaren Zweck, den Sie definiert haben) nicht weiterhilft. Bitten Sie die KI in diesen Fällen um Beispiele oder ausführlichere Erklärungen. Folgeaufforderungen helfen der KI, sich zu konzentrieren.
Achten Sie auf Tonfall, Rolle und Sprache.	Versuchen Sie, während Sie einen sinnvollen Chat mit der KI führen, so konsistent wie möglich in Ton, Rolle und Sprache bei der Kommunikation zu sein. Sie sollten Verwirrung vermeiden und es der KI ermöglichen, sich auf den Inhalt des Gesprächs zu konzentrieren. Je mehr Sie beim Formulieren Ihrer Eingabeaufforderungen zwischen verschiedenen Rollen, Aufgaben und Tonfällen wechseln, desto verwirrender wird das Gespräch für die KI.
Beobachten Sie das Gespräch aufmerksam.	Achten Sie im Verlauf des Gesprächs genau auf Ungenauigkeiten, Abschweifungen und Missverständnisse. Fordern Sie die KI weiterhin, indem Sie sie an den Zweck des Gesprächs erinnern, und treiben Sie die KI mit weiteren Prompts zu einer höheren Spezifität und Klarheit.
Verwenden Sie frühere Antworten als Leitfaden für zukünftige Prompts.	Da die KI Ihre Bedürfnisse erst im Laufe des Gesprächs ermittelt, sollten Sie frühere Antworten beispielsweise für Detaillierungsgrad und die Genauigkeit beachten. Sie können Ihnen als Orientierung für die von Ihnen künftig verwendeten Prompts nützlich sein.
Erkunden Sie die Verkettung von Eingabeaufforderungen.	Wenn Sie mit Ihren Eingabeaufforderungen nicht die gewünschten Antworten erhalten, können Sie mit der KI interagieren, indem Sie Prompts verketten. Bei dieser *Prompt-Verkettung* wird die Aufgabe in kleinere Schritte unterteilt und der KI werden schrittweise spezifische, weniger umfassende Eingabeaufforderungen gestellt.
Erwägen Sie die Verwendung eines Mega-Prompts.	Manchmal erhalten Sie die spezifischsten und umsetzbarsten Antworten, wenn Sie mit einem *Mega-Prompt* beginnen – einer superallgemeinen Frage zum Thema – und dann Prompt für Prompt in die einzelnen Zweige des Mega-Prompts einsteigen. Behalten Sie Mega-Prompts als alternativen Ansatz zur Prompt-Verkettung im Hinterkopf.

Tabelle 13.4: Prompts verfeinern

Die KI-Voreingenommenheit beim Prompting vermeiden

Wie ich in Kapitel 12 erläutere, besteht definitiv das Risiko, dass Sie auf *Halluzinationen* stoßen (die KI präsentiert erfundene Fakten auf sehr bestimmte Weise), wenn Sie sich ausschließlich auf KI-generierte Inhalte verlassen, ohne diese zu überprüfen. Ein größeres Risiko ist jedoch das der Voreingenommenheit. Ähnlich wie Menschen aufgrund ihrer eigenen individuellen Erfahrungen Vorurteile haben, ist dies auch bei KI-Tools der Fall. Diese Vorurteile können aus den Daten resultieren, mit denen sie trainiert wurden. Sie können gesellschaftliche Vorurteile und Voreingenommenheiten widerspiegeln.

Voreingenommenheit in der KI entsteht vor allem durch:

- ✔ **Daten, die Sie in das KI-Modell einspeisen:** Stellen Sie sicher, dass die Daten, die Sie in die KI-Tools integrieren, eine breite Palette von Themen, Personen, Kulturen und Gesellschaften repräsentieren. So können Sie Verzerrungen in den Daten selbst bekämpfen.
- ✔ **Algorithmen, die die KI verwendet:** Algorithmen können die Verzerrung der Daten unbeabsichtigt verstärken, wenn die Entwickler diese Algorithmen nicht sehr sorgfältig codieren. Wenn Sie mit einer KI interagieren und ein Gespräch in mehreren Teilen führen, kann die Art und Weise, wie Sie Ihre ersten Prompts und Ihre folgenden Eingaben strukturieren, die Risiken einer KI-Verzerrung verringern.

Hier einige Empfehlungen, mit denen Sie eine Voreingenommenheit der KI durch zeitnahe Antworten und Eingaben einschränken können:

- ✔ **Formulieren Sie ausgewogene Fragen.** Es mag offensichtlich sein: Aber wenn Sie voreingenommene Fragen stellen, erhalten Sie wahrscheinlich auch voreingenommene Antworten. Versuchen Sie daher beim Formulieren Ihrer Fragen etwaige Voreingenommenheiten zu erkennen. Diese Selbsterkenntnis (indem Sie sich fragen, wie ein anderer als Sie die Fragen formulieren würde) kann einen großen Beitrag dazu leisten, Voreingenommenheit in Ihren Fragen und anschließend in den KI-Antworten zu verhindern.
- ✔ **Versuchen Sie es mit verschiedenen Prompts.** Eine der besten Möglichkeiten, Voreingenommenheit in der realen Welt zu bekämpfen, besteht darin, mehrere Perspektiven zu einem Thema einzuholen. Ganz ähnlich können Sie die Voreingenommenheit der KI einschränken. Verwenden Sie verschiedene Eingabeaufforderungen für die dieselbe Frage. Vergleichen Sie dann die verschiedenen Antworten.
- ✔ **Erkennen Sie Vorurteile.** Entbinden Sie sich nicht von Ihrer eigenen Verantwortung, Bias in den Antworten der KI zu erkennen. Stellen Sie die Ausgabe infrage, wenn eine Antwort voreingenommen oder ungenau zu sein scheint. Nutzen Sie Folge-Prompts, die die erhaltene Antwort infrage stellen.
- ✔ **Vorsicht vor übermäßiger Zuspitzung:** Einige KI-Tools ermöglichen Ihnen eine individuelle Anpassung. Sie erhalten Ergebnisse, die speziell auf Ihre Situation und Bedürfnisse zugeschnitten sind. Übermäßige Anpassung kann jedoch zu Verzerrungen führen – sie können eine KI-*Echokammer* schaffen. Das bedeutet, dass das KI-Tool Ihnen nur das sagt, was Sie hören möchten, und nicht das, was Sie hören sollten.
- ✔ **Beschränken Sie die Nutzung der KI.** Bestimmte Inhaltskategorien und Prompt-Typen neigen dazu, in ihren Antworten voreingenommen zu sein. Vermeiden Sie Inhaltskategorien, bei denen das Risiko einer Voreingenommenheit höher ist. Beispielsweise bergen Gespräche, bei denen es um Menschen, Rasse, Religion, ethnische Zugehörigkeit und Geschlecht geht, sowohl bei den von Ihnen bereitgestellten Prompts als auch bei den Antworten der KI ein höheres Risiko einer Voreingenommenheit.

- **Geben Sie Feedback.** Wenn Sie in den KI-Antworten, die Sie erhalten, eine Voreingenommenheit feststellen, geben Sie sofort Feedback. Teilen Sie der KI mit, dass die Antwort voreingenommen scheint. Wenn Sie die KI auf die Vorurteile aufmerksam machen, zwingen Sie sie dazu, in Folgeantworten eine Korrektur vorzunehmen. Sie können auch das Unternehmen, das das KI-Tool bereitstellt, darauf aufmerksam machen, wenn Sie wiederholt Fälle von Voreingenommenheit feststellen.

- **Teilen Sie Ihr Wissen mit anderen.** Da Tools, die auf generativer KI basieren, noch relativ neu sind, muss jeder selbst herausfinden, wie man sie am besten nutzt. Teilen Sie Ihren Kollegen und anderen Menschen in Ihrem Umfeld mit, wie Sie Voreingenommenheit in den KI-Tools bekämpfen. Sie können damit anderen helfen, KI-Bias zu bekämpfen – und im Gegenzug wertvolle Tipps im Umgang damit erhalten.

Apps zum Prompten verwenden

Wenn Sie anspruchsvolle Abfragen haben und/oder alles ausschöpfen möchten, was Conversational Interfaces zu bieten haben, sollten Sie Apps nutzen. Die Prompting-Apps, die ich in diesem Abschnitt bespreche, können Ihnen beim Verfassen von komplexeren Prompts helfen. Bedenken Sie, dass einige dieser Apps auch Plattformen sind, auf denen andere die von Ihnen verfassten Prompts sehen können. ***Hinweis:*** In einigen Fällen müssen Sie für den Zugriff auf die Prompts möglicherweise eine geringe Gebühr entrichten.

Hier sind die Prompt-Design-Apps, die ich empfehle. Da die meisten der Apps englische Sprache nutzen, empfiehlt sich, zuvor mit einer Übersetzungs-App zu arbeiten.

- **Arvin** (`www.tryarvin.com`): Arvin bietet eine Vielzahl von Prompt-Generatoren für verschiedene Themen, wenn Sie auf der Hauptseite auf PROMPT LIBRARY klicken. Sie müssen zu den Vorlagen Ihren eigenen spezifischen Kontext hinzufügen. Zu den Kategorien gehören Marketing, soziale Medien, Texten, Recherche und Design.
- **Chatx.ai** (`https://chatx.ai/marketplace/`): Ein öffentlicher Marktplatz und Generator für Prompts, die mit den KI-Tools ChatGPT, Midjourney und DALL-E 2 funktionieren. Klicken Sie auf der Hauptseite auf die Schaltfläche GENERATOR. Dieser fragt Sie, welche Aufgabe Sie erledigen möchten und welche Rolle die KI bei dieser Aufgabe spielen soll. Anschließend gibt er Eingabeaufforderungen zurück. Er enthält auch viele Text- und Bildbeispiele für Prompts und die entsprechenden KI-Antworten.
- **Coefficient** (`www.coefficient.io`): Wählen Sie auf der Hauptseite unter dem Link RESSOURCEN den GPT Prompt Builder aus den KI-Tools. Sie können Ihren eigenen Text in die Felder eingeben oder aus einer Liste Aufgabe, Thema, Stil, Ton, Zielgruppe, Wortanzahl und Format der Eingabeaufforderung auswählen. Coefficient gibt dann ein Prompt-Beispiel zurück, das Sie in Ihre KI-Plattform kopieren können.
- **Gemini-Hilfecenter** (`http://support.google.com/gemini`): Das Gemini-Hilfecenter enthält einen Abschnitt zum Prompting, der Tipps und Beispiele bietet

(klicken Sie in der Liste auf der Hauptseite auf den Link GEMINI VERWENDEN). Es bietet Ihnen zwar nur rudimentäre Hinweise, kann aber bei den Grundlagen helfen.

- **OpenAI** (`https://help.openai.com/en/collections/3742473-chatgpt`)**:** Geben Sie auf der ChatGPT-Informationsseite (unter ALLE SAMMLUNGEN | CHATGPT) den Begriff »Prompt-Design« in das Suchtextfeld ein und drücken Sie die [↵]-Taste. Von dieser Seite aus können Sie auf eine Reihe von Quellen zum Thema Prompt-Design von OpenAI, dem Hersteller von ChatGPT, zugreifen.
- **PromptBase** (`www.promptbase.com`)**:** Auf diesem Marktplatz für Prompts können Sie in zahlreichen Kategorien nach Eingabeaufforderungen suchen, einige kostenlos ansehen, andere kaufen und Ihre eigenen erweiterten Prompts verkaufen.
- **PromptPerfect** (`http://promptperfect.jina.ai`)**:** PromptPerfect ist vielleicht das beste Tool zur Generierung von Prompts. Es verwendet ein Freemium-Modell und optimiert Eingabeaufforderungen für bestimmte KI-Dienste. Sie wählen zunächst das von Ihnen verwendete KI-Tool (ChatGPT, Midjourney, DALL-E 2 und so weiter) aus, geben Ihren ursprünglichen Prompt in das Textfeld ein und lassen sich dann vom Dienst eine Verfeinerung vorschlagen, die Sie in Ihrem KI-Tool verwenden können. Sie können eine Reihe von Prompts optimieren. PromptPerfect funktioniert in mehreren Sprachen, darunter Deutsch und Spanisch.
- **PromptStorm** (`http://promptstorm.app`)**:** Diese Chrome-Erweiterung enthält eine Bibliothek mit vorgefertigten Prompts, die speziell für die Verwendung mit ChatGPT und Gemini entwickelt wurden. Sie können auch Ihre eigenen Eingabeaufforderungen hinzufügen und die in der Bibliothek vorhandenen anpassen.
- **ThinkPrompt** (`https://app.thinkprompt.ai/`)**:** Prompt-Generator, mit dem ChatGPT-Antworten verbessert werden können. Er enthält eine umfangreiche Bibliothek mit fertigen Prompts sowie Kollaborationsfunktionen zum Teilen von Prompts im Team.

IN DIESEM KAPITEL

- Mit KI ein Wimmelbild erstellen
- Mit KI völlig neue visuelle Elemente entwickeln
- Mit KI-Tools vorhandene Bilder verbessern
- Ihrem Kreativteam mit KI-Tools einen Push geben

Kapitel 14
Entwicklung kreativer Assets

Eine spannende Dimension der generativen künstlichen Intelligenz (KI) ist ihr Einsatz für die Entwicklung kreativer Assets im Marketing. Künstler, Grafikdesigner, Leiter von Werbeagenturen, Vermarkter und Führungskräfte nutzen zunehmend generative Text-zu-Bild- und Bild-zu-Bild-Tools, um ihre Präsentationen zu verbessern. Damit optimieren sie ihre Marketingkampagnen und entwickeln grundlegend neue Designs und Grafiken.

Viele Agenturchefs behaupten (und das verständlicherweise), dass die Fähigkeiten der generativen KI heute nicht mit den kreativen Fähigkeiten von Menschen mithalten können. Das mag im Moment zutreffen. Aber es ist wahrscheinlich, dass sich dies in den kommenden Jahren ändern wird. In den Jahren 2023 und 2024 haben generative KI-Tools wie Adobe Firefly, Midjourney und Stable Diffusion ihre Fähigkeiten enorm weiterentwickelt; zum Beispiel durch eine realistischere Bildgenerierung und eine intuitivere Benutzeroberfläche. Diese Fortschritte veranschaulichen das Potenzial der generativen KI. Gleichzeitig wird ihre Technologie immer ausgefeilter.

Doch noch wichtiger als der fortschreitende technologische Fortschritt ist die Rolle der generativen KI, worauf ich in Kapitel 8 kurz hinweise. Denn wenn sie mit Menschen zusammenarbeitet, wird das die Kreativität ankurbeln und Produktivität und Effizienz steigern. Um diese Zusammenarbeit näher zu erläutern, beginne ich in diesem Kapitel mit dem Thema »Where is Waldo?«. Daran lassen sich sowohl die Chancen als auch die Risiken aufzeigen, die mit der Nutzung generativer KI im kreativen Prozess verbunden sind.

Test mit einer KI-generierten »Where is Waldo?«-Illustration

Anfang 2024 erstellte ein Illustrator, der auf der Social-Media-Plattform X (früher bekannt als Twitter) den Hashtag @0xFramer verwendet, eine Reihe von »Where is Waldo?«-Bildern. Damit wollte er die Chancen und Herausforderungen aufzeigen, die sich mit generativer künstlicher Intelligenz (KI) bei der Entwicklung kreativer Assets ergeben. Der Illustrator ließ sich dabei von der Idee der Wimmelbilder in den Kinderbüchern von Martin Handford inspirieren und verwendete generative KI-Tools, um seine eigenen Variationen zu erstellen. Für diejenigen unter Ihnen, die Wimmelbilder nicht kennen: Es sind detaillierte, oft doppelseitige Illustrationen, die Dutzende und Aberdutzende von Menschen zeigen, die in einer bestimmten Umgebung verschiedene amüsante Aktivitäten ausführen. Die Leser werden aufgefordert, in dem Gewimmel eine Figur namens Waldo zu finden.

Der Illustrator zeigte damit, dass jeder mithilfe von generativer KI eine Episode von »Wo ist Waldo?« erstellen kann. (Sehen Sie sich seinen kreativen Prozess auf YouTube an: `www.youtube.com/watch?v=2nYxeZQmcj0`.) Man muss den KI-Tools dazu nur eine detaillierte Beschreibung geben, die das Wesentliche einer »Wo ist Waldo?«-Szene zusammenfasst. Wenn Sie selbst so ein Wimmelbild kreieren wollen, sollten Sie einem Tool wie DALL-E 3 oder Midjourney folgenden Input geben:

1. **Beschreiben Sie den Hintergrund, der als Kulisse für Ihre Illustration dient.**

   Sie können einen lebendigen und detaillierten Hintergrund angeben, beispielsweise einen Strand, eine Stadtlandschaft, ein Büro, eine mittelalterliche Szene, eine Raumstation und so weiter. Je komplexer und bevölkerter die Szene, desto besser.

2. **Identifizieren Sie die Charaktere, die in der Abbildung erscheinen sollen.**

   Erwähnen Sie, dass eine große Anzahl unterschiedlicher Charaktere erforderlich ist, die an verschiedenen Aktivitäten beteiligt sind. Diese sollten in unterschiedlichste Kostüme gekleidet sein und zahlreiche Aktionen ausführen, um eine lebendige, geschäftige Szenerie zu schaffen.

3. **Beschreiben Sie die Waldo-ähnliche Figur, die irgendwo in der Abbildung erscheinen soll.**

   Beachten Sie, dass die Figur subtil in die Szene eingefügt werden soll, ähnlich wie Waldo in den Handford-Büchern. Diese Figur sollte ein rot-weiß gestreiftes Hemd tragen, sich aber gut in die Umgebung einfügen.

4. **Machen Sie detaillierte Angaben zu Farbe und Stil der Bilder.**

   Geben Sie Hinweise zur Farbenpracht und dem skurrilen Stil, der die Originalillustrationen von »Where is Waldo?« imitieren soll.

Damit die KI ein Bild generieren kann, das Ihrer Vorstellung nahekommt, müssen Sie Ihre Beschreibung präzise und detailliert gestalten. Halten Sie sich deshalb an die aufgeführten Schritte.

Mit dem folgenden Prompt bringen Sie beispielsweise DALL-E dazu, ein solches Bild zu generieren:

> Eine lebendige, dicht bevölkerte Strandszene mit zahlreichen Figuren, die verschiedenen Aktivitäten nachgehen: Volleyball spielen, Sonnenbaden, Sandburgen bauen, Schwimmen und so weiter. Die Figuren tragen farbenfrohe und abwechslungsreiche Strandkleidung. Fügen Sie eine Figur hinzu, die Waldo (der Figur von Martin Handford) ähnelt und ein rot-weiß gestreiftes Hemd, blaue Hosen und ein Beanie trägt. Sie soll sich subtil in die Szene einfügen. Der Stil sollte skurril und cartoonhaft sein, mit hellen Farben.

Lassen Sie sich von diesem Prompt inspirieren (und informieren Sie sich in Kapitel 13 über effektive Aufforderungen). Versuchen Sie, Ihre eigene »Wo ist Waldo?«-Illustration mit DALL-E oder Midjourney zu erstellen. Auf diese Weise bekommen Sie einen Eindruck von den Möglichkeiten, die sich bei der Verwendung generativer KI zur Entwicklung kreativer Assets ergeben.

Visuelle Assets mit KI erstellen

Um einen Ansatz für die Entwicklung kreativer Assets mithilfe von KI-Tools zu definieren, müssen Sie einen strukturierten Prozess festlegen. Dieser gewährleistet, dass Ihre Kreationen mit Ihrem Produktangebot und Ihren Marketingzielen übereinstimmen und bei Ihrer Zielgruppe Anklang finden. KI bietet spannende Möglichkeiten für die Entwicklung kreativer Assets, erfordert jedoch ein sorgfältiges Management in verschiedenen Dimensionen – von der Ausrichtung auf Markenwerte und der Gewährleistung einer ethischen Nutzung bis hin zur Integration in bestehende Arbeitsabläufe und Einhaltung rechtlicher Grenzen. Das Ausbalancieren dieser Faktoren ist der Schlüssel für eine effektive und verantwortungsvolle Nutzung von KI.

In KI-Tools wie Jasper.ai oder Thewordsmith.ai können Sie Ihren Marken-Styleguide eingeben und speichern – noch bevor Sie mit der Erstellung von Assets beginnen. Auf diese Weise entspricht jedes Bild, das das KI-Tool für Sie erstellt, dem Stil Ihrer Markenrichtlinien. Darüber hinaus müssen Sie Ihr KI-Tool nicht bitten, nur ein Bild zu erstellen. Sie können sich gleich mehrere Bilder in einem Durchgang erstellen lassen.

Befolgen Sie diese Schritte – und dokumentieren Sie die Anweisungen sorgfältig –, um KI-generierte Assets verantwortungsvoll einzusetzen:

1. **Definieren Sie das Marketingziel, für das Sie Assets erstellen möchten.**

   Sie möchten beispielsweise die Markenbekanntheit einer neuen umweltfreundlichen Modelinie steigern. Sie wollen dieses Ziel mithilfe von KI erreichen. Diese soll visuell ansprechende Bilder erstellen, die die umweltfreundlichen Aspekte der Kleidung hervorheben.

   Best Practice im Marketing: Definieren Sie den Zweck des Kreativ-Assets möglichst eindeutig. Möchten Sie es für Markenbekanntheit, Produktwerbung,

Social-Media-Engagement, Lead-Akquise oder etwas anderes verwenden? Das Ziel kann den Stil, die Zusammensetzung und die Elemente des Kreativ-Assets beeinflussen.

2. **Verstehen Sie die Zielgruppe, die Sie erreichen wollen.**

   Die Zielgruppe für Ihre umweltfreundliche Modelinie sind möglicherweise umweltbewusste junge Erwachsene im Alter von 18 bis 35 Jahren, die im Umkreis von Städten leben. Die kreativen Elemente für die Bilder sollten also diese Zielgruppe ansprechen. Sie müssen Ihr KI-Tool also so briefen, dass es relevante Themen und Einstellungen der Zielgruppe einbindet.

   Vorsicht: Stellen Sie sicher, dass der KI-generierte Inhalt die Haltung Ihrer Marke widerspiegelt und Ihre Zielgruppe anspricht. Wenn beispielsweise ein KI-Tool eine Reihe von ausgefallenen und humorvollen Social-Media-Posts erstellt, Ihre Marke jedoch für ihren seriösen und professionellen Ton bekannt ist, kann dieser Inhalt Ihren Kundenstamm vergraulen. Passen Sie die KI-Ergebnisse also stets an Ihre Marken-Guidelines und die Erwartungen Ihrer Zielgruppe an.

3. **Entscheiden Sie sich für die Marketingbotschaft oder das Thema, das Ihre kreativen Assets unterstützen sollen.**

   Beispielsweise könnte das Marketingteam entscheiden, dass die Botschaft mit dem Satz »*Nachhaltigkeit trifft Stil*« verankert werden soll. Die Aufgabe für die KI wäre es in diesem Fall, visuelle Elemente zu generieren, die natürliche, nachwachsende Elemente (wie Bambus, Biobaumwolle oder recycelte Materialien) mit modischen Kleidungsstilen kombinieren.

   Best Practice im Marketing: Stellen Sie sicher, dass die Bilder mit der visuellen Identität Ihrer Marke übereinstimmen – einschließlich Farben, Typografie und Gesamtstil. Konsistenz trägt zum Aufbau der Markenbekanntheit bei. Fügen Sie Details zur visuellen Identität der Marke in die Prompts ein, die Sie für das KI-Tool schreiben.

4. **Wählen Sie die richtigen KI-Tools für Ihre Daten und die erwartete Ausgabe.**

   Sie können aus einer Reihe von Tools wählen, die Sie zudem an Ihre spezielle Aufgabe anpassen können. Beispielsweise können DALL-E und Midjourney anhand der von Ihnen bereitgestellten Prompts einzigartige Bilder erstellen. Sie können auch Referenzbilder verwenden, um den Stil für das gewünschte Bild festzulegen.

   Best Practice im Marketing: Sie können die KI-Bildbearbeitung mit anderen Tools wie einer Fotobearbeitungssoftware kombinieren, um sie weiter zu verfeinern. Tatsächlich enthalten Tools wie Adobe Photoshop mittlerweile generative KI-Funktionen, mit denen Sie beispielsweise unterschiedliche Skylines erstellen oder Gebirge in neue Richtungen erweitern können.

   Vorsicht: Die Wahl der KI-Tools und ihrer Trainingsdaten hat erhebliche Auswirkungen auf die Art und Qualität der kreativen Ergebnisse. Ein KI-Modell, das hauptsächlich auf klassische europäische Kunststile trainiert wurde, ist beispielsweise möglicherweise nicht für eine Kampagne geeignet, die zeitgenössische asiatische Ästhetik widerspiegeln soll. Wählen Sie Tools und Modelle aus, die zu Ihren spezifischen kreativen Zielen passen. Die einzige Möglichkeit, herauszufinden, welche Tools für Sie geeignet sind, besteht darin, mit mehreren zu experimentieren.

5. **Entwickeln Sie detaillierte Beschreibungen, mit denen Ihre KI arbeiten kann.**

   Eine Beispielbeschreibung für die Modelinie könnte etwa lauten: »Stilvolles, modernes Outfit mit Stofffasern aus Bambus, vor einem Hintergrund aus üppigem Grün und einem subtilen Hauch einer urbanen Skyline.«

   Best Practice im Marketing: Wenn Sie KI-Tools wie DALL-E oder Midjourney verwenden, sind die Ergebnisse umso besser, je genauer Ihre Beschreibung ist. Fügen Sie Details zu Farben, Stimmung, Umgebung, Objekten und den Prompt für das gewünschte Bild ein. Lassen Sie sich inspirieren vom Abschnitt »Test mit einer KI-generierten ›Where is Waldo?‹-Illustration« weiter vorn in diesem Kapitel inspirieren.

6. **Fügen Sie eine Beschreibung, die Sie in Schritt 5 erstellen (mit oder ohne Unterstützung einer KI-Anwendung), in das von Ihnen gewählte Text-zu-Bild-Tool (zum Beispiel DALL-E oder Midjourney) ein.**

   Erzeugen Sie im Idealfall mindestens vier Varianten, die Sie anschließend weiter bearbeiten können (siehe Schritt 7).

7. **Nehmen Sie wiederholt Änderungen (Iterationen) an Ihren Beschreibungen vor und überprüfen und verfeinern Sie damit die vom Tool erstellten Assets.**

   Dieser Schritt (oder diese Reihe von Schritten) ist wohl der wichtigste. Sie müssen die von der KI generierten Bilder auswerten und die Eingabeaufforderungen anpassen, um das Ergebnis immer wieder zu verbessern. Wenn beispielsweise einem ursprünglich erstellten Bild die erwartete Lebendigkeit fehlt, sagen Sie im nächsten Prompt der KI, dass das Bild helle, lebendige Farben enthalten soll.

   Best Practice im Marketing: KI-generierte Bilder sind beim ersten Versuch vielleicht nicht perfekt. Tatsächlich sind sie beim ersten Versuch nur sehr selten perfekt. Rechnen Sie damit, dass Sie ständig verbessern müssen. Sie müssen also die Eingabeaufforderungen verfeinern, um das kreative Asset zu optimieren.

KI ist ein Werkzeug, mit dem Sie Ihre Kreativität und Effizienz steigern können. Die Kombination von KI-Funktionen mit Ihrer professionellen Perspektive auf die Marke kann äußerst wirkungsvolle visuelle Inhalte erzeugen. KI ist wohl dann am effektivsten, wenn sie mit menschlicher Kreativität kombiniert wird. Und nicht wenn sie gebeten wird, die Kreation allein durchzuführen.

8. **Bewerten Sie die erstellten Assets anhand von Markenstandards, um Qualität und Konsistenz sicherzustellen.**

   Menschliches Urteil ist entscheidend, insbesondere bei der Bewertung, ob das Ergebnis die gewünschte Qualität widerspiegelt und markenkonform ist. Unabhängig davon, ob Sie die Farben an die Markenpalette anpassen, das Ergebnis mit anderen Markenbildern vergleichen oder ein separates KI-Tool verwenden, das die Markenkonsistenz prüfen kann: Diesen Schritt dürfen Sie keinesfalls überspringen.

Vorsicht: Betrachten Sie KI nicht als ein Tool, das man einmal einstellt und dann vergessen kann. Nur die regelmäßige menschliche Kontrolle stellt die Qualität von KI-generierten Inhalten sicher. Beispielsweise könnte ein KI-Tool versehentlich veraltete oder unangemessene kulturelle Referenzen in Marketingmaterialien verwenden. Regelmäßige menschliche Überprüfungen können diese Fehler erkennen und korrigieren. Tatsächlich sollten Ihre Marketingabteilung und Ihr Team eine Richtlinie zur Überprüfung jedes neuen kreativen Assets haben, das von der KI generiert wird. Erst dann sollte dieses Asset veröffentlicht werden.

9. **Optimieren Sie die generierten Assets für die Plattformen, die Sie für Marketingzwecke verwenden möchten.**

   Nachdem Sie ein Bild fertiggestellt haben, können Sie KI-Tools wie Canva oder Adobe Express verwenden, um die Ausgabe für verschiedene Plattformen zu optimieren. KI-Tools können beispielsweise Formate für Instagram und Banner für Facebook erstellen.

   Best Practice im Marketing: Die Social-Media-Plattformen bevorzugen unterschiedliche Bildgrößen und Seitenverhältnisse. Passen Sie Ihre Bilder entsprechend an, um eine optimale Anzeige zu entwickeln. Wenn Sie ein KI-Tool zum Erstellen von Bildern oder Videos verwenden, können Sie die gewünschten Ausgabegrößen eingeben.

   Vorsicht: Integrieren Sie KI-Tools in bestehende Arbeitsabläufe. Ein KI-Videobearbeitungstool, das sich beispielsweise nicht gut in Ihre aktuelle Videobearbeitungssoftware integrieren lässt, kann mehr Arbeit verursachen, anstatt den Prozess zu optimieren. Stellen Sie sicher, dass jedes von Ihnen eingesetzte KI-Tool nahtlos in Ihre bestehende Produktionspipeline passt und auch über die entsprechenden Import- und Exportfunktionen verfügt.

10. **Testen Sie die Wirkung des erstellten visuellen Elements auf die Zielgruppe und sammeln Sie Feedback.**

    Wenn Sie das kreative Ergebnis (egal ob es sich um ein statisches Bild oder ein Video handelt) mithilfe einer Fokusgruppe testen, können Sie feststellen, ob es positiv ankommt. Nutzen Sie dieses Feedback, um das KI-Tool bei Bedarf mit weiteren Bildverfeinerungen anzuleiten.

    Best Practice im Marketing: KI bietet die Flexibilität, verschiedene künstlerische Stile und Formate auszuprobieren. Experimentieren Sie mit unterschiedlicher Ästhetik, um herauszufinden, was bei Ihrem Publikum am besten ankommt.

    Vorsicht: KI-generierte Inhalte können voreingenommen sein. Wenn ein KI-Tool ständig Bilder von Menschen in stereotypen Rollen generiert, könnte dieses Ergebnis Vorurteile widerspiegeln und bestätigen. Wie ich in Kapitel 22 erwähne, können regelmäßige Prüfungen der KI-Ergebnisse helfen, diese Vorurteile zu identifizieren und zu korrigieren.

Halten Sie gesetzliche und ethische Vorschriften in allen Schritten des Prozesses beim Einsatz von KI-Tools ein.

- ✔ Achten Sie bei der Auswahl des passenden KI-Tools und der Bewertung der Ergebnisse darauf, dass die Bilder keine Urheberrechte verletzen und ethisch einwandfrei sind. Prüfen Sie, ob das KI-Tool Sie von möglichen Urheberrechtsansprüchen freistellt, und finden Sie heraus, ob Ihre Rechtsabteilung mit den von Ihnen verwendeten Tools und Verfahren einverstanden ist. Weitere Informationen zur rechtlichen und ethischen Konformität finden Sie in Kapitel 22.
- ✔ Informieren Sie sich über die rechtlichen Aspekte von KI, insbesondere in Bezug auf Urheberrechte und geistige Eigentumsrechte. Wenn Sie beispielsweise KI zur Generierung von Musik für ein kommerzielles Projekt verwenden, kann dies zu Urheberrechtsproblemen führen, wenn die Trainingsdaten der KI urheberrechtlich geschützte Musik enthalten. Stellen Sie sicher, dass Sie bei der Verwendung von KI rechtliche Grenzen und geistige Eigentumsrechte einhalten. Und obwohl Tools wie Adobe Firefly, Microsoft Copilot und DALL-E von OpenAI eine Freistellung von geistigem Eigentum anbieten, sollten Sie sich dennoch mit Ihrem Rechtsteam absprechen.

Die Integrität Ihrer Kunden, Daten und Teams wahren

Achten Sie auf ethische Integrität und Transparenz, wenn Sie KI zur Erstellung von kundenorientierten Inhalten verwenden. Wenn Sie KI beispielsweise zur Erstellung realistischer menschlicher Bilder oder Stimmen einsetzen, sollten Sie darauf hinweisen, dass diese Bilder KI-generiert sind. Damit führen Sie Ihr Publikum nicht über die Realität dessen, was es sieht oder hört, in die Irre. Da die Bemühungen der Branche, KI-generierte Inhalte zu kennzeichnen, immer mehr Fahrt aufnehmen, sollten Sie sicherstellen, dass Sie mit neuen Entwicklungen Schritt halten. Weitere Informationen zu ethischen Bedenken finden Sie in Kapitel 22.

Wenn Ihre KI-Tools Kundendaten zur Personalisierung von Inhalten verwenden, sollten Sie auf die strikte Einhaltung der Datenschutzgesetze achten. Beispielsweise erfordert die Verwendung von KI zur Personalisierung von E-Mail-Kampagnen einen sorgfältigen Umgang mit Kundendaten gemäß der Datenschutz-Grundverordnung (DSGVO) oder anderen relevanten Datenschutzbestimmungen. Andernfalls kann dies rechtliche Konsequenzen haben und den Ruf Ihrer Marke schädigen. Denken Sie daran, Ihr Rechtsteam in Ihre Gespräche über die Verwendung von Kundendaten einzubeziehen.

Investieren Sie in die Schulung Ihres Teams im effektiven Umgang mit KI-Tools. Mangelndes Verständnis kann dazu führen, dass Ihr Team die KI-Funktionen nicht ausreichend nutzt. Ein Content-Team, das nicht vollständig im Umgang mit einem KI-Copywriting-Tool geschult ist, verwendet es beispielsweise möglicherweise nur für grundlegende Aufgaben wie die Grammatikprüfung. Damit verpasst es aber, die erweiterten Funktionen zum Erstellen anspruchsvollerer Inhalte wie zum Beispiel das Erstellen personalisierter Marketingtexte zu nutzen. Bedenken Sie, dass die Entscheidung Ihres Teams, ein KI-Tool zu verwenden, kurzfristig wahrscheinlich mehr und nicht weniger Arbeit bedeutet. Denn es kostet Zeit, sich mit den Funktionen des Tools vertraut zu machen und es in den regulären Arbeitsablauf zu integrieren.

Stellen Sie sicher, dass Ihre Maßnahmen nicht zu stark auf KI beruhen. Dies kann Kreativität und Innovation behindern. Wenn beispielsweise ein Grafikdesignteam ausschließlich KI zum Erstellen von Bildern verwendet, entgehen ihm möglicherweise einzigartige, von Menschen inspirierte Designs. Halten Sie den Einsatz von KI mit menschlicher Kreativität im Gleichgewicht, um Innovation zu fördern. Denn Sie möchten bestimmt nicht, dass Ihre Marke ihre Marketingkanäle mit faden, schlichten und langweiligen Inhalten überflutet.

Wenn Sie mithilfe von KI Bilder oder Videos erstellen wollen, können Sie Tools von Unternehmen nutzen, die sie schon lange verwenden. Diese Tools verfügen neuerdings über leistungsstarke KI-Funktionen, die Ihre kreative Arbeit verbessern. Adobe Photoshop ist ein perfektes Beispiel für ein Designtool, das jetzt einige interessante generative KI-Funktionen enthält, die Sie mit nur ein wenig zusätzlicher Schulung verwenden können.

Ein Beispielszenario prüfen

Angenommen, Sie arbeiten an einer Kampagne für die umweltfreundliche Modelinie, die ich im Abschnitt »Visuelle Assets mit KI erstellen« weiter vorn in diesem Kapitel vorstelle. Nachdem Sie Ihr Ziel definiert und Ihre Zielgruppe verstanden haben, lautet das Thema Ihrer Marketingkampagne vielleicht »Urban Nature«. Dann wählen Sie Midjourney als Ihr KI-Tool, um erste Designs zu erstellen, die junge Erwachsene ansprechen. Sie formulieren Ihre Prompts detailliert und konzentrieren sich auf Elemente, die sowohl das Vorstadtleben als auch die Natur symbolisieren. Sie können beispielsweise eine Jacke aus Bambusfasern vor der Kulisse eines Stadtparks beschreiben.

Nachdem Sie in mehreren Schritten sichergestellt haben, dass die Bilder mit der visuellen Identität Ihrer Marke übereinstimmen, passen Sie diese Bilder an die verschiedenen Social-Media-Plattformen an. Bevor Sie eine endgültige Entscheidung treffen, holen Sie Feedback von einer Fokusgruppe oder zumindest von anderen Teammitgliedern ein, um zu testen, ob die Bilder bei Ihrer Zielgruppe gut ankommen. Abschließend überprüfen Sie alle rechtlichen und ethischen Aspekte bei der Verwendung von KI-generierten Bildern in Ihrer Kampagne.

Vorhandene kreative Assets verbessern

Der Einsatz künstlicher Intelligenz (KI) zur Verbesserung oder Bearbeitung vorhandener kreativer Assets umfasst mehrere innovative Techniken. Die Rolle der KI bei der Verbesserung und Bearbeitung kreativer Assets erstreckt sich auf ein breites Anwendungsspektrum – von der Wiederherstellung und Verbesserung bestehenden Contents bis hin zur Erstellung völlig neuer Inhalte.

Derzeit nutzen Marketingexperten KI noch häufiger zum Bearbeiten und Verbessern vorhandener Bilder als zum Erstellen von Grund auf neuer Bilder. Ich gehe jedoch davon aus, dass sich diese Situation in Zukunft ändern wird. Denn die Fortschritte bei den Fähigkeiten der KI sparen nicht nur Zeit und reduzieren den manuellen Aufwand; sie stellen auch einen Paradigmenwechsel dar. Denn Marketingfachleute begreifen kreative Arbeit mehr und mehr als eine Mischung aus menschlichen Ideen und maschineller Effizienz.

In den folgenden Abschnitten werden vier verschiedene Möglichkeiten beschrieben, wie Sie KI zum Ändern Ihrer vorhandenen kreativen Visualisierungen nutzen können.

Bilder verbessern und wiederherstellen

KI-gestützte Tools können die Qualität vorhandener Bilder deutlich verbessern. Tools wie Photoshop integrieren mittlerweile KI, um Aufgaben wie die Hochskalierung der Auflösung, die Verbesserung von Details und die Wiederherstellung alter Fotos zu übernehmen. KI-Algorithmen können beispielsweise ein Bild mit niedriger Auflösung analysieren und mit Details ergänzen, die das Originalbild eigentlich nicht enthielt, sodass eine hochauflösende Version entsteht. Bei der Fotorestaurierung kann KI Kratzer entfernen, verblasste Farben anpassen und sogar fehlende Teile eines Bildes rekonstruieren. Diese Fähigkeit ist besonders wertvoll, wenn es darum geht, historische Fotos zu erhalten oder alte Familienbilder aufzufrischen.

Eine meiner Lieblingsfunktionen in Adobe Photoshop ist die Funktion »Sky Replacement«, mit der Sie den Himmel in einem vorhandenen Bild anhand der von Ihnen festgelegten Kriterien ändern können. Die Technologie hinter diesen Tools basiert – wenig überraschend – auf neuronalen Netzwerken, die anhand riesiger Bilddatensätze trainiert wurden. Damit kann die KI realistische Texturen und Details replizieren.

Audiodateien verbessern

Ähnlich wie bei der Bildwiederherstellung (siehe vorheriger Abschnitt) eignet sich AI dank seiner Audioverarbeitungsfunktionen auch zum Erstellen, Verbessern und Wiederherstellen von Audioaufnahmen. Diese Funktion ist besonders nützlich, um alte Musiktitel zu remastern, archivierte Audioaufnahmen wiederherzustellen oder die Klarheit von Sprachaufnahmen zu verbessern.

KI-Algorithmen können verschiedene Audioelemente isolieren, Hintergrundgeräusche entfernen und sogar Stimmen von der Musik trennen. So kann KI beispielsweise eine alte Monospur nehmen, separate Spuren extrahieren, daraus Stereo- oder Surroundsound generieren und so klassischen Songs neues Leben einhauchen. Tools wie die RX-Serie von iZotope nutzen maschinelles Lernen, um häufige Audioprobleme älterer Aufnahmen – wie Klick-, Knack- oder Rauschgeräusche – zu erkennen und zu beheben. Das BMW-Beispiel, das ich im Kasten »Fallstudie: Der KI-generierte Soundtrack von BMW« in diesem Kapitel bespreche, thematisiert das Potenzial von KI zur Erstellung oder Verbesserung von Audio.

Videos analysieren und bearbeiten

KI automatisiert zeitaufwendige Videobearbeitungsaufgaben wie Objektentfernung, Farbkorrekturen und sogar *Frame-Interpolation* (Erstellen und Einfügen neuer Video-Frames zwischen bereits vorhandenen Frames), was zu sanfteren Übergängen bei Zeitlupeneffekten führt. KI-Tools können den Prozess der Analyse und Bearbeitung von Videos Frame für Frame automatisieren, was den manuellen Arbeitsaufwand bei der Videonachbearbeitung erheblich reduzieren kann. So kann KI verschiedene Elemente in einem Video – wie Gesichter, Objekte oder Landschaften – automatisch identifizieren, markieren und eine schnelle Bearbeitung oder Anwendung von Effekten ermöglichen.

Adobe Sensei AI und Blackmagic Designs DaVinci Resolve (mit seiner *Neural Engine*, über neuronale Technologien spreche ich in Kapitel 5) sind Beispiele für KI-Technologien, die es Video-Editoren ermöglichen, in kürzerer Zeit mehr zu erreichen und die Gesamtqualität und visuelle Attraktivität von Videos zu verbessern. Bei einfacheren KI-Tools wie Animoto oder Lumen5 können Sie auch Prompts in natürlicher Sprache eingeben und Anleitungen für die Erstellung kurzer Lehrvideos verfassen.

Inhalte hinzufügen und ändern

Sie können KI verwenden, um vorhandene Assets zu ändern oder neue Elemente darin zu erstellen. Beispielsweise können KI-gesteuerte Tools wie DALL-E oder GPT-4 neue visuelle oder textliche Inhalte generieren, die dem Stil oder Thema vorhandener Assets entsprechen. Sie können diese Funktionalität verwenden, um Variationen einer Werbekampagne zu erstellen, zusätzliche Szenen in einem Videospiel zu generieren oder sogar erklärende Bilder für ein Buch zu erstellen.

Die KI-Modelle, die Sie zur Ergänzung von Assets verwenden, werden anhand riesiger Datensätze trainiert und können originäre und kontextbezogen Inhalte generieren. Diese Fähigkeit beschleunigt nicht nur den kreativen Prozess, sondern eröffnet auch Wege für Kreativität, die bisher undenkbar waren.

Fallstudie: Coca-Colas »Masterpiece«-Kampagne

In einer Zeit, in der es eine gewaltige Herausforderung ist, eine Traditionsmarke lebendig und relevant zu halten, begab sich Coca-Cola im Jahr 2023 auf eine Reise, um sein zeitloses Image mit der Faszination von KI zu verbinden. Das Ziel war klar: Coca-Cola wollte sein Versprechen einer belebenden Erfrischung mit der Dynamik der KI kombinieren und so Kreativität und Verbundenheit im Alltag wecken. Die Kampagne sollte mit einer einprägsamen Geschichte ein globales Publikum fesseln.

Um dies zu erreichen, nutzte Coca-Cola die Kraft der generativen KI und arbeitete mit OpenAI, Electric Theatre Collective und Blitzworks zusammen, um einen innovativen Kurzfilm mit dem Titel »Masterpiece« zu drehen. Der Film präsentiert eine eklektische Mischung aus klassischer und zeitgenössischer Kunst aus der ganzen Welt, alles in einem Museumsambiente. Er erzählt eine Geschichte, in der eine Coca-Cola-Flasche durch verschiedene Gemälde reist und schließlich einen Kunststudenten inspiriert. Diese Reise wird durch eine Mischung aus Live-Action, digitaler Kunst und KI-gesteuerter Animation zum Leben erweckt und zeigt die Transformation der Flasche, während sie verschiedene künstlerische Bereiche durchquert. Der Film verwendete die Tools Stable Diffusion, OpenAIs DALL-E 2 und GPT-4o, um einzigartige Gemälde und Dialoge zu generieren und so die nahtlose Integration von KI in ein kreatives Storytelling zu demonstrieren.

Der Film war nicht nur ein eindrucksvolles Beispiel für den Einsatz generativer KI bei der Erstellung von Assets. Er verbesserte auch die Markenkennzahlen von Coca-Cola. Die Markenerinnerung stieg um 12 Prozent, die Markenbeliebtheit verbesserte sich um 9 Prozent und die Kaufabsicht bei der Zielgruppe wuchs um 7 Prozent, wie aus einer Umfrage des Forschungsunternehmens Kantar hervorgeht. Die Kampagne war auch ein viraler Erfolg. Sie sammelte Millionen von Aufrufen, Likes und Kommentaren auf Social-Media-Plattformen und erhielt Auszeichnungen wie den Cannes Lions Grand Prix for Film Craft.

Für Marketingfachleute veranschaulicht diese Arbeit die schier grenzenlosen Möglichkeiten, die sich aus der Verbindung traditioneller Kunst und der Entwicklung kreativer Assets mit KI ergeben. Gleichzeitig bietet sie damit neue Perspektiven für das Storytelling von Marken. Durch den Einsatz generativer KI hat Coca-Cola gezeigt, wie verschiedene Tools zu völlig neuen kreativen Konzepten führen können, die der Marke treu bleiben und starke Werbeergebnisse erzielen.

Feinabstimmung der Kreativität mit KI-Tools und -Techniken

Um visuelle Marketing-Assets mithilfe von KI zu optimieren, müssen Sie Ihre Fähigkeiten im Umgang mit diesen Tools verfeinern. Denn dann können Sie beispielsweise die Wirksamkeit der schriftlichen Beschreibungen verbessern, die Sie als Input für die von KI erstellten Inhalte verwenden. Sie können auch Ihren Asset-Produktionsprozess optimieren und verschiedene Tricks anwenden, damit die erstellten Assets die Aufmerksamkeit Ihrer Kunden erregen. Die folgenden Abschnitte können Ihnen dabei helfen, Expertise für die Erstellung von KI-Inhalten zu erwerben.

Beschreibungen für die Bilderstellung erstellen

Um qualitativ hochwertige KI-Bilder zu erhalten, müssen Sie detaillierte Beschreibungen erstellen. Im Folgenden habe ich fünf Beispiele für Prompts aufgelistet, die einem KI-Tool zur Verfügung gestellt werden. Jedes ist auf ein anderes Szenario zugeschnitten, was Sie zur Erstellung eigener Bilder oder Videos inspirieren soll.

✔ **Produktwerbung im Lifestyle-Umfeld**

Ein gemütliches, modernes Wohnzimmer in der Abenddämmerung mit sanfter Umgebungsbeleuchtung. In der Mitte steht eine elegante schwarze Kaffeemaschine auf einem rustikalen Holztisch. Im Hintergrund sind ein bequemes Sofa mit bunten Kissen und ein Bücherregal voller Bücher zu sehen. Es gibt ein großes Fenster mit transparenten Vorhängen, durch das man die Skyline der Stadt in der Abenddämmerung sehen kann.

✔ **Modewerbung für eine Jugendmarke**

Eine lebendige Street-Art-Kulisse mit Graffiti, die eine bunt gemischte Gruppe junger Erwachsener in trendiger Streetwear zeigt. Die Kleidung umfasst bedruckte T-Shirts, zerrissene Jeans und bunte Turnschuhe. Jede Person nimmt eine dynamische Pose ein und strahlt Selbstvertrauen und Stil aus. Die Kulisse ist eine urbane Gasse, die Energie ausstrahlt. Die Beleuchtung ist hell und lebendig, was die lebendigen Farben von Kleidung und Graffiti hervorhebt.

✔ **Reiseangebot für ein tropisches Reiseziel**

Eine malerische Strandszene bei Sonnenuntergang mit klarem Blick auf das Meer, das den Horizont berührt. Der Himmel ist eine Mischung aus Orange-, Rosa- und Lilatönen. Im Vordergrund wiegen sich sanft Palmen, den Rahmen bilden zwei Bäume, an denen eine Hängematte befestigt ist. Im Hintergrund ist ein luxuriöser Bungalow mit Strohdach zu sehen. Das Wasser ist kristallklar und es herrscht ein Gefühl von heiterer Schönheit und Ruhe. Niemand ist in der Nähe.

✔ **Werbung für Gourmet-Lebensmittel**

Ein eleganter Esstisch steht in einem üppigen Garten. Auf dem Tisch ist ein Gourmet-Buffet zu sehen: eine Platte mit einer Auswahl an Käsesorten, Trauben und Nüssen, frisches, selbst gebackenes Brot und eine Flasche Rotwein mit zwei Gläsern. Im Hintergrund sind blühende Blumen und Grünpflanzen zu sehen, durch deren Blätter sanftes, natürliches Sonnenlicht fällt und eine warme und einladende Atmosphäre schafft.

✔ **Technische Produkteinführung**

Ein futuristischer, minimalistischer Büroraum mit einem großen, elegant geschwungenen Schreibtisch. Auf dem Schreibtisch ist ein hochmoderner silberner Laptop mit einem leuchtenden Logo. Der Raum hat ein großes Glasfenster, durch das man eine Stadtlandschaft mit Hightech-Wolkenkratzern sehen kann. Die Beleuchtung ist kühl und blau und vermittelt eine innovative Hightech-Atmosphäre. Im Vordergrund zeigen holografische Projektionen Diagramme und Code und symbolisieren so fortschrittliche Technologie und Innovation.

Die Kreativproduktion automatisieren

Die Automatisierung des kreativen Produktionsprozesses durch den Einsatz von KI basiert auf der Integration intelligenter Tools in verschiedene Phasen des Workflows.

Dieser Ansatz kann die Effizienz deutlich steigern, die Kreativität anregen und die Konsistenz der Projekte sicherstellen. Die folgende Liste zeigt Ihnen detailliert, wie Sie KI-Tools im kreativen Produktionsprozess einsetzen können, mit konkreten Beispielen und Empfehlungen:

- ✔ **Konzept und Planung:** Der erste Schritt bei der Produktion kreativer Assets ist die Konzeptentwicklung und Planung. KI-Tools wie GPT-4 von OpenAI können bei der Entwicklung kreativer Konzepte und Ideen helfen. Sie können GPT-4 beispielsweise dazu veranlassen, Handlungsstränge, Werbetexte oder Designkonzepte zu erstellen. Dies kann Ihnen bei Brainstorming-Sitzungen helfen. Denn damit erhalten Sie eine breite Palette von Ideen und neue Blickwinkel, die menschlichen Marketingteams möglicherweise nicht sofort eingefallen wären.

KI-gestützte Projektmanagement-Tools können bei der Planung des Produktionszeitplans, der Ressourcenzuweisung und der Budgetierung helfen, indem sie Daten aus früheren Projekten analysieren und so Zeitpläne und potenzielle Engpässe vorhersagen.

- ✔ **Designentwicklung und Asset-Erstellung:** Bei der Entwicklung von Designs können KI-Tools wie Adobe Sensei und die KI-Lösungen von Autodesk den Prozess erheblich beschleunigen. Diese Tools können repetitive Aufgaben wie Bildgrößenanpassung, Farbkorrektur und grundlegendes Layoutdesign automatisieren. Adobe Sensei kann beispielsweise Fotos intelligent zuschneiden, sodass die Hauptmotive im Bild bleiben, oder Designlayouts in Adobe Express vorschlagen. Die KI von Autodesk hingegen kann bei 3D-Designprozessen helfen, indem sie Optimierungen bei Modellstrukturen vorschlägt und bestimmte Modellierungsaufgaben automatisiert, wie etwa das Generieren von Texturen oder das Verfeinern von Mesh-Details.

  Sie können KI-Tools auch verwenden, um erste Designvorlagen zu erstellen oder sogar komplette Assets zu entwickeln. Tools wie DALL-E, Midjourney oder Runway können aus Textbeschreibungen visuelle Elemente und Designelemente erstellen, womit schnell benutzerdefinierte Grafiken erstellt werden können.

- ✔ **Entwicklung und Schreiben von Inhalten:** KI-Schreibassistenten wie Jasper, Writer oder TheWordsmith.ai können Entwürfe für Artikel, Skripte oder Social-Media-Beiträge erstellen. Diese Tools verwenden erweiterte natürliche Sprachverarbeitung (NLP), um auf der Grundlage von Keywords oder kurzen Beschreibungen zusammenhängende und kontextbezogen relevante Inhalte zu erstellen. Obwohl KI-generierte Texte oft menschliche Bearbeitung erfordern, um eine persönliche Note oder eine spezifische Markenstimme hinzuzufügen, können diese Tools in der Entwurfsphase erheblich Zeit sparen.

Informieren Sie sich, ob Schreibwerkzeuge wie Jasper.ai, Writer.ai, Copy.ai und TheWordsmith.ai Ihre Markenstilrichtlinien berücksichtigen können, bevor Sie Inhalte erstellen. Denken Sie auch an Ihr Publikum: KI kann bei der Sprachübersetzung und Lokalisierung von Inhalten helfen (weitere Informationen zu diesen Themen finden Sie in Kapitel 17) und so sicherstellen, dass die kreativen Ergebnisse einem internationalen Publikum zugänglich sind.

- **Bearbeitung in der Video-Postproduktion:** Während der Postproduktion eines Video-Assets kann KI den Bearbeitungsprozess erheblich rationalisieren. Tools wie Auto Reframe von Adobe verwenden KI, um das Seitenverhältnis von Videos automatisch an verschiedene Plattformen anzupassen. Beispielsweise können die Tools von einem Breitbildformat auf ein quadratisches Format für soziale Medien umstellen.

  Für die Audioproduktion bieten Tools wie Descript eine KI-gesteuerte Transkription und Bearbeitung. Sie ermöglichen es, Audiodateien zu bearbeiten, indem sie den transkribierten Text anpassen. Dieser Prozess kann die Bearbeitungszeit drastisch reduzieren. In der Fotografie und Bildbearbeitung können KI-Tools Aufgaben wie Objektentfernung und -austausch oder Stilübertragung automatisieren, wie dies in Luminar von Skylum möglich ist.

- **Überprüfung und Optimierung:** KI-gestützte Analysetools können die Interaktion des Publikums mit kreativen Inhalten analysieren und Erkenntnisse darüber liefern, welche Inhalte funktionieren und welche nicht. Beispielsweise können Tools wie Magic Switch von Canva oder Google Analytics datengesteuerte Empfehlungen für Designanpassungen oder Inhaltsoptimierungen bieten. Damit können Sie dann Interaktion und Reichweite maximieren.

Tools wie VidMob verwenden zunehmend KI, um alle von Ihnen erstellten Werbeanzeigen über lange Zeiträume hinweg immer wieder zu analysieren und zu ermitteln, welche Arten von Inhalten und welche Elemente in diesen Inhalten die besten Ergebnisse erzielen. Das Tool nutzt diese Erkenntnisse dann, um Empfehlungen für Anpassungen an neuen Inhalten auszuarbeiten.

Achten Sie bei der Integration von KI in den Kreativprozess auf ein Gleichgewicht zwischen Automatisierung und menschlicher Kreativität. KI wird am besten als Werkzeug eingesetzt, um den kreativen Prozess zu erweitern und zu unterstützen, anstatt ihn zu ersetzen. Lassen Sie Ihre Entwickler sich mit einer Reihe von KI-Tools vertraut machen, damit sie verstehen, welche Tools ihren spezifischen Anforderungen am besten entsprechen. Stellen Sie außerdem sicher, dass sie alle ihre Fähigkeiten und Kenntnisse über neue KI-Tools und -Fortschritte kontinuierlich auf dem neuesten Stand halten, da sich das Feld rasch weiterentwickelt.

Tipps und Tricks zum Erstellen aufmerksamkeitsstarker Kreativinhalte

Die Erstellung aufmerksamkeitsstarker Kreativinhalte mithilfe von KI erfordert einen vielschichtigen Prozess. Er sollte die einzigartigen Fähigkeiten von KI-Tools nutzen. Denn dann lassen sich Inhalte erstellen, die nicht nur optisch ansprechend oder fesselnd sind, sondern auch bei Ihrer Zielgruppe Anklang finden. Die effektive Nutzung von KI kann die Art und Weise verändern, wie Sie Inhalte konzipieren, entwickeln und bereitstellen:

- **Maßgeschneiderte Inhalte:** KI-Tools wie Adobe Target können Inhalte – basierend auf Benutzerdaten und -präferenzen – personalisieren. Dieser Ansatz ist bei KI-gesteuerten Kampagnen von Onlinehändlern sinnvoll, bei denen Produktbilder dynamisch generiert werden, um sie an die Interessen bestimmter Benutzer anzupassen. Ebenso nutzen Googles responsive Display-Anzeigen KI, um verschiedene Kombinationen aus Überschriften, Beschreibungen und Bildern zu testen und so die Anzeigenleistung für verschiedene Zielgruppen zu optimieren. Mit dieser dynamischen Inhaltsanpassung erhält jeder User die für ihn relevanteste und ansprechendste Botschaft. Dynamic Yield, Oracle Maxymiser und Vue.ai sind einige der anderen Tools, die diese Inhaltsanpassung ermöglichen.

- **Design und Video:** Spezialwerkzeuge wie Stable Diffusion und Runway ermöglichen die Erstellung KI-generierter Visuals. Eine Marketingkampagne beispielsweise, bei der KI-generierte Grafiken Markenelemente mit unterschiedlichen künstlerischen Stilen verbinden, führt zu einem visuell beeindruckenden Erlebnis. Darüber hinaus können KI-gestützte Bildverbesserungswerkzeuge wie Let's Enhance oder die KI-Funktionen von Adobe Photoshop die Bildqualität erheblich verbessern und die Auflösung schärfer und damit aufmerksamkeitsstärker machen.

Besuchen Sie die Runway-Website (`www.runwayml.com`) und sehen Sie sich die Tool-Suite an, um ihr gesamtes Potenzial zu erkennen. Die KI-Tool-Suite umfasst Tools für Text zu Video, Bild zu Bild, Löschen und Ersetzen, Hintergrund-Remix, Entfernen von Stilen, Hinzufügen von Farben und Funktionen zum Erstellen von Greenscreens.

- **Video und Animation:** Automatisierte Videobearbeitungstools wie Lumen5 und Magisto können Blogbeiträge oder Textinhalte in ansprechende Videoinhalte umwandeln, indem sie Archivbilder oder Videoclips nutzen, Text darüberlegen und Musik hinzufügen. Darüber hinaus ermöglichen KI-Animationstools wie Synthesia die Erstellung benutzerdefinierter Avatare, die Botschaften auf persönliche und ansprechende Weise übermitteln können, durch ein virtuelles Gesicht für eine Marke. Einige dieser Tools sind nicht kostenlos, aber auch nicht teuer. Die Basisversion für Lumen5 kostet beispielsweise derzeit 19 US-Dollar pro Monat.

- **Kreatives Copywriting:** Im Bereich Copywriting können KI-Tools wie Jasper, Writer oder Copy.ai eine Reihe von Stilen und Tonalitäten erstellen, die auf verschiedene Plattformen, Marken und Zielgruppen zugeschnitten sind und so das Engagement von Anzeigen, Social-Media-Posts oder Produktbeschreibungen erhöhen. Darüber hinaus können KI-Tools wie der Headline Analyzer von CoSchedule Ihnen dabei helfen, aufmerksamkeitsstarke Überschriften zu verfassen. Dazu werden im Hintergrund Algorithmen verwendet, die die Wirkung verschiedener Worte analysieren und vorhersagen.

- **Audioproduktion:** Mit Tools wie AIVA oder Amper Music lassen sich usergenerierte Musiktitel erzeugen, wobei man eine Stimmung oder einen Stil auswählt, aus dem die KI ein originäres Musikstück generiert. Darüber hinaus bieten KI-Tools zur Sprachsynthese wie Descript realistische Voiceovers für Videos oder Podcasts, wodurch der Produktionsprozess optimiert und mehr Flexibilität bei der Inhaltserstellung geboten wird.

Fallstudie: Der KI-generierte Soundtrack von BMW

BMW, eine weltweit führende Automobilmarke, die für ihr Engagement für technologische Innovationen bekannt ist, suchte nach einem unverwechselbaren Ansatz, der bei einer jüngeren, technisch versierten Zielgruppe Anklang finden würde. Die Marke erkannte die Möglichkeit, ihre Verbindung zu Spitzentechnologie zu nutzen, indem sie mit Tomorrowland, dem jährlichen Festival für elektronische Musik, zusammenarbeitete. Damit wollte BMW ein Markenerlebnis schaffen, das ihren innovativen Anspruch unterstreicht.

BMW hat Future Record eingeführt, eine KI-gesteuerte Musikplattform, die in Zusammenarbeit mit Tomorrowland entwickelt wurde. Diese Plattform bot den Usern ein interaktives Erlebnis, bei dem diese ihre eigenen KI-generierten Tracks erstellen konnten. Bei der Interaktion mit Future Record wurden die Teilnehmer aufgefordert, einige Fragen zu ihren Vorlieben zu Künstlernamen, Tempo, Stimmung und Liedtexten zu beantworten. Die Plattform verwendete diese Eingaben dann, um einen maßgeschneiderten Song zu generieren. Mit diesem Prozess wurden in weniger als einer Minute personalisierte Songs produziert, die die User auf sozialen Plattformen teilen konnten.

Die Initiative Future Record brachte über 10.000 einzigartige Titel hervor und erzielte über 20 Millionen Aufrufe in den sozialen Medien. Die Kampagne steigerte die Markenbekanntheit von BMW erheblich und sorgte für ein stärkeres Engagement und eine höhere Loyality beim Publikum von BMW und Tomorrowland.

Future Record verfolgte dabei zwei Ziele: Es sollte das Potenzial von generativer KI bei der Kreation von Musik demonstrieren und BMWs technologischen Ruf stärken. Gezeigt wurde, dass generative KI nicht nur von einem, sondern von Tausenden von Verbrauchern genutzt werden kann, um neue Musik zu kreieren. Darüber hinaus wurde auf die Möglichkeiten hingewiesen, dass generative KI in großem Maßstab individuelle Soundtracks für Verbraucher erstellen kann – womit sich eine stärkere und differenziertere Verbindung zu ihnen aufbauen lässt.

KI-Tools zum Erstellen visueller Assets

Der Einsatz von KI zur Entwicklung oder Verbesserung kreativer Assets wird immer beliebter, insbesondere im Marketing. Jedes Tool hat seine eigenen Stärken und die beste Wahl hängt von Ihren spezifischen Anforderungen ab. Ihre Priorität kann beispielsweise auf dem Stil der Bilder liegen, die Sie erstellen möchten. Oder darauf, ob Sie das Tool in Ihren vorhandenen Workflow integrieren können. Berücksichtigen Sie immer die Kompatibilität des Tools mit Ihren Marketingzielen und Ihrer Markenidentität.

Bleiben Sie über die neuesten Entwicklungen bei KI-Tools auf dem Laufenden, indem Sie Branchennewsletter lesen, relevante Tech-Blogs verfolgen und an professionellen Foren teilnehmen. Denn die Technologie entwickelt sich rasant weiter. Informieren Sie sich insbesondere über KI-Tools zur Bildbearbeitung, um neue Funktionen und Möglichkeiten zu nutzen. Apple hat beispielsweise gerade ein KI-Bildbearbeitungstool auf den Markt gebracht, mit dem Sie Änderungen mithilfe *natürlicher Sprachabfragen* (Anweisungen in Umgangssprache) vornehmen können.

Tabelle 14.1 zeigt einige der derzeit besten Tools für KI-generierte Bilder.

Werkzeug	Website	Beschreibung	Vorteile
Filter von Adobe Photoshop	`www.adobe.com/products/photoshop/neural-filter.html`	ein Add-on zur Adobe Creative Suite, mit dem Sie Bilder bearbeiten und transformieren können	einfache Integration für Nutzer der Adobe Creative Suite
Artbreeder	`www.artbreeder.com`	Mischen und verändern Sie Bilder, um neue visuelle Darstellungen zu erstellen. Erkunden Sie Variationen in Designelementen und erstellen Sie einzigartige Bilder.	Variationen von Designelementen erkunden
Magic Write	`www.canva.com/magic-write`	Erstellen Sie Designlayouts und -elemente auf der Grundlage von Textbeschreibungen.	vereinfacht den Designprozess
DALL-E 3 von OpenAI	`www.openai.com/dall-e-3`	Erstellen Sie hochkreative und detaillierte Bilder aus Textbeschreibungen.	erzeugt qualitativ hochwertige Bilder und Anpassungen
Deep Dream Generator	`www.deepdream-generator.com`	Erstellen Sie surreale und abstrakte Bildtransformationen und traumhaft anmutende Bilder.	ermöglicht künstlerische Bildverbesserungen
Lumen5	`www.lumen5.com`	Videoerstellungstool, das KI nutzt, um Textinhalte in ansprechendes Videomaterial umzuwandeln	Benutzerfreundlichkeit, einfache Usability, Zeitersparnis
Midjourney	`www.midjourney.com`	generiert Bilder aus Beschreibungen in natürlicher Sprache	am einfachsten erreichbar über Discord, die Online-Community-Plattform
NightCafe	`http://creator.nightcafe.studio`	bietet verschiedene Techniken zur KI-Kunstgenerierung, darunter neuronale Stilübertragung (weitere Informationen zu dieser Technik finden Sie in Kapitel 8) und Text-zu-Bild-Generierung	benutzerfreundlich und vielseitig

Werkzeug	Website	Beschreibung	Vorteile
Runway	www.runwayml.com	eine benutzerfreundliche Plattform zum Erstellen KI-generierter Bilder und Videos	ermöglicht das Experimentieren mit verschiedenen KI-Modellen ohne tiefe technische Kenntnisse
Stability.ai	www.stability.ai/stable-image	KI-gestütztes open source Large Language Model (LLM), das auf der Grundlage von Textbeschreibungen digitale Bilder generiert	gut für die Erzeugung hochwertiger Bilder mit vielen Details
VanceAI	www.vanceai.com	KI-gestützte Bildbearbeitungstools, einschließlich Bildskalierung, Rauschunterdrückung und Wiederherstellung	nützlich zur Verbesserung der Qualität vorhandener Bilder oder Grafiken

Tabelle 14.1: KI-generierte visuelle Asset-Tools

IN DIESEM KAPITEL

Informationen zu Search Generative Experiences (SGEs)

SEO-Strategien, die mit KI funktionieren

Volle Konzentration auf die User Experience

Einbindung von KI-Tools in die SEO-Aktivitäten

Überprüfung der verfügbaren KI-Tools zur Verbesserung der SEO

Kapitel 15
Suchmaschinenoptimierung (SEO) im KI-Zeitalter

In den vergangenen zwei Jahrzehnten haben Fortschritte der Suchalgorithmen dazu geführt, dass für viele Milliarden Menschen die Suche im Mittelpunkt der Internetnutzung steht. Traditionelle Suchmaschinen, von denen Google der Gigant ist, liefern als Antwort auf die Stichworte der User eine Liste mit Links. Die Suchmaschinen kommen zu ihren Ergebnissen, weil sie die im Internet verfügbaren Inhalte indizieren. Sie organisieren die von ihnen angezeigten Linklisten in einer Reihenfolge, die die Relevanz der Inhalte auf die Eingaben des Benutzers widerspiegeln soll.

Um die Suchmaschinen für ihre Kundengewinnung zu nutzen, bilden Unternehmen Teams, die Onlineinhalte schreiben und optimieren, Suchmaschinen sollen diesen Content direkt mit den Useranfragen verbinden. Das Ziel besteht darin, den Nutzern über die Onlinesuche Links anzuzeigen, die ihren Anfragen entsprechen. Sie sollen auf diese Links klicken, die Website des Unternehmens besuchen und dort Produkte kaufen. Unternehmen möchten also Inhaltsseiten erstellen, die bei häufig eingegebenen Suchbegriffen in der Reihenfolge der Suchergebnisse weit oben stehen. Und wenn ein Unternehmen dieses Ziel erreicht, kann es für seine Produkte oder Dienstleistungen eine hohe Reichweite gewinnen.

Das Erstellen von Onlineinhalten, die für Suchmaschinen leicht lesbar sind und die beispielsweise bei Google ein hohes Ranking erzielen, ist kostengünstiger als das Schalten von bezahlter Onlinewerbung. Das Gestalten von Website-Inhalten, um diese suchmaschinenfreundlich zu gestalten, wird als *Suchmaschinenoptimierung* (SEO) bezeichnet und ist ein wichtiger Teil des digitalen Marketings. Der traditionelle SEO-Ansatz könnte sich jedoch durch die zunehmende Nutzung künstlicher Intelligenz (KI) zur Erstellung und Optimierung der Inhalte und die Umstellung auf KI-Dienste wie ChatGPT und Perplexity ändern. Diese KI-Dienste umgehen die Suchmaschinen und liefern den Usern direkt in ihren Ergebnisfenstern Antworten auf ihre Fragen. Laut Gartner (einem Management-Beratungsunternehmen) wird der Online-Traffic, der direkt von Suchmaschinenergebnissen zu Websites leitet, bis 2026 um 25 Prozent zurückgehen und durch den Einsatz von Tools wie ChatGPT, Claude und Perplexity ersetzt werden.

In diesem Kapitel gehe ich zunächst darauf ein, warum und wie User ihre Suchmaschinennutzung ändern, was dies für das Marketing bedeutet und wie Unternehmen ihre Strategien entsprechend anpassen können. Zudem erkläre ich Ihnen, wie Sie KI nutzen können, um Ihre aktuellen SEO-Maßnahmen zu verbessern – denn die Abkehr von der Dominanz der Suchmaschinen ist keine Veränderung, die über Nacht erfolgt, sondern eine allmähliche Entwicklung.

Search Generative Experiences (SGEs)

Die tiefgreifenden Auswirkungen generativer künstlicher Intelligenz (KI) auf die Suche im Internet lassen sich an der steigenden Akzeptanz von Conversational User Interfaces ablesen. User können jetzt in natürlicher Sprache und damit recht menschlich mit Suchmaschinen interagieren, indem sie komplexe Fragen stellen oder ihre Anfragen in ganzen Sätzen ausdrücken, anstatt sich auf bestimmte Schlüsselwörter zu verlassen.

Im Gegenzug können KI-Suchmaschinen Informationen aus mehreren Quellen zusammenfassen, um eine umfassende Antwort auf die Frage in Alltagssprache zu liefern, anstatt einfach Websites aufzulisten, die relevante Keywords enthalten. Diese Fähigkeit, natürlichsprachliche Anfragen in Echtzeit zu verstehen und zu verarbeiten, verwandelt Suchmaschinen allmählich von unpersönlichen Website-Verzeichnissen in kompetente Assistenten. Dieser Wandel, der gemeinhin als *Search Generative Experiences* (SGEs) bezeichnet wird, hat tiefgreifende Auswirkungen – nicht nur darauf, wie Menschen das Internet nutzen, sondern auch darauf, wie sie Inhalte dafür erstellen.

Die Fortschritte bei Suchalgorithmen auf Basis generativer künstlicher Intelligenz werden künftig dazu beitragen, das Internet mit all seinen Facetten für alle zugänglicher und verständlicher zu machen.

Verbesserte Interpretation von Abfragen

Durch die Einführung der generativen KI sind Suchalgorithmen nun in der Lage, die Absicht hinter Suchanfragen in bisher ungeahnter Tiefe zu verstehen und zu interpretieren. Diese Entwicklung vom einfachen Erkennen von Keywords hin zu einem Verständnis des Kontextes und der Semantik ist ein bedeutender Fortschritt. Während sich SGE-Technologien weiterentwickeln, ist mit einer Verschiebung von der Informationsbeschaffung zur Wissensgenerierung zu rechnen. Denn Suchmaschinen werden Informationen synthetisieren und spezifische, auf die Bedürfnisse der User zugeschnittene Empfehlungen bereitstellen, indem sie den Rest des Internets als Rohmaterial für ihre Antworten verwenden.

Generative KI-Modelle wie Claude (`https://claude.ai/`) und OpenAIs GPT-4 (`www.openai.com/gpt-4`) werden mit riesigen Datenmengen trainiert. Der Umfang des Trainings ermöglicht es den Modellen, direkt Antworten zu generieren und Zusammenfassungen oder sogar neu geschriebene Inhalte basierend auf der Abfrage des Users zu liefern. Um nicht ins Hintertreffen zu geraten, zeigen sowohl Google als auch Bing seit Ende 2023 SGE-Ergebnisse ebenfalls oben auf ihren Suchmaschinen-Ergebnisseiten an.

Personalisierte Suchergebnisse

Der Einsatz von SGE eröffnet viele Möglichkeiten für personalisierte Sucherlebnisse. Durch die Analyse früherer Interaktionen, Präferenzen und des Kontextes kann die KI die Suchergebnisse effektiver an individuelle Bedürfnisse anpassen. Diese Personalisierung geht über das Filtern und Ranking von Ergebnissen auf der Grundlage angenommener Relevanz hinaus; sie umfasst die Generierung von Inhalten oder Antworten, die speziell auf die Abfrage und den Kontext des Benutzers zugeschnitten sind. Beispielsweise können bei einer Suche nach Kochrezepten die Ernährungseinschränkungen, bevorzugten Gerichte oder sogar die Zutaten, die der User im Kühlschrank hat, berücksichtigt werden. Dadurch wird ein Maß an Anpassung möglich, das es bisher nicht gab.

Der Übergang zu maßgeschneiderten Suchergebnissen stellt einen grundlegenden Wandel dar, wie Menschen auf Onlineinformationen zugreifen und mit ihnen interagieren. Er verwandelt das Internet in einen dynamischeren, intelligenteren und personalisierteren Raum.

Perplexity gibt Ausblick in die Zukunft

Perplexity AI (`www.perplexity.ai`) ist ein gutes Beispiel für eine Suchmaschine, die auf künstlicher Intelligenz (KI) basiert und zeigt, wie natürliche Sprachschnittstellen das Such- und Browsing-Paradigma des Internets verändern. Die Suchfunktion, die Perplexity AI bietet, beantwortet die Fragen der Nutzer direkt, indem sie Informationen zusammenführt, die sie beim Crawlen des Webs gesammelt hat. Perplexity AI verwendet diese Informationen, um klare und relevante Antworten auf die Fragen zu geben (und nicht nur eine Liste von Links). Dadurch wird die Suche nach Informationen schneller und einfacher. Ein früher langwieriger Prozess wird zu einer schnellen und unkomplizierten Aufgabe.

Dank seines fortgeschrittenen Sprachverständnisses kann Perplexity AI den Kontext Ihrer Frage verstehen, und nicht nur die spezifischen Wörter, die Sie verwenden. So kann es Antworten liefern, die viel relevanter für das sind, wonach Sie tatsächlich suchen. Dadurch wird der Prozess vereinfacht, um komplexe Informationen zu finden. Sie müssen nicht mehr in unzusammenhängenden Links herumstöbern. Daher gibt es bei der Suche mit Perplexity AI auch viel weniger Mehrdeutigkeiten.

KI-gesteuerte Lösungen wie Perplexity AI sind Search Generative Experiences (SGEs), da sie buchstäblich Antworten auf Ihre Fragen generieren und dabei das Internet als

Rohzutaten für diese Übung verwenden. Sie können den größten Nutzen daraus ziehen, wenn Sie eine bestimmte Abfrage im Kopf haben und nach einer Antwort suchen, anstatt nach verschiedenen Alternativen zu suchen. Obwohl ich nicht vorhersagen kann, wie Lösungen wie Perplexity AI die Art und Weise verändern werden, wie Menschen im Internet suchen, oder wie sie das Crawlen im Web und die Suchmaschinenoptimierung (SEO) beeinflussen werden, sollten Sie diesen neuen Innovationen unbedingt Beachtung schenken.

SEO-Erfolg im KI-Zeitalter

Für viele Experten bedeutet die Integration künstlicher Intelligenz (KI) in den SEO-Bereich eine Rückbesinnung darauf, was erfolgreiche Inhalte ausmacht, die für Menschen von Bedeutung sind und von Suchalgorithmen belohnt werden. Die Rückkehr zu diesen Grundlagen erfordert, dass Sie sich auf die folgenden Strategien und Taktiken konzentrieren. Diese hat das Team von SEO.ai (`www.seo.ai`), ein Unternehmen, das ein hochwertiges KI-SEO-Schreibtool anbietet, skizziert.

- ✔ **Zielgruppenfokus:** Erforschen Sie Ihre Zielgruppe und gehen Sie gezielt auf ihre Interessen und Bedürfnisse ein. Passen Sie Inhalte an deren Suchanfragen und Personas an. Berücksichtigen Sie ihre Suchanfragen und Onlinenutzung. Damit nutzen Sie die Fähigkeit der KI, Big Data zu analysieren, und verbessern so die Relevanz und das Engagement der Zielgruppe.
- ✔ **Originalität:** Priorisieren Sie die Erstellung originärer, forschungsbasierter Inhalte. Heben Sie sich mit Studien, Umfragen und Fallstudien ab, die neue Daten bieten. Das Ziel besteht darin, sicherzustellen, dass KI-generierte Inhalte Ihren Content nutzen. Ihre Inhalte sollen für User und Suchmaschinen gleichermaßen wertvoll sein. Dieses Konzept mag nicht neu erscheinen, ist jedoch angesichts des Aufkommens von KI-generierten Inhalten von größerer Bedeutung. Denn es wird zunehmend schwieriger, zwischen menschlichem und KI-generiertem Material zu unterscheiden.
- ✔ **Strukturierte Daten:** Implementieren Sie *strukturierte Daten* (Daten in einem standardisierten Format, auf das sowohl Software als auch Menschen leicht zugreifen können), damit Suchmaschinen Ihre Inhalte leicht verstehen und indizieren können. Diese Taktik verbessert die Sichtbarkeit Ihrer Inhalte für Suchmaschinen und passt Inhalte an sich entwickelnde Suchtechnologien (wie die Sprachsuche) an, um die User Experience zu verbessern. Es ist nur eine Frage der Zeit, bis Marketers lernen, wie große Sprachmodelle (LLMs wie ChatGPT) Websites lesen. Wenn sie das tun, müssen sie ihre Inhalte anpassen, um für diese LLMs besser zugänglich zu sein. Klar ist, dass Unternehmen mit strukturierteren Daten den Kampf um die Wahrnehmung durch Suchtechnologien gewinnen werden.
- ✔ **Menschliche Note:** Betonen Sie das menschliche Element hinter Ihren Inhalten. Die Darstellung echter Menschen, Emotionen und persönlicher Erfahrungen schafft Vertrauen und eine Verbindung zu Ihrem Publikum, was mit künstlicher Intelligenz nicht

möglich ist. Der menschenorientierte Inhalt – ob SEO oder kundenfokussiert – kann Ihre Botschaft auch in Zukunft erfolgreich vermitteln.

- ✔ **Echtzeit-Updates:** Konzentrieren Sie sich auf Aktualität und die Integration von Echtzeitdaten, damit Ihre Inhalte relevant und aktuell bleiben. Mit diesem Ansatz sind Ihre Inhalte synthetischen Daten (KI-generiertes Material) voraus, denen möglicherweise die neuesten Informationen fehlen.

Weil die Nutzung generativer KI im Marketing zunimmt, wird es in Zukunft viele von KI erstellte Inhalte geben, die mit Ihrem Content konkurrieren. Halten Sie Ihre Botschaften daher aktuell, damit sie hervorstechen und relevant bleiben.

- ✔ **Domain Authority:** Stärken Sie Domain Authority und sichern Sie sich *hochwertige Backlinks* (andere Websites, die auf Ihre Website verweisen). Mit zunehmender Inhaltsflut werden diese Faktoren entscheidend, um Suchmaschinen und KI-Tools davon zu überzeugen, Ihren Inhalt gegenüber anderen zu priorisieren und ihm zu vertrauen. ***Hinweis:*** Im Jahr 2023 reichte die New York Times Klage gegen OpenAI ein, weil diese ihre Inhalte ohne Erlaubnis gecrawlt und zum Training ihrer Modelle genutzt hatte. Der Medienverlag weiß sehr genau, wie wertvoll seine Onlineinhalte sind.
- ✔ **Offenheit und Transparenz:** Diese Strategie sollte jedem Vermarkter klar sein, aber sie muss trotzdem betont werden. Um Ihr Publikum im Zeitalter der künstlichen Intelligenz zu überzeugen, reicht es nicht aus, ansprechende Inhalte zu haben. Sie müssen das Vertrauen Ihrer Kunden gewinnen, indem Sie Ihre Richtlinien bezüglich der Verwendung von Daten in Ihrem Marketing offenlegen. Machen Sie nicht die Fehler von CNET (siehe den Kasten »Eine CNET-Saga: Wenn sich KI einschleicht« in diesem Kapitel).

Eine CNET-Saga: Wenn sich KI einschleicht

CNET (`www.cnet.com`), eine angesehene Technologienachrichten-Website, geriet im Frühjahr 2023 ins öffentliche Rampenlicht. Es wurde bekannt, dass sie KI zum Verfassen zahlreicher Artikel verwendet hatten, insbesondere für die tägliche Rubrik zu Hypotheken- und Refinanzierungszinsen auf ihrer Website. Obwohl diese Artikel Justin Jaffe, dem leitenden Redakteur von CNET Money, zugeschrieben wurden, erschienen sie nicht auf seiner Autorenseite. Stattdessen befanden sie sich auf einer separaten Seite, die ausschließlich Hypothekenzinsen gewidmet war. Das warf Fragen zu Transparenz und Urheberschaft auf.

Die Kontroverse verschärfte sich, als berichtet wurde, dass CNET seit November 2022 heimlich über 70 Artikel unter dem Namen CNET Money Staff veröffentlicht hatte. Dabei wies nur ein versteckter redaktioneller Hinweis auf den Einsatz von KI hin. Diese Intransparenz setzte sich auch innerhalb von CNET fort. Selbst Mitarbeiter waren sich nicht sicher, wie der Herausgeber KI einsetzte oder welche Arbeitsabläufe damit verbunden waren, was die Angelegenheit noch komplizierter machte. Diese SEO-freundlichen Inhalte rangierten allerdings hoch in den Google-Suchergebnissen und wurden über

Affiliate-Links monetarisiert. Dieser für CNET lukrative Ansatz bestand darin, Inhalte zu Suchanfragen mit hoher Kaufabsicht, wie zum Beispiel Kreditkartenanträgen, zu erstellen. Wenn ein Nutzer auf die Links im Artikel klickte und auf die Website des Kreditunternehmens ging, wurden Affiliate-Einnahmen erzielt. Da diese Artikel jedoch ohne entsprechende Hinweise oder interne Kontrollen von KI erstellt wurden, gab dies Anlass zu ernsthaften Bedenken hinsichtlich der Qualität der Inhalte.

Die ethischen Bedenken waren vielfältig. Sie drehten sich vor allem um CNETs anfängliches Versäumnis, den Einsatz von KI bei der Erstellung von Inhalten offenzulegen. Dieser Mangel an Transparenz warf erhebliche Fragen hinsichtlich der Glaubwürdigkeit und der ethischen Verantwortung der Medien auf, ob und wie sie ihre Leser über die Herkunft der von ihnen konsumierten Inhalte informieren sollten. Darüber hinaus deckten nachfolgende Untersuchungen Fälle von sachlichen Ungenauigkeiten in den von KI generierten Artikeln von CNET auf. Das wiederum verdeutlichte die Risiken und Einschränkungen der Nutzung von KI bei der Inhaltserstellung. Diese Erkenntnisse führten zu einer breiteren Diskussion über die Zulässigkeit und den ethischen Einsatz von KI im Journalismus und betonten die Notwendigkeit strenger Qualitätskontrollmaßnahmen und der Entwicklung robuster Richtlinien zur Regelung von KI bei der Inhaltserstellung.

Der Vorfall löste einen Trend zu mehr Transparenz aus. CNET und andere Medien begannen, KI-generierte Inhalte deutlich zu kennzeichnen. Diese Fallstudie veranschaulicht nicht nur die potenziellen Fallstricke der Integration von KI in Unternehmen ohne ausreichende Offenlegung und Qualitätssicherungsmechanismen. Sie zeigt auch, wie wichtig der Dialog darüber ist, wie KI am besten genutzt werden kann, um das Vertrauen der Leser zu stärken und zu steigern.

User Experience mit KI verbessern

Um Ihre Website oder mobile Site für Suchmaschinen mit künstlicher Intelligenz (KI) zu optimieren, müssen Sie sich auf die Verbesserung der *Nutzererfahrung* (User Experience, UX) durch strategische Design- und Inhaltsansätze konzentrieren. Durch die Umsetzung der in diesem Abschnitt beschriebenen Tipps können Sie die User Experience Ihrer Website oder mobilen Weboberfläche erheblich verbessern. Die Verbesserungen wirken sich in den Augen KI-gesteuerter Suchmaschinen positiv aus. Das Ziel besteht darin, Ihre Platzierung in der *Suchmaschinenoptimierung* (Search Engine Optimization, SEO) zu verbessern und gleichzeitig Kundenbindung und Verkaufsumsätze zu steigern.

Hier fünf detaillierte Tipps zum Erreichen dieses Ziels:

- ✔ **Priorisieren Sie Mobile-First-Design.** KI-Suchmaschinen erkennen den Trend zum mobilen Surfen und bevorzugen Websites, die für mobile Geräte optimiert sind. Die Erstellung eines responsiven Designs umfasst

- die Anpassung von Inhalt und Layout auf die Bildschirmgröße des Benutzers,
- die Verwendung großer, berührungsfreundlicher Schaltflächen und lesbarer Schriftarten,
- die Sicherstellung schneller Ladezeiten von Inhalten durch Bildoptimierung und Einsatz moderner Codierungsmethoden.

Sie können beispielsweise für die Darstellung von Nachrichtenartikeln Frameworks für mobile Inhalte wie AMP (Accelerated Mobile Pages) verwenden. Dieses Framework ist darauf ausgelegt, die Ladegeschwindigkeit auf Mobilgeräten zu verbessern.

✔ **Verbessern Sie die Site-Struktur für eine einfache Navigation.** Eine gut organisierte Site-Struktur verbessert nicht nur die Usability, sondern hilft auch KI-Suchmaschinen, Ihre Inhalte besser zu verstehen und zu indizieren. Die Verwendung von *Schema Markup* zur Darstellung der strukturierten Datenimplementierung (eine im vorhergehenden Abschnitt vorgestellte Strategie) auf Ihrer Site kann der KI helfen, den Kontext und den Inhalt Ihrer Seiten zu verstehen. Das erhöht die Chancen, dass Ihre Site in den *Rich Snippets* (den Kurzbeschreibungen, die die Suchmaschinen oben auf den Suchergebnisseiten veröffentlichen) angezeigt wird.

Erstellen Sie eine logische Hierarchie in der Architektur Ihrer Website, einschließlich einer klaren Menüstruktur und *Brotkrumen-Navigation* (eine Struktur, die die Navigation erleichtert. Sie zeigt den Usern genau an, wo sie sich befinden und wohin sie als Nächstes innerhalb der Website gelangen können.)

Machen Sie jede Seite Ihrer Website oder mobilen Schnittstelle mit wenigen Klicks (wenn möglich nicht mehr als vier) von der Homepage aus zugänglich.

✔ **Optimieren Sie Ihre Inhalte für die Sprachsuche.** Angesichts des Aufkommens von KI-Assistenten wie Siri und Google Assistant ist die Optimierung von Inhalten für die Sprachsuche von entscheidender Bedeutung. Integrieren Sie die Verarbeitung natürlicher Sprache (NLP), indem Sie *Long-Tail-Keywords* (Begriffe aus drei bis fünf Wörtern) und Fragen, die Menschen wahrscheinlich als Suchaufforderung in Umgangssprache stellen würden, einbeziehen. Und konzentrieren Sie sich auf lokalisierte SEO, indem Sie sicherstellen, dass Ihr Unternehmen in Google My Business und anderen Verzeichnissen aufgeführt ist. Denn viele Sprachsuchen sind standortbasiert. Nehmen Sie beispielsweise gängige Sprachabfragephrasen wie »*in meiner Nähe*« oder »*Wie geht das?*« in Ihren Inhalt auf.

✔ **Verbessern Sie die Relevanz und Qualität von Inhalten.** KI-Suchmaschinen priorisieren Inhalte, die relevant sind und dem User einen erheblichen Mehrwert bieten. Befolgen Sie diese einfachen Schritte, um die User Experience zu verbessern und Besucher länger auf Ihrer Website oder mobilen Benutzeroberfläche zu halten:

- Verwenden Sie KI-Tools, um die leistungsstärksten Inhalte in Ihrer Marktnische zu analysieren. Identifizieren Sie wichtige Themen und Fragen, die Ihr Publikum interessieren.

- Erstellen Sie umfassende, gut recherchierte Inhalte, die diese Themen und Fragen behandeln.
- Verwenden Sie Überschriften, Unterüberschriften und Aufzählungszeichen zur besseren Lesbarkeit.
- Fügen Sie ansprechende Multimedia-Inhalte wie Videos und Infografiken hinzu.

✔ **Nutzen Sie KI für personalisierte Nutzererlebnisse.** Personalisierung ist der Schlüssel zur Verbesserung der User Experience und der SEO-Rankings mit KI-Suchmaschinen. Verwenden Sie KI, um Userverhalten und -präferenzen zu analysieren und personalisierte Inhaltsempfehlungen, Produktvorschläge und gezielte Werbeaktionen bereitzustellen. (Weitere Informationen zur Personalisierung von Inhalten und zum Umgang mit Kunden finden Sie in Kapitel 20.) Implementieren Sie Chatbots, um sofortige Hilfe zu bieten und User durch Ihre Website zu führen.

Netflix verwendet beispielsweise KI-Algorithmen, um Filme und Fernsehsendungen basierend auf den Sehgewohnheiten einzelner User zu empfehlen. Diese Strategie verbessert die User Experience erheblich und fördert eine längere Verweildauer.

Ihre SEO-Bemühungen maximieren

Sie können Tools und Techniken der künstlichen Intelligenz (KI) in mehrere Aspekte der Suchmaschinenoptimierung (SEO) Ihres Unternehmens integrieren. Ein ganzheitlicher Ansatz für diesen Teil Ihrer Marketingmaßnahmen – unterstützt durch KI – macht SEO von einer bloßen Optimierung zu einer strategischen, auf Erkenntnissen basierenden Vorgehensweise. Insbesondere können Sie KI nutzen für

✔ **Keyword- und Metadatenrecherche:** Das hilft Ihnen, Inhalte zu erstellen, die die Zielgruppe nicht nur erreichen, sondern auch effektiv ansprechen. Wenn KI bei Ihrer Recherche hilft, können SEO-Strategien besser an die sich ständig ändernden Nutzertrends und die SEO-Wettbewerbsdynamik angepasst werden. Denn immer mehr Unternehmen kämpfen darum, bei den Suchergebnisseiten höher eingestuft zu werden. (Auf diese Form der Recherche gehe ich im folgenden Abschnitt ausführlicher ein.)

✔ **Inhaltsentwicklung und -optimierung:** Optimieren Sie den Erstellungsprozess. Stellen Sie sicher, dass der Inhalt den Absichten und Vorlieben der Benutzer entspricht. Mithilfe von KI können Sie die SEO-Qualität Ihres Inhalts, das Engagement der Nutzer und die Conversion Rate verbessern (siehe den Abschnitt »Die Inhaltsoptimierung automatisieren« weiter hinten in diesem Kapitel).

✔ **Link Building:** Wenn Sie zum Link Building Ihrer Website und Ihrer mobilen Angebote KI-Tools hinzufügen, können Sie nicht nur qualitativ hochwertige Backlinks effizienter identifizieren und sichern (siehe den Abschnitt »SEO-Links erstellen« weiter hinten in diesem Kapitel). Sie können Ihre Maßnahmen auch eng mit der allgemeinen SEO-Strategie und den SEO-Zielen abstimmen.

- **Predictive SEO:** Ermöglicht Marketingfachleuten, bei ihren SEO-Strategien proaktiv statt reaktiv vorzugehen. Dieser Ansatz – der Einsatz prädiktiver KI-Tools – verbessert die Wirkung von Inhalten und SEO-Maßnahmen. Und sie gewährleistet, dass Unternehmen flexibel bleiben und auf die sich ständig ändernden Nutzeranforderungen und Suchmaschinenentwicklungen reagieren können. Weitere Einzelheiten finden Sie im Abschnitt »Prädiktive SEO nutzen« weiter hinten in diesem Kapitel.

Die Keyword- und Metadaten-Recherche optimieren

Heutzutage besteht der Kern von SEO darin, Inhalte zu verfassen, die die richtigen *Keywords* und *Metadaten enthalten.* Es sind gewissermaßen Signale, die von den Suchmaschinen verwendet werden, um das Ranking der Websites als Antwort auf eine Suchanfrage zu bestimmen. Dieselben Elemente sind vermutlich auch entscheidend für die Erstellung von Search Generative Experiences (SGEs) (siehe den Abschnitt »Search Generative Experiences (SGEs)« weiter vorn in diesem Kapitel). Daher müssen Sie unbedingt die Keywords und Metadaten festlegen, die Sie als Grundlage für die Erstellung von Inhalten verwenden. Glücklicherweise kann KI bei der Erstellung Ihrer SGE-fähigen Inhalte helfen.

Die Integration von KI in die Keyword- und Metadatenrecherche stärkt SEO-Praktiken, da sie diese dynamischer, präziser und nutzerorientierter macht. Im Folgenden liste ich konkrete Möglichkeiten auf, wie KI SEO-Experten und Marketers helfen kann. Dazu habe ich noch einige Insights zur Implementierung dieser Strategien und Beispielen für nützliche Tools aufgeführt.

- **Prädiktive Analyse für trendige Keywords:** KI-Algorithmen können Suchdaten und Social-Media-Trends analysieren, um kommende Keywords zu identifizieren, bevor diese bei den Nutzern beliebt werden. Diese frühzeitige Keyword-Optimierung verschafft Marketern einen Wettbewerbsvorteil.

  Tools wie Google Trends (`http://trends.google.com`) und das Keyword Magic Tool von Semrush (`www.semrush.com/features/keyword-magic-tool`) nutzen prädiktive Analysen, um Trends zu erkennen. Ein KI-Tool könnte beispielsweise den Begriff »*nachhaltige Haushaltswaren*« als aufkommenden Trend identifizieren. Mit dieser Information können Marken ihren inhaltlichen Fokus entsprechend verschieben und passenden SEO-Content schreiben, noch bevor der Trend seinen Höhepunkt erreicht.

- **Semantische Suchoptimierung:** Die Fähigkeit der KI, den Kontext und die Absicht hinter Suchbegriffen und -anfragen zu verstehen, zeigt, dass es bei SEO nicht mehr nur um Keywords geht. Das Ziel besteht darin, Inhalte zu erstellen, die genau mit dem Kontext übereinstimmen, nach dem die User suchen.

  Tools wie Clearscope (`www.clearscope.io`) oder MarketMuse (`www.marketmuse.com`) analysieren Inhalte und empfehlen semantisch verwandte Keywords. Dieser Ansatz stellt sicher, dass der Inhalt bei der Suche nach den besten Laufschuhen Begriffe wie »*leichte Laufschuhe*« und »*langlebiges Laufschuhwerk*« enthält und damit dem Userinteresse genau entspricht.

- **Personalisierung der Inhaltsstrategie:** Durch die Analyse des Nutzerverhaltens hilft KI, Keywords und Metadaten auf bestimmte Zielgruppensegmente zuzuschneiden. Die daraus resultierenden SEO-Strategien kommen bei verschiedenen Zielgruppen und ihren Vorlieben gut an.

  Marketingplattformen wie HubSpot (`www.hubspot.com`) oder Salesforce Marketing Cloud (`www.salesforce.com/eu/marketing/`) helfen Ihnen bei der Entwicklung segmentierter Content-Strategien. So könnte eine KI-Analyse beispielsweise ergeben, dass Millennials umweltfreundliche Reisemöglichkeiten bevorzugen. Diese Informationen sind zum Beispiel für ein Reisebüro eine wertvolle Orientierung bei der Ausrichtung ihrer SEO-Inhalte.

- **Automatisierung der Stichwort- und Metadatenverschlagwortung:** Die Automatisierung der Verschlagwortung von Inhalten mit relevanten Stichwörtern und Metadaten spart Zeit und sorgt für Konsistenz beim gesamten Content. KI-gestützte SEO-Tools wie Yoast SEO (`www.yoast.com`) schlagen auf der Grundlage der Inhaltsanalyse passende Stichwörter und Metadaten vor. Bei der Analyse eines Blogbeitrags über vegane Rezepte könnte ein KI-Tool beispielsweise automatisch vorschlagen, *»pflanzliches Kochen«* und *»einfache vegane Mahlzeiten«* als Metadaten-Tags hinzuzufügen.

Die Inhaltsoptimierung automatisieren

Durch die Nutzung von KI zur Automatisierung der Content-Erstellung und -Optimierung können Sie die Inhalte auf die Zielgruppe abstimmen und eine neue Form der Präzision, Personalisierung und Effizienz erreichen. Diese war so mit dem herkömmlichen manuellen Schreiben und Veröffentlichen von Inhalten bisher nicht möglich.

Die folgenden Strategien veranschaulichen, wie der Einsatz von KI die Content-Strategie und -Bereitstellung verändern kann:

- **Inhalte personalisieren:** KI kann Nutzerdaten analysieren und verstehen und daraufhin Inhalte so dynamisch anpassen, dass die Userinteraktion deutlich steigt. Ein bemerkenswertes Beispiel ist Spotifys Einsatz von KI für die Erstellung von personalisierten Wiedergabelisten, ein Angebot, das maßgeblich zur Steigerung der Interaktion und der Abonnementraten beigetragen hat. KI-Tools von Salesforce (`https://www.salesforce.com/artificial-intelligence/`) können Ihnen dabei helfen, Inhalte über verschiedene Kanäle hinweg basierend auf Nutzerinteraktionen und -präferenzen anzupassen.

- **SEO verbessern:** KI-Tools wie Moz (`www.moz.com`) und MarketMuse (`www.marketmuse.com`) optimieren Inhalte für Suchmaschinen, identifizieren Lücken in Inhalten und schlagen sinnvolle Verbesserungen vor. User, die diese Erkenntnisse nutzen, haben von erheblichen Verbesserungen bei den *SERP-Rankings* (Suchmaschinenergebnisseite) und der *organischen Reichweite* (Sichtbarkeit von Inhalten ohne bezahlte Werbeinvestitionen) berichtet.

- **Die Inhaltserstellung optimieren:** Automatisierte Tools zur Inhaltserstellung wie OpenAIs GPT-4 (`http://openai.com/gpt-4`) sind auch Writer (`https://Writer.com`) und Jasper (`https://Jasper.ai`). Damit können Sie Artikelentwürfe,

Social-Media-Beiträge und sogar E-Mail-Kampagnen erstellen. Diese Automatisierung kann zu einem effizienteren Prozess bei der Content-Erstellung führen. Marketer berichten von erheblichen Zeiteinsparungen und einer höheren Leistung ohne Qualitätseinbußen.

- **Erfolg von Inhalten vorhersagen:** Plattformen wie Optimizely (`www.optimizely.com`), Contently (`www.contently.com`) und andere nutzen KI, um Inhalte anhand einer Vielzahl von Leistungsindikatoren zu bewerten, den Erfolg vorherzusagen und Optimierungen vorzuschlagen. Mit solchen Prognosefunktionen können Marketingexperten Ressourcen effektiver zuweisen und Inhalte mit dem höchsten Potenzial für Engagement und Wirkung priorisieren.
- **Optimierung der Sprachsuche:** Voice Search wird immer beliebter. KI-Tools können helfen, Inhalte auf umgangssprachliche Keywords und Abfragen zu verstehen. Durch die Integration der Sprachsuchoptimierung in Inhaltsstrategien kann die wachsende Zahl der *Voice-First-User* (Benutzer, die lieber per Spracheingabe suchen als Suchbegriffe schriftlich einzugeben) erreicht werden, was die Sichtbarkeit über digitale Assistenten und Smartgeräte hinweg verbessert.
- **Engagement durch den Einsatz von KI-Chatbots verbessern:** Die Integration von KI-gestützten Chatbots auf digitalen Plattformen kann einen unmittelbaren Support und personalisierte Inhaltsempfehlungen bieten. Diese Funktion steigert nicht nur das Engagement, sondern liefert auch Einblicke in die Nutzerpräferenzen. Diese können für zukünftige Inhaltsstrategien relevant sein.

SEO-Links erstellen

KI-Technologien haben das *Link Building* (also den Prozess, Hyperlinks von anderen Websites zu Ihrer eigenen zu erhalten, um das Suchmaschinenranking zu verbessern), einen Eckpfeiler der SEO-Strategie, verändert. Sie können KI-Tools verwenden, um Möglichkeiten für das Link Building zu identifizieren, die Kontaktaufnahme zu automatisieren und die Qualität potenzieller Linkquellen zu bewerten. Die folgende Liste bietet Ihnen konkrete Beispiele; Sie können sie nutzen, um KI beim Link Building einzusetzen:

- **Linkmöglichkeiten identifizieren:** KI-Tools können das Internet nach hochwertigen, relevanten Websites durchforsten, die Sie als potenzielle *Backlinks* nutzen können (Links, die Sie auf Ihrer eigenen Seite bereitstellen und die zu unterstützendem Inhalt führen). Durch die Analyse der Inhaltsrelevanz, der Domain Authority und des Web Traffic kann KI die besten Möglichkeiten zum Linkaufbau ermitteln.

  Tools wie Ahrefs (`www.ahrefs.com`) und Majestic (`https://majestic.com`) bieten umfassende Datenbanken und KI-gestützte Insights, um diesen Prozess zu optimieren. Sie können Ahrefs beispielsweise verwenden, um wichtige Blogs in der Nische »Nachhaltiges Leben« zu entdecken und die Blogs mit hoher Interaktion, aber wenigen externen Links als Hauptziele für die Öffentlichkeitsarbeit identifizieren.
- **Kontaktaufnahme zum Linkaufbau automatisieren:** KI-gestützte Tools für das Kundenbeziehungsmanagement (CRM) und E-Mail-Marketing wie BuzzStream (`www.buzzstream.com`) oder Mailshake (`www.mailshake.com`) ermöglichen die

Automatisierung personalisierter Outreach-Kampagnen für potenzielle Linkpartner. Diese Plattformen können Zielgruppen segmentieren, Nachrichten – basierend auf den Interessen des Empfängers oder der aktuellen Inhalte – personalisieren und Folgemaßnahmen planen. Diese Maßnahmen erhöhen die Effizienz und Erfolgsquote von Link-Building-Maßnahmen.

Das Unternehmen ECOgardener (spezialisiert auf umweltfreundliche Gartengeräte und -zubehör) startete zum Beispiel eine automatisierte Kampagne, die sich an Webmaster von Gartenblogs richtete. Sie erzielte eine Rücklaufquote von 20 Prozent sowie mehrere hochwertige Backlinks.

- **Linkqualität bewerten:** Neben der Identifizierung potenzieller Möglichkeiten kann KI auch die Qualität und Wirkung von Backlinks bewerten. Durch die Untersuchung von Faktoren wie Site-Relevanz, Linkkontext und der zurückliegenden Leistung ähnlicher Links können KI-Tools den Wert eines neuen Links vorhersagen.

  Das Backlink-Audit-Tool von Semrush (`www.semrush.com/backlink_audit`) nutzt beispielsweise KI, um die *Toxizität* vorhandener Backlinks zu bewerten (ob diese Links tatsächlich vertrauenswürdig, sachlich und nützlich sind) und neue, hochwertige Linkmöglichkeiten vorzuschlagen. Eine Digitalagentur könnte diese Funktion nutzen, um das Backlink-Profil eines Kunden zu verbessern, indem sie minderwertige Links entfernt und sich auf den Erwerb wertvoller Links konzentriert.

- **Links der Konkurrenz analysieren:** KI-Algorithmen können die Backlink-Profile der Konkurrenz analysieren, Einblicke in ihre Linkaufbau-Strategien bieten und ungenutzte Linkmöglichkeiten aufdecken. Tools wie der Link Explorer von Moz (`www.moz.com/link-explorer`) analysieren Tausende von Links in Sekundenschnelle und liefern detaillierte Berichte darüber, woher die Konkurrenz ihre Links bezieht und wie diese Links zu ihrer SEO-Leistung beitragen. Durch das Studium dieser Muster kann ein SEO-Stratege übersehene Nischen oder Plattformen wie Branchenforen oder Kooperationsmöglichkeiten mit Influencern in verwandten Bereichen entdecken.

- **Link-Performance vorhersagen:** Einige KI-Tools bieten prädiktive Analysen. Diese sagen die potenziellen SEO-Auswirkungen eines neuen Backlinks vorher, bevor Sie diesen Backlink erwerben. SEO-Manager können dann ihre Linkaufbau-Bemühungen entsprechend der prognostizierten Ergebnisse priorisieren und die Ressourcen auf die wirkungsvollsten Links konzentrieren. Diese Technologie hat das Potenzial, den Return on Investment (ROI) von Link-Building-Kampagnen zu optimieren, da sie sich auf Links konzentriert, die das Suchranking am stärksten verbessern.

Prädiktive SEO nutzen

Wenn Sie *Predictive SEO* (die Vorgehensweise, zukünftige Suchtrends vorherzusagen und Inhalte proaktiv zu optimieren) mithilfe von KI-Tools nutzen, können Sie Änderungen vorhersehen, Strategien in Echtzeit anpassen und Trends frühzeitig erkennen. Predictive SEO nutzt Datenanalyse, maschinelles Lernen (ML) und andere KI-Technologien, um zukünftige Trends im Nutzerverhalten, der Suchnachfrage und der Inhaltseffektivität zu identifizieren.

Hier einige konkrete Strategien zur effektiven Umsetzung von Predictive SEO:

- **Suchtrends prognostizieren:** Nutzen Sie KI-Tools, um Suchdaten zu analysieren und künftige Trends vorherzusagen. Dies kann Ihrem Unternehmen einen Wettbewerbsvorteil verschaffen. Sie können Inhalte erstellen oder aktualisieren, die auf neue Anforderungen zugeschnitten sind. Wie ich im Abschnitt »Die Keyword- und Metadatenrecherche optimieren« weiter vorn in diesem Kapitel erwähnt habe, bietet Google Trends, das KI-gestützte Tool von Google, Einblicke in die Entwicklung von Suchtrends. Es hilft Marketingfachleuten, steigende Suchanfragen zu identifizieren und daraus Kapital zu schlagen. Ein digitales Marketingteam könnte beispielsweise Google Trends verwenden, um zu Beginn jedes Jahres einen Anstieg des Interesses an Heimtrainingsgeräten zu erkennen und vor der Hauptsuchperiode zielgerichtete Inhalte zu entwickeln.

- **Content-Strategie mit prädiktiver Analyse optimieren:** KI-Plattformen wie MarketMuse (`www.marketmuse.com`) und BrightEdge (`www.brightedge.com`) verwenden prädiktive Analysen, um Content-Themen und Optimierungsstrategien vorzuschlagen, die voraussichtlich erfolgreich sein werden. Diese Tools analysieren historische Daten und aktuelle Markttrends, um Maßnahmen zur Content-Erstellung und -Optimierung zu empfehlen. Ein Content-Manager kann MarketMuse nutzen, um die Leistung verschiedener Themen auf seinem Blog vorherzusagen. Er kann sich also auf die Topics konzentrieren, die voraussichtlich das meiste Engagement und den meisten Traffic generieren.

- **User Experience durch prädiktive Analysen verbessern:** KI kann Daten zur Nutzerinteraktion analysieren und daraus auf künftiges Verhalten schließen und Vorlieben vorhersagen. Damit können Websites die User Experience an die prognostizierten Bedürfnisse anpassen. Tools wie Crazy Egg (`www.crazyegg.com`) bieten ein *Heatmapping* (eine farbcodierte Darstellung von Daten) und Einblicke in die Besucherzahlen an. Sie prognostizieren, welche Bereiche einer Website wahrscheinlich viel Aufmerksamkeit erregen werden, und schlagen entsprechende Layout- oder Inhaltsanpassungen vor. Eine E-Commerce-Site könnte diese Insights nutzen, um Produktseiten neu zu gestalten und stark nachgefragte Artikel in Bereichen zu platzieren, die voraussichtlich mehr Aufmerksamkeit der Besucher auf sich ziehen werden.

- **Auswirkungen von Algorithmusänderungen auf SEO vorhersehen:** KI-gesteuerte SEO-Tools wie Moz Pro (`www.moz.com/products/pro`) bieten die Möglichkeit, die Auswirkungen von Suchmaschinenalgorithmus-Updates auf das Ranking einer Website zu simulieren und vorherzusagen. Durch die Analyse früherer Updates und der aktuellen Website-Leistung können diese Tools potenzielle Rankingänderungen vorhersagen und präventive Optimierungen vorschlagen. Sie können diese Funktion verwenden, um den Inhalt und die technischen SEO-Elemente Ihrer Website im Vorgriff auf ein Google-Algorithmus-Update zu optimieren und so negative Auswirkungen auf die Suchsichtbarkeit Ihrer Website zu reduzieren.

- **Prädiktive Link-Building-Strategien implementieren:** Sie können KI auch einsetzen, um den Wert und den potenziellen Erfolg von Link-Building-Maßnahmen vorherzusagen. Durch die Verwendung von Tools wie Semrush (`www.semrush.com`) – das die Qualität potenzieller Backlink-Quellen bewertet und die Auswirkungen dieser

Links auf SEO vorhersagt – können Sie Ihre Outreach-Bemühungen besser priorisieren. Sie könnten beispielsweise Backlinks von Domains identifizieren und sich auf die Akquise von Seiten konzentrieren, die in Nischenmärkten an Autorität gewinnen.

KI-Tools, die Sie bei SEO einsetzen können

Jedes in Tabelle 15.1 aufgeführte Tool verfügt über wichtige Funktionen, die auf künstlicher Intelligenz (KI) basieren. Diese Tools können Ihnen dabei helfen, fundierte Entscheidungen zu treffen, Arbeitsabläufe zu optimieren und die Effektivität Ihrer Strategien zur Suchmaschinenoptimierung (SEO) deutlich zu verbessern.

Werkzeug	Website	Beschreibung
Ahrefs	`www.ahrefs.com`	prognostiziert Keyword-Trends und analysiert die Suchlandschaft
Brightedge	`www.brightedge.com`	bietet Leistungsmetriken für Inhalte, Empfehlungen zur Optimierung und Einblicke in Wettbewerbsstrategien
BuzzSumo	`www.buzzsumo.com`	analysiert Inhalte im gesamten Web, um Erkenntnisse darüber zu gewinnen, welche Inhalte für ein bestimmtes Thema oder einen bestimmten Wettbewerber am besten funktionieren, und identifiziert wichtige Einflussnehmer
Clearscope	`www.clearscope.io`	bietet Keyword- und Inhaltsempfehlungen für ein besseres Ranking in Suchmaschinen
Google Trends	`http://trends.google.com`	analysiert die Popularität der häufigsten Suchanfragen in der Google-Suche in verschiedenen Regionen und Sprachen
MarketMuse	`www.marketmuse.com`	bietet Unterstützung bei der Planung, Erstellung und Optimierung von Inhalten und identifiziert inhaltliche Lücken und Möglichkeiten zur Verbesserung der thematischen Autorität
Moz Pro	`www.moz.com/products/pro`	bietet Site-Audits, Keyword-Recherche und Backlink-Analyse sowie die Vorhersage der potenziellen Auswirkungen von SEO-Strategien auf die Leistung Ihrer Site
Semrush	`www.semrush.com`	bietet Keyword-Recherche, SEO-Audits, Konkurrenzanalysen und Einblicke zur Verbesserung von SEO-, Pay-per-Click-(PPC) und Content-Marketingstrategien
SpyFu	`www.spyfu.com`	analysiert die Suchmarketingstrategien Ihrer Konkurrenten und bietet Einblicke in die Keywords, Anzeigenvarianten und SEO-Taktiken der Konkurrenz
Surfer SEO	`www.surferseo.com`	analysiert und vergleicht Ihren Inhalt mit den Seiten mit der besten Leistung in den Suchmaschinenergebnissen und bietet Richtlinien zur Verbesserung der Inhaltsrelevanz und der SEO-Leistung

Tabelle 15.1: KI-Tools, die bei der Suchmaschinenoptimierung helfen

IN DIESEM KAPITEL

Überprüfung des A/B-Testprozesses und Einbindung von KI

Split-, multivariate und Mehrfachtests: eine Übersicht der Testmethoden

KI-Tools, die Ihnen beim Testing helfen

Kapitel 16
A/B-Tests mit KI durchführen

Von allen Internetunternehmen war Google das erste, das *A/B-Tests* populär machte. Dabei handelt es sich um ein Verfahren, bei dem die Leistung zweier Inhalts- oder Softwareversionen miteinander verglichen wird, um festzustellen, welche Version bei der Zielgruppe besser ankommt. Google integrierte diese Tests für seine Suche in einen datengesteuerten Experimentierprozess. Im Jahr 2000 führte Google seinen ersten A/B-Test durch, um die optimale Anzahl der pro Seite anzuzeigenden Suchergebnisse zu ermitteln. Seitdem hat Google Tausende von A/B-Tests zu verschiedenen Aspekten seines Suchalgorithmus und zum Design seiner Suchseiten durchgeführt.

Der Ansatz von Google zum Testen seiner nutzerorientierten Produkte hat Unternehmen auf der ganzen Welt dazu veranlasst, A/B-Tests als grundlegendes Tool zur Ermittlung der Optimierung bei der User Experience (UX) und der wirtschaftlichen Ergebnisse zu nutzen. In diesem Kapitel gehe ich auf die Grundlagen von A/B-Tests ein und erkläre, wie diese für Unternehmen im Zeitalter der künstlichen Intelligenz noch wertvoller werden. Ich biete Definitionen, Anwendungsfälle und einen Blick auf einige beliebte Tools, mit denen Sie die Vorteile von KI in einer A/B-Testsituation durchspielen können. Egal ob Sie Marketingmanager, Experte für User Experience oder Produktentwickler sind: Dieses Kapitel bietet Ihnen wertvolle Einblicke und Tipps, wie Sie das Beste aus A/B-Tests im Zeitalter der künstlichen Intelligenz herausholen können.

Grundlagen des A/B-Testings

A/B-Tests sind im Wesentlichen Methoden, mit denen zwei Versionen eines Inhalts – zum Beispiel eine digitale Anzeige, eine Webseite, eine App-Funktion oder ein anderes Angebot eines Unternehmens – verglichen werden. Damit lässt sich ermitteln, welche Version im Hinblick auf eine vordefinierte Metrik besser abschneidet. Metriken können die Conversion

Rate, die Klickrate oder jede andere messbare Aktion eines Users sein. Beim Testen werden die beiden Versionen (A und B) zwei ähnlich großen, zufällig ausgewählten Zielgruppen gezeigt.

Das grundlegende Ziel von A/B-Tests besteht darin, Variablen zu isolieren und die Auswirkungen einer einzelnen Änderung zu messen. Dabei werden etwaige Leistungsunterschiede zwischen den Versionen auf die Änderung selbst beschränkt. Damit sind externe Faktoren, die die Gruppen beeinflussen könnten, ausgeklammert. Diese Methode basiert auf statistischen Analysen, um zu bestimmen, ob die beobachteten Leistungsunterschiede statistisch signifikant sind. Damit liefert sie Hinweise darauf, welche Version die Testziele effektiver erreicht.

Den A/B-Testprozess überprüfen

A/B-Tests beginnen mit einer Hypothese, die ein mögliches Ergebnis einer bestimmten Änderung vorschlägt. Eine Hypothese zum Ändern der Farbe einer Call-to-Action-Schaltfläche könnte beispielsweise besagen, dass die neue Farbe das Engagement oder die Konvertierungen des Users erhöht. Diese Hypothese bildet die Grundlage des A/B-Tests und gibt vor, was der Test misst und wie die Ergebnisse zu interpretieren sind.

Beim Entwerfen und Durchführen eines A/B-Tests muss die Gruppe, die den Test durchführt, eine strenge Methodik einhalten. Damit ist gewährleistet, dass die Testergebnisse valide sind und umsetzbare Erkenntnisse liefern. Ein Großteil der Methodik basiert auf statistischen Prinzipien und Analysen. Wenn Sie weitere Informationen zu diesen Themen benötigen, finden Sie in *Statistik für Dummies* (ebenfalls im Verlag Wiley-VCH erschienen), einen Überblick über die Grundlagen. Folgende Schritte sind eine sinnvolle Hilfe, um Ihren A/B-Testprozess durchzuführen:

1. **Erstellen Sie einen sorgfältigen Testplan, der die Validität der Textergebnisse untermauert.**

   Das Einrichten des Testplans umfasst

   - Erstellen einer Testhypothese, die eine definierte Änderung des zu testenden Inhalts und ein vorgeschlagenes Ergebnis enthält,
   - Auswahl der richtigen Messgrößen,
   - Bestimmung der erforderlichen Stichprobengröße für die Testgruppen, um eine statistische Signifikanz zu erreichen,
   - Festlegung der Testdauer.

2. **Identifizieren Sie die beiden Testgruppen innerhalb der Zielgruppe.**

   Teilen Sie die Zielgruppe nach dem Zufallsprinzip in zwei Gruppen auf (A und B, mit der Größe, die im Testplan angegeben ist, Schritt 1) und stellen Sie sicher, dass jede Gruppe repräsentativ für die Gesamtbevölkerung ist.

Diese zufällige Zuordnung der Teilnehmer zu den Testgruppen hilft, Verzerrungen oder externe Variablen zu vermeiden, die das Ergebnis beeinflussen könnten. Damit sind Sie in der Lage, die beobachteten Testeffekte direkt auf die am Inhalt vorgenommenen Änderungen zurückführen zu können.

3. **Setzen Sie die Kontrollgruppe (A) der ursprünglichen Inhaltsversion und die Experimentalgruppe (B) der geänderten Version aus.**
4. **Sammeln Sie Daten, die während des gesamten Testzeitraums auf der Grundlage der in Schritt 1 festgelegten Metriken des Testplans beobachtet werden.**

   Die gesammelten Daten sollten zeigen, wie jede Testgruppe mit der ihr gezeigten Inhaltsversion interagiert.

5. **Führen Sie statistische Analysen mit den während des Testzeitraums gesammelten Daten durch, um die Signifikanz der beobachteten Testergebnisse zu bestimmen.**

   Sie können statistische Tools wie den *T-Test* oder den *Z-Test* verwenden, die Aufschluss darüber geben können, ob zwischen den gemessenen Mittelwerten zweier Gruppen ein signifikanter Unterschied besteht. Beim A/B-Testen spiegeln diese Tools die Kennzahlen wider – beispielsweise die Konversionsraten –, die gemäß dem in Schritt 1 erstellten Testplan gemessen werden. Ziel ist es, festzustellen, ob Unterschiede einfach nur zufällig auftreten oder signifikant genug sind, um das Ergebnis von Änderungen am getesteten Inhalt zu sein.

Ein statistisch signifikantes Ergebnis weist mit hoher Wahrscheinlichkeit darauf hin, dass die beobachteten Unterschiede zwischen den Gruppen real sind. Nicht signifikante Ergebnisse deuten darauf hin, dass die Änderung an der getesteten Inhaltsversion keine bedeutenden Auswirkungen auf die Metriken hatte, die Sie zur Bewertung des Nutzerverhaltens bestimmt haben.

Nutzen Sie die statistischen Analysen, die Sie als letzten Schritt Ihrer A/B-Tests durchführen, um zu entscheiden, ob Sie eine neue Inhaltsversion übernehmen, den Content weiter verfeinern oder zugunsten anderer Inhaltsexperimente verwerfen. Ein rigoroser Ansatz für A/B-Tests und -Analysen ermöglicht es Ihrem Unternehmen, datengesteuerte Entscheidungen über Inhalte zu treffen und Angebote so zu optimieren, dass sie den Bedürfnissen und Vorlieben der Zielgruppe am besten entsprechen.

KI-gesteuerte Tests entwerfen und implementieren

Das Entwerfen und Implementieren KI-gesteuerter A/B-Tests (und deren Derivate, siehe den Abschnitt »Überblick zu A/B-Testerweiterungen« weiter hinten in diesem Kapitel) erfordert eine strategische Kombination aus Technologie, Datenanalyse und experimentellem Design, um die Genauigkeit und Relevanz der Tests sicherzustellen.

Initiieren des Testprozesses

Starten Sie den Testprozess, indem Sie eine klare Zieldefinition erstellen. Vielleicht möchten Sie die Conversion Rate für einen bestimmten Bestellvorgang erhöhen, die Nutzereinbindung verbessern, um Kunden länger auf Ihrer Website zu halten, oder eine andere spezifische Kennzahl steigern. Nachdem Sie Ihr Testziel festgelegt haben, besteht Ihr nächster entscheidender Schritt darin, die Schlüsselvariablen zu identifizieren, die Ihr Ziel beeinflussen könnten.

Wenn Sie KI für Ihre Tests nutzen, umfasst das Identifizieren von Variablen nicht nur die Auswahl der zu testenden Elemente (wie Seitenlayout, Anzeigentext und Call-to-Action-Schaltflächen), sondern auch die Datenpunkte (Nutzerverhalten, demografische Informationen, Interaktionsverläufe), die die KI analysiert, um Ergebnisse vorherzusagen und das Erlebnis weiter zu personalisieren.

Modelle für maschinelles Lernen

Der nächste Schritt in Ihrem KI-gesteuerten Testprozess umfasst die Bereitstellung von Modellen für maschinelles Lernen (ML). Verwenden Sie Modelle, die anhand historischer Daten trainiert wurden, damit sie Muster erkennen und vorhersagen können, wie sich Änderungen auf das Benutzerverhalten auswirken könnten.

Stellen Sie sicher, dass die für das Modelltraining verwendeten Daten umfassend und frei von Verzerrungen sind, damit sie nicht zu falschen Ergebnissen führen. In Kapitel 4 finden Sie weitere Informationen zum Überprüfen der Integrität Ihrer Daten.

Richten Sie dann das KI-System so ein, dass es dynamisch verschiedene Varianten des zu testenden Inhalts oder Designs erstellt und bestimmten Segmenten des Website Traffic oder der User bereitstellt. Sie müssen ein Setup mit robusten Analysetools integrieren (weitere Informationen zu nützlichen Tools finden Sie im Abschnitt »Wichtige KI-Tools für A/B-Tests« weiter hinten in diesem Kapitel), die die Leistung jeder Inhalts- oder Designvariante anhand der definierten Ziele messen können.

Die von Ihnen eingesetzten KI-Modelle lernen kontinuierlich aus den eingehenden Daten und können die Testparameter auf der Grundlage der gewonnenen Erkenntnisse in Echtzeit anpassen. Dieser adaptive Ansatz kann die Effizienz des A/B-Testprozesses erheblich steigern. Er erfordert jedoch eine sorgfältige Überwachung, um eine *Überanpassung* zu vermeiden (die auftreten kann, wenn die Modelle neue Daten nicht genau in ihre Vorhersagen einbeziehen; weitere Informationen finden Sie in Kapitel 8) und um die Validität der Testergebnisse sicherzustellen.

Dem Testprozess Integrität verleihen

Ein wichtiger Aspekt des KI-gesteuerten A/B-Tests ist die Aufrechterhaltung der Integrität des Testprozesses. Diese Idee wird im Abschnitt »Den A/B-Testprozess überprüfen« weiter vorn in diesem Kapitel angesprochen.

Hier einige Aspekte, die Sie beim Einrichten und Überwachen Ihrer KI-gesteuerten Tests berücksichtigen sollten:

- **Richtige Randomisierung und statistische Signifikanzschwellen:** Der Prozess zur Verteilung der Variationen unter den Testpersonen erfolgt idealerweise zufällig. Das trägt dazu bei, potenzielle Auswahlverzerrungen zu minimieren und die statistische Gültigkeit des Tests aufrechtzuerhalten. Sie müssen auch die Dauer des Tests und die erforderliche statistische Signifikanzschwelle im Voraus festlegen. Diese Parameter helfen dabei zu bestimmen, wann die Testergebnisse schlüssig genug sind, um fundierte Entscheidungen zu treffen.
- **Einführung unerwarteter Verzerrungen:** Diese Verzerrungen können Testergebnisse verfälschen. Sie können aus den Daten resultieren, die zum Trainieren des KI-Modells verwendet werden. Sie müssen deshalb die KI-Algorithmen und die von ihnen verwendeten Daten regelmäßig prüfen, um diese Verzerrungen zu identifizieren und zu mildern.
- **Menschliche Überwachung der Testergebnisse:** Obwohl KI Tests in Echtzeit verwalten und anpassen kann, ist menschliche Mitwirkung nach wie vor von entscheidender Bedeutung. Menschen können bei der Interpretation der Testergebnisse helfen, den breiteren Kontext der Tests verstehen und ihre Erkenntnisse aus diesen Testergebnissen so anwenden, dass sie mit der allgemeinen Geschäftsstrategie und den Zielen hinsichtlich der Benutzererfahrung übereinstimmen.

Überblick zu A/B-Testerweiterungen

Split-Tests, multivariate Tests und *Multi-Page-Tests* sind Erweiterungen des A/B-Tests, die digitalen Marketers, Webdesignern und User-Experience-Forschern leistungsstarke Tools bieten. Diese Arten von Tests zielen darauf ab, die Website-Leistung zu optimieren. Durch umfassende Analysen mehrerer Variablen werden höhere Konversionsraten erzielt und die Benutzerinteraktion verbessert. Die Methoden führen das A/B-Testing über das Konzept des Testens einer einzelnen Inhaltsänderung hinaus und ermöglichen datengesteuerte Entscheidungen, die für den Erfolg einer Website oder einer digitalen Marketingkampagne maßgeblich sein können.

Generative KI-Technologien gestalten die Zukunft der Website-Optimierung durch ihren Einsatz bei A/B-Tests, Split-Tests, multivariaten Tests und Multi-Page-Tests neu. Denn diese KI-Tools automatisieren und rationalisieren nicht nur die Testprozesse. Sie bieten aufgrund des Umfangs und der Anwendbarkeit der Daten auch tiefere Analyse- und Personalisierungsmöglichkeiten (siehe Kapitel 4 zur Verwendung von Daten durch KI). Ihr Unternehmen kann generative KI nutzen, um eine ansprechendere, effektivere und personalisiertere User Experience zu schaffen, die – wenn sie mit den in den folgenden Abschnitten beschriebenen Methoden getestet werden – die Conversion Rates und die Benutzerzufriedenheit steigern.

Vorteile von Split-Tests nutzen

Beim *Split-Test* werden zwei Versionen einer Webseite verglichen, um zu sehen, welche Version ein bestimmtes Conversion-Ziel besser erreicht. Der Test misst normalerweise Reaktionen der User, zum Beispiel die Anzahl der Klicks, das Ausfüllen eines Formulars oder die Menge und Art der Einkäufe.

Beispielsweise könnten Marketing- und Vertriebsprofis auf einer E-Commerce-Site Split-Tests verwenden, um zu ermitteln, ob ein roter »Jetzt kaufen«-Button mehr oder weniger Verkäufe generiert als ein grüner. In diesem einfachen Experiment sieht die Hälfte der User die Webseite mit dem roten Button (Version A) und die andere Hälfte die Webseite mit dem grünen Button (Version B). Das Split-Testing-Team misst und analysiert dann statistisch die Leistung jeder dieser Schaltflächen, um zu ermitteln, welche Farbe des »Jetzt kaufen«-Buttons zu mehr Conversions führt.

Das Ändern der Farbe einer »Jetzt kaufen«-Schaltfläche ist ein einfaches Beispiel. Der Split-Test-Ansatz eignet sich jedoch besonders gut zum Testen wichtiger Design- oder Inhaltsänderungen mit begrenzten Variablen, sodass Sie die Ergebnisse direkt den vorgenommenen Änderungen zuschreiben können. Split-Tests unterscheiden sich von A/B-Tests, da sie häufig mehrere Variablen umfassen. Sie vergleichen beispielsweise zwei grundlegend unterschiedliche Inhaltsversionen oder Änderungen in der Navigation und haben im Allgemeinen das Ziel, die kumulative Auswirkung einer Reihe von Änderungen zu messen.

Vertriebs- und Marketingteams können KI und generative KI-Technologien bei Split-Tests verwenden, um die Erstellung und Auswertung von Testvarianten zu automatisieren. Der Einsatz von KI als Tool kann den Testprozess erheblich beschleunigen. Denn die KI schlägt Änderungen vor, die Sie auf die getesteten Variablen anwenden können. Gleichzeitig werden die Unterschiede in den Reaktionen der User automatisch gemessen und analysiert. Die Verwendung generativer KI zum Testen von Webseitenänderungen bietet folgende Vorteile:

- ✔ **Automatisierung von Variationen:** KI kann automatisch Variationen von Webseitenelementen – wie Überschriften oder Bilder – basierend auf den leistungsstärksten Inhalten aus ähnlichen Kontexten generieren. Diese Automatisierung reduziert nicht nur den manuellen Aufwand bei der Erstellung von Testvariationen. Sie nutzt auch die Leistungsfähigkeit der KI, um basierend auf historischen Daten und Benutzerverhaltensmustern vorherzusagen, welche Variationen wahrscheinlich am besten funktionieren.
- ✔ **Variablenanalyse:** Neben der Erstellung von Dutzenden von Webseitenvarianten (zum Beispiel unterschiedliche Banneranzeigen) kann KI schnell erkennen, welche spezifischen Designs, Farben und Nachrichten bei der Zielgruppe am besten ankommen. Damit lassen sich Klickraten und Conversions maximieren.

Multivariate Tests maximieren

Multivariate Tests (MVT) gehen noch einen Schritt weiter als A/B-Tests. Sie untersuchen, wie mehrere Variablen miteinander interagieren. Sie ermöglichen die gleichzeitige

Untersuchung von zwei oder mehr Elementen, um zu verstehen, wie sich Kombinationen von Änderungen auf das Userverhalten auswirken. Ein Onlinehändler könnte beispielsweise einen multivariaten Test durchführen, um eine Produktseite zu optimieren, indem er gleichzeitig Variationen in der Überschrift, dem Produktbild und dem Call-to-Action-Button testet.

Hier einige Merkmale von multivariaten Tests:

- **Mehrstufige Ergebnisse:** Der MVT-Ansatz kann nicht nur aufzeigen, welches einzelne geänderte Element die beste Leistung bringt, sondern auch, wie die geänderten Elemente miteinander am besten interagieren, um das optimale Seitenlayout zu erzeugen. Beispielsweise kann eine Produktseite mit einer relativ kleinen Überschrift und einem großen Produktbild mehr Klicks oder Konvertierungen erzeugen als eine Seite (für dasselbe Produkt) mit einer relativ großen Überschrift und einem kleinen Produktbild.

- **Größere Stichprobengröße:** Wenn Sie multivariate Tests verwenden, müssen Sie sichergehen, dass die getestete Onlineschnittstelle einen deutlich größeren Traffic hat als bei A/B- oder Split-Tests. Das heißt, multivariate Tests erfordern eine größere Stichprobe, um für jede Kombination geänderter Elemente eine statistische Signifikanz zu erhalten.

- **Hoher Ressourcenbedarf:** Multivariate Tests sind komplexer zu erstellen und ressourcenintensiver als A/B-Tests. Sie sind nicht so einfach wie Split-Tests (bei denen Sie zwei Varianten einer Seite testen; eine Diskussion zu Split-Tests finden Sie im vorhergehenden Abschnitt), denn sie umfassen mehrere Variablen, die sich gegenseitig dynamisch auf verschiedene Weise beeinflussen können.

Die Fähigkeit der KI, komplexe Datenanalysen durchzuführen, ist besonders hilfreich für multivariate Tests. Denn sie ermöglicht eine effiziente Verarbeitung der enormen Datenmengen, die durch das gleichzeitige Testen mehrerer Variablen generiert werden. Ein KI-gesteuerter multivariater Test könnte beispielsweise zeigen, dass eine bestimmte Kombination aus Seitenlayout, Farbe des Call-to-Action-Buttons und Werbebotschaft die Konversionsraten für ein bestimmtes demografisches Segment des Testpublikums deutlich erhöht.

KI-Algorithmen können Muster und Wechselwirkungen zwischen Variablen erkennen, die für herkömmliche statistische Methoden zu subtil oder zu komplex sind. Mit dieser Fähigkeit können Unternehmen aufschlussreiche Optimierungsstrategien entdecken, die ihnen sonst in der Fülle der während des multivariaten Tests gesammelten Daten entgehen könnten.

Ein Weg für mehrseitige Tests

Multi-Page-Testing (auch *Funnel-Test* genannt) erweitert die Prinzipien des A/B-Testings (siehe den Abschnitt »Grundlagen des A/B-Testings« weiter vorn in diesem Kapitel) und des multivariaten Testings (blättern Sie zurück zum vorherigen Abschnitt) auf mehrere Seiten im Verlauf der Customer Journey. Anstatt nur ein einzelnes Element auf einer Seite (A/B-Testing), mehrere Variablen auf einer Seite (multivariates Testing) oder sogar zwei

Versionen einer Seite (Split-Testing; siehe den Abschnitt »Split-Testing nutzen« weiter vorn in diesem Kapitel) zu testen, werden beim Multi-Page-Testing Änderungen auf mehreren Seiten ausgewertet, die einen Konversionspfad bilden, der auch als *Funnel* bezeichnet wird.

Ein Subscription-Service könnte beispielsweise Variationen seines Anmeldeprozesses testen – von der Landingpage bis zum Bezahlvorgang. Indem analysiert wird, wie sich Änderungen an jedem Punkt des Funnels (und den beteiligten Webseiten) auf die Gesamtkonversionsraten auswirken, können Unternehmen Engpässe identifizieren und beseitigen, das Benutzererlebnis optimieren und ihre Conversion Rates erhöhen. Diese Art von Tests kann Ihnen helfen, die gesamte User Journey zu verstehen, erfordert jedoch eine sorgfältige Planung und Koordination. Denn nur dann führen Änderungen auf allen Seiten zu dem gewünschten Ergebnis.

Sie können KI-Tools für Multi-Page-Testings verwenden, um

- ✔ die User Journey zu verfolgen und sie über mehrere Seiten hinweg in Echtzeit zu analysieren.
- ✔ das Verhalten der User vorherzusagen, während sie sich durch den Funnel hin zur Konvertierung bewegen.

Verschiedene Testmethoden in der Praxis

In der Praxis können A/B-bezogene Testmethoden zu erheblichen Verbesserungen der Website-Leistung und der Nutzerzufriedenheit führen. Betrachten wir den Fall eines SaaS-Unternehmens (Software as a Service), das Split-Tests zur Optimierung seiner Homepage einsetzte. Durch das Testen verschiedener Überschriften und *Hero-Bilder* (die dominierenden Bilder auf der Seite, die die Kernbotschaft oder das Hauptthema vermitteln) fand das Unternehmen eine Kombination, die die Anmeldungen um 25 Prozent erhöhte. Ebenso stellte ein Onlinehändler, der multivariate Tests anwandte, fest, dass eine bestimmte Kombination aus Produktbildgröße und -platzierung sowie ein prominenterer Abschnitt mit Kundenbewertungen die Verkäufe um 15 Prozent steigerten. Und ein Finanzdienstleistungsunternehmen überarbeitete in einem mehrseitigen Test seinen Kreditantragsprozess. Durch eine Vereinfachung der Formulare und dem Hinzufügen von Sicherheitshinweisen an neuralgischen Punkten konnte eine Steigerung der abgeschlossenen Anträge um 20 Prozent verzeichnet werden.

Diese Testmethoden schließen sich nicht gegenseitig aus; Sie können sie auch gemeinsam verwenden, um umfangreiche Einblicke in das Userverhalten und die Nutzerpräferenzen zu erhalten. Durch den Einsatz von Split-Tests, multivariaten Tests und mehrseitigen Tests können Unternehmen ihre digitalen Eigenschaften methodisch verfeinern. Das führt zu einer besseren User Experience, mehr Engagement und höheren Konversionsraten. Der Schlüssel zum Erfolg liegt in der sorgfältigen Gestaltung des Testings, einer strengen statistischen Analyse und der Maxime, nur datengesteuerte Entscheidungen zu treffen, die den Wert für die User steigern.

Wenn Sie bei Ihren Multi-Page-Tests Algorithmen des maschinellen Lernens (ML) einsetzen, können Ihre Websites Inhalte und Seitenelemente dynamisch an die individuellen Userpräferenzen anpassen. Diese Überarbeitung sorgt für eine effektive Personalisierung. Damit wird die Wahrscheinlichkeit erhöht, dass der User zum Kunden wird. Bei einem Abonnementdienst könnte KI jeden Schritt des Anmeldevorgangs in Echtzeit optimieren – basierend darauf, wie einzelne User mit jeder Seite interagieren – und ein hochgradig personalisiertes Erlebnis bieten. Damit wird die Wahrscheinlichkeit erhöht, dass User den Anmeldevorgang abschließen.

Wichtige KI-Tools für A/B-Tests

In der dynamischen Welt der digitalen Optimierung sind KI-gestützte A/B-Testtools leistungsstarke Lösungen zur Verbesserung der Website-Leistung und des User-Engagements. Diese Tools nutzen maschinelles Lernen (ML) und prädiktive Analysen, um die Erstellung, Ausführung und Analyse von Tests zu automatisieren und so personalisiertere und effektivere Experimente zu ermöglichen. Tabelle 16.1 bietet eine Auswahl von zehn KI-gesteuerten Tools, die jeweils auf verschiedene Aspekte des A/B-Tests zugeschnitten sind – von einfachen Split-Tests bis hin zu komplexen multivariaten Experimenten und personalisiertem User-Experience-Design.

Werkzeug	Website	Testarten	Beschreibung
ABTasty	`www.abtasty.com`	A/B-Tests, Split-Tests, multivariate Tests	ermöglicht Experimente, Personalisierung von Inhalten und KI-gesteuerte Empfehlungen
Adobe Target	`https://business.adobe.com/de/products/target/adobe-target.html`	A/B-Tests, multivariate Tests	bietet individuelle Erlebnisse im großen Maßstab
Convert	`www.convert.com`	A/B-Tests	geeignet für komplexere Testszenarien, die eine hohe Datengenauigkeit erfordern
Coveo Relevance	`https://www.coveo.com/en/solutions/ecommerce-search-platform/ab-testing`	A/B-Tests, multivariate Tests	KI-gesteuerte personalisierte Empfehlungen, A/B-Tests, Echtzeit-Datenintegration, anpassbare Merchandising-Regeln, Plug-and-Play-Strategien
Dynamic Yield	`www.dynamicyield.com`	A/B-Tests, multivariate Tests	Passen Sie die Erfahrungen im Web, in mobilen Apps, per E-Mail an.
Instapage	`www.instapage.com`	A/B-Tests	konzentriert sich auf die Post-Click-Optimierung, um die User Experience nach dem ersten Klick auf eine Anzeige zu verbessern

Werkzeug	Website	Testarten	Beschreibung
Kameleoon	`www.kameleoon.com`	A/B-Tests	entwickelt für Unternehmen
Optimizely	`www.optimizely.com`	A/B-Tests, multivariate Tests	Experimentieren Sie auf Websites, mobilen Apps und verbundenen Geräten.
Unbounce	`www.unbounce.com`	A/B-Tests, intelligente Verkehrsführung	leitet Besucher automatisch zu der Variante weiter, bei der sie aufgrund ihres Verhaltens und ihrer Merkmale am wahrscheinlichsten konvertieren
VWO	`www.vwo.com`	A/B-Tests, geteilte URLs, multivariate Tests	A/B-Tests, Personalisierung, Verhaltensanalyse, schrittweise Feature-Rollouts, kollaboratives Programmmanagement

Tabelle 16.1: KI-Tools für A/B-Tests

IN DIESEM KAPITEL

KI zur Lokalisierung und Übersetzung Ihrer Marketingmaßnahmen nutzen

Strategien zur Einbindung von KI

Mit den richtigen KI-Tools in Echtzeit arbeiten

Kapitel 17
Feintuning der Inhalte durch Lokalisierung und Übersetzung

Wenn Sie digitale Erlebnisse für Verbraucher gestalten, sollten Lokalisierung und Übersetzung oberste Priorität haben. Denn nur dann können Sie ein globales Publikum effektiv ansprechen. Tatsächlich können Unternehmen, die in mehreren Märkten präsent sind, ohne eine Lokalisierung ihrer Inhalte und ohne eine Übersetzung in andere Sprachen nicht effektiv arbeiten. In der Vergangenheit haben sich Unternehmen hier auf die Inhalte der Website konzentriert. Jetzt aber weiten sie diese Praxis auf die gesamte digitale Werbung und das Customer-Relationship-Management (CRM) aus. Künstliche Intelligenz (KI) kann eine wichtige Rolle dabei spielen, den Prozess der Lokalisierung und Übersetzung effizienter und effektiver zu gestalten.

Stellen Sie sich eine multinationale E-Commerce-Plattform wie Amazon vor, die ihre Website für verschiedene Länder lokalisiert, um die Customer Experience weltweit zu verbessern. Amazon verfolgt dieses Ziel, indem es Produktbeschreibungen übersetzt, Währungs- und Maßeinheiten anpasst und die Nutzeroberfläche an lokale Vorlieben und gesetzliche Anforderungen angleicht. Kunden erwarten diese Lokalisierung von jeder multinationalen Marke, bei der sie einkaufen. Dieser Grad der Lokalisierung erleichtert den Kunden nicht nur den Zugang. Sie schafft auch Vertrauen und Loyalität bei den Usern, weil sie Respekt für ihre Sprache und Kultur zeigt.

Wenn Sie Ihren Content durch Lokalisierung und Übersetzungen anpassen, stellen Sie sicher, dass digitale Werbung, Marketingkampagnen, Produkte und Dienstleistungen sowie die gesamte Kommunikation in verschiedenen geografischen und sprachlichen Umgebungen relevant und nutzerfreundlich sind. In diesem Kapitel zeige ich, wie wichtig diese Sensibilität für verschiedene Kulturen ist. Ich schildere Strategien und Best Practices für den Einsatz von KI und beschreibe Tools, die Ihnen bei Ihren Lokalisierungs- und Übersetzungsbemühungen helfen können.

KI zur Lokalisierung und Übersetzung

Der Einsatz künstlicher Intelligenz (KI) kann Lokalisierungsmaßnahmen effizienter und praktikabler machen, egal ob Sie Marketingexperte für ein kleines Unternehmen oder ein Fortune-500-Unternehmen sind. Im Grundsatz können schon KI-gestützte Übersetzungsdienste wie Google Translate eine genaue Übersetzung von Webinhalten im Handumdrehen erledigen. Diese Dienste ermöglichen es kleinen Unternehmen, internationale Märkte zu erreichen, ohne die hohen Kosten traditioneller Übersetzungsdienste in Kauf nehmen zu müssen.

KI kann digitale Werbung und Marketing auch auf der Grundlage geografischer und sprachlicher Daten maßschneidern, sodass Unternehmen lokalisierte Kampagnen durchführen können, die bei der Zielgruppe Anklang finden. Netflix beispielsweise nutzt KI nicht nur zum Übersetzen, sondern auch um Inhalte zu empfehlen, indem es das Sehverhalten in verschiedenen Regionen analysiert. Dieser zweigleisige Ansatz trägt dazu bei, dass die Vorschläge für jede einzelne Nutzerbasis ansprechend und kulturell relevant sind.

Den kulturellen Kontext erfassen

Das Verständnis des s Ihrer Zielgruppe ist bei der Lokalisierung und Übersetzung von entscheidender Bedeutung. Nur dann können Sie wirkungsvolle digitale Inhalte erstellen – beispielsweise Ihren Website-Text, Social-Media-Kampagnen oder CRM-Newsletter. Sie müssen sichergehen, dass die angepassten Inhalte nicht nur sprachlich übersetzt werden, sondern auch mit den lokalen Bräuchen, Werten und Verhaltensweisen übereinstimmen. Wenn Sie bei Ihren Übersetzungen auf die Kultur achten, kann dies die Rezeption Ihrer Botschaft und das Engagement Ihrer Zielgruppe erheblich beeinflussen.

So kann beispielsweise eine Social-Media-Kampagne, die lokale Feiertage und Traditionen berücksichtigt, eine stärkere Bindung zum Publikum aufbauen als ein generischer Inhalt, der von einem Marketingteam entwickelt und dann übersetzt wird. Ebenso können CRM-Newsletter, die auf lokale Ereignisse oder Verbrauchergewohnheiten eingehen, eine engere Verbindung zum Verbraucher herstellen und dessen Loyalität steigern.

Der kulturelle Kontext umfasst dabei mehr als nur Sprache – er umfasst auch Humor, Redewendungen, Symbole und gesellschaftliche Normen, die sich von Region zu Region erheblich unterscheiden können. Werden diese Elemente bei der Lokalisierung von Inhalten ignoriert, kann dies zu Missverständnissen führen, das Publikum in manchen Fällen sogar beleidigen oder einfach dazu führen, dass die Inhalte die Zielgruppe nicht ansprechen.

Denken Sie nicht nur an Ihre Marketinginhalte, die als Text erscheinen. KI-Tools können auch bei der Untertitelung und Beschriftung von Videoinhalten helfen und so sicherstellen, dass Ihre multimedial aufbereiteten Botschaften einem breiteren Publikum zugänglich sind.

Multilinguale Sprachmodelle nutzen

Eine relativ neue Entwicklung in der Welt der generativen KI ist die Entwicklung mehrsprachiger Large Language Models (LLMs). Ein multilinguales LLM ist ein fortschrittliches KI-System, das darauf ausgelegt ist, Text in mehreren Sprachen zu verstehen, zu generieren und zu verarbeiten. Es nutzt riesige Mengen an Textdaten aus verschiedenen Sprachen, um linguistische Muster, Redewendungen und kulturelle Nuancen zu erlernen, wodurch es eine breite Palette sprachbezogener Aufgaben ausführen kann, zum Beispiel:

- **Bei Übersetzungstätigkeiten** können mehrsprachige LLMs Texte nahtlos von einer Sprache in eine andere konvertieren und dabei die ursprüngliche Bedeutung, die Tonalität und den Kontext beibehalten. Diese Fähigkeit ist für Unternehmen und Organisationen, die auf einem globalen Markt effektiv kommunizieren möchten, von entscheidender Bedeutung. Denn damit finden ihre Botschaften bei unterschiedlichen Zielgruppen Anklang.
- **Bei einer Lokalisierung** gehen diese Modelle über die reine Übersetzung hinaus und passen Inhalte an spezifische kulturelle Normen und Vorlieben an. Mehrsprachige LLMs können Marketingmaterialien, Websites und Softwareanwendungen lokalisieren. Sie machen Produkte und Dienstleistungen für Kunden weltweit zugänglicher und attraktiver.

Obwohl diese Tools noch in der Entwicklung und noch nicht perfekt für Use Cases im Marketing geeignet sind, können Sie sie dennoch in Ihre Marketingmaßnahmen integrieren. Wie bei allen anderen KI-Tools ist auch hier eine menschliche Kontrolle erforderlich. Tabelle 17.1 listet LLMs auf, die für Sie nützlich sein könnten.

Unternehmen	LLM	Beschreibung
OpenAI	GPT-4	versteht und generiert Text in mehreren Sprachen und ermöglicht so vielfältige Anwendungen, darunter Übersetzung, Inhaltserstellung und Konversation
Google	mT5 (mehrsprachiger Text-zu-Text-Transfer-Transformator)	Als Erweiterung des T5-Modells, das anhand eines großen mehrsprachigen Datensatzes trainiert wurde, eignet sich mT5 hervorragend für Übersetzungs-, Zusammenfassungs- und Frage-Antwort-Aufgaben in verschiedenen Sprachen.
Meta	XLM-R (sprachübergreifendes Sprachmodell – Roberta)	verbessert das Sprachverständnis in vielen Sprachen und konzentriert sich auf Aufgaben wie Textklassifizierung und Stimmungsanalyse
Google	BERT (bidirektionale Encoder-Darstellungen von Transformatoren) mehrsprachig	Dieses auf der BERT-Architektur von Google basierende Modell unterstützt über 100 Sprachen für Aufgaben wie die Erkennung benannter Entitäten und die Beantwortung von Fragen.
Microsoft	Turing-Mehrsprachigkeitsmodell	wird in Anwendungen wie Übersetzung, Inhaltsmoderation und effizienteren Suchalgorithmen verwendet

Tabelle 17.1: LLMs für Lokalisierung und Übersetzung

Um ChatGPT (GPT-4) für die Übersetzung zu verwenden, folgen Sie diesen Schritten:

1. **Identifizieren Sie den zu übersetzenden Text und geben Sie die Quell- und Zielsprache an.**

   Beachten Sie, dass die Übersetzungsfunktionen von ChatGPT von Sprache zu Sprache unterschiedlich sein können.

2. **Geben Sie den Text in ChatGPT ein und erwähnen Sie den Übersetzungswunsch noch einmal deutlich, indem Sie mitteilen, in welche Sprache Sie übersetzen möchten.**

   ChatGPT verarbeitet den Text. Es nutzt seine Kenntnis mehrerer Sprachen und generiert eine Übersetzung, die direkt unter Ihrer Eingabe angezeigt wird.

3. **Prüfen Sie die Übersetzung auf Richtigkeit.**

   Bedenken Sie, dass ChatGPT ein leistungsstarkes Tool ist, das jedoch möglicherweise nicht immer die Qualität eines professionellen menschlichen Übersetzers erreicht. Das betrifft insbesondere komplexe oder differenzierte Texte.

Wenn Sie Marketingspezialist für ein kleines Unternehmen sind, ist der Zugriff auf die anderen mehrsprachigen LLMs in Tabelle 17.1 etwas komplizierter. Und wie bei ChatGPT ist die Überprüfung der Ergebnisse auf Genauigkeit von entscheidender Bedeutung. Die Modelle sind von den Daten abhängig, mit denen sie trainiert wurden, und die Daten könnten zu Übersetzungen führen, die Voreingenommenheit und kulturelle Unsensibilität enthalten.

Fähigkeiten der KI einsetzen

Fortschritte in der KI-Technologie ermöglichen es Content-Erstellern, effizienter eine Vielzahl lokalisierter Versionen ihrer Arbeit zu erstellen und ein digitales Erlebnis zu bieten, das sich überaus personalisiert anfühlt. Sie können beispielsweise KI-generierte visuelle Inhalte anpassen, um kulturelle Symbole, Motive und Farbschemata widerzuspiegeln, die bestimmte Zielgruppen ansprechen.

Die Kundenerwartungen sind in den letzten Jahren dramatisch gestiegen, wie ein Salesforce-Artikel aus dem Jahr 2023 mit dem Titel »Was sind Kundenerwartungen und wie haben sie sich geändert?« zeigt. Untertitel: »Kundenerwartungen erreichen Allzeithoch«. (Um auf diesen Artikel zuzugreifen, gehen Sie zu `www.salesforce.com` und geben »Customer Expectations« in das Suchtextfeld ein. Der Artikel sollte in den Ergebnissen auftauchen.) Kunden erwarten, dass Marken sie verstehen und mit ihnen sprechen. Und das auf eine Art und Weise, die sie schätzen und mit der sie sich identifizieren können. Der Einsatz von KI zur effektiven Übersetzung und Lokalisierung aller Arten von Inhalten verringert den Aufwand deutlich, der erforderlich ist, um den gestiegenen Kundenerwartungen gerecht zu werden.

KI-Tools bieten ausgefeilte Lösungen, mit der Unternehmen die kulturellen Komplexitäten und sprachlichen Herausforderungen bei der Lokalisierung und Übersetzung Ihrer kundenorientierten Inhalte meistern können. So können Sie KI-Tools und Sprachmodelle nutzen, um Ihre Websites, Werbung und Ihr Onlinemarketing zu optimieren:

- ✔ **Umfassende Datenanalyse:** KI-Tools können große Datensätze analysieren, um kulturelle Trends, Vorlieben und Empfindlichkeiten zu identifizieren, die für verschiedene Zielgruppensegmente spezifisch sind. Beispielsweise können KI-gestützte Tools zur Inhaltsanalyse das Social-Media-Verhalten, Suchanfragen und Onlinediskussionen in verschiedenen Kulturen genau untersuchen. Damit gewinnen Sie Erkenntnisse darüber, welcher Content in welchen Regionen Anklang finden. Da sich kulturelle Trends und Vorlieben schnell ändern können, sind KI-Tools, die Onlinekommunikation kontinuierlich analysieren und mit Echtzeitdaten trainieren, am wertvollsten. Weitere Informationen zu KI und Datenanalyse finden Sie in Kapitel 4.
- ✔ **Anpassung der Inhalte an lokale Gegebenheiten:** KI kann den Lokalisierungsprozess unterstützen, indem sie Inhalte identifiziert und an kulturelle Gegebenheiten anpasst. Zu diesen Adaptionen kann beispielsweise die Änderung von Farbschemata auf einer Website gehören, um kulturelle Vorlieben widerzuspiegeln. Oder die Anpassung von Tonalität und Stil eines CRM-Newsletters an lokale Kommunikationsnormen.
- ✔ **Sprachanpassung, die die Kerninhalte beibehält:** Bestimmte KI-Modelle können subtile sprachliche und kulturelle Nuancen erkennen und sich an sie anpassen. Diese Fähigkeit trägt dazu bei, dass Übersetzungen die Absicht, den Humor und die emotionale Farbe der ursprünglichen Botschaft beibehalten. Wenn Sie beispielsweise einen Text für eine multinationale Kampagne entwickeln müssen, wählen Sie KI-Tools, die Sprachanpassungen vorschlagen können. Dann verletzen Sie keine kulturellen Tabus und können lokale Ausdrücke berücksichtigen. Wenn Sie diese Tools verwenden, übersetzen sie den Text nicht wörtlich Wort für Wort, sondern berücksichtigen im Idealfall die lokale Note – beispielsweise Redewendungen. Damit bleiben die Kerninhalte der Kommunikation erhalten.

Obwohl Ihnen zahlreiche KI-Tools bei der Übersetzung, Lokalisierung, Personalisierung und Sentimentanalyse Ihrer kundenorientierten Inhalte helfen können, ist es unerlässlich, dass ein menschliches Auge die KI-generierten Inhalte überprüft. Manchmal liegen KI-Engines falsch (heute weniger als früher, aber es kommt immer noch vor). Sie sollten nicht riskieren, dass Ihre Marke oder Ihre Beziehung zu Ihren Kunden durch eine von der KI generierte, unzutreffende Übersetzung oder eine übersehene kulturelle Nuance Schaden nimmt.

Nutzen Sie KI-Tools, um Inhalte in großem Umfang und für die gesamte Reichweite Ihres Unternehmens zu personalisieren. Ermöglichen Sie Ihren Marketingexperten, Varianten einer Kampagne zu erstellen, die den kulturellen Kontext jedes Segments ihres globalen Publikums direkt anspricht. KI-gestützte *Transcreation* (ein Begriff für die kreative und kulturelle Anpassung von Inhalten durch den Einsatz von KI, um ihre ursprüngliche Absicht und emotionale Wirkung über Sprachen und Kulturen hinweg beizubehalten) kann dazu beitragen, kulturell relevante und kreative Übersetzungen Ihrer Markenbotschaft zu erstellen, die beim lokalen Publikum Anklang finden.

Übersetzung schiefgelaufen

2014 geriet KFCs Markteintritt in China ins Stocken, als ihr berühmter Slogan »Finger Lickin' Good« fälschlicherweise mit »Eat Your Fingers Off« übersetzt wurde. Dieser Fehler sorgte bei chinesischen Verbrauchern für große Belustigung und löste eine Flut von Social-Media-Posts aus, die auf den Übersetzungsfehler aufmerksam machten. Der Vorfall unterstrich die Herausforderungen, Markenbotschaften über Sprachen und Kulturen hinweg genau zu vermitteln. Er betonte die Bedeutung einer sorgfältigen Lokalisierung, um Fehlinterpretationen zu vermeiden, die potenzielle Kunden abschrecken können. Die Übersetzung war wörtlich korrekt, aber falsch lokalisiert. Menschliche Kontrolle ist wahrscheinlich die einzige Möglichkeit, diesen Übersetzungsfehler zu vermeiden. KI-Tools hätten ihn vermutlich nicht erkannt, weil es sich um eine Redewendung handelte, die spezifisch für die englische Sprache ist.

KI-Tools zur Lokalisierung und Übersetzung

Hier stelle ich einige spezielle KI-Tools vor, die Sie bei der Lokalisierung und Übersetzung unterstützen können. In Tabelle 17.2 und Tabelle 17.3 sind Tools für den Privat- beziehungsweise Unternehmensgebrauch aufgeführt. Die Listen sind nicht vollständig; es gibt viele weitere KI-Lokalisierungs- und Übersetzungstools, jedes mit eigenen Stärken und Schwächen. Recherchieren und vergleichen Sie verschiedene Tools, um das für Ihre spezifischen Anforderungen am besten geeignete zu finden.

Werkzeug	Website	Beschreibung
DeepL	`www.deepl.com`	ein neuronales Tool mit Schwerpunkt auf europäischen Sprachen (weitere Informationen zu neuronalen Netzwerken finden Sie in Kapitel 5)
Google Übersetzer	`http://translate.google.com`	ein kostenloses Tool, das über 100 Sprachen unterstützt und Text, Sprache und Webseiten übersetzen kann
Microsoft Translator	`http://translator.microsoft.com`	eine cloudbasierte Übersetzungsplattform, die Text- und Sprachübersetzung sowie eine Übersetzung von Gesprächen in Echtzeit bietet
BabelFish	`www.babelfish.com`	nutzt menschliche Redakteure und KI, um Übersetzungen in über 75 Sprachen bereitzustellen
iTranslate	`www.itranslate.com`	eine App, die über 40 Sprachen unterstützt und Text-, Sprach- und Offline-Übersetzungsfunktionen bietet
SayHi	`www.sayhi.com`	eine App, die über 100 Sprachen unterstützt und Text-, Sprach- und Videoanrufe in Echtzeit übersetzen kann
Phrase	`www.phrase.com`	Lokalisierungs- und Übersetzungsplattform mit Automatisierung, KI-Anpassung, Workflow-Orchestrierung und Analyse
wordbee	`www.wordbee.com`	eine Managementplattform, die KI-gestützte Übersetzungs-, Lokalisierungs- und Projektmanagementtools sowie eine Community von Übersetzern bietet

Tabelle 17.2: Verbraucher-KI-Tools für die Übersetzung

Werkzeug	Website	Beschreibung
acrolinx	www.acrolinx.com	eine Plattform zur Inhaltserstellung und zum Übersetzungsmanagement, die über mehrere Sprachen und Kanäle hinweg funktioniert
Tridion	www.rws.com/content-management/tridion	eine Content-Management- und Übersetzungsmanagement-Plattform, die KI-gestützte Übersetzungs-, Lokalisierungs- und Projektmanagement-Tools bietet
Sitecore	www.sitecore.com	eine Customer-Experience-Plattform, die KI-gestützte Übersetzungs- und Lokalisierungsfunktionen sowie Tools für die Verwaltung und Bereitstellung personalisierter Kundenerlebnisse bietet
Drupal	www.drupal.org	eine Open-Source-Content-Management-Plattform, die über verschiedene Module und Integrationen KI-gestützte Übersetzungs- und Lokalisierungsfunktionen bietet
WordPress	www.wordpress.org	eine Content-Management-Plattform, die verschiedene KI-gestützte Übersetzungs- und Lokalisierungs-Plug-ins wie WPML und Polylang bietet
HubSpot	www.hubspot.com	eine Marketing-, Vertriebs- und Kundendienstplattform, die KI-gestützte Übersetzungs- und Lokalisierungsfunktionen sowie Tools für die Verwaltung und Bereitstellung personalisierter Kundenerlebnisse bietet
Salesforce	www.salesforce.com	eine Plattform für das Kundenbeziehungsmanagement, die KI-gestützte Übersetzungs- und Lokalisierungsfunktionen sowie Tools für die Verwaltung und Bereitstellung personalisierter Kundenerlebnisse bietet
IBM watsonx	www.ibm.com/watsonx	eine KI-Plattform, die verschiedene Tools zur Sprachübersetzung und -lokalisierung anbietet, darunter maschinelle Übersetzung, natürliches Sprachverständnis und natürliche Sprachgenerierung über den Watson Language Translator
lilt	http://lilt.com	eine Plattform, die mithilfe künstlicher Intelligenz und menschlicher Redakteure Übersetzungen in über 50 Sprachen bereitstellt
Smartcat	www.smartcat.com	eine Managementplattform, die Tools für Übersetzung, Lokalisierung und Projektmanagement bietet
Google Cloud Translation	http://cloud.google.com/translation	eine cloudbasierte Übersetzungsplattform, die KI-gestützte Übersetzungs- und Lokalisierungsfunktionen sowie Tools für die Verwaltung und Bereitstellung personalisierter Kundenerlebnisse bietet

Tabelle 17.3: Enterprise-KI-Tools für die Übersetzung

Zentrale Strategien zur Lokalisierung

Um KI effektiv für Lokalisierung und Übersetzung zu nutzen, können Sie verschiedene Basisstrategien anwenden, mit denen Sie Ihre digitalen Inhalte sowohl genau übersetzen als auch kulturell relevant und ansprechend gestalten. Einige dieser Strategien sind möglicherweise eher für größere Organisationen geeignet. Aber wenn Sie sie kennen, können Sie Ihre eigenen Sprachübersetzungsstrategien verfolgen, selbst wenn Sie für ein kleineres Unternehmen Marketing machen. Immer mehr Unternehmen bieten Unterstützung bei der Entwicklung von Funktionen für Lokalisierungs- und Übersetzungsstrategien an.

Maschinelles Lernen nutzen

Sie können maschinelles Lernen für die kontextbezogene Übersetzung nutzen, indem Sie die folgenden Tools und Methoden verwenden:

- **Trainieren von KI-Modellen mithilfe domänenspezifischer Sprache:** Passen Sie Machine-Learning-Modelle mithilfe branchenspezifischer Datensätze an und verbessern Sie so die Genauigkeit von Übersetzungen. Solche Datensätze können dabei helfen, Ihren Content technisch korrekt und in einem professionellen Jargon zu übersetzen. Sie können auch *Natural Language Processing* (NLP) einsetzen. Damit wird natürliche Sprache analysiert und interpretiert und so genauere Übersetzungen und Lokalisierungen ermöglicht.

Die Qualität der Daten, die zum Trainieren eines KI-Tools verwendet werden, wirkt sich direkt auf die Qualität der von ihm erstellten Übersetzungen aus. Stellen Sie sicher, dass die Trainingsdaten qualitativ hochwertig und relevant sind und zum Ton und Stil Ihrer Marke passen.

- **Einsatz von Neuronal Machine Translation (NMT):** Nutzen Sie *NMT*, das neuronale Netzwerke verwendet, um die Möglichkeit einer Wortfolge vorherzusagen. Damit können Sie ganze Sätze oder Absätze gleichzeitig verstehen und übersetzen, anstatt Wort für Wort vorzugehen. NMT-Tools können den Kontext erfassen (siehe den Abschnitt »Den kulturellen Kontext erfassen« weiter vorn in diesem Kapitel) und Fehler reduzieren, wodurch flüssigere und natürlichere Übersetzungen entstehen.
- **Implementierung von Prozessen zur Nachbearbeitung:** Verwenden Sie KI, um Übersetzungen zu kennzeichnen, die möglicherweise einer menschlichen Überprüfung bedürfen. Die Kombination von KI und dem differenzierten Verständnis von menschlichen Übersetzern hilft Ihnen, Inhalte auf lokale Märkte abzustimmen.

KI-gestützte Tools für kulturelle Adaptionen

Sehen Sie sich KI-Algorithmen, Tools und Techniken an, die Ihnen dabei helfen können, Ihre Inhalte an die Kultur Ihrer bestehenden und potenziellen Kunden anzupassen:

- **Analysieren Sie kulturelle Vorlieben mit KI.** Analysieren Sie das lokale Verbraucherverhalten und die Vorlieben, sodass Inhalte, Bilder und Designelemente an den lokalen Geschmack angepasst werden können.

- **Setzen Sie eine Stimmungsanalyse ein.** Bewerten Sie den emotionalen Tonfall Ihres Contents und passen Sie die Botschaft so an, dass sie kulturell angemessen ist und mit den Werten und Erwartungen der Zielgruppe übereinstimmt.

- **Passen Sie Inhalte an regionale Trends an.** Aktualisieren Sie Inhalte auf der Grundlage von Trendthemen, lokalen Nachrichten und kulturellen Ereignissen. Damit gehen Sie sicher, dass Ihre Marke relevant bleibt und mit den lokalen Communitys verbunden ist.

Höhere Effizienz in Personalisierung und Lokalisierung

KI-Tools und -Systeme können durch ihre Konzeption Arbeitsabläufe effizienter gestalten. Folgende Liste zeigt, wo KI diese Prozesse strategisch rationalisieren und in Echtzeit lernen kann:

- **Automatisierung von Workflows zur Lokalisierung von Inhalten:** Optimieren Sie den Lokalisierungsprozess. KI kann Inhalte identifizieren, die übersetzt werden müssen. Sie kann aber auch Aufgaben zuweisen und Workflows verwalten, um die Übersetzung für lokalisierte Inhalte abzuschließen und zu verkürzen.

Erwägen Sie die Implementierung eines *Translation-Memory-Systems*, das bereits übersetzte Inhalte in einer Datenbank speichert. Sie können auf diese Datenbank zugreifen, um bereits übersetzte Inhalte abzurufen und wiederzuverwenden – eine Vorgehensweise, die Kosten senken und die Effizienz steigern kann.

- **Personalisierung der User Experience im großen Stil:** Passen Sie digitale Erlebnisse an – einschließlich Website-Inhalte, Social-Media- und E-Mail-Marketing. KI kann lernen, individuelle Nutzerpräferenzen und lokale kulturelle Normen zu erkennen. Damit kann sie Inhalte verbessern, die auf die Steigerung des Engagements und der Zufriedenheit der User abzielen.

- **Kontinuierliches Lernen und Verbessern:** Lernen Sie aus Userinteraktionen und Feedback, um die Qualität von Übersetzungen und die Wirksamkeit lokalisierter Inhalte kontinuierlich zu verbessern. Sie können Algorithmen für maschinelles Lernen (ML) verwenden, die anhand großer Datensätze zuvor übersetzter Inhalte trainiert werden und so Muster und Beziehungen zwischen Sprachen erkennen. Damit bleiben digitale Erlebnisse auch im Laufe der Zeit relevant und überzeugend. Darüber hinaus können diese ML-Praktiken die Genauigkeit von Übersetzungen verbessern und den Bedarf an menschlicher Unterstützung verringern.

KI zur Qualitätskontrolle

Der Einsatz von KI zur Qualitätskontrolle bei Lokalisierungsmaßnahmen und einer Übersetzung kann dazu beitragen, die Genauigkeit, Effizienz und Konsistenz Ihrer Marketinginhalte und -kampagnen zu verbessern. Hier einige Tipps und Tricks, wie Sie KI zur Qualitätskontrolle effektiv einsetzen können:

- **Menschliche Nachbearbeitung nach der Übersetzung:** Obwohl KI-gestützte Übersetzungs- und Lokalisierungsmaßnahmen sehr genau sind, sollten Sie eine menschliche Nachbearbeitungsphase einplanen. Damit verfeinern Sie die Ausgabe der KI und gewährleisten, dass sie das gewünschte Qualitätsniveau für Ihre Lokalisierungsmaßnahmen erreicht.

KI-Tools können hilfreich und effizient sein, aber ein menschlicher Lektor sollte die Übersetzungen überprüfen und überarbeiten, insbesondere bei kritischen Inhalten wie Markenmaterialien, Slogans und Leitbildern.

- ✔ **Ihre Lokalisierungs- und Übersetzungstools in weitere Marketingtools integrieren:** Echtzeit-Lokalisierungs- und Übersetzungslösungen lassen sich häufig in gängige Marketingtools wie Content-Management-Systemen (CMS), Customer-Relationship-Management-Software (CRM) und Marketingautomatisierungsplattformen integrieren. Wenn diese Systeme zusammenarbeiten, erhalten Sie eine höhere Konsistenz Ihrer Marketinginhalte und -botschaften.
- ✔ **Ein hybrider Ansatz:** Wenn ich von einem *hybriden Ansatz* für Ihre Lokalisierung und Übersetzung spreche, meine ich die Kombination menschlicher Übersetzung mit Algorithmen des maschinellen Lernens. Wenn Sie Ihre KI-gesteuerten Übersetzungsbemühungen um menschliches Wissen und Erfahrung mit Sprachen und Kulturen ergänzen, können Sie sicherstellen, dass die Übersetzung genau und kulturell relevant ist.

Kombinieren Sie die Stärken menschlicher Übersetzer mit KI-Tools, um optimale Ergebnisse zu erzielen. KI-Tools können große Mengen an Content schnell und präzise verarbeiten. Menschliche Übersetzer können die Übersetzungen überprüfen und so verfeinern, dass sie den Standards Ihrer Marke entsprechen.

- ✔ **Ein Glossar und einen Stilleitfaden verwenden:** Referenzmaterialien – wie ein Glossar und ein Stilleitfaden – können Lokalisierungs- und Übersetzungsergebnissen einen eleganten Anstrich verleihen. Wenn Sie ein Glossar mit Fachbegriffen und Fachjargon sowie einen Stilleitfaden (der Formatierung, Tonalität und andere Stilfragen angibt) erstellen, können KI und Mensch während der Übersetzungs- und Überprüfungsprozesse auf ihn zugreifen. Wenn Sie diese Basisinformationen an alle am Prozess beteiligten Teammitglieder weitergeben, kann dies die Konsistenz der Übersetzungsergebnisse deutlich verbessern.
- ✔ **Überwachen und analysieren:** Überwachen und analysieren Sie kontinuierlich die Leistung der von Ihnen verwendeten KI-gestützten Lokalisierungs- und Übersetzungslösungen. Damit können Sie Optimierungspotenziale identifizieren. Wenn Sie feststellen, dass die Lösung Ihren Anforderungen nicht entspricht, versuchen Sie die Einstellungen anzupassen, um die Genauigkeit Ihrer Übersetzungen zu verbessern. Oder Sie ändern die Lösung vollständig.

Lokalisierungs- und Übersetzungslösungen in Echtzeit

Echtzeit-Lokalisierungs- und Übersetzungslösungen nutzen künstliche Intelligenz (KI), um Inhalte in Sekundenbruchteilen zu übersetzen und zu lokalisieren. Mit so einer schnellen Verarbeitung können sich Unternehmen neue Märkte erschließen, unmittelbar mit Kunden unterschiedlicher Sprachen und Kulturen in Kontakt treten und ihre Fragen beantworten.

In den folgenden Abschnitten erhalten Sie einen Einblick in die Funktionsweise von Echtzeit-Lokalisierungs- und Übersetzungslösungen, ihre Vorteile und ihre Anwendungsmöglichkeiten im Marketing.

Wie Echtzeitlösungen funktionieren

Echtzeit-Lokalisierungs- und Übersetzungslösungen verwenden KI-Algorithmen, die mit riesigen Datenmengen trainiert werden, darunter Text in mehreren Sprachen und Inhalte, die kulturelle Unterschiede und Feinheiten berücksichtigen. Würde man beispielsweise die englische Redewendung »break a leg« wörtlich ins Deutsche übersetzen, würde das negative Assoziationen auslösen. Diese Art des Trainings ermöglicht es der KI, Muster und Beziehungen zwischen Sprachen zu erlernen, sodass sie genauere Übersetzungen und Lokalisierungen erstellt.

Die Grundlage und der Prozess der Echtzeitlokalisierung und -übersetzung umfassen mehrere Phasen:

- ✔ **Inhaltsanalyse:** KI-Algorithmen analysieren die Quelle des Inhalts und identifizieren die wichtigsten Elemente, die lokalisiert oder übersetzt werden müssen. Dieser als *Inhaltssegmentierung* bezeichnete Prozess stellt sicher, dass die KI nur die Teile des Inhalts übersetzt oder lokalisiert, die erforderlich sind, um die Hauptbotschaft aus der Originalsprache an die entsprechende Zielgruppe zu übermitteln.
- ✔ **Translation Memory: Memory-basierte Übersetzung, auch** *Übersetzungsspeicher* genannt, ist eine Technik, bei der zuvor übersetzte Inhalte in einer Datenbank gespeichert werden. Wenn ähnliche Inhalte erneut gefunden werden, kann die KI auf diese Datenbank zurückgreifen, um konsistente, qualitativ hochwertige Übersetzungen zu erstellen. Dadurch wird der Bedarf an menschlicher Übersetzungsleistung reduziert. Im Abschnitt »Höhere Effizienz in Personalisierung und Lokalisierung« weiter vorn in diesem Kapitel wird die Verwendung von Translation Memorys erläutert.
- ✔ **Echtzeitübersetzung:** Die trainierten KI-Modelle ermöglichen zusammen mit Algorithmen zur Verarbeitung natürlicher Sprache (NLP) eine Echtzeitübersetzung von Text, Sprache oder anderen Kommunikationsformen. Im Marketing kann Ihr Unternehmen die Echtzeitaspekte der KI-Verarbeitung nutzen, um seinen Inhalt schnell an verschiedene Regionen und Sprachen anzupassen. Damit kann Ihre Botschaft ein globales Publikum erreichen.
- ✔ **Lokalisierung:** Lokalisierung geht über die Übersetzung hinaus. Sie umfasst nicht nur die Sprache, sondern auch kulturelle Anpassungen, Formatierung und Inhaltsoptimierungen für eine bestimmte Region. KI-gestützte Lokalisierungslösungen analysieren die Originalquelle, von der der Inhalt stammt, und passen ihn unter Berücksichtigung lokaler Vorlieben, Normen und Vorschriften an die Kultur der Zielgruppe an.

Vorteile von Echtzeitlösungen erkennen

Mithilfe von Lokalisierungs- und Übersetzungslösungen in Echtzeit können Unternehmen neue Märkte erschließen und mit ihrem Publikum in verschiedenen Sprachen und Kulturen in Kontakt treten. Damit können sie das Kundenerlebnis verbessern sowie Wachstum und Umsatz steigern. Die Vorteile dieser Lösungen sind zahlreich:

- **Kosteneinsparungen:** Sie reduzieren oder begrenzen den Bedarf an menschlicher Unterstützung und sparen Ihrem Unternehmen damit Zeit und Geld.
- **Höhere Effizienz:** Sie erreichen schnell neue Märkte und sprechen einen neuen Kundenstamm an.
- **Verbesserte Genauigkeit:** KI-Algorithmen, die auf riesigen Datenressourcen trainiert werden, können dazu beitragen, dass Übersetzungen genau und kulturell relevant sind. Diese erhöhte Genauigkeit verringert das Risiko von Missverständnissen oder Fehlkommunikation. Wenn die Lösungen Translation Memories verwenden (siehe vorheriger Abschnitt), wird die Genauigkeit noch weiter verbessert.
- **Verbessertes Kundenerlebnis:** Sie bieten Ihren Kunden ein persönlicheres und ansprechenderes Erlebnis. Ziel ist es, die Kundenzufriedenheit und -treue zu erhöhen.

Echtzeitlösungen im Marketing einsetzen

Mithilfe von Echtzeit-Lokalisierungs- und Übersetzungslösungen können Sie Ihre Marketingstrategien effizient und effektiv an ein globales Publikum anpassen. Hier einige von zahlreichen Einsatzmöglichkeiten im Marketing:

- **Website-Lokalisierung:** Lokalisieren Sie die Websites Ihres Unternehmens für verschiedene Märkte und Kundenstämme. Diese Lokalisierung trägt dazu bei, dass Ihre Onlinemarketingpräsenz weltweit zunimmt. Vergessen Sie nicht die Suchmaschinenoptimierung (SEO); optimieren Sie Ihre übersetzten Inhalte für lokale Suchmaschinen. Verwenden Sie lokale Keywords und Begriffe, um die Sichtbarkeit zu verbessern und den organischen Traffic zu erhöhen.

Arbeiten Sie insbesondere bei Websites mit lokalen Teams und Experten vor Ort zusammen. So stellen Sie sicher, dass Ihre Übersetzungen genau und kulturell relevant sind und den lokalen Vorlieben entsprechen.

- **Content-Marketing:** Da Sie mithilfe von Lokalisierungs- und Übersetzungslösungen in Echtzeit Inhalte in einer Sprache erstellen und in mehrere Sprachen übersetzen können, können Sie schneller Inhalte produzieren, die bei Ihrer Zielgruppe Anklang finden – unabhängig von deren Sprache oder Standort.
- **Social-Media-Marketing:** Interagieren Sie mit Ihrem Publikum auch auf anderen Plattformen als den Websites Ihres Unternehmens oder Shopping-Sites.
- **E-Mail-Marketing:** Treten Sie mit Ihrem Publikum direkt und auf persönlicher Ebene in Kontakt – unabhängig von Sprache oder Standort.
- **Werbung:** Sprechen Sie Ihre Zielgruppe in verschiedenen Märkten und Sprachen an.

Teil V

KI in Wachstumsmarketing und Kundenorientierung

IN DIESEM TEIL ...

- verstärken Sie Ihre Performancemaßnahmen mit der Effizienz und Kreativität von KI.
- informieren Sie sich, wie sich KI in E-Mail- und SMS-Marketing integrieren lässt, um eine bessere Kundengewinnung und -bindung zu erreichen.
- verbessern Sie das Kundenerlebnis durch KI-basierte Personalisierung.
- integrieren Sie KI effektiv in Ihre gesamten Geschäftsabläufe.
- berücksichtigen Sie die ethischen, rechtlichen und datenschutzrechtlichen Bedenken im Zusammenhang mit der Verwendung von KI in Unternehmen und Marketing.

IN DIESEM KAPITEL

- Die Kampagnenleistung mit Google Performance Max maximieren
- Die Marketingvorteile von Meta Advantage+ testen
- Werbemöglichkeiten auf Amazon finden
- Tests mit Social-Media-Werbung auf TikTok
- KI-Tools, die Ihre Marketingmaßnahmen unterstützen

Kapitel 18
KI im Performance-Marketing

In der sich ständig weiterentwickelnden Landschaft des *Performance-Marketings* (ein Ansatz für digitales Marketing, bei dem Werbetreibende ihre KPIs auf performanceorientierte Aktivitäten wie Klicks oder Onlinekäufe ausrichten) ist künstliche Intelligenz (KI) eine Konstante. Das bedeutet: Performance-Marketer verwenden KI, um Inhalte zu personalisieren und Werbung auf bestimmte Zielgruppen auszurichten. KI identifiziert und definiert die Zielgruppe, verwaltet die Gebote für Anzeigen, bietet kreative Alternativen für Anzeigen und überwacht die Ausführungs- und Messphasen der digitalen Werbung.

In den vergangenen zehn Jahren nutzten Unternehmen KI, um Keyword-Recherchen durchzuführen, Gebote und Targeting zu verbessern, die Anzeigenplatzierung zu optimieren, prädiktive Analysen zu erstellen und bei der Betrugserkennung zu helfen. Marketingfachleute setzten KI ein, um Werbekampagnentypen zu optimieren, darunter Social-Media-Marketing, Display-Werbung, Suchmaschinenwerbung sowie mobile Werbung. Im Großen und Ganzen bestimmten die Plattformen, auf denen Anzeigen erschienen, sowie die Publisher und Werbenetzwerke, wie KI für digitale Werbung eingesetzt wurde.

Mit dem Aufkommen der generativen KI erweiterten Marketingexperten ihr Verständnis von KI. Es ging nicht mehr nur um die Erstellung von Überschriften und Anzeigentexten, sondern auch darum, personalisierte Bilder auf der Grundlage kundenspezifischer Informationen einzufügen – Bilder, die der Werbeplattform, dem Publisher oder dem Werbepartner zur Verfügung stehen. Diese Automatisierungen führen zu Lösungen, bei denen Werbetreibende nur noch ihre Kampagnenparameter und ihr Budget festlegen müssen. Sie überlassen die eigentliche Verwaltung, Inhaltserstellung und Überwachung der Kampagne den KI-Engines.

In diesem Kapitel helfe ich Ihnen, diesen Wandel im digitalen Marketing zu verstehen. Dazu werfe ich einen Blick hinter die Kulissen der KI-gestützten digitalen Werbelösungen von Google, Meta, Amazon und TikTok. Marketer können problemlos auf diese Lösungen zugreifen. Hochgerechnet machen diese Plattformen den größten Teil der weltweit für digitale Werbung ausgegebenen Gelder aus. Neben der Darstellung, wie die Lösungen mithilfe von KI funktionieren, zeigt dieses Kapitel auch die Schritte, die Sie als Marketingexperte unternehmen können, um Werbung auf diesen Plattformen zu schalten.

Google Performance Max im Überblick

Um die Leistungsfähigkeit von KI in der Google-Werbeplattform richtig einzuschätzen, sollten Sie sich die Performance-Max-Kampagnen von Google ansehen. Sie sollten analysieren, wie diese die Marketingmaßnahmen Ihres Unternehmens unterstützen können. Performance Max ist ein performanceorientierter Kampagnentyp in der Self-Service-Werbeplattform Google Ads. Er ermöglicht es Werbetreibenden, von einer einzigen Kampagne aus auf das gesamte Google-Ads-Inventar zuzugreifen. Dieses Inventar kann Anzeigen aus dem Google-Such-Ökosystem (Suchergebnisse, Maps, Shopping und so weiter) sowie aus dem Displaynetzwerk (zum Beispiel YouTube, Gmail und Google Finanzen) enthalten.

Google hat Performance Max speziell als Ergänzung zu einer Keyword-basierten Suchkampagne entwickelt, weil sich so mehr User auf allen Google-Kanälen ansprechen und konvertieren lassen. Und Marketingfachleute verwenden Performance Max zunehmend als Ersatz für Keyword-basierte Suchkampagnen, weil es für Marketingkampagnen effektiv und kostengünstig ist.

Wenn Sie als Marketer Performance Max verwenden, können Sie mit folgenden Vorteilen rechnen:

- ✔ **Überzeugende Werbeerfolge**, die Ihre Investitionen gegenüber den bisherigen Conversion-Zielen optimieren und diese Conversions darüber hinaus in Echtzeit auf allen Google-Werbeplattformen erreichen. Die Performance-Max-Kampagne nutzt Daten des Werbetreibenden zu Leistungsmessungen – beispielsweise Cost-per-Acquisition(CPA)- und Return-on-Advertising-Spend(ROAS)-Ziele. Gleichzeitig greift sie auf bestimmte Parameter zu, mit denen die eingesetzten Creatives klassifiziert werden, um deren Effektivität zu bewerten.

- ✔ **Automatisierte Kampagnenentscheidungen**, einschließlich der Wahl, wo und wie Ihre Anzeigen in Echtzeit geschaltet werden. Die KI-Engines von Google treffen Entscheidungen zu Smart Bidding, Budgetoptimierung, Zielgruppenauswahl, kreativen Variationen, Attribution und vielem mehr – und das alles ganz allein. Auch hier nutzt die KI die First-Party-Daten des Werbetreibenden – wie etwa Zielgruppensignale, die darauf hinweisen, welche Werbung in der Vergangenheit funktioniert hat. Durch diese Automatisierung ist keine detaillierte Beteiligung eines Digitalmarketingteams oder einer Agentur mehr erforderlich.

Meistens sind die Ergebnisse umso besser, je mehr Input ein Marketer in das Performance-Max-System einspeist. Google Performance Max verlagert den Tätigkeitsschwerpunkt des Marketers von der Durchführung der Kampagnen auf die Bereitstellung der richtigen Daten für Google. Damit kann Google diese Kampagnen selbst durchführen.

Smart Bidding und Asset-Erstellung

Google Performance Max integriert *Smart Bidding* (Gebotsstrategien, die mit KI Conversions oder Conversion-Werte in jeder Transaktion optimieren) mit *erweiterter Attributionstechnologie* (Marketingstrategie, die auswertet, welche Touchpoints auf der Customer Journey für Conversions funktionieren und welche nicht). Im Zusammenspiel dieser Strategien werden für Ihre Kampagne alle Google-Funktionen genutzt und Auktionsgebote ermittelt, mit denen Ihre Geschäftsziele am wahrscheinlichsten erreicht werden. KI unterstützt diese Ermittlung in Echtzeit.

Ein weiteres wichtiges Feature von Performance Max sind automatisch erstellte Assets. Sie können auch festlegen, dass die KI zusätzliche Assets für Ihre Kampagne erstellt. Sie können die Einstellung zum Erstellen von Assets aktivieren, wenn Sie die Kampagne einrichten. Performance Max erstellt Alternativen zu Ihren eigenen Assets und testet die Alternativen. Damit wird eruiert, ob diese eine bessere Leistung erbringen (und kostengünstigere Ergebnisse erzielen) als die Kern-Assets, die Sie zu Beginn freigegeben haben. Features wie automatisch erstellte Assets sind in den Kampagneneinstellungen verfügbar.

Performance Max nutzt die künstliche Intelligenz von Google nicht nur, um den Inhalt und die Platzierung von Geboten für Conversions oder Conversion-Werte zu optimieren, sondern auch, um Brand Safety zu bieten. Sie können am Dashboard angeben, wo Ihre Anzeigen *nicht* erscheinen sollen. Diese Einstellungen gewährleisten, dass Ihre Kampagne mit den Standards, Werten und dem Kern Ihrer Marke im Einklang bleibt.

Marketingreichweite

Google-Performance-Max-Kampagnen helfen Ihnen bei der Reichweite Ihrer Marketingmaßnahmen, indem sie:

- ✔ **Mehr Kunden gewinnen:** Wenn Sie eine herkömmliche Werbekampagne mithilfe der Google-Suche durchführen, kann Ihr suchbasiertes Lead-Volumen früher oder später aus mehreren Gründen fehlschlagen:
  - Nicht genügend Leute suchen nach den Begriffen, für die Sie in Ihrer Kampagne bezahlen.
  - Die Kampagne sprengt das Budget und wird mit jedem zusätzlich gewonnenen Benutzer zu teuer.

Mithilfe von Performance Max können Sie Situationen mit *Wrong Volume* vermeiden (Situationen, in denen Ihre Anzeigenauslieferung nicht Ihrem gewünschten Maß an Conversions oder Interaktionen entspricht) und User im gesamten Google-Ökosystem finden. Die Ansprache geht über den Kundenkreis hinaus, den Sie möglicherweise selbst identifiziert haben.

- ✔ **Wertvollere Kunden identifizieren:** Da Google die Erkenntnisse nutzen kann, die es durch das Usertracking auf der Google-Plattform über alle seine Produkte hinweg erhält, kann es effektiver ermitteln, welche Nutzer am wahrscheinlichsten für Sie konvertieren. Die KI-Engine von Google analysiert Milliarden von Userinteraktionen – praktisch von jedem Erwachsenen in Deutschland und vielen anderen Ländern). Diese Reichweite ermöglicht es der KI, genauere Vorhersagen über die Akzeptanz von Zielgruppen zu bestimmten Überschriften, Anzeigentexten, Bildern, Kanälen und Anzeigenformaten zu treffen.
- ✔ **Tiefere Einblicke in die Zielgruppe:** Performance Max bietet Marketingfachleuten umfassendere, tiefere und spezifischere Einblicke in die Zielgruppe, als sie allein gewinnen könnten. Google untersucht nicht nur alle seine Plattformen, um das Verbraucherverhalten zu verstehen. Das Unternehmen konzentriert sich auch darauf, zu verstehen, wie sich die Verbraucher zwischen den verschiedenen Plattformen bewegen und in welchen Momenten sie von bestimmten Botschaften beeinflusst werden. Dieses Verständnis führt zu fundierten Entscheidungen darüber, welche kreativen Assets verwendet werden sollen, auf welchen Kanälen oder Plattformen sie laufen und welche Arten von Werbung in der Kampagne geschaltet werden sollen.

Kampagnen auf maximale Performance trimmen

Das Erstellen einer Google-Performance-Max-Kampagne umfasst eine Reihe von Schritten. Diese sind darauf ausgelegt, die Leistungsfähigkeit der KI von Google zu nutzen, um Conversions über alle Werbekanäle von Google hinweg zu erzielen. Bei diesem Ansatz wird das gesamte Potenzial der Machine-Learning- und Automatisierungsfunktionen von Google genutzt. Wenn Sie diese Schritte befolgen (und Ihre Kampagne kontinuierlich anhand von Leistungsdaten verfeinern), können Sie Ihre Marketingziele erreichen:

1. **Melden Sie sich bei Ihrem Google-Ads-Konto an.**

   Damit befinden Sie sich in der Schaltzentrale, wo Sie Ihre Kampagne starten und verwalten können.

2. **Klicken Sie auf die Schaltfläche + NEUE KAMPAGNE, um eine neue Kampagne zu erstellen.**

   Hier werden Sie von Google Ads aufgefordert, das Hauptziel Ihrer Kampagne auszuwählen, zum Beispiel Verkäufe, Leads oder Website-Verkehr.

Performance-Max-Kampagnen sind zielorientiert, daher ist die Auswahl des richtigen Ziels entscheidend.

3. **Wählen Sie Maximale Leistung als Kampagnentyp aus.**

   Mit der Verwendung von Performance Max nutzen Sie erweiterte ML-Algorithmen, die die Leistung Ihrer Kampagne über alle Werbekanäle und das gesamte Inventar von Google hinweg optimieren.

4. **Richten Sie Ihre Kampagnenparameter ein.**

   Geben Sie die Einzelheiten ein, die für Ihre Kampagne maßgeblich sind, aber auch einschränken, einschließlich:

   - *Kampagnenname:* Geben Sie Ihrer Kampagne einen aussagekräftigen Namen, damit Sie sie später leicht identifizieren können.
   - *Standorte:* Geben Sie an, wo Ihre Anzeigen örtlich erscheinen sollen.
   - *Sprachen:* Wählen Sie die Sprache(n), die Ihre Zielgruppe spricht.
   - *Budget und Gebote:* Legen Sie Ihr tägliches Budget oder Ihr Gesamtbudget für die Kampagne fest und wählen Sie Ihre Gebotsstrategie. Google Ads empfiehlt Gebotsstrategien, die auf Ihren Kampagnenzielen basieren. Diese Strategien – wie etwa CPA (Cost Per Acquisition) oder Conversions – sind darauf ausgelegt, Ihre Gebote automatisch in Echtzeit anzupassen. Damit sollen sie innerhalb Ihres angegebenen Budgets das bestmögliche Ergebnis erzielen.
   - *Ad Schedule:* Entscheiden Sie, ob Ihre Anzeigen kontinuierlich oder nur zu bestimmten Stunden oder Tagen geschaltet werden sollen.

5. **Definieren Sie die Zielgruppe Ihrer Kampagne.**

   Geben Sie Zielgruppensignale an, um die KI zu steuern. Sie können Daten wie Kundenlisten, Websitebesucher und App-Nutzer verwenden. Obwohl Performance Max die KI von Google verwendet, um Ihre Anzeigen auszurichten, kann die Bereitstellung von Zielgruppensignalen der KI dabei helfen, die richtige Zielgruppe auszuwählen. Wenn Sie beispielsweise Kundenabgleichslisten verwenden, können Sie Ihre eigenen Daten hochladen – E-Mail-Adressen oder Telefonnummern Ihrer bestehenden Kunden –, um gezieltere und personalisiertere Werbekampagnen zu erstellen.

6. **Fügen Sie die Assets hinzu, die Sie in Ihre Kampagne einbinden möchten.**

   Zu diesen Assets können gehören

   - *Kreative Elemente:* Laden Sie Bilder, Logos, Videos, Überschriften und Beschreibungen hoch, die für Ihre Kampagne relevant sind.

Für Kampagnen mit maximaler Performance sind unterschiedliche Assettypen erforderlich, um Anzeigen in unterschiedlichen Formaten auf unterschiedlichen Plattformen bereitzustellen.

   - *Erweiterung der endgültigen URL:* Entscheiden Sie, ob Google dynamisch Änderungen vornehmen darf, um Ihre Landingpage an die Suchanfrage eines Nutzers anzupassen und so die Relevanz zu erhöhen.

7. **Richten Sie ein Conversion-Tracking ein. Platzieren Sie Tracking-Codes auf Ihrer Website oder in Ihrer App, damit Sie die für Sie wichtigsten Verbraucheraktionen messen können.**

   Sie können beispielsweise tatsächliche Verkäufe oder die Anzahl der Anmeldungen und Leads messen. Die Verfolgung dieser Daten ist für die Optimierung Ihrer Kampagne von entscheidender Bedeutung.

8. **Überprüfen Sie alle Kampagneneinstellungen und -ressourcen.**

   Stellen Sie beim Überprüfen Ihrer Kampagne sicher, dass alles mit Ihren Marketingzielen übereinstimmt und den Google-Ads-Richtlinien entspricht. Diese finden Sie in der Google-Ads-Hilfe.

9. **Klicken Sie auf die Schaltfläche VERÖFFENTLICHEN, um Ihre Kampagne zu starten.**

10. **Überwachen Sie die Ergebnisse Ihrer Kampagne, indem Sie regelmäßig Ihre Leistungskennzahlen überprüfen und die erforderlichen Anpassungen vornehmen, um die Leistung zu optimieren.**

    Mithilfe der von Google Ads im Bereich BERICHTE bereitgestellten Insights und Daten können Sie fundierte Entscheidungen zur Optimierung von Targeting, Geboten und kreativen Anpassungen treffen.

Meta-Advantage+-Kampagnen

Was Performance Max für Google ist, ist Advantage+ für Meta. (Weitere Informationen zu dem Google-Angebot finden Sie im Abschnitt »Google Performance Max im Überblick« weiter vorn in diesem Kapitel.) Ähnlich wie Google fasst Meta alle seine automatisierten Werbeprodukte und -dienste für Marketer unter Meta Advantage+ zusammen. Mit Meta Advantage+ kann ein Werbekunde gleichzeitig auf allen Meta-Plattformen (Facebook, Instagram, WhatsApp und Messenger) Werbung kaufen, ohne auf jeder Plattform einzeln Kampagnen erstellen und manuell ausführen zu müssen.

Meta-Advantage+-Kampagnen gibt es in zwei Formen: Advantage+-App-Kampagnen und Advantage+-Shopping-Kampagnen. In den folgenden Abschnitten können Sie sich einige Funktionen beider Kampagnenformen ansehen. Diese Funktionen und Vorteile ähneln denen, die Google für Performance Max anbietet. Beide Unternehmen nutzen ähnliche KI-Technologien, um ihre Werbekampagnen zu unterstützen. ***Hinweis:*** Da diese Plattformen direkt um die Werbeeuros der Werbetreibenden konkurrieren, wollen sie sich in Bezug auf ihre Leistungsfähigkeit gegenseitig übertreffen.

Kampagnenfunktionen im Fokus

Als Marketingmanager brauchen Sie weniger Zeit für den Kampagnenerstellungsprozess, wenn Sie sich von Meta Advantage+ AI bei der Konfiguration Ihrer Anzeigen und

Werbebotschaften helfen lassen und gleichzeitig mehr Menschen auf personalisierte und kostengünstige Weise erreichen. Advantage+-Funktionen, die Ihnen dabei helfen können, umfassen:

- ✔ **Automatisierte Erstellung und Verwaltung von Kampagnen:** Der Prozess der Kampagnenerstellung wird optimiert, da Sie Kampagnen mit weniger Eingaben als bisher nötig einrichten können. Dadurch wird die Komplexität bei der Auswahl von Zielgruppen, Platzierungen und kreativen Anzeigenoptionen reduziert.

- ✔ **Einfacheres Targeting:** Analysiert Daten und identifiziert die effektivsten Zielgruppensegmente für Ihre Anzeigen. Die vereinfachten Eingabemöglichkeiten ergänzt Advantage+ mit seinen Daten. Das soll sicherstellen, dass Ihre Kampagnen die relevantesten User erreichen, ohne in verschiedenen Kampagnen um dieselbe Zielgruppe zu konkurrieren.

- ✔ **Verbesserter Prozess zur Anzeigenerstellung:** Sie können eine Vielzahl von Werbekreationen – darunter Bilder, Videos und *Instant Experiences* (ein interaktives Vollbild-Anzeigenformat, das sich öffnet, wenn jemand auf einem Mobilgerät auf Ihre Anzeige tippt) – in großen Mengen hochladen. Das System testet dann automatisch verschiedene Kombinationen dieser Kreativelemente und eruiert, welche die beste Leistung bringt. Diese Funktion reduziert den manuellen Aufwand bei der Erstellung und Prüfung von Anzeigen erheblich.

- ✔ **Platzierungsoptimierung:** Automatische Platzierungen zeigen Ihre Anzeigen innerhalb des Meta-Ökosystems – Facebook, Instagram, Messenger und Meta Audience Network – an so vielen Orten wie möglich. Die Breite der Platzierung kann dabei helfen, sich auf die Plattform(en) zu konzentrieren, auf denen Ihre Anzeigen wahrscheinlich am besten funktionieren. Diese Ausrichtung trägt dazu bei, maximale Sichtbarkeit und Kundenbindung auf den verschiedenen Plattformen sicherzustellen.

- ✔ **Leistungsoptimierung:** Machine-Learning-Algorithmen optimieren Ihre Kampagnen kontinuierlich und versuchen die Zahl von App-Installationen, Leads, Verkäufen oder anderen Kundenkonvertierungszielen zu maximieren. Sie können auch optimierte Gebotsstrategien erhalten und dynamische Anpassungen vornehmen lassen, wo und wie Ihre Anzeigen erscheinen. Alle Adaptionen sind darauf ausgelegt, Ihren Return on Investment (ROI) zu erhöhen.

- ✔ **Umfassende Berichte und Einblicke:** Detaillierte Berichtstools schlüsseln die individuelle Anzeige Ihrer Kampagnenleistung auf. Diese Angaben können demografische Daten, verwendete Gerätetypen, Platzierungen, auf die Kunden reagieren, und mehr umfassen. Diese Statistiken liefern Ihnen tiefgreifende Einblicke, die Ihnen bei Ihren zukünftigen Optimierungs- und Strategieentscheidungen helfen können.

Kampagnenvorteile nutzen

Das Erstellen einer Advantage+-Kampagne über Meta vereinfacht den Werbeprozess, da viele Entscheidungen automatisiert werden. Dadurch können Sie sich auf die Erstellung überzeugender Werbekreationen und die Definition klarer Marketingziele konzentrieren. Weitere Vorteile von Advantage+-Kampagnen sind:

- ✔ **Kampagnenanpassungen in Echtzeit:** Advantage+ verwendet KI und maschinelles Lernen, um sicherzustellen, dass Kampagnen in Echtzeit optimiert werden (zum Beispiel durch Anpassung von Geboten, Targeting und Anzeigenplatzierungen basierend auf Leistungsdaten). Die analytische Natur von KI-Technologien kann Ihrer Kampagne dabei helfen, sich an die sich ändernde Landschaft des Userverhaltens und der Plattformdynamik anzupassen.
- ✔ **Skalierbarkeit:** Da Advantage+ eine vereinfachte Kampagnenerstellung und automatische Optimierung bietet, können Sie Ihre Marketingmaßnahmen problemlos über die Meta-Plattformen hinweg skalieren, ohne den Arbeitsaufwand deutlich zu erhöhen.
- ✔ **Verbesserte Leistung:** Advantage+ kann die Anzeigenleistung verbessern, das Kundenengagement, die Konversionsraten und den Return on Investment (ROI) steigern, da es die Anzeigenbereitstellung, die Anzeigengestaltung und die Zielgruppenausrichtung optimiert.

Im Kommen: App- und Shopping-Kampagnen

Die Meta-Plattform richtet einen großen Teil ihrer Werbung darauf aus, App-Installationen auf den mobilen Endgeräten der Kunden zu fördern. Dafür bietet Meta eine spezielle Werbelösung an: Advantage+-App-Kampagnen. Damit können Marketer App-Downloads forcieren. Ganz ähnlich gelagert sind die Advantage+-Shopping-Kampagnen, mit der Marketer Verbraucher ansprechen möchten, die am Kauf von Produkten und Dienstleistungen interessiert sind.

Features der App-Kampagnen

Advantage+-App-Kampagnen erfordern während des Kampagnenerstellungsprozesses weniger Eingaben von Werbetreibenden. Sie vereinfachen die Zielgruppenauswahl und optimieren die Verwaltung kreativer Assets. Als Marketer können Sie App-Kampagnen nutzen, um sowohl App-Installationen als auch App-Ereignisse (wie In-App-Käufe oder Registrierungen) innerhalb eines einzigen Kampagnenzeitraums zu optimieren.

Darüber hinaus unterstützen Advantage+-App-Kampagnen Advantage+-Kataloganzeigen. Diese Kataloganzeigen – früher als dynamische Anzeigen bezeichnet – ermöglichen Ihnen die Erstellung einer Anzeigenvorlage, die automatisch Bilder und Details aus Ihrem Produktkatalog einbindet. Diese Integration trägt dazu bei, dass Ihre Marketingkampagne eine effizientere und einheitlichere Experience bietet.

Zielgenaues Targeting mit Shopping-Kampagnen

Mit Meta-Advantage+-Shopping-Kampagnen können Marketingfachleute die *Kundengewinnung* (Identifizierung neuer Kunden) mit der Ansprache bestehender Kundengruppen innerhalb einer Kampagne kombinieren. Marketingmitarbeitende können *personalisierte*

Produkte (Produkte, die für einen bestimmten Nutzer höchstwahrscheinlich von Interesse sind) aus ihrem Katalog in die Anzeige integrieren und außerdem auf Tools zugreifen, die bei der Anpassung des kreativen Inhalts und der Feinabstimmung des Zielmarkts helfen. Die kreativen Kombinationen der Kampagne umfassen die Auswahl der richtigen Bilder, die dazu passenden Überschriften und Anzeigentexte sowie den richtigen Call-to-Action. Die Kampagne passt die Anzeige dann an den Verbraucher mit dem höchsten Consumer Value an (den Verbraucher, der höchstwahrscheinlich den größten Kauf tätigen wird).

Und genau wie Google (darüber spreche ich im Abschnitt »Google Performance Max im Überblick« weiter vorn in diesem Kapitel) wendet Meta maschinelles Lernen an, um die interessantesten Kunden auf allen Meta-Plattformen zu identifizieren und anzusprechen. Meta wirbt damit, dass es mit Advantage+-Shopping-Kampagnen automatisch bis zu 150 kreative Kombinationen testen und den Usern die leistungsstärksten Anzeigen liefern kann.

Advantage+-Kampagnen umsetzen

Das Erstellen einer Meta-Advantage+-Kampagne folgt einem optimierten Prozess. Dieser nutzt KI, um die Leistung Ihrer Anzeige in der gesamten Meta-App-Familie (einschließlich Facebook, Instagram, Messenger und dem Meta Audience Network) zu optimieren. Wenn Sie die Schritte in diesem Abschnitt befolgen, können Sie Ihre Zielgruppe effektiv ansprechen und Ihre Werbeziele auf den Plattformen von Meta erreichen.

So können Sie Ihre Advantage+-Kampagne einrichten:

1. **Melden Sie sich bei Ihrem Meta-Ads-Manager-Konto an und klicken Sie auf die Schaltfläche ERSTELLEN, um eine neue Kampagne zu starten.**

2. **Wählen Sie Ihr Marketingziel aus den in der Liste bereitgestellten Optionen aus.**

   Advantage+-Kampagnen unterstützen verschiedene Ziele, darunter Markenbekanntheit, Reichweite, Traffic, Engagement, App-Installationen, Videoaufrufe, Lead-Generierung und Konvertierungen. Wählen Sie das Ziel aus, das am besten zu Ihren Kampagnenzielen passt.

3. **Wählen Sie die Option ADVANTAGE+-KAMPAGNE aus der Liste.**

   Wenn Sie die Option ADVANTAGE+ auswählen, können Sie automatisierte Tools für Ihre Kampagne verwenden.

4. **Konfigurieren Sie die Einstellungen, die Ihre Kampagne benennen und das Budget steuern.**

   Geben Sie Ihrer Kampagne einen Namen, der sie für künftige Zwecke eindeutig identifiziert. Je nachdem, welches Ziel Sie in Schritt 2 auswählen, werden Ihnen möglicherweise Optionen zur Optimierung Ihres Kampagnenbudgets angezeigt. Entscheiden Sie, ob Sie diese Funktion aktivieren möchten. Damit kann Meta Ihr Budget automatisch auf die Anzeigengruppen verteilen, die voraussichtlich die besten Ergebnisse bringen.

5. **Richten Sie Ihre Kampagnenparameter ein.**

   Sie können Parameter für Ihre Advantage+ Kampagne festlegen:

   - *Ihre Zielgruppe definieren:* Sie können grundlegende demografische Informationen wie Alter, Geschlecht und Standort angeben. Die Plattform verwendet KI, um Ihre Zielgruppe weiter einzugrenzen, basierend darauf, wer wahrscheinlich am ehesten auf das Kampagnenziel reagiert, das Sie in Schritt 2 angeben.
   - *Auswahl Ihrer Platzierungen:* Obwohl Advantage+ die Anzeigenplatzierungen automatisch optimiert, verfügt Ihr Meta-Ads-Manager-Konto möglicherweise über Optionen zum Festlegen bestimmter Einstellungen, zum Beispiel die Priorisierung mobiler Geräte oder den Ausschluss bestimmter Plattformen.
   - *Festlegen Ihres Budgets und Zeitplans:* Entscheiden Sie, wie viel Sie täglich oder über welche Laufzeit Sie Ihr Anzeigenbudget ausgeben möchten. Legen Sie den Zeitraum fest, in dem Ihre Anzeigen geschaltet werden sollen.

6. **Skizzieren Sie die Gestaltungsmerkmale Ihrer Anzeigen.**

   Sie können die Gestaltungsmerkmale Ihrer Anzeigen festlegen durch:

   - *Auswählen des Anzeigenformats, das Sie verwenden möchten:* Advantage+ unterstützt verschiedene Anzeigenformate, darunter einzelne Bilder oder Videos, *Karussells* (interaktive Anzeigen, die mehrere Bilder oder Videos in derselben Anzeige präsentieren).
   - *Hochladen Ihrer kreativen Assets:* Sie können Bilder, Videos, Überschriften und Beschreibungen hochladen. Advantage+ testet dann verschiedene Kombinationen dieser Assets, um zu ermitteln, welche bei Ihrer Zielgruppe (die Sie in Schritt 5 definieren) am besten ankommen.
   - *Die Elemente eingeben, die Teil Ihrer Anzeigengestaltung sind:* Diese Elemente können Text, eine Website-URL und Call-to-Action-Schaltflächen (CTA) sein. Stellen Sie sicher, dass alle Elemente mit Ihren Kampagnenzielen (siehe Schritt 2) und den Interessen Ihrer Zielgruppe (siehe Schritt 5) übereinstimmen.

7. **Überprüfen Sie alle Einstellungen, Parameter und kreativen Elemente.**

   Durch die Überprüfung aller Teile der Kampagne vor dem Start können Sie sicherstellen, dass diese mit all Ihren Marketingzielen übereinstimmen und den Werberichtlinien von Meta entsprechen. Die Werberichtlinien von Meta finden Sie im Meta Business Help Center.

8. **Klicken Sie auf die Schaltfläche VERÖFFENTLICHEN, um Ihre Advantage+-Kampagne zu starten.**

9. **Überwachen Sie Ihre Kampagnenergebnisse. Nehmen Sie die erforderlichen Anpassungen vor, um die Leistung Ihrer Kampagne zu optimieren.**

Nachdem Ihre Kampagne live ist, können Sie ihre Leistungsdaten regelmäßig in Ihrem Meta-Ads-Manager-Konto überprüfen. Obwohl Advantage+ Funktionen zur automatischen Optimierung Ihrer Kampagne bietet (zum Beispiel durch Umverteilung des Budgets auf leistungsstärkere Anzeigengruppen), müssen Sie den Fortschritt dennoch tracken und manuelle Anpassungen an Ihren Elementen vornehmen. Vielleicht zeigen Ihre Leistungsdaten, dass Sie die Zielgruppenausrichtung, das Budget oder die Kreativressourcen anpassen müssen.

Anzeigen auf Amazon im Check

Die Amazon-Ads-Plattform funktioniert ein wenig anders als die Werbeplattformen von Google oder Meta (die in den Abschnitten »Google Performance Max im Überblick« beziehungsweise »Meta-Advantage+-Kampagnen« weiter vorn in diesem Kapitel besprochen werden). Denn die Werbung dort ist darauf ausgerichtet, Kunden zum Kauf auf der Amazon-Website oder in der mobilen App selbst zu animieren. Auf Google oder Meta leiten Werbekampagnen potenzielle Kunden auf die Website oder mobilen Apps der jeweiligen Marke weiter. Aufgrund dieses Unterschieds müssen sich Werbetreibende auf der Amazon-Plattform als Verkäufer registrieren und Produkte anbieten, die sie dort verkaufen. Da Amazon ein *geschlossenes System* ist (von der Werbung bis zum Kauf – alles auf einer Website), kann es ausgefeiltere Targeting- und Datenanalysefunktionen bieten als andere Plattformen.

Amazon Ads arbeitet innerhalb des riesigen Ökosystems des Onlinemarktplatzes und kann die umfangreichen Daten der Plattform zu Verbraucherpräferenzen und Einkaufsverhalten – über eine Vielzahl von Produkttypen hinweg – nutzen. Das hilft Werbetreibenden, ihre Zielgruppe effektiver zu erreichen. Amazon-Ads-Kampagnen sind darauf ausgelegt, die Sichtbarkeit für Verkäufer und Marken zu erhöhen. Das kann Bekanntheit und Umsatz steigern, wenn passende Produkte Verbrauchern präsentiert werden, die bereits in Kauflaune sind. Die folgenden Abschnitte geben Ihnen einen Überblick darüber, wie die Amazon-Ads-Plattform funktioniert und welche verschiedenen Anzeigenformate und Targeting-Mechanismen realisierbar sind.

Die verschiedenen Arten der Amazon-Anzeigen

Die Amazon-Ads-Plattform bietet Ihnen Anzeigenformate, die die gesamte Bandbreite abdecken: von Anzeigen, die eine einzelne Produktliste bewerben, bis hin zu Anzeigen, die auf der Amazon-Website und auf Websites von Drittanbietern laufen. Die Anzeigenformate, die Sie mit Amazon Ads erstellen können, umfassen:

- ✔ **Gesponserte Produkte:** Diese Cost-per-Click-Anzeigen (CPC) bewerben einzelne Produktlisten auf Amazon. Gesponserte Produkte erscheinen in Suchergebnissen und auf Produktdetailseiten. Das trägt dazu bei, den Traffic auf gesuchte Artikel zu lenken. Als Werbetreibender können Sie diese Anzeigen auf der Grundlage von Schlüsselwörtern oder Produkttypen ausrichten und sie so für die Suchanfragen oder Interessen der Verbraucher höchst relevant machen.

- ✔ **Sponsored Brands:** Früher als Headline Search Ads bekannt, handelt es sich bei Sponsored Brands ebenfalls um CPC-Anzeigen. Marken können damit eine benutzerdefinierte Überschrift, ein Logo und bis zu drei Produkte in einer Anzeige bewerben. Die Anzeigen erscheinen an prominenteren Positionen – beispielsweise oben in den Suchergebnissen – und zielen darauf ab, die Markenbekanntheit und den Umsatz für ausgewählte Produkte zu steigern.
- ✔ **Sponsored Display:** Diese Anzeigen orientieren sich am bisherigen Einkaufsverhalten der User. Sie berücksichtigen auch Produkte, die sie angesehen, aber nicht über Amazon gekauft haben. Sponsored-Display-Anzeigen können nicht nur auf Amazon, sondern auch auf Websites und Apps von Drittanbietern ausgespielt werden, womit Werbetreibende eine größere Reichweite über die Amazon-Plattform hinaus erhalten. Sie können dieses Anzeigenformat nutzen, um Käufer erneut anzusprechen und sie aufzufordern, Produkte, die sie bereits in Betracht gezogen haben, erneut anzusehen.
- ✔ **Amazon DSP (Demand-Side-Platform):** Mit der Amazon DSP können Werbetreibende Display-, Video- und Audioanzeigen *programmatisch* (unter Verwendung von Algorithmen und Werbetechnologie) sowohl auf der Amazon-Website als auch außerhalb einkaufen. Sie können mit der DSP-Plattform Amazons umfassende Shoppingdaten nutzen und Zielgruppen über Amazon-Websites und -Apps sowie über Marktpartner und Drittanbieter erreichen. Amazon DSP ist besonders effektiv, um über Kampagnen die Markenbekanntheit zu steigern.

Fokussierung auf Targeting-Mechanismen

Die Targeting-Funktionen von Amazon Ads basieren auf den umfassenden Insights über das Einkaufsverhalten der Verbraucher. Diese Informationen werden in Algorithmen für maschinelles Lernen eingespielt, die den Werbetreibenden dann Empfehlungen geben. Werbetreibende können ihre Anzeigen auf der Grundlage der in Tabelle 18.1 aufgeführten Optionen ausrichten.

Targeting-Option	Basis
Keywords	von Verbrauchern eingegebene Suchbegriffe
Produkte	bestimmte Produkte oder Kategorien, die für das Angebot des Werbetreibenden relevant sind
Interessen	Einkaufsverhalten und -präferenzen der Verbraucher, ermittelt aus ihrem Browser- und Einkaufsverlauf
Demografie	demografische Informationen über Verbraucher
nutzerdefinierte Zielgruppen	Verbraucherdaten, die ähnliche Zielgruppen (die Merkmale mit bestehenden Zielgruppen teilen) für DSP-Anzeigen identifizieren

Tabelle 18.1: Targeting-Optionen von Amazon Ads

Bezahlung und Leistungsmessung

Die meisten Amazon-Anzeigen basieren auf Cost-per-Click (CPC). Das bedeutet, dass Werbetreibende nur zahlen, wenn ein Käufer auf ihre Anzeige klickt. Dieses Modell ermöglicht es Marketers, ihre Werbebudgets genau zu kontrollieren, denn das für Anzeigen ausgegebene Geld ist direkt mit einer Kundeninteraktion verknüpft. Über die Amazon DSP (weitere Informationen finden Sie im Abschnitt »Die verschiedenen Arten der Amazon-Anzeigen« weiter vorn in diesem Kapitel) können Werbetreibende auch nach dem *Cost-per-Mille* (CPM oder Tausend-Kontakt-Preis) abrechnen, bei dem sie für die Sichtbarkeit ihrer Anzeigen zahlen.

Als Teil der Anzeigenkosten stellt Amazon Werbetreibenden eine Reihe von Tools zur Verfügung, mit denen sie die Leistung ihrer Kampagnen messen können. Diese Tools umfassen Kennzahlen wie *Impressionen* (wie oft eine Anzeige auf den Screens der User erscheint), Klicks, Conversion Rate und den Return on Advertising Spend (ROAS). Diese KPIs ermöglichen es Werbetreibenden, ihre Kampagnen im Laufe der Zeit zu optimieren. Sie können Targeting-Strategien verfeinern, Gebote anpassen und Anzeigengestaltung verbessern und so die Leistung ihrer Kampagne steigern.

Amazon-Anzeigen kreieren und starten

Amazon Ads ist ein leistungsstarkes Tool für Unternehmen, die Verbraucher in verschiedenen Phasen ihres Einkaufsprozesses erreichen möchten. Das reicht vom Aufbau der Produktbekanntheit bis hin zum tatsächlichen Kauf.

Das Erstellen einer Amazon-Ads-Kampagne ist ein strukturierter Prozess, bei dem Werbetreibende wertvolle Insights in den riesigen Marktplatz erhalten und diese für die Bewerbung ihrer Produkte nutzen können. Dieser Abschnitt enthält eine Schritt-für-Schritt-Anleitung zum Einrichten Ihrer Amazon-Ads-Kampagne. Dabei liegt der Schwerpunkt auf dem gängigsten Format – den gesponserten Produkten. Gleichwohl gelten die Prinzipien im Großen und Ganzen auch für andere Amazon-Werbelösungen wie gesponserte Marken und gesponserte Displays.

Mit diesen Schritten können Sie eine Kampagne in Amazon Ads einrichten:

1. **Melden Sie sich mit Ihrem Konto bei Amazon Seller Central oder der Amazon-Advertising-Konsole (für Verkäufer) an.**

   Diese Plattformen dienen als Kommandozentrale für Ihre Werbekampagnen auf Amazon.

2. **Wählen Sie im Werbebereich Ihrer Plattform die Option KAMPAGNENMANAGER.**

3. **Klicken Sie auf die Schaltfläche KAMPAGNE ERSTELLEN und wählen Sie dann den Kampagnentyp aus, den Sie über Amazon Ads ausführen möchten.**

Wenn Sie erstmals mit Amazon Ads arbeiten, sollten Sie mit gesponserten Produkten beginnen, da dies ein einfaches und effektives Format ist.

4. **Richten Sie Ihre Kampagnenparameter ein.**

   Sie können folgende Parameter eingeben:

   - *Kampagnenname:* Geben Sie Ihrer Kampagne einen aussagekräftigen Namen, damit Sie ihre Performance einfach tracken können.
   - *Start- und Endzeitpunkt:* Wählen Sie den Zeitpunkt, an dem Ihre Kampagne beginnen soll und, falls gewünscht, wann sie enden soll.
   - *Tagesbudget:* Legen Sie den Betrag fest, den Sie täglich für die Kampagne ausgeben wollen.

Wählen Sie ein Budget, das Ihre Werbeziele (Klicks oder andere Kennzahlen) berücksichtigt und die Wettbewerbsfähigkeit Ihrer Produktkategorie realistisch einschätzt (sodass Sie beispielsweise nicht zu viel für unproduktive Klicks ausgeben).

5. **Wählen Sie, wie Sie Ihre Anzeigen targeten möchten.**

   Amazon bietet für eine Sponsored-Products-Kampagne zwei Haupt-Targeting-Optionen:

   - *Automatisches Targeting:* Amazon spielt Ihre Anzeigen auf Basis Ihrer Produktliste und der Suchanfragen der Käufer aus. Verwenden Sie diese Option, wenn Sie neu bei Amazon Ads sind oder wenn Sie ein breiteres Publikum erreichen möchten.
   - *Manuelles Targeting:* Sie wählen Keywords oder Produkte aus, die Sie mit Ihren Anzeigen targeten möchten. Dieser Ansatz bietet Ihnen mehr Kontrolle. Sie können das Targeting an Ihren spezifischen Kampagnenzielen ausrichten.

6. **Wählen Sie die Produkte aus dem Katalog aus, für die Sie werben möchten.**

   Um die Wirksamkeit Ihrer Anzeigen zu maximieren, sollten Sie unbedingt die Produkte auswählen, die preislich konkurrenzfähig sind, gute Bewertungen haben und auf Lager sind.

7. **Legen Sie Ihre Gebote fest.**

   Ihre *Gebote* sind die Zahlungseinheiten, die Sie für die Anzeigen auf der Plattform ausgeben möchten. Wie viel Sie für einen Klick auf Ihre Sponsored-Products-Kampagne bezahlen, hängt von den Entscheidungen ab, die Sie in Schritt 5 getroffen haben:

   - *Für das automatische Targeting:* Legen Sie Ihr Standardgebot fest. Dies ist der Höchstbetrag, den Sie für einen Klick auf Ihre Anzeige zu zahlen bereit sind.

- *Für das manuelle Targeting:* Legen Sie Gebote für jedes Keyword oder Produktziel fest, das Sie in Schritt 5 angegeben haben. Amazon schlägt Gebote basierend auf der Wettbewerbsfähigkeit des Keywords vor. Sie können diesen Betrag jedoch an Ihre Kampagnenziele und Ihr Budget anpassen.

8. **Erstellen Sie Ihre Anzeige, indem Sie die Produktlisten nutzen. Fügen Sie – je nach Kampagnentyp – zusätzliche kreative Elemente hinzu.**

   Die Anzeigenkreation ist vom Typ der Kampagne abhängig, die Sie einrichten:

   - *Gesponserte Produkte:* Amazon verwendet Ihre vorhandene Produktliste zur Anzeigengestaltung. Stellen Sie daher vor dem Start Ihrer Kampagne sicher, dass Ihre Produktbilder und -beschreibungen qualitativ hochwertig und aktuell sind.

   - *Sponsored Brands und Sponsored Display:* Möglicherweise müssen Sie nutzerdefinierte Anzeigentexte erstellen. Befolgen Sie in diesem Fall die Richtlinien von Amazon zu Bildgrößen, Texten und Branding. Diese finden Sie im Amazon Advertising Support Center.

9. **Überprüfen Sie alle Details Ihrer Kampagne und senden Sie Ihre Kampagne zur Überprüfung an Amazon. Dazu klicken Sie in Ihrem Kampagnenmanager auf die Schaltfläche SENDEN.**

   Amazon überprüft Ihre Kampagne, ob sie alle Werberichtlinien erfüllt. Dieser Vorgang kann bis zu 72 Stunden dauern.

10. **Überwachen Sie die Kampagnenleistung mithilfe der Amazon-Reportingtools, die Sie in Ihrem Amazon-Ads-Dashboard finden. Optimieren Sie die Performance durch Anpassungen.**

    Sie können Kampagnenmetriken wie Impressions, Klicks, Ausgaben und Verkäufe analysieren, um die Effektivität Ihrer Kampagne zu verstehen. Nutzen Sie dies, um Gebote, Targeting oder sogar die Produktlisten aufgrund fundierter Erkenntnisse anzupassen und so eine bessere Leistung zu erzielen.

Ein kurzer Blick auf TikTok-Werbung

Werbung auf TikTok profitiert von der dynamischen, äußerst ansprechenden Umgebung der Plattform. Marken können dort mit dem großen und vielfältigen Publikum auf TikTok in Kontakt zu treten. Mit einem Fokus auf Kreativität und Authentizität bieten TikTok-Ads eine einzigartige Gelegenheit, überzeugendes Storytelling zu liefern. Die folgenden Abschnitte bieten einen Überblick, wie Werbung auf TikTok funktioniert – von Anzeigenformaten bis hin zu Targeting und Messung.

Die Anzeigenformate auf TikTok

Das unglaubliche Wachstum von TikTok seit 2020 ist direkt auf seine ML-Algorithmen zurückzuführen. Denn sie gewährleisten, dass die richtigen Inhalte (und die richtige Werbung) die richtigen User erreichen und so ein hochgradig personalisiertes Engagement im großen Stil fördern.

TikTok-Ads gibt es in den folgenden Formaten:

- **In-Feed-Anzeigen:** Videoanzeigen, die neben anderen Userinhalten im TikTok-For-You-Feed erscheinen. Ähnlich wie bei einem typischen TikTok-Video können User mit diesen Anzeigen interagieren, indem sie die Marke liken, kommentieren, teilen oder ihr folgen.
- **Brand Takeover:** Erscheint sofort, wenn ein User die TikTok-App öffnet, und bietet ein Videoerlebnis im Vollbildmodus. Dieses Format ist gut sichtbar und effektiv, um die Markenbekanntheit zu steigern. Sie haben außerdem die Möglichkeit, eine Brand-Takeover-Anzeige mit einer Website oder TikTok-Seite zu verknüpfen.
- **TopView:** Wie Brand-Takeover-Anzeigen, aber weniger aufdringlich. TopView-Anzeigen erscheinen 3 Sekunden nachdem ein Benutzer die App öffnet. Sie bieten bis zu 60 Sekunden Vollbildvideo mit Ton. Sie können dieses Format nutzen, um Aufmerksamkeit mit ansprechenden Inhalten zu erregen.
- **Hashtag-Challenge:** Diese Anzeigen sind einzigartig bei TikTok und laden User dazu ein, Inhalte rund um einen Marken-Hashtag zu erstellen. Da dieses Anzeigenformat usergenerierte Inhalte erfordert, erhöht es das Engagement und erhöht die Markenbekanntheit damit auf natürliche Weise.
- **Branded Effects:** Ermöglicht Werbetreibenden, userdefinierte Filter, Sticker und Spezialeffekte zu erstellen. Dieses interaktive Format fördert die Kreativität und Interaktion und steigert damit das Engagement mit Ihrer Marke.

Targeting-Funktionen im Fokus

TikTok bietet eine Reihe von Targeting-Optionen, damit die Ads ein relevantes Publikum erreichen. Tabelle 18.2 listet diese Optionen und ihre Grundlagen auf.

Targeting-Option	Basis
Demografie	Alter, Geschlecht, Standort und Sprache der User
Interessen	Nutzerinteressen und -interaktionen, zum Beispiel welche Inhaltstypen sie auf der TikTok-Plattform bevorzugen
Verhaltensweisen	Nutzeraktivität, zum Beispiel wie User mit Inhalten und Creator interagieren
nutzerdefinierte Zielgruppen	Ihre Kundenlisten, mit denen Sie Bestandskunden oder ähnliche Zielgruppen erreichen
Device	Gerätetyp des Benutzers, Betriebssystem oder andere technische Spezifikationen

Tabelle 18.2: Targeting-Optionen von TikTok

Logistik der TikTok-Werbekampagne

TikTok-Werbung zeichnet sich durch ihren Fokus auf immersive, interaktive Inhalte aus, die die Nutzer auf natürliche und authentische Weise einbeziehen. Wenn alle Aspekte des Werbeökosystems von TikTok verstanden und genutzt werden, können Werbetreibende sehr erfolgreiche Kampagnen erstellen. Sie finden bei ihrer Zielgruppe Anklang, fördern das Engagement und erzielen einen erheblichen Brand Impact.

Berücksichtigen Sie diese Faktoren beim Erstellen, Starten und Optimieren einer TikTok-Werbekampagne:

- ✔ **Bieten und Budgetieren:** TikTok-Anzeigen basieren auf einem Bietersystem, bei dem Werbetreibende ihre Budgets festlegen und auf Anzeigenplatzierungen bieten. Sie können aus verschiedenen Abrechnungsmethoden auswählen, darunter Cost per Click (CPC), Cost per Mille (CPM) oder Cost per View (CPV) bei Videoansichten. Die Plattform hat flexible Budgetierungsoptionen, sodass Sie je nach Bedarf Tages- oder Gesamtkampagnenbudgets festlegen können.
- ✔ **Anzeigenerstellung und -start:** TikTok fördert Kreativität und Authentizität von Anzeigeninhalten. Die Plattform unterstützt ihre potenziellen Werbetreibenden mit:
  - *kreativen Aufgaben:* Vertrauen Sie den vielen kreativen Tools und Vorlagen der Plattform. Sie helfen Ihnen (dem Werbetreibenden) Anzeigen zu erstellen, die bei der TikTok-Community ankommen.
  - *Anzeigentests:* Sie können den A/B-Test von TikTok (eine Methode zum Testen kleiner Änderungen an Ihren Inhalten; siehe Kapitel 16) verwenden, um mit Anzeigenvarianten zu experimentieren. Dadurch finden Sie heraus, was am besten funktioniert, und können Ihre Kampagnen entsprechend optimieren.
  - *Launch:* Nachdem Sie die Wirksamkeit Ihrer Anzeige getestet und Ihre Zielgruppe definiert haben, können Sie Ihre Kampagne auf TikTok starten.
- ✔ **Messung und Optimierung:** TikTok bietet Ihnen umfassende Analyse- und Berichtstools, damit Sie die Leistung Ihrer Anzeigen verfolgen können. Kennzahlen wie Impressions, Klicks, Engagement-Rate und Konvertierungsdaten helfen Ihnen, die Effektivität Ihrer Kampagnen und den Return on Investment (ROI) zu messen. Sie müssen diese Kennzahlen kontinuierlich überwachen und Ihre Werbekampagne anhand der gewonnen Erkenntnisse und Kennzahlen optimieren (zum Beispiel durch Anpassen der Zielgruppenausrichtung oder Ändern der Anzeigenkreationen).

KI-Tools für Performance-Marketing

Wenn Sie Ihre Marketingmaßnahmen mit Automatisierungstools verbessern wollen, finden Sie in Tabelle 18.3 einige wichtige Namen. Diese Plattformen nutzen KI zur Steigerung der Performance.

Plattform	Website	Beschreibung
Acquision	www.acquisio.com	eine Plattform zur Gebots- und Budgetverwaltung, die über mehrere Such- und soziale Kanäle hinweg funktioniert und sich auf lokale und kleine Werbetreibende konzentriert
Adobe Marketo Engage	http://business.adobe.com/products/marketo	eine Marketingautomatisierungsplattform, die Kampagnen über E-Mail-, soziale und mobile Kanäle personalisiert und optimiert
Albert	www.albert.ai	ein Tool, das digitale Werbekampagnen über mehrere Kanäle hinweg, einschließlich Suche, soziale Netzwerke und Display, automatisiert und optimiert
IBM watsonx	www.ibm.com/watsonx	eine Plattform, die Kampagnen über alle Kanäle hinweg personalisiert und optimiert, darunter E-Mail, Mobilgeräte und Web
Jacquard	www.jacquard.com	ein Tool, das natürliche Sprachgenerierung nutzt, um E-Mail-Betreffzeilen, Push-Benachrichtigungen, digitale Werbung und Social-Media-Texte zu optimieren
Pixis	www.pixis.ai	eine Plattform für Großkunden im digitalen Marketing, die Zielgruppen aufbaut, Creatives entwickelt und digitale Werbekampagnen durchführt
Salesforce Einstein	www.salesforce.com/de	eine Reihe von KI-Technologien, die Marketingkampagnen, einschließlich E-Mail, Social Media und Mobile, personalisieren und optimieren können
Kenshoo Skai	www.skai.io	eine digitale Marketingplattform, die Such-, Social- und E-Commerce-Kampagnen in großem Maßstab verwaltet und optimiert
text.cortex	www.textcortex.com	eine Content-Marketing-Plattform, die Social-Media- und E-Mail-Kampagnen durch die Analyse und Vorhersage des Engagements des Publikums optimiert

Tabelle 18.3: Marketingplattformen, die KI nutzen

IN DIESEM KAPITEL

Der Aufstieg des E-Mail- und SMS-Marketings

Bessere Analysen und Kampagneninhalte für das Newsletter-Marketing

Ihr E-Mail- und SMS-Marketing mit KI optimieren

Kapitel 19
KI im E-Mail- und SMS-Marketing

In unserer digitalen Welt haben sich E-Mail- und SMS-Marketing zu wirksamen Kommunikationskanälen entwickelt. Unternehmen nutzen es, wenn sie Kontakte knüpfen, informieren und überzeugen wollen. Für viele Menschen beginnt der Arbeitstag damit, E-Mails und Textnachrichten zu checken. Für Marketer sind diese Kanäle deshalb äußerst effektiv. Sie können die Konsumenten durch den Kaufprozess führen oder ihr Engagement für eine Marke neu entfachen.

In diesem Kapitel werden zunächst die Ursprünge des E-Mail- und SMS-Marketings untersucht, um ein grundlegendes Verständnis für die Technologie dieser Instrumente zu vermitteln. Anschließend erhalten Sie einen Einblick in KI-gestützte Tools und die Funktionen von E-Mail- und SMS-Anbietern. Ich zeige Ihnen, wie KI-Technologien in E-Mail- und SMS-Plattformen integriert werden, und Sie erfahren, wie Sie mit verbesserten Personalisierungs- und Engagement-Strategien Werbebotschaften verfassen können, die bei ihrer Zielgruppe großen Anklang finden.

Und natürlich enthält das Kapitel Best Practices zur nahtlosen Integration von KI in E-Mail- und SMS-Marketingstrategien. Darüber hinaus bietet es einen Leitfaden zu KI-Tools, den Sie für Ihre E-Mail- und SMS-Marketingmaßnahmen einsetzen können.

Tracking von E-Mail- und SMS-Marketing

Die Ursprünge des E-Mail- und SMS-Marketings sind eng mit technologischen Entwicklungen verbunden, die den Grundstein für diese leistungsstarken Kommunikationskanäle legten. Für das E-Mail-Marketing sieht die Historie etwa so aus:

- **1971:** Ray Tomlinson verschickte die erste E-Mail über das ARPANET (ein Vorgängersystem des Internets) und ebnete damit den Weg für die E-Mail-Kommunikation zwischen Usern mit unterschiedlichen Netzwerk-Hosts.
- **Die 1990er-Jahre:** Mit der Kommerzialisierung des Internets erkannten Unternehmen das enorme Potenzial von E-Mails als Marketinginstrument. Einige frühe Versuche, E-Mails für Marketingzwecke zu nutzen, verließen sich darauf, dass die E-Mail-Empfänger die Nachricht an andere Personen weiterleiteten. Gleichzeitig gab es Massensendungen unformatierter E-Mails.
- **2002:** Ein wichtiger Meilenstein wurde erreicht, als die Richtlinie der Europäischen Union über Datenschutz und elektronische Kommunikation dazu beitrug, E-Mail-Marketing zu legitimieren. Es wurden Richtlinien für Datenschutz, Zustimmung und Opt-in-Abonnements festgelegt. Diese Richtlinien leiteten eine Ära strukturierterer und seriöser E-Mail-Marketingmaßnahmen ein.

Die Zeitleiste für das SMS-Marketing sieht folgendermaßen aus:

- **1992:** Die Geburtsstunde des SMS-Marketings war, als Neil Papworth die erste Textnachricht – einen Weihnachtsgruß – an das Telefon seines Kollegen schickte.
- **Anfang der 2000er-Jahre:** Aufgrund der weitverbreiteten Nutzung von Mobiltelefonen und der Entwicklung von Technologien, die den Massenversand von Textnachrichten ermöglichten, begannen Unternehmen, SMS als Marketingkanal zu nutzen.
- **2008:** Ein entscheidender Moment in der Geschichte des SMS-Marketings war, als das Wahlkampfteam des US-Präsidenten Obama SMS-Nachrichten einsetzte, um Joe Biden als seinen Vizekandidaten anzukündigen. Diese Textnachrichten zeigten, welches Potenzial in der SMS steckt, wenn es darum geht, ein breites Publikum schnell und persönlich direkt zu erreichen und anzusprechen.

Die Nutzung in ihrer ganzen Breite

Durch den Einfluss von KI hat das transformative Potenzial des E-Mail- und SMS-Marketings die Fähigkeiten und die Effektivität dieser Kanäle noch einmal deutlich gesteigert. In einer Ascend2-Studie aus dem Jahr 2023 (`https://www.emarketer.com/content/how-b2b-marketers-take-advantage-of-ai-email-marketing`, zitiert in eMarketer) wurden Marketingexperten in den USA gefragt, wie sie KI im Rahmen des E-Mail-Marketings nutzen wollen. Die Studie zeigte das große Interesse der Befragten, mithilfe von KI die E-Mail-Marketing-Maßnahmen zu stärken und effektiver zu gestalten. Die Teilnehmer sahen Potenzial in folgenden Kategorien:

- Personalisierung von Content (50 Prozent)
- E-Mail-Retargeting (47 Prozent)
- Optimierung der Betreffzeilen (47 Prozent)
- dynamische Inhaltserstellung (44 Prozent)

- ✔ Optimierung des Versandzeitraums (44 Prozent)
- ✔ automatische Segmentierung und Targeting (40 Prozent)

E-Mail- und SMS-Marketing haben sich in verschiedenen Branchen aufgrund ihrer Kosteneffizienz, großen Reichweite und Vielseitigkeit weit verbreitet. Einzelhändler nutzen diese Kanäle für Werbeangebote, Auftragsbestätigungen und zur Kundenkommunikation. Die Reisebranche nutzt sie für Aktualisierungen geplanter Reisen und Last-Minute-Angebote. Und der Gesundheitssektor übermittelt darüber Terminerinnerungen und Gesundheitstipps. Die Kanäle erweisen sich in diesem Kontext als äußerst wertvoll für den Aufbau von Kundenbeziehungen, die Stärkung der Markenbindung und die Steigerung des Umsatzes durch personalisierte, zielgerichtete Nachrichten.

Personalisierung im Direktmarketing

Die Nutzung von KI für E-Mail- und SMS-Marketing bedeutet für Marketingfachleute einen enormen Fortschritt bei der Personalisierung, Optimierung und Messung ihrer Kampagnen. KI verwandelt diese traditionellen Kommunikationskanäle in hochwirksame Tools für die individuelle Kundenansprache. Dies führt nicht nur zu höheren Öffnungs- und Klickraten, sondern auch zu einer höheren Kundenzufriedenheit und einer stärkeren Loyalität.

Im Laufe der Jahre haben technologische Fortschritte die Komplexität von E-Mail- und SMS-Marketing deutlich verbessert. Durch die Integration von künstlicher Intelligenz und Algorithmen des maschinellen Lernens können Sie nun Nachrichten in großem Umfang personalisieren, die Sendezeiten durch prädiktive Analysen optimieren und Workflows so automatisieren, dass die Kanäle dynamisch auf Kundeninteraktionen reagieren. Diese Fortschritte – kombiniert mit einem tieferen Verständnis des Kundenverhaltens und der Kundenpräferenzen durch andere KI-Technologien – haben die anhaltende Relevanz und Wirksamkeit von E-Mail- und SMS-Marketing als direkte und ansprechende Kommunikationskanäle im digitalen Zeitalter sichergestellt.

Best Practice im Marketing: Nutzen Sie generative KI-Tools, um für jeden Empfänger personalisierte und kontextbezogen relevante E-Mail- und SMS-Inhalte zu erstellen und die Nachrichten an seine Vorlieben und Verhaltensweisen anzupassen. Verwenden Sie KI beispielsweise, um historische E-Mail-Leistungsdaten zu analysieren und Betreffzeilen zu generieren, die beim Empfänger für Aufmerksamkeit sorgen und damit höhere Öffnungsraten erzielen.

Die Leistungsfähigkeit von KI im E-Mail- und SMS-Marketing nutzen

Eine Hauptanwendung von KI im E-Mail- und SMS-Marketing liegt im Bereich der Personalisierung. KI-Algorithmen analysieren riesige Datenmengen, die auf den Datenplattformen von Unternehmen gespeichert sind, um das Kundenverhalten, ihre Vorlieben und ihre Interaktionen zu dechiffrieren. KI verwendet diese Analysen, um Nachrichten zu verfassen, die bei einzelnen Empfängern Anklang finden.

Ein E-Commerce-Händler kann mit KI personalisierte Produktempfehlungen per E-Mail oder SMS versenden, die auf dem bisherigen Browserverlauf und der Kaufhistorie eines Kunden basieren. Netflix liefert ein überzeugendes Beispiel für diesen Ansatz. Der Streamingdienst nutzt KI, um seine E-Mail-Marketingkampagnen anzupassen. Er sendet personalisierte Serien- und Filmempfehlungen, die die Kunden ansprechen und sie wahrscheinlich dazu bringen, auf die Plattform zurückzukehren.

Prädiktive Analysen zur Kundenbindung nutzen

KI verbessert die Optimierung von Inhalt und Zustellzeit von Textnachrichten oder E-Mails erheblich. Durch prädiktive Analysen kann KI den besten Zeitpunkt für den Nachrichtenversand an jeden Empfänger bestimmen und so die Wahrscheinlichkeit erhöhen, dass der Kunde die Nachricht öffnet und liest.

Best Practice im Marketing: Mit KI können Sie die optimalen Sendezeiten für jeden Empfänger – basierend auf dessen Engagement-Mustern und Onlineverhalten – bestimmen. Diese als *intelligente Send-Time Optimization* bezeichnete Vorgehensweise erhöht die Chancen, dass Ihre Marketingbotschaften gesehen werden und Reaktionen auslösen.

Darüber hinaus kann KI-gestütztes *A/B-Testing* (eine Methode zum Testen der Wirksamkeit von Marketingbotschaften; siehe Kapitel 16) das Testing verschiedener Betreffzeilen, Nachrichteninhalte und Handlungsaufforderungen automatisieren. Diese Funktionen können Unternehmen dabei helfen, in kurzer Zeit die effektivsten Marketingstrategien zu identifizieren.

Best Practice im Marketing: Verwenden Sie KI, um effektivere A/B-Tests für E-Mail- und SMS-Kampagnen zu entwerfen und durchzuführen. Damit erhalten Sie automatisch die leistungsstärksten Varianten für die von Ihnen anvisierten Kampagnenziele. Sie können KI beispielsweise verwenden, um die Leistung verschiedener Inhaltselemente (wie Bilder, Texte oder Layout) zu analysieren und sie kontinuierlich für ein besseres Engagement zu optimieren.

Ein Marketingteam könnte beispielsweise KI nutzen, um seine Kunden in verschiedene Gruppen zu segmentieren – basierend auf Echtzeit-Engagement und Präferenzen. (Weitere Informationen zur Zielgruppensegmentierung finden Sie in Kapitel 9.) Das Team könnte dann verschiedene Messaging-Strategien für jedes Segment testen und dabei kontinuierlich Strategien bewerten und anpassen und so die gewünschten Leistungskennzahlen verbessern (beispielsweise die Anzahl der geöffneten Nachrichten). Mit KI können Marketingfachleute E-Mail- und SMS-Inhalte hyperpersonalisieren, indem sie bestimmte Wörter, Ausdrücke und eine markenorientierte Sprache verwenden, die laut KI-Analyse gut ankommen. Diese Personalisierung kann sich an bestimmte Zielgruppen richten, aber auch bestimmte Einzelpersonen basierend auf der Analyse ihres früheren Verhaltens, ihrer demografischen oder *psychografischen Merkmale* (eine Klassifizierung basierend auf Einstellungen und anderen psychologischen Kriterien) adressieren.

Für Marketer ist es manuell – oder mithilfe überholter Tools und Technologien – nicht kosteneffizient möglich, hyperpersonalisierte Nachrichten auf einem ansprechenden Niveau zu versenden.

Best Practice im Marketing: Nutzen Sie KI und Machine Learning ganz gezielt, um Kundendaten zu analysieren und Zielgruppen anhand ihrer prognostizierten Interessen, Verhaltensweisen und der Wahrscheinlichkeit, sich an bestimmten Kampagnen zu beteiligen, zu segmentieren. Nutzen Sie dann KI, um personalisierte, relevante Inhaltsempfehlungen für Kunden per E-Mail und SMS basierend auf ihren Interessen und Vorlieben zu kuratieren und bereitzustellen.

Tracking von Kennzahlen und Kundenverhalten

KI trägt zur Verbesserung der Kampagnenanalyse bei und liefert wertvolle Insights. Neben der Erfassung grundlegender Kennzahlen wie Öffnungs- und Klickraten können KI-Tools das *Kunden-Engagement* (den Aufbau von Geschäftsbeziehungen) im Zeitverlauf verfolgen und analysieren. Das Ziel dieser längerfristig erhobenen Kennzahlen besteht darin, künftiges Kundenverhalten vorherzusagen und Muster zu erkennen, die möglicherweise nicht sofort erkennbar sind. Einige dieser aufgedeckten Kundenmuster können Folgendes beinhalten:

- ✔ **Künftige Klickraten:** ob der Trend der Kunden, dem Call-to-Action einer Nachricht zu folgen, zunimmt oder abnimmt
- ✔ **Kaufwahrscheinlichkeit:** ob mehr oder weniger Kunden kaufen
- ✔ **Vorhersehbarkeit des Kundenverhaltens:** Wie vorhersehbar ist die Inanspruchnahme eines Angebots durch den Kunden, beispielsweise eines Rabatts oder eines *Upselling-Artikels* (eines zusätzlichen oder höherpreisigen Artikels)?
- ✔ **Abmeldung:** Wahrscheinlichkeit, dass sich Kunden vom Newsletter abmelden

Dank der umfassenden Analysefähigkeit von KI können Marketingfachleute ihre Strategien in Echtzeit verfeinern und datengestützte Entscheidungen treffen. Damit steigern sie die Effektivität ihrer Kampagnen. Ein anschauliches Beispiel hierfür ist Einstein KI (`www.salesforce.com/einstein`) von Salesforce. Sie sagt nicht nur die besten Zeitpunkte zum Versand einer E-Mail voraus, sondern gibt auch Hinweise auf die aktuelle Stimmung der Kunden und die Wahrscheinlichkeit, ob sie auf eine Nachricht reagieren. Damit können Marketingfachleute ihre Maßnahmen strategischer ausrichten.

Best Practice im Marketing: Analysieren Sie die Stimmung und das Feedback Ihrer Kunden mithilfe von KI-basierter natürlicher Sprachverarbeitung (NLP). Diese Technik ermöglicht dann gezielte Folgemaßnahmen und personalisierte Nachrichten. Darüber hinaus können KI-gesteuerte Conversational-Marketing-Strategien – die beispielsweise auf Chatbots und intelligente virtuelle Assistenten setzen – Kunden durch personalisierte, interaktive Erlebnisse über E-Mail- und SMS-Kanäle ansprechen.

E-Mail-Kampagnen mit KI

Durch die Nutzung der kreativen und automatisierten Fähigkeiten von KI können Marketer effektive, ansprechende und kundenorientierte E-Mail-Kampagnen erstellen, die hervorragende Ergebnisse erzielen. Hier einige Maßnahmen, bei denen KI hilfreich sein kann:

- **Personalisierte Onboarding-Kampagnen:** Passen Sie die Onboarding-Maßnahmen an die individuellen Bedürfnisse und Vorlieben Ihrer Kunden an. Damit haben diese einen einladenden und ansprechenden Start. Dieser richtet sich danach, über welchen Kanal er in Ihr Ökosystem gelangt ist (zum Beispiel Suchmaschinenwerbung oder Anmeldung bei einer Veranstaltung) und welche Produkte er kauft.

- **Personalisierte Abschnitte in der Kundenanbahnung:** Entwickeln Sie maßgeschneiderte und personalisierte Abschnitte, um potenzielle Kunden durch den Kaufprozess zu führen. Bieten Sie relevante Inhalte und Interaktionsmöglichkeiten, die auf den vorhandenen Daten dieser potenziellen Kunden beruhen.

- **Automatisierte Multi-Touch-Kampagnen:** Implementieren Sie Kampagnen, die potenzielle Kunden automatisch über mehrere *Touchpoints* (Interaktionspunkte) ansprechen. So wecken Sie ihr Interesse und lösen Aktionen aus. Richten Sie A/B-Tests (weitere Informationen zu A/B-Tests finden Sie in Kapitel 16) für verschiedene personalisierte Touchpoints ein, bevor Sie eine Multi-Touch-Kampagne für alle User aufsetzen.

- **Workflows zur Nachfragegenerierung:** Entwickeln Sie Workflows, die auf strategische Weise bei potenziellen Kunden Interesse und Nachfrage für Ihre Produkte oder Dienstleistungen generieren. Dabei werden *Look-alike-Studien* (Analyse der Ähnlichkeiten zwischen Einzelpersonen oder Gruppen zur Vorhersage von Verhaltensweisen, Vorlieben oder Eigenschaften) und *Wertversprechen* (Angebote, die Ihre Produkte oder Dienstleistungen attraktiv machen) verwendet, die bei Ihren Zielkunden den größten Anklang finden.

- **Umfassende E-Mail-Betreuung:** Entwickeln Sie umfassende E-Mail-Programme, die potenzielle Kunden informieren und durch den gesamten Sales-Funnel führen. Verwenden Sie *Tools zur Vorhersage von Kundenabwanderung* (damit Sie rechtzeitig wissen, welche Kunden ihre Geschäftsbeziehung mit Ihrem Unternehmen beenden könnten; weitere Informationen finden Sie in Kapitel 11). Damit können Sie ermitteln, welche Nutzer wahrscheinlich abwandern. Lassen Sie das Tool dann personalisiertere Programme entwickeln, die speziell auf die potenziell vielversprechendsten Kunden zugeschnitten sind.

- **Automatisierte Reaktivierung:** Entwickeln Sie zielgerichtete *Sequenzen* (maßgeschneiderte Kommunikationspläne, die auf bestimmte Kundensegmente zugeschnitten sind), um inaktive Kunden wiederzugewinnen oder potenzielle Kunden erneut anzusprechen und das Interesse an Ihren Angeboten neu zu wecken. Nutzen Sie KI-basiertes Texten, um die perfekte Pitch-Nachricht zu identifizieren und Nutzer zu reaktivieren, bevor Sie sie möglicherweise vollständig verlieren.

- **Account-Based-Marketing-Kampagnen (ABM):** Führen Sie gezielte Kampagnen durch, die auf die Einbindung bestimmter, hochwertiger Accounts abzielen, und stimmen Sie die Vertriebs- und Marketingbemühungen aufeinander ab. Konzentrieren Sie sich auf die Accounts, die mit der größten Wahrscheinlichkeit zu zahlenden Kunden werden.

- **Entwicklung von Produkt-Newslettern:** Entwerfen Sie Newsletter, die die Funktionen, aktuellen Features und Vorteile von Produkten hervorheben, damit Ihr Kundenstamm auf dem Laufenden und interessiert bleibt.

- **Multi-Channel-Rückgewinnungskampagnen:** Initiieren Sie über verschiedene Kanäle Kampagnen, mit denen Sie bisherige Kunden durch gezielte Nachrichten und Angebote zurückgewinnen.

SMS-Kampagnen mit KI anreichern

Die Integration von KI-Technologie in SMS-Marketingstrategien hilft, auf innovative Weise eine sinnvolle Verbindung mit potenziellen Kunden einzugehen. Hier einige Beispiele für ein SMS-Marketing, das auf KI basiert:

- **Werbe-SMS:** Senden Sie Nachrichten, um auf Sonderangebote, Verkäufe und Rabatte hinzuweisen und so unmittelbares Interesse zu wecken. Führen Sie multivariate Tests (Informationen zu dieser Art von Tests finden Sie in Kapitel 16) für bestimmte Kundensegmente durch.
- **Transaktions-SMS:** Kommunizieren Sie wichtige transaktionsbezogene Informationen – wie Auftragsbestätigungen, Versandaktualisierungen und Zahlungsbelege – zu Zeiten, in denen die Kunden aufgrund vorheriger Interaktionen wahrscheinlich positiv darauf reagieren.
- **Terminerinnerungen:** Senden Sie Erinnerungen für Termine, Buchungen und Reservierungen, um eine pünktliche Teilnahme sicherzustellen und ein Nichtwahrnehmen auszuschließen. Senden Sie auch diese Erinnerungen, wenn die Wahrscheinlichkeit am höchsten ist, dass die jeweiligen Kunden reagieren.
- **Feedback-Anfragen:** Fordern Sie Kundenfeedback an oder verschicken Sie Umfragen, um direkt nach dem Service oder Kauf wertvolle Erkenntnisse zu sammeln.
- **Kundenservice:** Bieten Sie einen Support über SMS, um eine schnelle Lösung von Anfragen und Problemen zu ermöglichen. Dieses Angebot nutzt die KI-Chatbot-Funktionalität im SMS-Format (telefonbasierte Nachrichten).
- **Aktualisierungen zum Treueprogramm:** Informieren Sie Kunden über die Vorteile des Treueprogramms, den Punktestand und exklusive Angebote für Mitglieder. So erhöhen Sie die Kundenbindung und ihr Engagement.
- **Veranstaltungsbenachrichtigungen:** Kündigen Sie bevorstehende Veranstaltungen, Webinare oder Workshops an und geben Sie alle erforderlichen Details und Registrierungsinformationen an.
- **Notfallwarnungen:** Versenden Sie dringende Updates und Warnungen, wenn Sie unmittelbar über kritische Situationen oder Änderungen aufmerksam machen wollen.
- **Personalisierte Empfehlungen:** Geben Sie personalisierte Produkt- oder Serviceempfehlungen basierend auf Kundenpräferenzen und Kaufhistorie weiter.
- **Kundenwiedergewinnung:** Sprechen Sie inaktive Kunden an, indem Sie ihnen Nachrichten senden, die ihr Interesse wecken und eine erneute Bindung an Ihre Marke fördern können.

- ✔ **Abonnementverlängerungen:** Erinnern Sie Kunden an bevorstehende Abonnementverlängerungen. Betonen Sie darin die Vorteile des Abonnements sowie alle erforderlichen Maßnahmen zur Weiterführung des Dienstes.

Fallstudie: Dairy Queen

Laut einem Artikel von Braze (`www.braze.com`; `www.braze.com/customers/american-dairy-queen-case-study`) startete die American Dairy Queen Company (ADQ) eine erfolgreiche E-Mail-Kampagne, mit der sie die Reichweite ihres Bonusprogramms steigerte. Dazu wurden bestehende Mitglieder des Blizzard-Fanclubs zu Bonusmitgliedern gemacht und das Bonusprogramm durch den Download einer App beworben. Und so wurde es gemacht:

- ✔ **Strategie:** Im März 2022 hat ADQ eine neue mobile App zur Unterstützung seines Treueprämienprogramms eingeführt. Dieses Programm war ein strategischer Schwenk hin zu einem kanalübergreifenden Ansatz. Dieser zielte darauf ab, die Beziehungen zu den Fans durch eine personalisierte Kommunikation und Erlebnisse zu vertiefen und unter den Usern bestimmte Gewohnheitsmuster aufzubauen.
- ✔ **Engagement-Taktiken:** Bis 2023 richtete ADQ seine Strategie zur Gewinnung neuer Fans und zur Förderung von App-Downloads neu aus, um die Reichweite des Prämienprogramms zu erhöhen. Eine wichtige Initiative bestand darin, den Mitgliedern des bisherigen Blizzard-Fanclubs Anreize für den Wechsel zum neuen Prämienprogramm zu bieten. Dieser Übergang war entscheidend, um das Engagement zu steigern und die Kundenbindung innerhalb eines stärker integrierten digitalen Ökosystems zu fördern.
- ✔ **Experimentierphase und neue Insights:** Im August 2022 startete ADQ eine A/B-Testkampagne, um die Vorlieben ihres Blizzard-Fanclub-Publikums zu ermitteln. Sie segmentierten dieses Publikum in vier Gruppen, wobei jedes Segment bei der Registrierung für das neue Prämienprogramm ein eigenes Willkommensangebot erhielt. Dieser methodische Ansatz ermöglichte es ADQ, das überzeugendste Angebot zu identifizieren und damit Reize zur Anmeldung zu setzen.
- ✔ **Kampagnenerfolg und Kennzahlen:** In der Testphase erwies sich das Blizzard-Angebot für 0,85 US-Dollar als das effektivste Angebot. Das veranlasste ADQ dazu, im April 2023 eine groß angelegte Kampagne rund um dieses Angebot zu starten. Die Auswirkungen der Kampagne waren beträchtlich und vielschichtig:
  - Sie führte zu erheblichen Umsätzen und einer Steigerung der Anmeldungen zum Bonusprogramm sowie zum Download der App.
  - Im Vergleich zum durchschnittlich erzielten monatlichen Umsatz sonstiger CRM-Maßnahmen konnte eine Steigerung von 138 Prozent erzielt werden. Der gesamte CRM-Jahresumsatz stieg um 20 Prozent.

- Die Anmeldungen im Rahmen der Treueprogramme stiegen im Vergleich zu den typischen monatlichen CRM-Anmeldungen um 310 Prozent. Sie standen damit für 37 Prozent aller CRM-basierten Anmeldungen innerhalb des Jahres.
- Die erste Kampagnen-E-Mail verzeichnete die höchste Umsatzumwandlungsrate aller im Laufe des Jahres versendeten E-Mails.

✔ **Ziele erreichen:** Mit dieser strategischen, datengesteuerten Kampagne konnte ADQ 90 Prozent seiner App-Download-Ziele für das Jahr 2023 erreichen. Durch sorgfältige Analysen, Tests und gezieltes Engagement verbesserte ADQ nicht nur seine digitale Präsenz, sondern verbesserte auch seine finanziellen und betrieblichen Ziele erheblich.

KI-gestützte E-Mail- und SMS-Tools

Die KI-gestützten Tools in Tabelle 19.1 basieren auf verschiedenen KI-Technologien – darunter natürliche Sprachverarbeitung (NLG), maschinelles Lernen, Deep Learning und prädiktive Analytik (weitere Informationen zu diesen KI-Konzepten finden Sie in Teil II). Damit werden E-Mail- und SMS-Marketingmaßnahmen durch Personalisierung, Automatisierung und eine kontinuierliche Optimierung verbessert.

Best Practice im Marketing: Implementieren Sie KI-gestützte Analysetools, um tiefere Einblicke in die Kampagnenleistung, das Kundenverhalten und Optimierungsmöglichkeiten über alle E-Mail- und SMS-Kanäle hinweg zu erhalten.

Werkzeug	Website	Beschreibung
Persado	`www.persado.com`	erstellt hochgradig personalisierte und emotional ansprechende Marketinginhalte, einschließlich Betreffzeilen und Fließtexten für E-Mails
Jacquard	`www.jacquard.com`	Betreffzeilenoptimierung: Erstellen von Betreffzeilen, die die Öffnungsraten maximieren
Zeta Messaging	`https://zetaglobal.com/platform/esp/`	erstellt personalisierte E-Mail- und SMS-Kampagnen durch die Analyse von Kundendaten und -verhalten
Salesforce KI	`www.salesforce.com/de`	bietet E-Mail-Insights zur Optimierung von E-Mail-Kampagnen und Engagement Scoring zur Identifizierung der besten Zielgruppen
Salesloft	`www.salesloft.com`	bindet Kunden durch personalisierte Echtzeitgespräche per E-Mail und SMS ein
narrato.io	`https://narrato.io/`	generiert personalisierte E-Mail- und SMS-Inhalte in großem Umfang und passt die Nachrichten an einzelne Empfänger an

Werkzeug	Website	Beschreibung
Brevo	www.brevo.com/	bietet KI-gesteuertes E-Mail-Marketing, SMS-Marketing und Marketingautomatisierung mit erweiterter Segmentierung, Inhaltspersonalisierung und optimierten Sendezeiten
Mailchimp	https://mailchimp.com/	bietet E-Mail-Marketing, SMS-Marketing und Marketingautomatisierung mit Inhaltsoptimierung und prädiktiver Analyse des Kundenverhaltens

Tabelle 19.1: KI-Tools für E-Mail- und SMS-Marketing

IN DIESEM KAPITEL

So sehen Kunden die Personalisierung

Einführung in die Konzepte des personalisierten Marketings

KI bei Personalisierungsmaßnahmen

KI in Ihre Personalisierungsstrategien integrieren

KI-Tools für die Personalisierung im Test

Kapitel 20
Deep Dive in personalisiertes Marketing

In diesem Kapitel werden die Grundlagen der Personalisierung und die neuen Möglichkeiten für Marketer behandelt, die sich durch die Einführung der generativen künstlichen Intelligenz (KI) ergeben. Im Kern zielt die *Personalisierung* darauf ab, Produkte, Dienstleistungen und Erlebnisse an die individuellen Vorlieben und Bedürfnisse der Kunden anzupassen. Bevor ich auf die Anwendung der generativen KI bei der Personalisierung eingehe, erkläre ich die Vorteile der Personalisierung und untersuche die wichtigsten Konzepte aus der Sicht des Kunden. Wichtig in diesem Zusammenhang ist es, die Rolle von Datenerfassung, Segmentierung und Targeting sowie von Predictive Analytics und Machine Learning für die Durchführung personalisierter Erlebnisse zu verstehen.

Um den Wert der Personalisierung für ein Unternehmen zu erschließen, reicht es nicht, Marketingbotschaften oder Produktempfehlungen einfach anzupassen. Es geht darum, sinnvolle Verbindungen zu Kunden aufzubauen, Loyalität zu fördern und die langfristige Rentabilität zu steigern. Dazu sollten Data Insights genutzt werden, die dabei helfen können, relevanten und aktuellen Content bereitzustellen.

Die Operationalisierung der Personalisierung durch den Einsatz von KI stellt für Unternehmen einen Paradigmenwechsel im Umgang mit der Kundenbindung dar. Mit KI-basierten Algorithmen und generativer KI können sie in Echtzeit nutzerdefinierte Inhalte erstellen und personalisierte Erlebnisse über mehrere Kanäle hinweg automatisieren. In diesem Kapitel schildere ich Best Practices zur Integration von KI in bestehende Marketing-Workflows und stelle KI-Tools vor, die Ihnen bei diesen Maßnahmen helfen.

Marketing an die Personalisierungswünsche Ihrer Kunden anpassen

Die Entwicklung KI-gestützter Personalisierungssysteme erfordert sorgfältige Planung, strategisches Denken und ein tiefes Verständnis von Technologie und Kundenverhalten. Denn Verbraucher erwarten zunehmend Einkaufserlebnisse, die ihren individuellen Vorlieben, Bedürfnissen und Verhaltensweisen entgegenkommen. Sie wünschen sich mehr Effizienz, Convenience und einen stärkeren Zugang zu ihren favorisierten Marken.

Personalisierung kann die Kundenzufriedenheit steigern, wenn sie Interaktionen sinnvoller und möglicherweise zeitsparender für den Kunden macht. Das Ziel dieser Personalisierung ist es, Kunden zu halten und ihre Zufriedenheit sicherzustellen.

Die Vergangenheit einbeziehen

Ein wichtiger Aspekt, den Verbraucher bei personalisierten Einkaufserlebnissen oder beim Surfen im Web suchen, ist die Einbeziehung zurückliegender Verhaltensweisen und Vorlieben in aktuelle Interaktionen. Eine Umfrage des IT-Unternehmens Accenture ergab beispielsweise, dass 91 Prozent der Verbraucher eher bei Marken einkaufen, die sie wiedererkennen, bei denen sie sich an frühere Einkäufe erinnern und die relevante Angebote und Empfehlungen bieten.

KI spielt eine zentrale Rolle bei der Erfüllung der Kundennachfrage nach Personalisierung. KI-Systeme können riesige Datenmengen analysieren und damit Muster und Erkenntnisse aufdecken. Sie verwenden Machine Learning, um Kundenpräferenzen mit hoher Genauigkeit vorherzusagen. So setzt der Online-Musikstreamingdienst Spotify (`www.spotify.com`) beispielsweise KI ein, um personalisierte Wiedergabelisten zu erstellen. Durch die Analyse der Hörgewohnheiten stellt Spotify den Usern speziell für sie erstellte Wiedergabelisten zur Verfügung, die ihren Musikgeschmack auf der Grundlage von kollaborativen Filtern, natürlicher Sprachverarbeitung (NLP), Deep-Learning-Modellen, Nutzerinteraktionsdaten und Audioanalyse treffen. Ziel ist es, das *Kunden-Engagement* (eine Beziehung, die über die Transaktionsebene hinausgeht) zu fördern und die Zufriedenheit der User zu steigern.

Antworten in Echtzeit oder in der Zukunft

Verbraucher legen Wert auf eine Personalisierung, die sich in Echtzeit an ihre unmittelbare Situation anpasst. KI ermöglicht diese Art der Personalisierung, da sie Daten im Handumdrehen verarbeitet und Inhalte oder Angebote sofort bereitstellen kann. Ein bemerkenswertes Beispiel ist der Onlineshop des Textilhändlers H&M (`www2.hm.com`), der KI nutzt, um Produktempfehlungen auf der Grundlage aktueller Einkaufstrends und individueller Kundeninteraktionen zu geben. Diese Personalisierung in Echtzeit bietet eine dynamische Shopper Experience, die an den unmittelbaren Vorlieben der Kunden ausgerichtet ist.

Best Practice im Marketing: Implementieren Sie eine Datenverarbeitung in Echtzeit, um sofortige und relevante personalisierte Erlebnisse bereitzustellen. KI-Systeme sollten in der Lage sein, Daten zu analysieren und genau zu dem Zeitpunkt zu verarbeiten, zu dem die Systeme sie erfassen. Erst dadurch werden dynamische Anpassungen der Personalisierungsmaßnahmen möglich. Durch Echtzeitempfehlungen auf der Grundlage des aktuellen Surfverhaltens lassen sich das Engagement und die Zufriedenheit der Nutzer erheblich steigern.

Kunden schätzen auch Prognosefunktionen, die künftige Bedürfnisse vorhersehen. Prädiktive Analysen auf Basis künstlicher Intelligenz können kommende Kundenpräferenzen vorhersagen und das Kundenerlebnis durch proaktive Empfehlungen verbessern. Die Luxusmodemarke Burberry (`www.burberry.com`) nutzt künstliche Intelligenz, um Kunden auf der Grundlage ihrer bisherigen Kaufhistorie und saisonaler Einkaufstrends neue, trendige Produkte vorzuschlagen.

Bereitstellung von Kundenservice, Konsistenz und Datenschutz

Verbraucher erwarten im Kundenservice ein hohes Maß an Personalisierung. KI-gesteuerte Chatbots und virtuelle Assistenten nutzen die Verarbeitung natürlicher Sprache (NLP), um ein Kundenserviceerlebnis zu bieten, das die Interaktion mit einem menschlichen Assistenten nachahmt. So hat beispielsweise der Bankensektor mit KI im Kundenservice erhebliche Fortschritte gemacht. Erica, die virtuelle Assistentin der Bank of America (`www.bankofamerica.com`), nutzt KI, um eine personalisierte Bankberatung zu bieten, die sich an den Ausgabegewohnheiten, Kontoständen und finanziellen Zielen der Kunden orientiert.

Eine weitere Erwartung ist, dass das Kundenerlebnis über alle Kanäle hinweg konsistent und stimmig sein sollte. Mit KI lässt sich diese Omnichannel-Konsistenz erreichen, da sie Daten von verschiedenen *Touchpoints* (jede einzelne Interaktion mit einer Marke) integriert, um ein einheitliches Kundenprofil zu erstellen. Das Kosmetikunternehmen Ulta Beauty (`www.ulta.com`) nutzt beispielsweise KI, um die persönliche Ansprache, die ein Kunde online erfährt, nahtlos in seine Besuche im stationären Ladengeschäft zu übertragen. Damit wird ein einheitliches Einkaufserlebnis geboten, egal ob der Kunde online ist oder sich in einem Ladengeschäft befindet.

Aufgrund des wachsenden Bewusstseins für Datensicherheit legen Verbraucher großen Wert auf Datenschutz und ethische Standards. Darauf sollten Sie reagieren. Sie müssen KI einsetzen, um entsprechende Bedenken auszuräumen. Sie sollten robuste Datensicherheitsmaßnahmen implementieren und kontinuierlich Transparenz gewährleisten. Laut der Cisco Consumer Privacy Survey 2023 haben 46 Prozent der Verbraucher das Gefühl, dass sie ihre persönlichen Daten nicht schützen können, vor allem weil Unternehmen in Bezug auf ihre Datennutzung nicht transparent sind. Als Reaktion darauf verwenden Unternehmen wie der Fitnessprogrammanbieter Peloton (`www.onepeloton.com`) Daten verantwortungsbewusst. Sie personalisieren Fitnessprogramme, stellen aber gleichzeitig sicher, dass die Gesundheitsdaten der Benutzer sicher verwaltet werden und jederzeit die Datenschutzbestimmungen einhalten.

Personalisierungskonzepte prüfen

Personalisierung im digitalen Marketing ist die Praxis, Kundenerlebnisse zu individualisieren, um die spezifischen Bedürfnisse und Vorlieben einzelner User oder Zielgruppensegmente zu erfüllen. Die damit verfolgten Hauptziele sind die Verbesserung des *Nutzer-Engagements* (der Business-to-Customer-Beziehung), der Kundentreue und der *Conversion* (zum Beispiel indem ein Kunde einen Kauf oder ein Abonnement abschließt). Dazu werden maßgeschneiderte Inhalte bereitgestellt, die jeden Kunden ohne großen Aufwand erreichen. In den folgenden Abschnitten werden wichtige Konzepte dargestellt, die mit Personalisierungsstrategien arbeiten und damit zu einer steigenden wirtschaftlichen Effizienz in Unternehmen beitragen.

Wichtige Elemente der Personalisierung

Verbraucher erwarten bei jeder Interaktion mit einem Unternehmen zunehmend hochgradig maßgeschneiderte und personalisierte Erlebnisse. Man kann Amazon, Netflix, Spotify, Meta und TikTok dafür verantwortlich machen, dass sie ihre Kunden mit relevanten Inhalten verwöhnen, die ihren Bedürfnissen und Wünschen entsprechen. Und jetzt erwarten Verbraucher überall die gleiche hochgradig persönliche Behandlung.

Von personalisierten Produktempfehlungen bis hin zu individueller Kommunikation sehnen sich Verbraucher nach nahtlosen Interaktionen, die ihre Wünsche voraussehen. Tatsächlich ist diese Praxis zum neuen Standard für das *Customer-Experience-Design* geworden: Unternehmen suchen gezielt danach, wie sie ihre Kunden mit ihren Produkten, Services und Marketingmaßnahmen ein optimales Erlebnis bieten können.

Hier einige grundlegende Konzepte und Mechanismen, mit denen Unternehmen eine personalisierte Ansprache ihrer Kunden erreichen:

- ✔ **Datenerfassung und -integration:** Personalisierung erfordert ein umfassendes Verständnis der Kundenwünsche. Dazu sind Daten von Websites, mobilen Apps, Customer-Relationship-Management-Systemen (CRM), Kaufhistorien und Third-Party-Cookies erforderlich. Unternehmen integrieren diese Datensätze, um *einheitliche Kundenprofile* (UCP, Unified Customer Profile) zu erstellen, die für eine genaue und relevante Personalisierung unerlässlich sind. Informationen zum Umgang mit den Daten Ihrer Kunden finden Sie in Kapitel 4 und im Abschnitt »Aufbau des Datenmanagements« weiter hinten in diesem Kapitel.

- ✔ **Segmentierung:** Bei der *Segmentierung* gruppieren Marketingfachleute ihre Kunden auf der Grundlage gemeinsamer Merkmale wie demografischer Angaben, Verhalten oder Vorlieben (weitere Informationen zu diesem Gruppierungsansatz finden Sie in Kapitel 9). Durch die Segmentierung können Botschaften verfasst werden, die direkt auf die spezifischen Bedürfnisse jeder dieser identifizierten Kundengruppen eingehen. Marketer nutzen zunehmend KI-Tools, um eine große Anzahl hochgradig personalisierter Verbrauchersegmente automatisiert zu generieren.

- **Predictive Analytics und maschinelles Lernen:** Modelle für maschinelles Lernen können künftiges Kundenverhalten auf der Grundlage historischer Daten voraussagen. Das hilft Marketingexperten, Bedürfnisse zu antizipieren und personalisierte Empfehlungen anzubieten. Maschinelles Lernen (ML, behandelt in Kapitel 5) ist die Basistechnologie, mit der Unternehmen Verbrauchersegmente erstellen (siehe vorheriger Punkt), die dann spezifische Marketingbotschaften oder -erlebnisse erhalten.
- **Personalisierung von Inhalten:** Unternehmen passen digitale Inhalte an, um so verschiedene Zielgruppensegmente anzusprechen. Das geschieht durch dynamische Website-Inhalte, personalisierte E-Mails oder SMS-Textnachrichten (siehe Kapitel 19) und individuelle Produktempfehlungen. In der Vergangenheit war die Erstellung von Inhalten ein Engpass bei der Personalisierung, da maßgeschneiderter Content viel Zeit und Ressourcen in Anspruch nahm. Die Möglichkeiten der generativen KI haben jedoch dazu beigetragen, diesen Engpass zu beseitigen: Die Inhaltserstellung ist jetzt automatisiert und eine Personalisierung in Echtzeit möglich.
- **Omnichannel-Erlebnis:** Personalisierungsstrategien müssen über verschiedene Marketingkanäle hinweg synchronisiert werden, um ein einheitliches Kundenerlebnis zu gewährleisten. Diese Synergie stellt sicher, dass Interaktionen in sozialen Medien beispielsweise mit E-Mail-Angeboten und Website-Empfehlungen übereinstimmen. Daher muss jedes KI-Segmentierungsmodell dem Kunden über alle Kanäle hinweg dasselbe (Omnichannel-)Erlebnis bieten.
- **Customer Journey Mapping:** Durch die Analyse der *Customer Journey* (des Weges, den ein Kunde in Bezug auf Ihre Marke und Ihre Produkte oder Dienstleistungen zurücklegt) werden *Touchpoints* (Punkte der Kundeninteraktion) identifiziert, an denen eine Personalisierung das Erlebnis bereichern kann. Unternehmen könnten beispielsweise Folge-E-Mails automatisiert verschicken, nachdem ein Kunde seinen Warenkorb verlassen hat. Oder einem Kunden, der bei einer App angemeldet ist, personalisierte Erlebnisse bieten.
- **Ethische und datenschutzbezogene Überlegungen:** Die Einhaltung der Datenschutzbestimmungen sowie eine Transparenz bei der Datennutzung kann das Kundenvertrauen stärken. (Weitere Informationen zu Ethik und Datenschutz finden Sie in Kapitel 22.)
- **A/B-Tests und Optimierung:** A/B-Tests (wie in Kapitel 16 beschrieben) bieten Hinweise, welche personalisierten Nachrichten und Empfehlungen am effektivsten sind. Mit diesen Insights lassen sich Strategien an die sich ändernden Kundenpräferenzen anpassen.

Die vielen Rollen der KI

KI-Technologie und Deep-Learning-Modelle verändern die Personalisierung, da sie dem Marketing und Kunden ausgefeiltere Empfehlungen bieten. Der Musikstreamingdienst Spotify beispielsweise kuratiert individuelle Playlists wie Discover Weekly, indem er Hörverlauf und Songattribute analysiert und aus diesen Insights hyperpersonalisierte Empfehlungen liefert.

Diese Empfehlungen werden im Laufe der Zeit angepasst, um sich ändernden Vorlieben Rechnung zu tragen.

Die Fortschritte im Bereich der künstlichen Intelligenz ermöglichen es Marketingmanagern – in Kombination mit grundlegenden Personalisierungskonzepten –, differenzierte und relevante Botschaften zu erstellen. Diese verbessern das Kundenerlebnis an allen *Touchpoints* (online oder offline, an denen Kunden mit Ihrer Marke interagieren). Viele Personalisierungslösungen verwenden dann zentrale KI-Konzepte, die die verschiedenen Datenströme, die von diesen Kontaktpunkten stammen, angleichen.

Hier einige Beispiele aus der Praxis für Personalisierungslösungen, bei denen KI-Technologien die Customer Experience verbessern können:

- ✔ **Personalisierung in Echtzeit:** Sorgt für eine kontinuierliche Kundenbindung. Der Sportgetränkehersteller Gatorade (`www.gatorade.com`) misst den Schweiß eines Sportlers mithilfe eines Pflasters, das vor dem Training aufgeklebt wird. Danach wird es gescannt, um ein individuelles Schweißprofil zu erhalten. Das wiederum wird in personalisierte Empfehlungen für Sportgetränke umgesetzt.

- ✔ **Prädiktive Personalisierungsmodelle:** Stitch Fix (`www.stitchfix.com`), ein Onlineservice für persönliches Styling, verwendet Machine Learning, um Modevorlieben vorherzusagen. Dazu werden von Kunden eingegebene Stiltests, Pinterest-Boards und früheres Feedback untersucht. Diese Vorhersagen ermöglichen es dem Service, Kunden proaktiv individuelle Modevorschläge zu unterbreiten, die ihrem Geschmack entsprechen und deshalb Anklang finden.

- ✔ **Kontextbezogene Personalisierung:** Passt sich der unmittelbaren Umgebung des Kunden an. Die mobile App von Hilton (`www.hilton.com`) bietet ihren Gästen Echtzeitinformationen – zum Beispiel Empfehlungen für Restaurants in der Nähe – oder passt die Menüs des Zimmerservice an die Tageszeit und das Wetter an.

- ✔ **Augmented Reality (AR):** Ein leistungsstarkes Tool für immersives, personalisiertes Einkaufen. Der Möbel- und Haushaltswarenriese IKEA (`www.ikea.com`) verfügt über eine App, mit der Nutzer Möbel in ihren Häusern visualisieren können. Gleichzeitig werden Daten zu Vorlieben gesammelt, um ergänzende Produkte vorzuschlagen, die zu ihrem Stil passen. Seit der Einführung von IKEA Place im Jahr 2018 bieten auch andere Möbelmarken wie Pottery Barn (`www.potterybarn.com`), ein Einzelhändler für hochwertige Wohnmöbel, ähnliche Funktionen an.

- ✔ **Dynamische E-Mail-Personalisierung:** Verwendet Daten zum Kundenverhalten, um relevante Produktangebote zu unterbreiten. Der Sportbekleidungs- und Schuhhersteller Adidas (`www.adidas.com`) nutzt diese Technologie, indem er E-Mail-Inhalte mit der Kaufhistorie und den Browsing-Daten der Kunden abgleicht. Dann werden ihnen maßgeschneiderte Schuhdesigns und Bekleidung angeboten, die ihren individuellen Geschmack und ihre sportlichen Interessen widerspiegeln.

- ✔ **Verhaltensbasiertes Trigger-Marketing:** Analysiert das Nutzerverhalten, um bei bestimmten Aktionen (oder einem Ausbleiben von Aktionen) gezielte Folgemaßnahmen wie Erinnerungen oder Sonderangebote zu versenden. Damit sprechen Unternehmen ihre Kunden im richtigen Moment an. Der Onlinehändler für Schönheitsprodukte Birchbox (`www.birchbox.com`) versendet Empfehlungen und setzt neue Anreize auf der Grundlage des bisherigen Engagements und ermutigt Kunden, Transaktionen abzuschließen, an denen sie Interesse gezeigt haben.

- ✔ **Hyperpersonalisierte Treueprogramme:** Starbucks (`www.starbucks.com`), die omnipräsente Kaffeehauskette, hat ein Kundenbonusprogramm, das in ihre mobile App integriert ist. Es bietet Belohnungen, die sich nach den individuellen Kaufgewohnheiten jedes einzelnen Kunden richten. Dieses Programm fördert Wiederholungskäufe und stärkt die Markentreue.

Die Vorteile der Personalisierung mit generativer KI nutzbar machen

Um den Wert der Personalisierung im heutigen Geschäftsumfeld voll auszuschöpfen, ist ein strategischer Ansatz erforderlich, der die einzigartigen Fähigkeiten der generativen KI nutzt. Die jüngsten Fortschritte bei der generativen KI haben die Personalisierung – wenig überraschend – skalierbarer und zugänglicher gemacht. Unternehmen können diese Fortschritte nutzen und damit eine höhere Personalisierung erreichen. Diese kann zu loyaleren, wertvolleren und zufriedeneren Kunden führen.

Unternehmen können mithilfe von generativer KI einen erheblichen Mehrwert erzielen. Sie können zum Beispiel:

- ✔ **Implementierungskosten durch Automatisierung reduzieren:** Generative KI kann viele Personalisierungsprozesse automatisieren, die zuvor einen erheblichen manuellen Aufwand erforderten. So führt eine dynamische Inhaltsgenerierung beispielsweise zu personalisierten E-Mails, individuellen Produktempfehlungen und Website-Landingpages. Marketer und Designer müssen nicht mehr jeden einzelnen Inhalt selbst erstellen. Diese Automatisierung reduziert die mit personalisierten Marketingkampagnen verbundenen Kosten drastisch und gewährleistet gleichzeitig einen konsistenten Auftritt über verschiedene *Touchpoints* (Orte, an denen Kunden online oder offline mit Ihrer Marke interagieren).
- ✔ **Datenbasierte Erkenntnisse verbessern:** Generative KI-Algorithmen, insbesondere solche, die Deep Learning nutzen, können riesige Datenmengen analysieren und Muster und Vorlieben erkennen, die Menschen oder traditionelle Analysemethoden nur schwer feststellen können. Dies führt zu einem detaillierten Verständnis des Kundenverhaltens und hilft bei der Verfeinerung von Kundensegmentierungsmodellen (Informationen zur Kundensegmentierung finden Sie in Kapitel 9).
- ✔ **Hyperpersonalisierte Erlebnisse erstellen:** Eine der leistungsstärksten Funktionen der generativen KI ist ihre Fähigkeit, Inhalte so aufzubereiten, dass sie sich wirklich personalisiert anfühlen. KI-gesteuerte Chatbots können beispielsweise personalisierte Antworten geben. Sie können Kundenanfragen mit kontextrelevanten Informationen

beantworten und so ein Gefühl individueller Aufmerksamkeit vermitteln. Um diese Fähigkeiten optimal nutzen zu können, müssen User so intelligente Prompts schreiben (oder sprechen), dass sie der KI genügend Kontext bieten. (Informationen zum KI-Prompting finden Sie in Kapitel 13.)

- ✔ **Kanalübergreifende Konsistenz optimieren:** Generative KI stellt sicher, dass Personalisierungsstrategien an allen Touchpoints konsistent sind. Durch die Integration von Kundendaten und -präferenzen aus verschiedenen Quellen – wie Customer-Relationship-Management-Systemen (CRM), Webanalysen und sozialen Medien – können Unternehmen einheitliche Kundenprofile erstellen (wie im Abschnitt »Wichtige Elemente der Personalisierung« weiter vorn in diesem Kapitel erwähnt).

- ✔ **Return on Investment (ROI) durch prädiktive Personalisierung verbessern:** Mit Machine Learning lassen sich Konsumentenbedürfnisse vorhersagen, bevor ein Kunde diese Wünsche explizit geäußert hat. Einzelhändler können zum Beispiel prädiktive Modelle einsetzen, um Produkte zu empfehlen, die ein Kunde aufgrund seines früheren Kaufverhaltens und seines Browserverlaufs wahrscheinlich kaufen wird. Das führt zu durchschnittlichen größeren Warenkörben und einer höheren Kundenbindungsrate.

- ✔ **A/B-Tests durchführen und die Maßnahmen kontinuierlich optimieren:** Generative KI kann mithilfe von A/B-Test-Frameworks schnell verschiedene Personalisierungsstrategien durchlaufen (weitere Informationen zu A/B-Tests finden Sie in Kapitel 16). Durch die Analyse der Kundenreaktionsdaten in Echtzeit können Unternehmen die effektivsten personalisierten Nachrichten identifizieren und Kampagnen entsprechend schnell anpassen.

Personalisierung mit KI umsetzen

Um Personalisierung mithilfe generativer KI zu ermöglichen, müssen Sie einen ganzheitlichen Ansatz verfolgen. Nur dann kann Ihr Unternehmen Daten und Technologie effektiv nutzen und so die Customer Experience verbessern. Am wichtigsten ist, dass Ihr Personalisierungsansatz jeden Kunden als einzigartig betrachtet und seine individuellen Vorlieben, Wünsche, Auslöser und Bedürfnisse berücksichtigt. Die folgenden Abschnitte geben Ihnen einen detaillierten Überblick darüber, wie Sie Personalisierungsmaßnahmen mithilfe von KI umsetzen können. Dazu schildere ich spezifische Schritte, die Sie sorgfältig umsetzen sollten.

Klare Ziele und Messgrößen festlegen

Beginnen Sie Ihr KI-gestütztes Personalisierungsprojekt, indem Sie präzise Ziele für Ihre Personalisierungsinitiativen definieren. Dazu können beispielsweise die Verbesserung der Kundenbindung, die Steigerung der Verkaufsumsätze oder die Intensivierung der Kundenbindung gehören. Legen Sie außerdem die erforderlichen eindeutigen Kennzahlen fest, um den Erfolg Ihrer Initiativen zu messen. Schließlich möchten Sie nicht einfach nur personalisieren, ohne die Ergebnisse mit den zentralen Geschäftszielen zu verknüpfen. Wenn Ihr Ziel beispielsweise darin besteht, die Kundenbindung zu verbessern, können relevante Kennzahlen *Interaktionsraten* (wie viele Kunden Sie gewinnen), die Zeit, die der Kunde auf Ihrer Website verbringt, und Kundenfeedbackwerte sein.

Befolgen Sie bei der Definition Ihrer Ziele folgende Schritte:

1. **Organisieren Sie Workshops mit den wichtigsten Stakeholdern Ihres Unternehmens, um klare Personalisierungsziele festzulegen.**

   Zu den wichtigsten Interessenvertretern können Marketingfachleute, Produktleiter, Techniker und Kundendienstteams gehören.

2. **Identifizieren und dokumentieren Sie spezifische Kennzahlen, die mit diesen Zielen übereinstimmen.**

Möglicherweise können Sie die Schritte 1 und 2 während desselben Workshops abschließen.

3. **Erstellen Sie eine Basislinie für die aktuellen Messwerte, um Veränderungen im Zeitverlauf zu verfolgen.**

   Sammeln und analysieren Sie aktuelle Kennzahlen, die Sie in Schritt 2 auf Ihre Ziele abstimmen. Damit können Sie den Erfolg Ihrer Personalisierungsbemühungen messen.

Best Practice im Marketing: Bevor Sie sich in die technischen Aspekte der Personalisierung für Ihr Unternehmen vertiefen, sollten Sie klare, messbare Ziele für Ihr Personalisierungssystem festlegen. Diese Ziele sollten mit den allgemeinen Geschäftszielen übereinstimmen, wie zum Beispiel die Steigerung der Kundenbindung, Verbesserung der Konversionsraten oder Stärkung der Kundentreue. Die Definition dieser Ziele im Vorfeld hilft bei der Entwicklung von Personalisierungsprozessen. Sie stellt sicher, dass alle Maßnahmen auf die Erzielung konkreter Geschäftsergebnisse ausgerichtet sind.

Aufbau des Datenmanagements

Personalisierung beginnt mit der sorgfältigen Erfassung und Verwaltung von Daten. Sammeln Sie Daten aus mehreren Quellen. Integrieren Sie diese Daten in ein zentrales System wie eine *Customer Data Platform* (CDP, eine umfangreiche Kundendatenbank) oder einen *Data Lake* (der große Datenmengen in seinem nativen Format speichert), um eine einheitliche Sicht auf den Kunden zu erhalten. Gehen Sie bei der Datenerhebung davon aus, dass Sie Daten von jedem Kontaktpunkt mit Ihren Kunden erfassen und organisieren müssen.

Gehen Sie folgendermaßen vor, um Kundendaten zu erfassen und zu zentralisieren:

1. **Identifizieren und katalogisieren Sie alle vorhandenen und potenziellen Datenquellen, die für Ihr Unternehmen relevant sind.**

   Diese können aus Customer-Relationship-Management-Systemen (CRM), Transaktionsverläufen, Social Media, Anrufprotokollen und Transkriptionsnotizen stammen.

2. **Führen Sie ein einheitliches Kundendatenprofil ein.**

   Ein *Kundendatenprofil* (eine detaillierte Beschreibung eines idealen Kunden) kann demografische Daten, Interessen und Vorlieben sowie typische Verhaltensweisen enthalten. KI-Technologien können bei der Erstellung des Profils helfen, indem sie jeden einzelnen Touchpoint Ihrer Kunden mit Ihrem Unternehmen erfassen und analysieren. (Informationen dazu, wie KI bei der Entwicklung von Kundenpersönlichkeiten hilft, finden Sie in Kapitel 9.)

3. **Sorgen Sie durch regelmäßige Bereinigungs- und Aktualisierungsprozesse für eine hohe Datenqualität.**

   Weitere Informationen zum Sicherstellen der Datenqualität für die Verwendung durch KI finden Sie in Kapitel 4.

Best Practice im Marketing: Qualitativ hochwertige Daten sind der Grundstein für eine effektive Personalisierung. Stellen Sie deshalb sicher, dass die aus verschiedenen Quellen gesammelten Daten genau, aktuell und umfassend sind. Integrieren Sie Daten aus verschiedenen Touchpoints – Websites, mobilen Apps, Interaktionen im Geschäft und Protokollen des Kundendiensts – in ein zentrales System. Diese ganzheitliche Sicht auf Kundendaten ermöglicht eine genauere und relevantere Personalisierung.

Detaillierte Kundenprofile erstellen

Um detaillierte Kundenprofile zu erstellen, müssen demografische, *psychografische* (Klassifizierungen basierend auf psychologischen Merkmalen) und verhaltensbezogene Daten kombiniert werden. Generative KI kann diese Profile durch die Analyse unstrukturierter Daten aus Quellen wie Social-Media-Interaktionen und Kundenbewertungen anreichern. Diese Quellen bieten tiefere Einblicke in Kundenpräferenzen und -verhalten.

Beginnen Sie dem Aufbauprozess von Kundenprofilen, indem Sie bei Ihren Customer-Relationship-Management- (CRM-) und Technologieteams nachfragen, ob sie bereits über eine Customer Data Platform (CDP; weitere Informationen zu CDPs finden Sie im vorhergehenden Abschnitt) verfügen.

Mit diesen Schritten können Sie detaillierte Kundenprofile erstellen:

1. **Reichern Sie die persönlichen und demografischen Daten des Kunden mit zusätzlichen Attributen an.**

   Sie können diese Anreicherung durchführen, indem Sie Datenquellen von Drittanbietern integrieren und Machine-Learning-Modelle nutzen, um fehlende Informationen vorherzusagen und zu ergänzen. Nutzen Sie außerdem KI-Marketingtools, um Daten zu Interessen und Kaufverhalten hinzuzuziehen. Sie können auch weichere Kennzahlen wie das Browsing-Verhalten, die mit dem Lesen von Produktbeschreibungen verbrachte Zeit und so weiter einbeziehen.

2. **Verwenden Sie KI-Algorithmen, um die Kategorisierung und Segmentierung von Kundendaten zu automatisieren.**

   Informationen zur Kundensegmentierung finden Sie in Kapitel 9.

3. **Aktualisieren Sie Profile kontinuierlich mit neuen Daten, um dem veränderten Kundenverhalten Rechnung zu tragen.**

   Mithilfe von KI-Technologien können Sie Ihre Daten durch eine Automatisierung der Datenerfassung und Validierungsprozesse auf dem neuesten Stand halten.

Best Practice im Marketing: Gehen Sie über die grundlegende demografische Kundensegmentierung hinaus. Nutzen Sie anspruchsvollere Techniken, die verhaltensbezogene, psychografische und kontextbezogene Faktoren berücksichtigen. KI kann diese komplexen Datensätze analysieren und hochdetaillierte Kundensegmente und -profile erstellen. Diese zusätzliche Tiefe ermöglicht differenziertere und effektivere Personalisierungsstrategien, mit denen Sie auf die spezifischen Bedürfnisse und Vorlieben jedes Segments eingehen können. Wenn Sie über eine Enterprise-Version von ChatGPT verfügen, können Sie diese sogar bitten, Ihnen bei der Analyse Ihrer internen Kundendatensätze und der Erstellung von Kundensegmenten zu helfen.

Prädiktive Analysen bereitstellen

Predictive Analytics ist ein leistungsstarkes Tool, mit dem Unternehmen Kundenbedürfnisse und -präferenzen vorhersehen können. Sie können KI-Modelle trainieren, um Ergebnisse vorherzusagen – wie etwa Kaufwahrscheinlichkeit und *Churn Rate* (der Prozentsatz der Kunden, die ein Unternehmen im Laufe der Zeit verliert; blättern Sie zu Kapitel 11). Dazu müssen Sie die Modelle mit historischen und anderen Kundendaten füttern. Generative KI kann diese Modelle immer wieder verbessern, da sie Muster und Trends erkennt. Das führt zu genaueren und dynamischeren Prognosen.

Gehen Sie wie folgt vor, um prädiktive Analysen mithilfe von KI zu erstellen:

1. **Wählen Sie geeignete ML-Modelle für die prädiktive Modellierung.**

   Welche Algorithmen Sie auswählen, hängt von dem spezifischen Problem ab, das Sie lösen möchten, und von der Art Ihrer Daten und vom gewünschten Ergebnis. Informationen zu KI und Prognosen finden Sie in Kapitel 7.

2. **Trainieren Sie die von Ihnen ausgewählten KI-Modelle, indem Sie historische und aktuelle Daten einspeisen.**

   Die Bereitstellung dieser Daten trägt dazu bei, die Genauigkeit der von den Modellen generierten Vorhersagen und Empfehlungen sicherzustellen. Echtzeitdaten können aus Quellen wie Live-Kundeninteraktionen, Transaktionsprotokollen, Social-Media-Aktivitäten und sogar IoT-Sensoren stammen.

3. **Implementieren Sie prädiktive Modelle an allen Touchpoints.**

   Informationen zu Prognosemodellen finden Sie in Kapitel 7; Informationen zum Schutz der Privatsphäre Ihrer Kunden bei gleichzeitiger persönlicher Kommunikation mit Ihren Kunden finden Sie in Kapitel 22.

Best Practice im Marketing: Predictive Analytics kann zukünftige Kundenbedürfnisse und -verhalten vorhersehen. Damit können Unternehmen bei ihren Marketingmaßnahmen und der Kundenansprache proaktiv statt reaktiv vorgehen. Trainieren Sie Machine-Learning-Modelle anhand historischer Daten. Dann können Sie künftige Aktionen vorhersagen und die Erstellung personalisierter Angebote und Inhalte ermöglichen, die den erwarteten Kundenbedürfnissen entsprechen. Diese Erkenntnisse erhöhen die Effektivität von Personalisierungsmaßnahmen.

Personalisierte Inhalte erstellen

Generative KI kann personalisierte Inhalte automatisiert erstellen. Damit wird jede Kundeninteraktion relevant und ansprechend. Dieser Ansatz umfasst die Generierung maßgeschneiderter E-Mails, Produktempfehlungen und Website-Inhalte.

Gehen Sie beim Personalisieren von Marketinginhalten und -nachrichten folgendermaßen vor:

1. **Verwenden Sie generative KI-Tools, um die Erstellung personalisierter Inhalte zu automatisieren.**

   KI ist für die Erfassung und Analyse der Daten, die zur Automatisierung von Marketinginhalten erforderlich sind, von entscheidender Bedeutung. Weitere Informationen zum Einsatz von KI zur Entwicklung kreativer Assets für ein personalisiertes Marketing finden Sie in Kapitel 14.

2. **Sorgen Sie an allen Touchpoints für eine einheitliche Botschaft.**

   Sie können die Konsistenz und Validität von Marketingbotschaften sicherstellen, indem Sie zentralisierte Content-Management-Systeme implementieren und klare Markenrichtlinien festlegen.

3. **Aktualisieren Sie den Inhalt regelmäßig, um neue Trends und Kundenfeedback zu berücksichtigen.**

   Halten Sie Ihre Inhalte auf dem neuesten Stand, indem Sie Markttrends kontinuierlich beobachten und aktiv Kundenfeedback sammeln und analysieren. In Kapitel 19 erfahren Sie, wie Sie Kundenfeedback und Trends – beispielsweise in E-Mail- und SMS-Marketing – integrieren können.

Best Practice im Marketing: Stellen Sie sicher, dass Ihre Personalisierungsmaßnahmen bei allen Interaktionen mit Ihren Kunden aus einem Guss sind. Implementieren Sie einen Omnichannel-Ansatz, der die Personalisierung über Websites, mobile Apps,

E-Mail-Kampagnen, soziale Medien und sogar Interaktionen im Geschäft hinweg integriert. Die Wahrung der Konsistenz Ihrer Personalisierungsbemühungen verstärkt die Markenbotschaft und sorgt dafür, dass die Kunden ein nahtloses und einheitliches Erlebnis haben – unabhängig davon, wie sie mit der Marke interagieren.

Kontinuierlich testen und optimieren

Um die Wirksamkeit von Personalisierungsstrategien aufrechtzuerhalten, testen Sie kontinuierlich die Kundenreaktionen und optimieren die Übermittlung der Botschaften. Sie können beispielsweise ein *A/B-Test-Framework* implementieren (ein Setup, das die Leistung von zwei Inhaltsversionen testet, um zu sehen, welche eine bessere Reaktion hervorruft), um mit verschiedenen Inhalten zu experimentieren und die effektivsten Marketingansätze zu ermitteln. Generative KI kann beim A/B-Testen helfen, indem sie schnell mehrere Inhaltsvariationen generiert, die in das Test-Framework einfließen.

Um Ihre Marketingbotschaften auf der Grundlage der Testergebnisse zu optimieren, gehen Sie folgendermaßen vor:

1. **Erstellen Sie ein A/B-Test-Framework, um verschiedene Personalisierungsstrategien zu vergleichen.**

   Mithilfe von A/B-Tests können Sie die Wirksamkeit verschiedener Marketingansätze systematisch bewerten. Dazu vergleichen Sie zwei Versionen von Inhalten oder Strategien und ermitteln so, welche besser abschneidet. Kapitel 16 behandelt die Grundlagen von KI-gestütztem A/B-Testing.

2. **Verwenden Sie generative KI, um verschiedene Inhaltsvarianten zu erstellen und zu testen.**

   Generative KI ist ein unermüdliches und kreatives Tool zum Erstellen verschiedener Varianten von Marketingbotschaften. Mit einem Framework (wie in Schritt 1 festgelegt) können Sie generative KI integrieren, um mehrere Inhaltsvarianten zu testen.

3. **Analysieren Sie Testergebnisse, um Personalisierungsstrategien und Vorhersagemodelle zu verfeinern.**

   Werten Sie die Ergebnisse Ihrer Tests aus und nutzen Sie diese Informationen, um Ihre Inhalte für bestimmte Segmente weiter anzupassen und zu personalisieren.

Best Practice im Marketing: Testen und optimieren Sie Ihre Marketingmaßnahmen regelmäßig, um die Wirksamkeit Ihrer Personalisierungsstrategien aufrechtzuerhalten. Verwenden Sie A/B-Tests und andere experimentelle Methoden, um Personalisierungstaktiken zu vergleichen und herauszufinden, was am besten funktioniert. Analysieren Sie die Ergebnisse, um datenbasierte Entscheidungen zu treffen und Ihre Personalisierungsstrategien zu verfeinern.

Fallstudie: MovingWaldo

MovingWaldo (`www.movingwaldo.com`), eine Plattform mit Sitz in Montreal, Kanada, verbindet professionelle Umzugsunternehmen, Dienstleister und Kunden. Das Unternehmen richtet sich an drei Zielgruppen:

- ✔ ein Business-to-Business(B2B)-Publikum von Dienstanbietern
- ✔ Immobilienmakler, die ihren Kunden MovingWaldo empfehlen
- ✔ ein Business-to-Consumer-Publikum (B2C): Personen, die umziehen, von denen einige Englisch und andere Französisch sprechen

Um diese unterschiedlichen Kunden- und Interessentengruppen zu verwalten, versendet MovingWaldo seit 2023 monatlich über 100 zielgerichtete E-Mails. Dabei nutzt die Plattform KI-basierte Tools, um die Zielgruppen anhand verschiedener Datenpunkte wie geschätzter Umzugsdaten, empfohlener Umzugsrouten oder der Frage, ob User die französische oder englische Version der MovingWaldo-Website besucht haben, zu segmentieren. Das Unternehmen setzt dazu automatisierte A/B-Tests ein, um die Werbung für seine Dienste zeitlich optimal auszurichten.

Darüber hinaus erstellt MovingWaldo durch die Einbindung von automatisiertem Marketing personalisierte, datengesteuerte E-Mails über vordefinierte Customer Journeys und verbessert so die Conversion in entscheidenden Momenten und im großen Maßstab.

Das Wesentliche an der Strategie von MovingWaldo liegt in der Fähigkeit, mit der Integration von Daten persönlich und dennoch breit zu kommunizieren. KI hilft dabei, Sprache und Tonalität auf die unterschiedlichen Zielgruppen abzustimmen. Dabei wird berücksichtigt, dass eine Strategie, die in Toronto wirksam ist, in Montreal möglicherweise nicht so gut ankommt. Auf diese Weise wird sichergestellt, dass die Strategie in verschiedenen Regionen relevant ist.

Kundenfeedback einbeziehen

Integrieren Sie in Ihre Personalisierungsstrategie – sowohl explizites Feedback (das Sie durch direkte Kommunikation mit Kunden erhalten, zum Beispiel in einer Umfrage) als auch implizites Feedback (das Sie aus Kundenverhalten und -interaktionen ableiten). Generative KI kann das Feedback analysieren, um tiefere Einblicke zu liefern (zum Beispiel durch die Identifizierung neuer Trends und Stimmungsschwankungen). Das kann Ihrem Unternehmen dabei helfen, Kundensegmentierung, -profile und Prognosemodelle kontinuierlich zu verfeinern.

Mit einer sorgfältigen Analyse des Kundenfeedbacks verringern Sie das Risiko, Kunden durch eine übermäßige Personalisierung zu vergraulen – zum Beispiel durch zu spezifische Empfehlungen, die aufdringlich wirken könnten.

Befolgen Sie diese Schritte, um Kundenfeedback in Ihre Personalisierungsmaßnahmen zu integrieren:

1. **Implementieren Sie Mechanismen, um explizites Kundenfeedback zu sammeln, etwa durch Umfragen und Bewertungen.**

   Sie können Ihre Kunden in Follow-up-E-Mails zu Umfragen auffordern und ihnen so eine einfache Möglichkeit bieten, Produkte oder Kundenerfahrungen direkt zu bewerten. Das Sammeln dieses direkten, expliziten Feedbacks gibt Einblick in die Gedanken und Meinungen von Kunden, die sich dafür auch die Zeit nehmen.

2. **Analysieren Sie implizites Feedback mithilfe von KI-Tools, die Onlineinteraktionen und Kaufmuster überwachen.**

   Ziel ist es, das Verhalten und die Vorlieben der Kunden besser zu verstehen.

3. **Analysieren Sie das explizite und implizite Feedback, um kontinuierliche Verbesserungen vorzunehmen.**

   Nehmen Sie auf der Grundlage dieser Feedbackanalyse Änderungen an Ihrer Segmentierungsstrategie, Ihren Kundenprofilen und Ihren KI-Prognosemodellen vor.

Best Practice im Marketing: Stellen Sie sicher, dass das von Ihnen verwendete KI-System durch die Einbindung automatisierter Umschulungsprozesse kontinuierlich lernt und sich anhand neuer Daten und Nutzerinteraktionen anpasst. Aktualisieren Sie Algorithmen und Modelle regelmäßig, um sich änderndes Kundenverhalten und -präferenzen zu berücksichtigen. Implementieren Sie Feedbackschleifen, die es dem System ermöglichen, aus seinen Erfolgen und Misserfolgen zu lernen und so die Genauigkeit und Relevanz der Personalisierungsmaßnahmen kontinuierlich zu verbessern.

Compliance und ethische Standards sicherstellen

Ihre Prozesse zur Personalisierung von Marketingaktivitäten müssen Datenschutzbestimmungen wie der Datenschutz-Grundverordnung (DSGVO) entsprechen. Ihr Unternehmen muss transparente Richtlinien zur Datennutzung gewährleisten. Sie müssen Ihre Kunden darüber informieren, wie Sie ihre Daten verwenden und sich anschließend ihre Zustimmung sichern. Und wie im vorhergehenden Abschnitt erwähnt, müssen Sie auch vermeiden, dass eine übermäßige Personalisierung bei Ihren Kunden zu Abneigung und Reaktanz führt.

Wenn Sie Ihre Personalisierungspraktiken mit Datenschutz- und Ethikstandards in Einklang bringen möchten, fragen Sie Kollegen aus anderen Bereichen Ihres Unternehmens nach deren Vorschlägen. Wahrscheinlich haben Ihre Rechtsteams bereits Richtlinien zur DSGVO.

Um Compliance und ethische Standards in Ihre Marketing- und Personalisierungsmaßnahmen zu integrieren, sollten Sie folgende Schritte befolgen:

1. **Überprüfen und befolgen Sie die relevanten Datenschutzbestimmungen.**

   Informieren Sie sich über die regulatorischen Richtlinien, die in Ihrem Unternehmen bereits gelten, und integrieren Sie diese Richtlinien in Ihre Maßnahmen.

2. **Kommunizieren Sie die Richtlinien zur Datennutzung klar und deutlich. Holen Sie die erforderlichen Einwilligungen der Kunden ein.**

   Wenn Ihre Kunden mit Ihrer Website, Shopping-Site und so weiter interagieren, müssen Sie sie unbedingt darüber informieren, welche Daten Sie über sie erfassen und warum und wie Ihr Unternehmen diese Daten verwendet und weitergibt.

3. **Gehen Sie bei Personalisierungsmaßnahmen strategisch vor, damit Sie Ihre Kunden nicht überfordern.**

Obwohl eine stärkere Personalisierung für jedes Unternehmen und jedes Produkt wie ein Allheilmittel gilt, ist sie den Aufwand nicht immer wert. Bei manchen Produkten und Dienstleistungen – Käufen, bei denen wenig Überlegung erforderlich ist, wie beispielsweise Zahnpasta – ist den Kunden die Personalisierung möglicherweise egal. Denn personalisierte Botschaften werden ihr Kauferlebnis oder ihre Entscheidung nicht wesentlich beeinflussen.

Best Practice im Marketing: Stellen Sie ethische Überlegungen in den Vordergrund von KI-gestützten Personalisierungssystemen. Stellen Sie sicher, dass KI-Algorithmen transparent, fair und unvoreingenommen sind. Vermeiden Sie eine Überpersonalisierung, die zu Kundenmüdigkeit führen oder Ihr Unternehmen als unheimlich erscheinen lassen kann. Respektieren Sie die Autonomie der Kunden, indem Sie ihnen Möglichkeiten zur Verfügung stellen, sich abzumelden oder den Grad der Personalisierung selbst anzupassen. Ethische KI-Praktiken fördern nicht nur das Kundenvertrauen, sondern gewährleisten auch die langfristige Nachhaltigkeit von Personalisierungsmaßnahmen.

Wenn Sie transparent darüber informieren, wie Ihr Unternehmen Kundendaten nutzt, können Sie Ihre Kunden dazu ermutigen, mehr Informationen preiszugeben. Das wiederum ergänzt die Daten, die Sie zur Feinabstimmung des Personalisierungsprozesses benötigen.

Teams schulen und Veränderungen managen

Um KI-gesteuerte Personalisierung erfolgreich in Ihre Marketingmaßnahmen zu integrieren, sind gründliche Schulungen für Marketingteams und eine Innovationskultur erforderlich. Schulen Sie Ihre Mitarbeiter bereits im Vorfeld im Umgang mit KI-Tools und im effektiven Umgang bei den verschiedenen Aspekten der Personalisierungsstrategie. Implementieren Sie neben dieser Fortbildung auch Change-Management-Praktiken wie regelmäßige Workshops, eine Kommunikation über die Vorteile und eine fortlaufende Unterstützung. Damit überwinden Sie einen etwaigen Widerstand der Mitarbeiter und können so eine reibungslose Einführung von KI-Tools und -Techniken sicherstellen.

Befolgen Sie diese Schritte, wenn Sie Ihre Marketingteams in den Tools und Praktiken der Personalisierung schulen und beraten:

1. **Entwickeln Sie umfassende Schulungsprogramme mit Schwerpunkt auf KI-Tools und Personalisierungsstrategien.**

   Beginnen Sie mit der Identifizieren von Use Cases, in denen die Personalisierung die größte Wirkung haben könnte. Kalkulieren Sie unbedingt die potenziellen Kosten für die Bereitstellung der anstehenden Personalisierungslösungen.

2. **Fördern Sie eine Kultur der Innovation und Zusammenarbeit innerhalb der Organisation.**

   Um eine innovative und kollaborativen Kultur in Ihrer Marketingorganisation zu fördern, sollten Sie Teambesprechungen durchführen, in denen Sie die Teammitglieder dazu ermutigen, nicht nur über aktuelle Erfolge zu sprechen, sondern sich auch über jüngste Misserfolge auszutauschen.

3. **Implementieren Sie Change-Management-Praktiken, um den Übergang zur KI-basierten Personalisierung voranzutreiben**

   Intensivieren Sie die Schulungen zum Einsatz von KI zur Personalisierung. Bieten Sie Weiterbildungen und Kurse für die Implementierung an.

Skalierbarkeit planen

Wenn sich Ihre Personalisierungsstrategien bei Ihren Marketingmaßnahmen als erfolgreich erweisen, sollten Sie ihre Skalierbarkeit einplanen. Denn dann können Sie auch zunehmende Datenmengen und Userinteraktionen bewältigen. Dehnen Sie die Personalisierungsmaßnahmen schrittweise auf neue Kanäle, Produkte und Märkte aus und setzen Sie auf bewährte, erfolgreiche Strategien.

Um personalisiertes Marketing in größerem Maßstab zu planen, sollten Sie diese Schritte befolgen:

1. **Bewerten Sie die Skalierbarkeit der vorhandenen KI-Infrastruktur und führen Sie bei Bedarf Upgrades durch.**

   Werfen Sie einen Blick auf die aktuellen KI-Tools und -Techniken, die Sie für Ihre personalisierten Marketingkampagnen verwenden. Vergleichen Sie deren Fähigkeiten mit Ihren Zielen für eine weiterreichende Personalisierung und aktualisieren oder erwerben Sie bei Bedarf neue Technologien.

2. **Erweitern Sie Ihre Personalisierungsmaßnahmen schrittweise auf neue Kanäle und Märkte.**

   Um nach und nach zu expandieren, sollten Sie ermitteln, welche Marketingkanäle am wenigsten effektiv sind und ob deren Leistung durch eine Personalisierung verbessert werden könnte.

3. **Überwachen Sie die Leistung kontinuierlich. Nehmen Sie iterative Verbesserungen vor, um das Vorankommen Ihrer personalisierten Marketingpläne zu unterstützen.**

   Behalten Sie Kennzahlen wie Kundenbindungsraten, Konversionsraten und Kundenzufriedenheitswerte im Auge. Nehmen Sie Änderungen vor, beispielsweise durch Anpassen der Targeting-Kriterien, Verfeinern der Inhaltsstrategien und Aktualisieren von Prognosemodellen.

KI-Tools zur Unterstützung der Personalisierung

Tabelle 20.1 listet einige KI-Tools auf, die bei der Personalisierung helfen können, und enthält eine kurze Beschreibung der einzelnen Tools.

Werkzeug	Website	Beschreibung
Dynamic Yield	`www.dynamicyield.com`	schafft Kundenerlebnisse, die Inhalte, Produkte und Angebote auf jeden Kunden abstimmen
Optimizely	`www.optimizely.com`	ermöglicht A/B-Tests und Personalisierung und liefert maßgeschneiderte Erlebnisse auf der Grundlage von Echtzeitdaten und Benutzerinteraktionen
Twilio Segment	`www.segment.com`	sammelt, vereinheitlicht und unterstützt Unternehmen bei der Nutzung von Kundendaten aus verschiedenen Quellen, um Marketingmaßnahmen voranzutreiben
Coveo	`www.coveo.com`	analysiert das Kundenverhalten und ermöglicht personalisierte Interaktionen
Blueshift	`www.blueshift.com`	kombiniert Kundendaten, prädiktive Intelligenz und Multi-Channel-Orchestrierung
Salesforce Personalization	`www.salesforce.com/marketing/personalization`	nutzt maschinelles Lernen, um auf der Grundlage von Kundenverhalten, Präferenzen und Kontextdaten individuelle Erlebnisse zu bieten
Pega	`www.pega.com/products/decision-hub`	bietet personalisierte Kundenerlebnisse durch Datenanalyse und optimale Entscheidungen bei allen Kundeninteraktionen
Lytics	`www.lytics.com`	setzt auf Machine Learning, um einheitliche Kundenprofile (UCPs) zu erstellen
Acquia Convert	`www.acquia.com/drupal/personalization`	integriert mit der Content-Management-Software Drupal (`www.drupal.org`)
Adobe Marketo Engage	`http://business.adobe.com/products/marketo/adobe-marketo.html`	Teil der Adobe Experience Cloud; automatisiert und personalisiert Marketingkampagnen
Algolia Recommand	`www.algolia.com`	bietet personalisierte Produktempfehlungen, um die Customer Experience zu verbessern und die Interaktion auf Websites sowie Apps zu fördern

Tabelle 20.1: Tools, die KI zur Personalisierung nutzen

IN DIESEM KAPITEL

KI für Ihr Unternehmen arbeiten lassen

KI nutzen, um Ihr Marketing neu zu denken

Ihrem Unternehmen mit KI zum Erfolg verhelfen

Umstrukturieren mit Blick auf die Zukunft

Kapitel 21
Ihr Unternehmen ins KI-Zeitalter führen

Jedes Mal, wenn neue transformative Technologien auftauchen, müssen Unternehmen ihre Organisation und Arbeitsweise neu bewerten, damit sie ihre Geschäfte so effektiv wie möglich weiterführen können. Durch die Automatisierung übernimmt jetzt die künstliche Intelligenz (KI) bestimmte Aufgaben. Deshalb ist es von entscheidender Bedeutung, neu zu definieren, welche Rollen Menschen in der sich verändernden Organisation spielen sollten. Der Wandel wirft wichtige Fragen zu Führung, Organisation, Unternehmenskultur und zur effektiven Durchführung von Geschäftsaufgaben auf. Es geht darum, die Produktivität und Effizienz zu steigern und gleichzeitig die Mitarbeiter zu motivieren, ihr Bestes zu geben.

Die Bewältigung dieser Veränderungen beginnt damit, KI und ihre Prinzipien in den Geschäftsbetrieb zu integrieren. Diese Integration beginnt mit der Bewertung der aktuellen Situation und der Identifizierung wichtiger Use Cases, bei denen KI eine Rolle spielen könnte. Von diesem Punkt aus eruieren Sie, wie KI-Technologien diese Anwendungsfälle gezielt stärken und Ihr Unternehmen effizienter machen könnten. In diesem Kapitel skizziere ich einen siebenstufigen Prozess. Damit können Sie die Transformation Ihres Unternehmens mit einer methodischen Integration von KI angehen.

Darüber hinaus geht dieses Kapitel darauf ein, wie Sie KI direkt in Ihr Marketing integrieren können. KI verändert nicht nur die Art und Weise, wie Sie Marketingstrategien entwickeln, sondern auch, wie Sie diese Strategien umsetzen. Erwähnenswert ist auch, dass die Rolle der KI im Marketing über die Erstellung und Bereitstellung von Inhalten hinausgeht. KI liefert auch strategische Erkenntnisse, mit denen Sie Marketingmaßnahmen datenbasiert so gestalten, dass sie sich immer wieder an die veränderten Marktbedingungen anpassen.

Die erfolgreiche Integration von KI in das Marketing erfordert eine breitere organisatorische Ausrichtung. Außerdem zeige ich in diesem Kapitel, wie KI-gestützte Marketingabläufe mit anderen Funktionen verknüpft werden und die Schaffung einer kohärenten, informierten und flexiblen Geschäftsumgebung fördern. Unabhängig davon, ob Sie in einem großen oder einem kleinen Unternehmen arbeiten, bleiben die erforderlichen Prinzipien und Praktiken zur Maximierung der Vorteile von KI dieselben. Aber unabhängig von der Unternehmensgröße benötigen Sie einen Fahrplan, der Sie durch die Anfangsphasen der KI-Integration führt und Sie gleichzeitig auf die längerfristigen Vorteile der Transformation vorbereitet. Denn am Ende sollte Ihr Unternehmen eine KI-first-Mentalität entwickeln.

KI in Ihr Unternehmen integrieren

Eine Ende 2023 durchgeführte Studie des gemeinnützigen Thinktanks Conference Board (`www.conference-board.org`) lieferte eine bemerkenswerte Statistik: 56 Prozent der Mitarbeiter nutzen in ihrer täglichen Arbeit bereits generative KI-Tools – oft ohne das Wissen ihrer Arbeitgeber. Diese Statistik unterstreicht eine Realität, die Unternehmen nicht ignorieren können. Der Versuch, Mitarbeitende von der Nutzung generativer KI abzuhalten, ist ein vergebliches Unterfangen. Ein vorsichtiger Erst-mal-abwarten-Ansatz ist in Wirklichkeit ein Abwarten-und-verlieren-Ansatz, da die Vorteile des Einsatzes generativer KI mit der Zeit nur zunehmen. Ein Abwarten hält Sie aber davon ab, diese Vorteile zu nutzen.

Viele Unternehmen sind nervös, wenn vertrauliche Daten über ChatGPT oder andere generative KI-Tools weitergegeben werden. Walmart und Amazon haben ihre Mitarbeiter davor gewarnt, keinesfalls vertrauliche Informationen in diese Tools einzuspeisen. Die Unternehmen Chase und Verizon haben Berichten zufolge den Zugriff ihrer Mitarbeiter auf generative KI-Tools über Firmencomputer blockiert. Diese kurzfristigen Reaktionen sind zwar verständlich, aber auf lange Sicht nicht tragfähig. Warum? Weil Menschen einfallsreich sind und – wie die Studie des Conference Board zeigt – Wege finden, das Potenzial der KI zu nutzen. Dabei spielt es keine Rolle, ob sie nun die Erlaubnis dazu erhalten oder nicht, selbst wenn dies unbeabsichtigte organisatorische Risiken mit sich bringt.

Vor diesem Hintergrund biete ich einen alternativen Ansatz an: sieben Schritte, mit denen Führungskräfte KI in ihr Unternehmen integrieren können, und zwar im Einklang mit den Anforderungen ihrer Teams. Durch die methodische Befolgung dieser Schritte können Unternehmen eine solide Grundlage für KI-Implementierungen schaffen. Sie gehen damit sicher, dass die Technologie strategische Geschäftsziele unterstützt und valide Ergebnisse liefert.

1. **Informieren Sie Geschäftsteams über die Vorteile und Risiken des Einsatzes von KI.**

   Bringen Sie Pädagogen, Vordenker, Plattformpartner, Agenturchefs und Rechtsexperten an einen Tisch – wer auch immer die Fakten (und Mythen) über KI methodisch, skalierbar, pragmatisch und lösungsorientiert präsentieren kann, ist eingeladen. Dieser Fortbildungsprozess sollte keine einmalige Übung sein; das Programm sollte über viele Monate hinweg laufen.

2. **Geben Sie den Mitarbeitern eine KI-Sandbox-Umgebung zum Spielen.**

   Mitarbeiter nutzen KI-Tools, um ihren Job effizienter erledigen zu können. Sie werden aber ihren Vorgesetzten vielleicht nichts davon erzählen. Um dies zu verhindern, können Sie Ihren Mitarbeitern zumindest die Nutzung der Tools in einer Sandbox-Umgebung gestatten. Dort können sie experimentieren und lernen, ohne die Kunden- und Geschäftsdaten Ihres Unternehmens zu gefährden.

Wenn man Mitarbeiter daran hindert, hilfreiche KI-Tools zu nutzen, vermittelt man den Eindruck, dass Führungskräfte sich nicht um die Produktivität ihrer Mitarbeiter kümmern oder – schlimmer noch – nicht an die berufliche Weiterentwicklung ihrer Mitarbeiter glauben.

3. **Führen Sie von innen. Beziehen Sie Teams in die KI-Einbindung ein. Lassen Sie sich nicht von außen die Nutzungsrichtlinien diktieren.**

   Führungskräfte sollten ihre unmittelbar unterstellten Mitarbeiter und ihre Teams ermutigen, eine Strategie für die Einbindung von KI in ihre Arbeit zu entwickeln. KI wirkt sich auf jedes Team anders aus. Die eigenen Mitarbeiter sind am besten in der Lage, herauszufinden, wie sie KI-Technologie und -Tools zur Erfüllung ihrer Aufgaben nutzen können.

Es zahlt sich auch aus, Teamleiter dazu zu ermutigen, mit Kollegen außerhalb ihres eigenen Bereichs zusammenzuarbeiten. Das fördert funktionsübergreifende Innovationen und sorgt für eine übergreifende Einführung von KI im gesamten Unternehmen. Anstatt einen Chief AI Officer zu ernennen oder eine einzelne Person mit der Leitung zu betrauen, sollten Führungskräfte ein Umfeld schaffen, in dem Entscheidungen über die Änderung von Geschäftspraktiken von innen heraus getroffen werden.

4. **Konzentrieren Sie sich auf unternehmenskritische Funktionen und spezifische Anwendungsfälle.**

   Identifizieren Sie in Ihrem Unternehmen Funktionen und Einsatzmöglichkeiten von KI. Ordnen Sie diese Kategorien zu, die KI-Fähigkeiten, -Tools und -Technologien berücksichtigen. Der Leiter des Frühphasen-Risikokapitalgebers Bloomberg Beta (`www.bloombergbeta.com`) stellte solche Kategorien erstmals auf dem Bloomberg Tech Summit Ende 2023 vor (`www.bloomberg.com/news/newsletters/2023-10-25/art-has-long-shaped-technology-with-ai-the-roles-reverse`). Als Kategorien genannt wurden

   - *Kräne:* Das sind Technologien, die einem Teammitglied übermenschliche Kräfte verleihen, damit es seine Arbeit deutlich besser erledigen kann – so wie ein Kran einem Bauarbeiter die Möglichkeit gibt, tonnenschwere Stahlträger zu heben. Diese Anwendungsfälle können die Leistung eines Unternehmens erheblich beeinflussen.

     Hinweis: Kräne erfordern höchstwahrscheinlich erhebliche finanzielle Investitionen und längere Lernkurven.

Ein gutes Beispiel für einen Kran ist eine neue KI-gestützte Datenanalyseplattform. Sie kann Marketingteams übermenschliche Fähigkeiten verleihen, indem sie in ihrem Auftrag riesige Verbraucherdatensätze in Echtzeit verarbeitet und analysiert. Diese Rechenleistung ermöglicht prädiktive Analysen und liefert Input für personalisiertes Marketing. Das wiederum führt zu besseren Geschäftsergebnissen.

- *Webstühle:* Sie automatisieren ganze Arbeitsabläufe, so wie es Webstühle Mitte des 19. Jahrhunderts taten, bis sie menschliche Weber vollständig verdrängten. Die Use Cases für KI-Webstühle sind die transformativsten, aber auch die disruptivsten für ein Unternehmen, seine Kultur und die Arbeitsmoral der Mitarbeiter. Führungskräfte sollten also sehr vorsichtig sein, wie und wann sie diese KI-Webstühle einführen.

  Ein Beispiel für einen Webstuhl ist ein KI-gesteuerter Kundenservice-Chatbot, der komplette Supportaktivitäten automatisiert übernimmt. Er bearbeitet Kundenanfragen und bietet Lösungen, ohne dass menschliches Eingreifen nötig wäre. Obwohl diese Automatisierung die Effizienz steigert und Kosten spart, kann sie die Unternehmenskultur und die Arbeitsmoral der Mitarbeiter erheblich beeinträchtigen.

- *Rechenschieber:* Sie steigern die Effizienz bei Arbeitsaufgaben, so wie Rechenschieber Berechnungen vereinfachten (zumindest vor der Erfindung von Taschenrechnern und Computern). Diese Anwendungsfälle sind nicht umwälzend, aber sie können die Arbeit im gesamten Unternehmen schnell erleichtern. Mehrere KI-Use-Cases passen in diese Rechenschieber-Kategorie und sind relativ einfach umzusetzen.

  Ein Beispiel für einen Rechenschieber wäre ein KI-basiertes Tool zum Sortieren von E-Mails, das E-Mails automatisch kategorisiert und priorisiert, was den Mitarbeitern die Verwaltung der damit verbundenen Aufgaben erleichtert. Diese schnell zu implementierende Lösung vereinfacht den täglichen Arbeitsablauf, ohne ihn zu stören.

5. **Erstellen Sie eine Liste der Produkte, Tools und Technologien, die für die Funktionen und Anwendungsfälle, die Sie in Schritt 4 identifizieren, wesentlich sind.**

   Beurteilen Sie, ob es notwendig ist, den Finanzvorstand (CFO) und den Technologievorstand (CTO) in die Diskussionen einzubeziehen. In der Praxis können das Fachwissen und das Know-how dieser beiden Führungskräfte unverzichtbar sein. Diese Phase kann auch strategische Verhandlungen mit dem CTO beinhalten, um dessen Anforderungen für die Integration von KI in die Roadmap aufzunehmen oder das Rechtsteam davon zu überzeugen, die Integration einer Drittanbieterlösung zu genehmigen.

6. **Beauftragen Sie die zuständigen Manager (in der Regel direkt unterstellte Mitarbeiter der Geschäftsführung), mit der Umsetzung der in Schritt 4 aufgeführten Use Cases.**

   Betonen Sie, wie wichtig es ist, dass die Manager selbst die Transformation leiten, anstatt dass den Abteilungen Änderungen von der Führungsebene aufgezwungen werden. Ermutigen Sie diese Manager, mit ihren externen Werbe- und Marketingagenturen und Anbietern von MarTech-Tools Kontakt aufzunehmen. So können sie erkunden, wie diese Partner den Prozess unterstützen können. Zahlreiche Technologieanbieter erweitern derzeit ihr Angebot und integrieren erweiterte KI-Funktionen in ihren *Tech-Stack* (die Sammlung von Technologien, die zur Bereitstellung eines voll funktionsfähigen Systems eingesetzt werden).

7. **Bewerten und messen Sie regelmäßig den Fortschritt der KI-Implementierungen.**

   Planen Sie im Idealfall funktionsweite (zum Beispiel für die gesamte Marketingfunktion) Show-and-Tell-Sitzungen ein. Hier kann jeder Teamleiter zeigen, wie er KI zur Verbesserung seiner Arbeit einsetzt. Präsentieren Sie die KI-Transformation mit all ihren Vor- und Nachteilen, damit jeder die Erfahrungen der anderen nachvollziehen kann. Dieser Aspekt des transparenten Teilens ist von größter Bedeutung, um die Zusammenarbeit und eine kontinuierliche Verbesserung zu fördern.

Diese Liste zur Bewertung und Messung des Fortschritts ermutigt Teams, das KI-Zeitalter mit einer eigenverantwortlichen Einstellung anzugehen. Sie haben das Kommando, sie erkennen eigenständig Wachstums- und Anpassungsmöglichkeiten – anstatt KI als Bedrohung zu sehen. Ein Aufbruch in das KI-Zeitalter ohne den Input, die Beteiligung und – am wichtigsten – die Führung der Mitarbeiter kann dagegen zu einem Fehlschlag führen.

Aufbau von KI-Fähigkeiten im Marketing

Die erfolgreiche Integration von KI in das Marketing (und andere Geschäftsabläufe) erfordert eine Zusammenarbeit auf allen Ebenen einer Organisation. Die Führungskräfte Ihres Unternehmens und ihre Teams – diejenigen, die mit den täglichen Abläufen und Herausforderungen bestens vertraut sind – müssen auch die sein, die diese Integration vorantreiben. Ihre Motivation, kombiniert mit Schulungsangeboten und einem klaren Plan, ist entscheidend. Wenn man KI nicht als Wettbewerbsbedrohung, sondern als Produktivitätsförderer betrachtet, kann dies zu enormer Effizienz und zahlreichen Innovationen führen.

Der Ansatz der US-Bundesregierung

Ihr Unternehmen kann sich ein Beispiel an den Initiativen der US-Bundesregierung nehmen, dem größten Arbeitgeber der Vereinigten Staaten. Hier wurden KI-Technologien systematisch integriert und überprüft.

Anfang 2024 kündigte die US-Bundesregierung strenge *verbindliche Anforderungen* (das heißt, jede Behörde muss die Richtlinie befolgen) für den ethischen Einsatz künstlicher Intelligenz (KI) an. Der Schlüssel zu dieser Richtlinie – skizziert in einem Executive Memorandum des Office of Management and Budget (OMB) – war die Umsetzung umfassender Schutzmaßnahmen gegen KI-Missbrauch. Dazu gehörten gründliche Bewertungen der gesellschaftlichen Auswirkungen von KI und Maßnahmen zur Verhinderung algorithmischer Diskriminierung. All dies sollte bis zum 1. Dezember 2024 umgesetzt sein. Laufende Informationen zu diesem Memorandum finden Sie unter `www.whitehouse.gov`. Geben Sie »omb policy ai« in das Suchtextfeld ein. Wählen Sie aus der angezeigten Liste der Artikeltitel beispielsweise den Artikel vom 28. März 2024 mit dem Titel »Fact Sheet ...« aus.

Um diese Anforderungen zu erfüllen, wurden die Bundesbehörden angewiesen, bis zum 27. Mai 2024 leitende KI-Beauftragte zu ernennen und KI-Verwaltungsräte einzurichten. Sie wurden dann mit der Aufsicht über KI-Projekte und der Durchsetzung ethischer Standards beauftragt. Darüber hinaus müssen die Behörden jährliche Verzeichnisse erstellen, in denen die Anwendungsfälle von KI detailliert beschrieben werden. Dabei liegt der Schwerpunkt auf den Maßnahmen, die ergriffen wurden, um potenzielle Risiken zu adressieren und öffentliche Rechte zu schützen. Sie können sich die aktuellen Einsatzbereiche auf der Website `AI.gov` ansehen (insbesondere unter `http://ai.gov/ai-use-cases`). Erwähnenswert sind diese drei Use Cases:

- ✔ **An Flughäfen** können Reisende die Gesichtserkennung durch die TSA deaktivieren, ohne dass es zu Verzögerungen kommt oder sie ihren Platz in der Warteschlange verlieren.
- ✔ **Im föderalen Gesundheitssystem** stellt menschliche Aufsicht sicher, dass KI wichtige Diagnoseentscheidungen unterstützt und einen gleichberechtigten Zugang zu Gesundheitsdiensten gewährleistet.
- ✔ **Bei der Betrugserkennung durch KI** in staatlichen Diensten werden wichtige Entscheidungen (wie das Kennzeichnen betrügerischer Aktivitäten oder die Ablehnung von Dienstleistungen) durch menschliche Aufsichtspersonen überprüft.

Darüber hinaus verpflichtete sich die Biden-Harris-Regierung dazu, die KI-Kompetenz der Bundesbediensteten zu stärken und die Einstellung von mindestens 100 KI-Fachkräften voranzutreiben. Obwohl sich Unternehmen (ob groß oder klein) stark von der Bundesregierung unterscheiden, können die verbindlichen Anforderungen als Leitfaden dafür herhalten, wie die KI-Transformation in einem Unternehmen vorangetrieben werden kann.

Ein erster Ansatz für KI im Marketing

Marketingleiter können ähnliche Maßnahmen ergreifen wie die US-Bundesregierung bei der Implementierung und Steuerung von KI (siehe vorheriger Abschnitt). Sie können die folgenden Implementierungspunkte auf einer Skala von 1 bis 5 vergeben (1 bedeutet »gerade erst begonnen«; 5 bedeutet »abgeschlossen«), um zu bestimmen, wo Ihr Unternehmen und Ihre Marketingteams auf dem Weg zu einem ausgereiften Programm zur KI-Nutzung stehen. Führungskräfte, die diesen Ansatz verwenden, sollten in Erwägung ziehen, für jeden einzelnen Implementierungspunkt eine Timeline festzulegen.

Beschaffungsrichtlinien für KI

Punktzahl (1–5): ________

Legen Sie Beschaffungsrichtlinien für den Erwerb von KI-Technologien sowie für die Zusammenarbeit mit Drittanbietern und deren KI-Lösungen fest. Wenn Sie mit den Anbietern zusammenarbeiten, integrieren Sie Transparenzanforderungen in Ihre *Master Service Agreements* (MSAs; Verträge, die den Umfang Ihrer Beziehung zum Anbieter umreißen). Bewerten Sie diese Anforderungen, damit die Anbieter, mit denen Sie zusammenarbeiten, den ethischen Standards und Zielen Ihres Unternehmens entsprechen.

Geben Sie sowohl internen Teams als auch externen Agenturpartnern klare Anweisungen, welche KI-Tools sie verwenden können und wie sie Unternehmensinformationen im Hinblick auf die Wahrung der Datenintegrität und des Datenschutzes verwalten sollen.

Ausrichtung der Führungsebene auf die KI-Strategie

Punktzahl (1–5): ________

Wichtig ist bei KI-Strategien die Zusammenarbeit auf der Führungsebene, insbesondere zwischen dem Chief Marketing Officer (CMO), dem Chief Technology Officer (CTO) und dem Chief Financial Officer (CFO). Ein Artikel im Wall Street Journal vom 24. März 2024 mit dem Titel »CFOs bewältigen heikle Kalkulationen bei Gen AI: Wie hoch ist der Return on Investment?« (den Sie finden, indem Sie in Ihrer bevorzugten Suchmaschine nach dem englischsprachigen Titel des Artikels – »CFOs Tackle Thorny Calculus on Gen AI: What's the Return on Investment?« – suchen) erörtert, wie CFOs generative KI-Investitionen priorisieren, wenn sie hohe Renditen erwarten. Der Artikel spricht über die Notwendigkeit einer Abstimmung auf Führungsebene, um diese Technologie wirklich nutzen zu können. Andernfalls bleiben Unternehmen auf der Strecke, während die Konkurrenz sie überholt.

Funktionsspezifische KI-Richtlinien

Punktzahl (1–5): ________

Entwickeln Sie klare Richtlinien und Verfahren für die Einbindung von KI in Ihre Marketing- und Customer-Experience-Maßnahmen. Dieser Punkt betrifft die Zusammenarbeit zwischen Marketing-, Rechts- und Technologiefunktionen. Nur dann können Sie KI-Governance-Strukturen etablieren, die ethisch, effektiv und im Einklang mit bestehenden Gesetzen und Richtlinien stehen. Denken Sie daran, dass diese Guidelines auch mit unternehmensweiten Richtlinien im Einklang stehen müssen, wenn diese vorhanden sind.

Funktionsspezifische Use Cases

Punktzahl (1–5): ________

Identifizieren und entwickeln Sie im Marketing potenzielle KI-Anwendungsfälle. Experimentieren Sie mit der Implementierung von KI und bilden Sie strategische Partnerschaften zwischen Marketing- und Technologieteams. Sie können sich von Erkenntnissen und Best Practices inspirieren lassen, die Sie in anderen Branchen für Ihr Unternehmen finden. Sie können beispielsweise auf das Use-Case-Verzeichnis der US-Regierung zurückgreifen, um sich inspirieren zu lassen. Eine wertvollere Quelle können jedoch die Ideen Ihrer Mitarbeiter sein: Ermutigen Sie sie zu einem Brainstorming darüber, wie KI und bestimmte KI-Tools ihre Arbeit verbessern können.

Fortschrittsmetriken und Bewertungsrahmen

Punktzahl (1–5): ________

Definieren Sie Kennzahlen und Frameworks, die den Fortschritt von KI-Integrationen bewerten. Einige der Effizienzen von KI können sich im Hintergrund vollziehen und nur durch Zeit- und Bewegungsstudien sichtbar werden (die die Effizienz eines bestimmten Geschäftsbetriebs bewerten). Dagegen können andere Effizienzen offensichtlicher und in vorhandenen Kennzahlen sichtbarer sein (zum Beispiel die Steigerung des E-Mail-Engagements, wenn Sie dort eine KI-basierte Personalisierung implementieren).

Sie können die Effektivität von KI-Initiativen systematisch bewerten, wenn Sie Methoden wie das Three Horizons Framework einsetzen. Dieses wurde erstmals in dem Buch *The Alchemy of Growth* von Mehrdad Bagai, Stephen Coley und David White (Basic Books) vorgestellt und von der Beratungsgruppe McKinsey & Company (`www.mckinsey.com`) in dem Artikel »Enduring ideas: The three horizons of growth« erörtert. (Sie können auf der Website nach dem Titel des Artikels suchen und dann auf ihn zugreifen.) Jede von Ihnen verwendete Methode sollte Ihnen die Entscheidungen darüber erleichtern, wie Sie die Ergebnisse von KI-Initiativen über Produktlinien, Geschäftsbereiche und Regionen hinweg skalieren können.

Führung und Organisationsstruktur

Punktzahl (1–5): ________

Anstatt einen Chief AI Marketing Officer zu ernennen, sollten Sie in jeder Führungsebene der Marketingteams Leiter für KI-Taskforces benennen, die dann die KI-Maßnahmen leiten. Richten Sie zudem ein Governance Board ein, das diese Taskforces beaufsichtigt, um die Abstimmung und Koordination aller KI-Initiativen sicherzustellen.

Taskforces auch auf unterer Führungsebene können ihre Marketingteams in einem Maße inspirieren, wie es ein neu eingestellter Vollzeit-KI-Zar gar nicht erreichen könnte. Da so viele der KI-Vorteile hinter den Kulissen realisiert werden, haben die Mitarbeiter in den Teams den besseren Einblick.

Maßnahmen zum Schutz der Stakeholder

Punktzahl (1–5): ________

Bewerten Sie, ob das Unternehmen wirksame Maßnahmen ergriffen hat, um Kunden, Mitarbeiter, Partner und Aktionäre vor möglichen Risiken im Zusammenhang mit der Nutzung von KI zu schützen. Das betrifft:

- ✔ **Algorithmische Verzerrung:** vor allem aufgrund verzerrter oder begrenzter Eingabedaten
- ✔ **Deepfakes:** digitale Verzerrung des Bildes einer Person
- ✔ **Datenschutzverletzungen:** persönliche Informationen, die verloren gehen, gestohlen oder versehentlich weitergegeben werden

Zu diesen Schutzmaßnahmen gehört auch die Zusammenarbeit zwischen Marketing-, Rechts-, Risikomanagement- und Technologieteams. Überlegen Sie, wie transparent das Unternehmen hinsichtlich seiner Datennutzung ist und ob Sie Ihre kundenorientierten Daten- und Datenschutzrichtlinien aktualisiert haben, um den Anforderungen des KI-Zeitalters Rechnung zu tragen. (Weitere Informationen zu ethischen und datenschutzbezogenen Aspekten finden Sie in Kapitel 22.)

Talentförderung

Punktzahl (1–5): ________

Beginnen Sie mit Investitionen in *Weiterbildungsprogramme* (bei denen Mitarbeiter geschult werden, um neue Fähigkeiten zu erwerben). Damit gewährleisten Sie, dass Ihr Marketingteam das notwendige Wissen und die Fähigkeiten erlangt, um das volle Potenzial der KI in seinen Abläufen zu nutzen. Führungskräfte sind es ihren Teammitgliedern schuldig, sie zu schulen und sie auf das KI-Zeitalter vorzubereiten. Beziehen Sie die Personalabteilung in Gespräche über Weiterbildung ein und ziehen Sie externe Ressourcen oder Schulungsdienste in Betracht, um diese Maßnahmen zu unterstützen. KI-Basiswissen und grundlegende KI-Fähigkeiten können dazu beitragen, dass Ihr Marketingteam KI langfristig und effektiv implementieren kann.

Das Marketing in das übrige Unternehmen integrieren

Die Realität sieht so aus: Das Marketing ist aufgrund der sich rasch weiterentwickelnden Technologien und des sich ändernden Verbraucherverhaltens komplexer geworden. Wie der Artikel »Die Macht der Partnerschaft: Wie die Beziehung zwischen CEO und CMO zu übergroßem Wachstum führen kann« von McKinsey & Company (`www.mckinsey.com`) hervorhebt, haben viele Geschäftsführer schon Schwierigkeiten, wichtige Marketingkennzahlen zu verstehen. ***Hinweis:*** Das Marketing könnte teilweise für diese Verwirrung verantwortlich sein, da die Marketer manchmal Kennzahlen verwässern (indem sie einen übermäßig komplexen Jargon oder inkonsistente Berichtsmethoden verwenden) oder KPIs an die Walled Gardens von Onlineriesen wie Meta, TikTok oder Google auslagern und nicht genug tun, um eine Verbindung zwischen Marketingmaßnahmen und ihren Auswirkungen auf das Geschäft herzustellen.

Die Verwundbarkeit des Marketings

Wenn Unternehmen mit Konjunkturrückgängen konfrontiert sind und Kostensenkungen notwendig werden, sind Marketingexperten oft die ersten, die ihren Job verlieren. Sie verfügen in der Regel nicht über exklusive Beziehungen innerhalb der Vertriebskanäle oder der Lieferkette und treten selten als Aushängeschild des Unternehmens gegenüber Investoren oder dem Vorstand auf. Infolgedessen sind Marketingleiter leicht entbehrlich, wenn die Lage hart wird und Unternehmen Kosten senken müssen.

Marketing (und vielleicht auch Marketingtechnologie) gilt aber nicht nur als entbehrlich, sondern wird als Geschäftsfunktion auch am stärksten von Verbraucher- und digitalen Veränderungen beeinflusst. Ob es sich um den Siegeszug des Internets, den Übergang zur Mobilkommunikation, der Entstehung von Social-Media-Marketing oder anderen Verbrauchertrends handelt: Diese Veränderungen haben die Marketinglandschaft durcheinandergewirbelt und erforderten von den Marketers, sich immer wieder neu zu erfinden.

Die KI-Transformation annehmen

Ohne Zweifel befinden sich Marketingfachleute (wieder einmal) in einem transformativen Prozess. Diesmal rückt der Einsatz von KI in den Vordergrund. Für Marketingexperten könnten sich die KI-bezogenen Veränderungen noch tiefgreifender, nachhaltiger und potenziell karriereverändernder auswirken als die vorherigen Veränderungen in der Kommunikation und Kundenbindung. Die folgenden Abschnitte bieten fünf Strategien, die dem Marketing helfen können, diesem Wandel immer einen Schritt voraus zu sein und Ihr Unternehmen in KI-Anwendungen fit zu machen, die für das Marketing unverzichtbar sind.

»Verändere dich, bevor du verändert wirst«

Machen Sie einen Schritt zurück, um sich selbst fünf Schritte vorwärtszubringen. Diese Strategie mag albern klingen. Aber ziehen Sie zumindest in Betracht, die 20 Euro pro Monat für den generativen, vortrainierten Transformer GPT-4 zu investieren und ihn als Co-Pilot für jeden Bereich Ihres Berufs- und Privatlebens auszuprobieren. Wenn das Tool Ihre Erwartungen nicht erfüllt, sollten Sie sich zunächst fragen, ob Sie seine Fähigkeiten voll ausgeschöpft haben, bevor Sie mit dem Finger auf die Technologie selbst zeigen. Und seien Sie bereit, in eine KI-gesteuerte Zukunft einzutauchen. Dann können Sie sich verändern, bevor Sie verändert werden.

Üben, üben, üben

Beginnen Sie in Ihrem Tagesgeschäft mit GPT-4, aber überlegen Sie genau, worauf Sie Ihre Aufmerksamkeit zuerst richten. Der Einsatz von KI – selbst nur im Marketingbereich – ist umfangreich. Er umfasst zahllose Strategien, Taktiken, Lösungen und Angebote für jede Phase des Marketingprozesses (siehe die Teile II bis V dieses Buches als Beleg). Wenn Sie sich auf Analysen konzentrieren (für Kundenvorgänge, wie beispielsweise in Teil III), könnte allein dieser Fokus Ihre gesamte Zeit in Anspruch nehmen.

Wenn Sie unsicher sind, wie Sie mit KI in der Praxis starten wollen, beginnen Sie mit einem *Briefing*, einem umfassenden Dokument, das Marktforschung, Kundeninsights, Geschäftsstrategien, Kampagnenziele, Kanäle und Markenspezifika beinhaltet, um die Kreativteams bei der Entwicklung von Kampagnen zu leiten.

- ✔ **Beginnen Sie damit, alle Ihre Kundeninsights**, Marktforschungsdaten und Kerngeschäftsstrategien in GPT einzugeben. Erwägen Sie das Hochladen von Rohdaten aus Umfragen und Interviewtranskripten aus der Kundenforschung.

- ✔ **Beauftragen Sie GPT (wenn die Forschungslage dünn ist)**, damit es Ihre Verbraucher befragen, eine Wettbewerbsanalyse durchführen und zurückliegende Kampagnen für Sie überprüfen kann.
- ✔ **Nutzen Sie die Expertise von GPT bei der Erstellung des Marketingbriefings** und bewerten Sie die generierten Inhalte. Verfeinern Sie das Briefing in mehreren Runden mit GPT und überwachen Sie den Fortschritt.

Asymmetrische Netzwerke einführen

KI, die viele als Allzwecktechnologie betrachten, weil sie viele verschiedene Geschäftsbereiche beeinflusst, hat mindestens dieselbe Wirkung wie die industrielle Revolution des 18. Jahrhunderts. Es reicht nicht aus, einfach Marketingkonferenzen zu besuchen, bei Agenturbesprechungen dabei zu sein oder ab und zu ein Buch über KI im Marketing zu lesen (ja, selbst wenn es dieses hier ist!). Ich empfehle Ihnen, alle Vorbehalte abzulegen, sich in die Materie zu stürzen und selbst aktiv zu werden. Lesen Sie die neuesten Forschungsergebnisse. Informieren Sie sich darüber, was die Regierung und die für Ihr Unternehmen relevanten Behörden in Bezug auf KI tun. Abonnieren Sie die Newsletter, nehmen Sie an Hackathons teil, experimentieren Sie und knüpfen Sie Kontakte zu Personen, die die KI-Revolution anführen – auch zu denen, denen Sie normalerweise nicht begegnen würden.

Ich verstehe, dass dieses Eintauchen und Netzwerken entmutigend sein kann und vielleicht sogar Gefühle der Unsicherheit hervorruft. Dass es Sie vielleicht an Ihre Highschoolzeit erinnert, als Sie vor einem AP-Kurs standen. Aber Sie können aus erster Hand mehr über KI erfahren – und zwar von den Philosophen, Gründern, Designern, Technologen und Risikokapitalgebern, Menschen, die alles auf eine Zukunft mit KI setzen. Die Umgebungen, in denen Sie Ihr erweitertes KI-Netzwerk kennenlernen, sind vielleicht nicht so luxuriös, wie Sie es gewohnt sind. Aber Sie können von den Menschen lernen, von denen es sich wirklich lohnt, zu lernen. Suchen Sie diese Leute und schließen Sie sich ihnen an.

Den Lärm ausblenden und informative KI-Ressourcen nutzen

Bei den meisten neuen Technologien ist der Hype oft größer als die Realität. Im Fall der KI kann es gar nicht genug Hype geben. Abgesehen vom Hype gibt es allerdings auch viel *Lärm*, also viele oberflächliche oder irreführende Informationen. Sie könnten mehr Zeit als nötig mit dem Lesen oberflächlicher Artikel verschwenden. Hier empfehle ich stattdessen einige pragmatische Denker aus Wirtschaft und Wissenschaft, denen Sie auf LinkedIn folgen können:

- ✔ Mustafa Suleyman, CEO von Microsoft AI (`www.microsoft.com/ai`) und Autor von *The Coming Wave* (Crown)
- ✔ Fei-Fei Li, Professorin an der Stanford University und Autorin von *The Worlds I See* (Flatiron Books)

- ✔ Kai-Fu Lee, CEO von Sinovation Ventures (`www.sinovationventures.com`) und Autor von *AI Superpowers* (Harper Business)
- ✔ Beena Ammanath, Partnerin bei Deloitte (`www.deloitte.com`) und Autorin von *Trustworthy AI* (Wiley)
- ✔ Thomas H. Davenport, Professor am Babson College und Co-Autor von *All in on AI* (Harvard Business Review Press), zusammen mit Nitin Mittal
- ✔ Ethan Mollick, Professor an der University of Pennsylvania und Autor von *Co-Intelligence* (Portfolio)

Achten Sie auch auf die Innovationen der führenden KI-Unternehmen wie OpenAI (`www.openai.com`), Google AI (`http://ai.google.com`), Microsoft AI (`www.microsoft.com/ai`) und anderen.

Sie können auch den eher praktischen Ratschlägen von Unternehmensberatern folgen.

Zugegeben, diese Beratungsfirmen konzentrieren sich möglicherweise eher auf Frameworks, Roadmaps und Bausteine als auf praktische Implementierung und tägliche Abläufe. Aber alle Informationen über KI im Unternehmen können Ihnen helfen, ein umfassendes Verständnis aufzubauen. Eine gelegentliche Studie einer solchen Firma kann die perfekte Munition sein, um Kollegen in Ihrer Organisation davon zu überzeugen, die notwendigen Ressourcen, Zeit und Unterstützung für künstliche Intelligenz bereitzustellen.

Konzentration auf das Wesentliche

Für die Vorteile des KI-Zeitalters müssen Sie möglicherweise die Grenzen dessen erweitern, was Sie von Ihren Teams erwarten und wie Sie mit den anderen Abteilungen Ihres Unternehmens zusammenarbeiten. Nehmen Sie zum Beispiel eines meiner Lieblingsbeispiele, eine Kampagne für die Marke Doritos. Für sie wurde eine innovative KI-Engine entwickelt, die Tausende von Variationen von Knuspergeräuschen beim Essen ihrer Chips identifizieren sollte. Das war nicht nur ein Partygag, sondern auch strategisch gedacht: Denn Gamer zählen zu den größten Fans von Doritos. (FoodBev Media hat einen Artikel vom 1. November 2023 über diese Innovation; gehen Sie einfach auf `www.foodbev.com` und geben Sie »Silent Doritos« in das Suchtextfeld ein, um ihn zu finden.) Die Gamer konnten auch die Knuspergeräusche stummschalten, sodass sie während Multiplayer-Gaming-Sessions Doritos naschen konnten – das hieß »Crunch Cancellation«. Diese selektive Stummschaltung stellt sicher, dass die Spieler ihren Snack genießen können, ohne das Knuspergeräusch in entscheidenden Momenten – wie beispielsweise bei einem heimlichen Angriff auf eine feindliche Basis in Call of Duty – an ihre Teamkollegen zu übertragen.

Die Marketinggrundlagen nicht vergessen

Auch mit KI müssen Sie sich auf das Wesentliche im Marketing konzentrieren: eine starke Marke aufbauen, Kunden gewinnen und binden, enge Beziehungen pflegen und Loyalität und Engagement steigern. Führen Sie all diese Aufgaben so aus, dass sie messbare Ergebnisse liefern, um die Anerkennung der gesamten Führungsebene (der Geschäftsführer Ihres Unternehmens) zu gewinnen. Die Aufrechterhaltung einer starken Marketinggrundlage bietet das Sprungbrett, mit dem KI die Produktivität und Ergebnisse Ihres Teams deutlich steigern kann.

Das Sprichwort »Garbage in, garbage out« ist besonders wichtig, wenn es um Marketinggrundlagen geht. Die Eingabe minderwertiger Kundendaten, überflüssiger Markenstrategien und unklarer Anweisungen in die KI führt zu schlechten Ergebnissen.

Fit für die Zukunft

Im Zeitalter KI müssen sich Marketingfunktionen nicht nur an neue Technologien anpassen, sondern auch Rollen und Arbeitsabläufe neu definieren. Nur so lässt sich die Zusammenarbeit zwischen menschlichen Teams und KI-Co-Piloten optimieren. Trotz der vielversprechenden Prognosen zu KI haben viele Unternehmen Schwierigkeiten, ihr Potenzial in allen Bereichen ihres Unternehmens voll auszuschöpfen. Umfragen unter Tausenden von Führungskräften (wie von McKinsey berichtet, `www.mckinsey.com/capabilities/quantumblack/our-insights/the-state-of-ai-in-2023-generative-AIs-breakout-year`) zeigen, dass weniger als ein Drittel der Befragten KI in mehr als einer Geschäftsfunktion eingeführt hat. Zum Redaktionsschluss dieses Buches beschränkten sich die KI-Initiativen bei den meisten Unternehmen noch auf Ad-hoc-Pilotprojekte oder isolierte Experimente innerhalb einer einzelnen Geschäftseinheit.

Kultureller Wandel zur Einführung von KI

Einer der Gründe, der die Einführung von KI einschränkt, sind organisatorische Trägheit und kulturelle Barrieren. Führungskräfte übersehen oft die Notwendigkeit, ihre Organisationen grundlegend umzustrukturieren, um KI-Initiativen wirksam zu unterstützen. Wie ein Artikel der Harvard Business Review vom Juli 2019 mit dem Titel »Building the AI-Powered Organization« (`www.hbr.org/2019/07/building-the-ai-powered-organization`) hervorhob, müssen sich Unternehmen auf drei grundlegende Arten verändern, um die Einführung von KI in einem Unternehmen voranzutreiben:

- ✔ **Übergang von isolierter Arbeit zu interdisziplinärer Zusammenarbeit**, Förderung funktionsübergreifender Teams mit geschäftlicher, betrieblicher und analytischer Expertise. Dieser Ansatz stellt sicher, dass KI-Initiativen mit umfassenderen Organisationszielen und den betrieblichen Anforderungen übereinstimmen.
- ✔ **Verlagern Sie Entscheidungsprozesse** von erfahrungsbasierten, führungsorientierten Ansätzen hin zu datengesteuerten Entscheidungen auf allen Ebenen der Organisation. Sie müssen Ihre Mitarbeiter befähigen, die Empfehlungen der KI-Algorithmen zu nutzen und so eine Kultur des Vertrauens und der Autonomie zu fördern.

- **Fördern Sie Agilität, Experimentierfreude und Anpassungsfähigkeit.** Fördern Sie eine Kultur, die kontinuierliches Lernen, Innovation und eine schnelle Iteration schätzt. Unternehmen sollten eine Test- und Lernmentalität entwickeln und Fehler als Verbesserungsmöglichkeiten und nicht als Misserfolge betrachten.

Um diese Veränderungen zu erreichen, sind proaktive Führung und organisatorische Umstrukturierungen erforderlich – egal ob Sie Marketingleiter oder für größere Bereiche eines Unternehmens verantwortlich sind, und egal ob groß oder klein. Führungskräfte müssen in den kulturellen Wandel, die Schulung der Mitarbeiter und die Überwindung von Widerständen gegen Veränderungen investieren.

Die Organisationsstruktur an KI anpassen

Die Organisationsstruktur spielt eine entscheidende Rolle bei der Skalierung von KI-Initiativen mit verschiedenen Modellen. Dazu zählen:

- **Zentralisierte Hubs:** Dabei handelt es sich um ein KI-Team, das Fachwissen, Ressourcen und Infrastruktur zentralisiert und so einheitliche Standards und Governance in der gesamten Organisation gewährleistet.
- **Dezentrale Knotenpunkte:** Einzelne Abteilungen oder Geschäftseinheiten entwickeln und implementieren KI-Lösungen, die auf ihre spezifischen Bedürfnisse zugeschnitten sind. So werden Innovationen gefördert und eine schnellere Implementierung ermöglicht.
- **Hybridansatz:** Eine Kombination aus zentralisierten und dezentralisierten Modellen, bei denen die Kernfunktionen der KI zentral verwaltet werden. Gleichzeitig passen einzelne Geschäftseinheiten die für ihre Funktionen relevanten KI-Anwendungen an.

Unabhängig vom gewählten Modell erfordert eine erfolgreiche KI-Implementierung die Zusammenarbeit zwischen Geschäfts-, IT- und Analysefunktionen sowie interdisziplinären Umsetzungsteams, die mit der Durchführung von KI-Initiativen beauftragt sind. Tatsächlich muss sich im KI-Zeitalter jede Entscheidung auf Daten und Analysen konzentrieren – sowohl um die KI-Modelle zu trainieren als auch um Mitarbeiter zu ermutigen, sich auf KI-Systeme zu verlassen, die riesige Datenmengen analysieren und so dem Unternehmen bessere Lösungen bieten.

Auch die Funktion des Marketings wird sich zwangsläufig ändern, da immer mehr Aktivitäten mithilfe künstlicher Intelligenz gemeinsam erstellt werden. Wie sich die Funktion ändert, hängt stark davon ab, wie ein Marketingleiter die Rolle der Menschen in seinem Team sieht und welche Fähigkeiten dieses Team bereits besitzt. Obwohl es schwierig sein kann, genau zu beschreiben, wie sich die Marketingfunktionen ändern werden, ist eines klar: Veränderungen wird es geben.

IN DIESEM KAPITEL

- Definition ethischer Grundsätze für den Einsatz von KI
- Entwicklung von KI-Systemen zum Schutz der Daten
- Vermeiden, dass KI für die Inhaltserstellung missbraucht wird
- Menschliche Dynamik bei der Entwicklung von KI

Kapitel 22
Ethische, rechtliche und datenschutzbezogene Bedenken im Zusammenhang mit KI

Ich bin überzeugt, dass generative künstliche Intelligenz (KI) das Potenzial hat, die Geschäftswelt stärker zu verändern als jede andere Technologie in der Menschheitsgeschichte zuvor. Und während KI-Technologien sich immer weiter verbreiten, ziehen sie ein immer komplexeres Netz ethischer, rechtlicher und datenschutzbezogener Bedenken mit sich. Dieses verlangt nach einer genauen Prüfung und einem verantwortungsvollen Umgang. Tatsächlich haben ethische, datenschutzbezogene und rechtliche Bedenken die Einführung von KI im Geschäftsleben gebremst.

Die Integration von KI in das Marketing – ohne entsprechende Nutzungsrichtlinien für Mitarbeiter oder Sicherheitsvorschriften für Ihr Unternehmen und Ihre Kundendaten – erhöht die rechtlichen Risiken erheblich. Unternehmen müssen diese rechtlichen Bedenken sorgfältig durchgehen, nicht nur aus juristischen, sondern auch aus moralischen Gründen. Die Folgen von Fehlschlägen bei der Integration von KI und der Verwendung von Kundendaten können das Vertrauen der Verbraucher, den Ruf der Marke und das Image Ihres Unternehmens stark beeinträchtigen.

Die Festlegung robuster Prinzipien für den ethischen Einsatz von KI im Marketing kann Ihnen helfen, die Herausforderungen beim Datenschutz und dem Schutzes der Privatsphäre zu meistern. In diesem Kapitel stelle ich ethische Prinzipien vor, die als Rahmen dafür dienen, dass Ihr Unternehmen seine KI-Systeme integer und transparent entwickeln, einsetzen und warten kann. Ich stelle auch Ideen vor, wie Sie öffentliche und private Daten sicher aufbewahren, Urheberrechte und geistiges Eigentum schützen und damit Geschäftsgepflogenheiten rechtlich sicher gestalten können. Damit tragen Sie den Bedürfnissen aller Menschen Rechnung, die vom Einsatz von KI betroffen sind.

Arbeitsgrundsätze für ethische KI

Wenn Ihr Unternehmen KI in sein Marketing integrieren möchte, müssen Sie Richtlinien für den ethischen Einsatz von KI entwickeln. Damit stellen Sie sicher, dass die Technologie Ihrem Unternehmen, Ihren Mitarbeitern und Ihren Kunden mit Integrität dient. Zu den wichtigsten Aspekten dieser Grundsätze gehören Fairness, Verantwortlichkeit und der Schutz der Privatsphäre der Verbraucher. Sie müssen diese Grundsätze so entwickeln, dass sie alle wichtigen Punkte umfassen, klar formuliert sind und in allen KI-gesteuerten Initiativen einheitlich umgesetzt werden.

Nachdem (idealerweise) eine bereichsübergreifende Taskforce die ethischen Grundsätze entwickelt und sie mit dem Managementteam abgestimmt hat, müssen Sie die Mitarbeiter im gesamten Unternehmen über die Existenz und Bedeutung dieser Grundsätze informieren. Denn die Guidelines bilden den Kern, aus dem sich die Entwicklung, Bereitstellung und Verwaltung von KI-Systemen ableitet. Damit ist gewährleistet, dass die Systeme allen relevanten Parteien zugutekommen. Gleichzeitig werden potenzielle Risiken für das Unternehmen minimiert.

Die folgenden Abschnitte bieten detaillierte Informationen zu verschiedenen wichtigen ethischen Grundsätzen. Gemeinsam fördern diese Grundsätze ein Umfeld, in dem KI Positives bewirken kann und Marketingmaßnahmen verbessert, ohne ethische Werte oder das Vertrauen der Verbraucher zu beeinträchtigen.

Transparenz

Transparenz (Offenheit und Ehrlichkeit im Geschäftskontext) ist ein grundlegendes Prinzip. Es bedeutet, dass KI-Systeme nicht wie eine Blackbox funktionieren, die für ihre Nutzer intransparent sind. Verbraucher und Regulierungsbehörden müssen in der Lage sein, die Entscheidungen der KI zu verstehen – oder zumindest müssen die betroffenen Unternehmen Einblick in den Entscheidungsprozess haben. Bei KI-Initiativen kann Transparenz bedeuten, den Usern verständliche Erklärungen darüber zu liefern, wie ihre Daten KI-Entscheidungen beeinflussen – ähnlich wie Kreditscoringmodelle Faktoren offenlegen müssen, wie sie sich auf Kreditscorings auswirken.

Stellen Sie also sicher, dass die KI-Systeme Ihres Unternehmens nicht nur effizient, sondern auch transparent sind. Wenn also eine Marketing-KI bestimmt, welche Kunden welche

Angebote erhalten, sollte dies offen dokumentiert und für Stakeholder im Unternehmen nachvollziehbar sein. Dann können diese die KI im Zweifel überprüfen und Nachfragen von Verbrauchern beantworten. Dieses Prinzip hilft, Vertrauen und Verständnis beim Verbraucher aufzubauen. Und Nutzer und Regulierungsbehörden können verstehen, wie und warum KI Entscheidungen trifft.

Rechenschaftspflicht

Das Prinzip der *Rechenschaftspflicht* stellt sicher, dass für KI-gesteuerte Aktionen eine klare Verantwortungskette existiert. Wenn beispielsweise ein KI-System, das Ihr Unternehmen für gezielte Werbung verwendet, unbeabsichtigt diskriminiert, muss die Stelle, die die KI verwendet (Ihre Marketingabteilung), zur Verantwortung gezogen werden können, nicht nur die Entwickler oder die Technologie selbst. Sie können dieses Prinzip für Ihre KI-basierten Marketinginitiativen durchsetzen, indem Sie regelmäßige Audits und eine Konformitätsprüfung der von Ihnen verwendeten KI-Tools durchführen, ähnlich wie Finanzprüfungen in Unternehmen. Diese Prüfungen können dazu beitragen, dass Ihre KI-Systeme wie geplant funktionieren und dass es Maßnahmen gibt, mit denen Abweichungen von etablierten Normen schnell behoben werden (zum Beispiel indem ein ganzes Kundensegment von Sonderangeboten ausgeschlossen wird).

Ihr Unternehmen muss klare Verantwortungen für die Aktionen und Entscheidungen der KI festlegen. Richten Sie Mechanismen ein, mit denen Ihr Unternehmen Einzelpersonen oder Teams benennt, die die Verantwortung für die Überwachung der KI-Ergebnisse übernehmen und gewährleisten, dass diese den ethischen Richtlinien entsprechen. Wenn beispielsweise ein KI-Tool ein Kundensegment falsch klassifiziert, sollten die verantwortlichen Personen ein klar definiertes Verfahren einleiten können, um das Problem zu beheben.

Datenschutz

Der Datenschutz für Verbraucher ist ein zentrales ethisches Prinzip beim Einsatz von KI, vor allem hinsichtlich der Sensibilität persönlicher Daten (Namen, Adressen, Kaufhistorie und so weiter), die häufig im Marketing verwendet werden. Teil des Datenschutzes sind Strategien zur *Datenminimierung*, bei denen Unternehmen nur die für einen bestimmten Zweck erforderlichen Daten erfassen. Darüber hinaus können Systeme robuste Datensicherheitsmaßnahmen wie *Ende-zu-Ende-Verschlüsselung* (E2EE, End-to-End Encryption; eine Sicherheitsmethode, die Daten vor dem Zugriff Dritter schützt) einsetzen.

Datenschutzorientierte KI-Implementierungen können Techniken wie *Differential Privacy* nutzen. Bei diesen Techniken werden Daten leicht verändert, damit eine Identifizierung der Personen innerhalb des Datensatzes erschwert wird. Diese Vorgehensweise ermöglicht es Unternehmen, wertvolle Erkenntnisse zu gewinnen und Analysen durchzuführen, während gleichzeitig personenbezogene Daten vertraulich und sicher bleiben. So kann beispielsweise ein Gesundheitsunternehmen Trends bei Patientendaten analysieren, ohne einzelne Patientenakten offenzulegen. Solche Ansätze entsprechen nicht nur strengen Datenschutzgesetzen, sondern vermitteln den Verbrauchern auch die Gewissheit, dass ihre personenbezogenen Daten sicher sind und mit Sorgfalt behandelt werden.

Im Zeitalter der generativen KI ist der Datenschutz ein heikles Thema. Denn Konsumenten fragen sich, ob Unternehmensbereiche wie das Marketing ihre Angaben und Daten verwenden, um ihre KI-Modelle ohne ihre Erlaubnis zu trainieren. Leider gab es zum Redaktionsschluss dieses Buches noch keine eindeutigen gesetzlichen Vorschriften, was zum Trainieren der KI-Modelle verwendet werden darf und was nicht.

Wenn Sie also als Kunde mit einer KI-Engine eines Unternehmens interagieren, besteht das Risiko, dass Ihre Interaktion und alle Daten zum Training der KI verwendet werden, damit sie bei verschiedenen Aufgaben besser wird. Wenn Sie als Kunde ausdrücklich um Ihre Erlaubnis gebeten werden und diese auch erteilen, sind datenschutzrechtliche Probleme ausgeschlossen. Wenn dies jedoch nicht der Fall ist oder Sie sich darüber hinwegsetzen, kann dies ein erhebliches Problem darstellen. Denn wenn Kundendaten ohne Zustimmung verwendet werden, verletzt dies ihre Datenschutzrechte und kann darüber hinaus zu Imageschäden beim Unternehmen führen. Darüber hinaus müssen Unternehmen mit rechtlichen Konsequenzen und Strafen rechnen, wenn künftige Regelungen strengere Datenschutzstandards vorschreiben.

Marketingteams müssen mit Verbraucherdaten äußerst sorgfältig umgehen. Sie müssen Strategien implementieren, die Datensicherheit und Datenschutz in den Vordergrund stellen. Die Strategien können fortschrittliche Verschlüsselungsmethoden, sichere Datenspeicherlösungen und *Anonymisierungstechniken* (bei denen identifizierende Details entfernt werden) umfassen, um den Datenschutz zu gewährleisten. Darüber hinaus müssen Unternehmen relevante Datenschutzbestimmungen wie die Datenschutz-Grundverordnung (DSGVO) einhalten.

Fairness

Das Prinzip der *Fairness* in der KI erfordert proaktive Maßnahmen, die Verzerrungen bei automatisierten Entscheidungen verhindern und somit Diskriminierung vermeiden. In diesem Zusammenhang bedeutet Fairness die Diversifizierung von Trainingsdatensätzen und die kontinuierliche Überprüfung der KI-Ergebnisse auf Verzerrungen bei den verschiedenen demografischen Gruppen. Leider spiegeln zum jetzigen Zeitpunkt viele KI-Tools das öffentliche Internet wider – es sind die Daten, mit denen Entwickler die großen Sprachmodelle (LLMs) der KI trainieren. Da dieses Training mit öffentlichen Webdaten von Natur aus alle möglichen Verzerrungen enthält, müssen diese LLMs fein abgestimmt werden, um die Verzerrungen zu beseitigen, die ihnen von Anfang an innewohnen.

Wenn beispielsweise ein KI-Modell zur Personalisierung von Werbebotschaften eingesetzt wird, müssen die Trainingsdaten repräsentativ für verschiedene demografische Merkmale der Verbraucher sein (zum Beispiel Daten von verschiedenen Altersgruppen, Ethnien und sozioökonomischen Hintergründen), um Verzerrungen bei der Ausrichtung der Botschaften zu vermeiden. Machen Sie regelmäßige Bewertungen von Verzerrungen und Anpassungen in LLMs zum Standard, um sicherzustellen, dass KI-gesteuertes Marketing inklusiv und gerecht ist.

Unternehmen müssen KI-Systeme unter Berücksichtigung ethischer Grundsätze entwickeln, programmieren und überwachen. Das heißt, Ihr Unternehmen muss auf Vorurteile achten, die zu einer unfairen Behandlung von Personen aufgrund von ethnischer Zugehörigkeit, Geschlecht, Alter oder anderen Merkmalen führen könnten. Achten Sie darauf, Vielfalt in die Trainingsdatensätze einzubeziehen und algorithmische Fairnessbewertungen anzuwenden, um diskriminierende Ergebnisse zu vermeiden. Bewerten Sie jedes KI-Tool, bevor es für das Targeting von Anzeigen eingesetzt wird, damit es nicht versehentlich bestimmte demografische Gruppen ausschließt oder bevorzugt.

Menschenzentrierte KI

Das Konzept der *menschenzentrierten KI* besagt, dass Technologie die menschliche Entscheidungsfindung ergänzen, aber nicht ersetzen soll. Bei diesem Prinzip werden KI-Systeme entwickelt, die die menschlichen Fähigkeiten und die Kreativität fördern, anstatt Arbeitsplätze durch Automatisierung zu eliminieren. Mit Sicherheit werden manche Arbeitsplätze durch die Automatisierung überflüssig, so wie bestimmte Arbeitsplätze mit der industriellen Revolution verschwunden sind. Doch führen Aufgaben, die von einer KI ausgeführt werden, möglicherweise nicht immer zu den gleichen aufschlussreichen und emotional wirkungsvollen Ergebnissen, wie sie mit menschlichem Input erzielt worden wären.

KI kann Marketingfachleuten beispielsweise Erkenntnisse aus der Datenanalyse liefern, die von menschlichen Mitarbeitern dann für strategische Entscheidungen genutzt werden können, anstatt diese Entscheidungen auch noch einer KI zu überlassen. Mit einem solchen Ansatz bleibt die KI ein Werkzeug unter menschlicher Kontrolle und Leitung, wodurch eine ethische Ausrichtung der Marketingpraktiken gewahrt bleibt. Im Abschnitt »Überwachungsmechanismen implementieren« weiter hinten in diesem Kapitel erfahren Sie, wie Sie Ihre KI im Auge behalten können.

Systemsicherheit

Stellen Sie sicher, dass die von Ihnen verwendeten KI-Systeme vor Cyberangriffen geschützt sind und unter verschiedensten Bedingungen zuverlässig funktionieren. Unternehmen müssen KI-Systeme immer wieder testen und validieren, um Schwachstellen vorzubeugen, die zu Datenlecks oder fehlerhaften Ergebnissen führen könnten. Marketingteams sollten robuste Sicherheitsmechanismen implementieren und Notfallpläne für mögliche Ausfälle von KI-Systemen bereithalten.

Soziale Verantwortung

Wenn Unternehmen KI-Lösungen einsetzen, sollten sie die Auswirkungen auf Gesellschaft und Umwelt im Auge behalten. Dazu müssen KI-Systeme entwickelt und ausgewählt werden, die nicht nur die Effizienz und Rentabilität steigern, sondern auch zur ökologischen Nachhaltigkeit beitragen. KI-Systeme können zum Beispiel den Ressourcenverbrauch minimieren, den CO_2-Fußabdruck verringern und das Gemeinwohl durch Fairness und einen reduzierten Bias fördern.

Im Marketing könnte dieser verantwortungsvolle Ansatz bedeuten, den Energieverbrauch in KI-Rechenzentren zu optimieren oder KI nicht an Kampagnen zu beteiligen, die schädliche Produkte bewerben oder Fehlinformationen enthalten.

Verantwortungsvoller Umgang mit Daten

Der verantwortungsvolle Umgang mit Daten – ob privat oder öffentlich – ist für den ethischen Einsatz von KI von besonderer Bedeutung. Marketer stehen hier oft an vorderster Front, weil sie große Mengen sensibler Verbraucherinformationen verarbeiten. Ihr Missbrauch kann zu schwerwiegenden Datenschutzverletzungen und Vertrauensverlusten bei den Verbrauchern führen. Der ethische Umgang mit Daten umfasst nicht nur die Einhaltung gesetzlicher Rahmenbedingungen wie der DSGVO (siehe den Abschnitt »Datenschutz« weiter vorn in diesem Kapitel), sondern auch die Einführung von Praktiken, die sicherstellen, dass Ihr Unternehmen Daten so sammelt, speichert und verwendet, dass die Rechte und Ansprüche der Verbraucher respektiert werden.

Marketingteams sind auf drei Arten privater Daten angewiesen:

- ✔ **First-Party-Daten:** Informationen, die ein Unternehmen direkt von seinen Kunden oder Usern über seine eigenen Kanäle sammelt, beispielsweise über Websites, Apps oder Kundeninteraktionen. Diese Daten sind in der Regel äußerst zuverlässig und relevant, da sie direkt von der Quelle stammen.
- ✔ **Daten von Zweitanbietern:** Informationen, die von einem Partner oder einer vertrauenswürdigen Stelle gesammelt werden, die eine direkte Beziehung zum Verbraucher hat. Diese Daten werden mit Ihrem Unternehmen geteilt, oft im Rahmen einer direkten Partnerschaft. Normalerweise werden sie verwendet, um Kundeninsights zu generieren, ohne dass eine zusätzliche Erhebung von Daten erforderlich ist.
- ✔ **Daten von Drittanbietern:** Informationen, die von Unternehmen gesammelt werden, die keine direkte Beziehung zum Verbraucher haben. Diese Daten werden aus verschiedenen Quellen aggregiert und an Unternehmen zur Verwendung in Marketing, Analyse und anderen Zwecken verkauft. Sie sind oft nicht so spezifisch und genau wie Erst- und Zweitanbieterdaten, können aber umfassende Markteinblicke bieten.

Marketingexperten nutzen diese Datenquellen, um mit Kampagnen die richtige Person zur richtigen Zeit am richtigen Ort mit der richtigen Botschaft zu erreichen. Der verantwortungsvolle Umgang mit diesen Datensätzen ist nicht nur wichtig, um gesetzliche Anforderungen zu erfüllen. Sondern auch, um das Vertrauen der Verbraucher zu erhalten und die Privatsphäre des Einzelnen zu schützen.

Verantwortungsvoller Umgang mit privaten Daten

Zu den privaten Daten (First und Second Data, die im vorherigen Abschnitt behandelt wurden) zählen in der Regel persönliche Informationen, die direkt von Einzelpersonen durch Interaktionen wie Website-Besuchen, Käufen oder Interaktionen mit dem Kundendienst erfasst werden. Hier die wichtigsten Komponenten für den sicheren Umgang mit privaten Daten:

- ✔ **Consent Management:** Stellen Sie sicher, dass Ihr Unternehmen die ausdrückliche Einwilligung der Verbraucher einholt, bevor es deren Daten erhebt, verarbeitet oder nutzt. Ein Modeboutiquehändler kann beispielsweise ein transparentes Opt-in-System für Kunden implementieren, wenn diese auf der Grundlage ihrer Kaufhistorie oder ihres Browsing-Verhaltens personalisierte Angebote erhalten möchten. Machen Sie diese Einwilligung leicht widerrufbar, damit die Kunden weiterhin die Kontrolle über ihre Daten haben.

- ✔ **Data Minimization:** Sammeln Sie nur die Daten, die Sie für einen bestimmten Zweck benötigen. Eine Gesundheits- und Wellness-App könnte beispielsweise Daten über die Fitnessaktivitäten ihrer User sammeln, um maßgeschneiderte Gesundheitstipps und -empfehlungen bereitzustellen. Die App sollte jedoch das Sammeln unnötiger Informationen vermeiden – wie etwa den genauen Standort eines Nutzers –, wenn diese Daten für ihre Dienste irrelevant sind.

- ✔ **Sichere Datenspeicherung und -übertragung:** Implementieren Sie erweiterte Cybersicherheitsmaßnahmen wie Verschlüsselung und sichere Zugriffsprotokolle, um private Daten vor unbefugtem Zugriff und Verstößen zu schützen. Eine Werbeagentur könnte eine Ende-zu-Ende-Verschlüsselung (E2EE, die den Zugriff Dritter verweigert) einsetzen, um die Übertragung von Kampagnendaten zwischen ihren Servern und Clientgeräten so abzusichern, dass vertrauliche Informationen auch vertraulich bleiben.

Die Komponenten dieser Liste mögen nach normalgültigen Standards beim Datenmanagement klingen. Aber wenn Sie KI einbeziehen, steht mehr auf dem Spiel. Marketing-, Produkt- und Technologieteams gehen möglicherweise davon aus, dass sie vorhandene Kundendaten im Unternehmen ganz einfach verwenden können, um KI-Modelle zu trainieren oder neue Algorithmen zu optimieren. Dieser Ansatz kann jedoch falsch sein, wenn die Kunden nicht zugestimmt haben, dass ihre Daten für diese neuen Anwendungen verwendet werden. ***Hinweis:*** Angesichts der vielen neuen KI-Tools sollten Sie davon ausgehen, dass die Kunden ihre Zustimmung *nicht* erteilt haben!

Verantwortungsvoller Umgang mit öffentlichen Daten

Öffentliche Daten (manchmal auch als *Third Party Data* bezeichnet) beziehen sich auf Informationen, die frei verfügbar sind, aus öffentlichen Aufzeichnungen oder von Drittanbietern stammen, die keine Verbindung zu Ihrem Unternehmen haben. Öffentliche Daten können Volkszählungsdaten, öffentliche Social-Media-Beiträge oder offene Regierungsdatensätze umfassen. So verwenden Sie diese Art von Daten verantwortungsvoll:

- **Deanonymisierung vermeiden:** Wenn Sie öffentliche Datensätze verwenden, sollten Sie Maßnahmen ergreifen, dass Sie nicht versehentlich Einzelpersonen *deanonymisieren* (identifizierende Details preisgeben). Beispielsweise könnte ein Immobilienunternehmen, das öffentlich zugängliche Immobiliendaten verwendet, diese mit anderen Datensätzen kombinieren, um seine Marktanalyse zu verbessern. In diesem Fall sollte garantiert sein, dass solch eine Anreicherung keine persönlichen Identitäten ohne Zustimmung preisgibt. Das Erkennen von Identitäten ist mit KI-Tools viel einfacher als bisher. Deshalb sollten Unternehmen sehr vorsichtig sein, wenn es darum geht, persönliche Informationen vertraulich zu halten.

- **Ethische Datenbeschaffung:** Besorgen Sie sich öffentliche Daten nur, wenn Sie nach ethischen Grundsätzen handeln und die Rechte sowie Erwartungen der beteiligten Seiten respektieren. Ein auf Wirtschaftsprognosen spezialisiertes Unternehmen könnte öffentlich zugängliche Beschäftigungsdaten aus Regierungsportalen verwenden, um Markttrends vorherzusagen und Kunden bei Marketinginvestitionen zu beraten. Dabei sollte es die Datenquelle korrekt angeben und deren Genauigkeit und Relevanz sicherstellen. Wenn Ihr Unternehmen Daten von Drittanbietern mit anderen privaten Daten kombiniert (siehe vorangehenden Abschnitt) und diese Daten von Drittanbietern nicht nach ethischen Grundsätzen beschafft wurden, können Sie möglicherweise nicht den gesamten Datensatz verwenden.

- **Transparenz bei der Nutzung:** Zeigen Sie, wie Ihr Unternehmen öffentliche Daten für seine Marketingmaßnahmen nutzt. Ein Markenartikler könnte beispielsweise seine Kunden darüber informieren, dass er öffentliche Social-Media-Trends nutzt, um Inhalte und Anzeigenplatzierungen anzupassen. Damit erhalten die Nutzer einen Einblick, wie ihre Daten die Marketingstrategien des Unternehmens beeinflussen.

Verantwortungsvolle Datennutzung

Um verantwortungsvoll mit allen Daten für das Marketing umzugehen, sollten Sie einige der Ideen aus den vorhergehenden Abschnitten in die Praxis umsetzen. Hier weitere Beispiele, wie bestimmte Branchen Daten verantwortungsvoll nutzen können:

- **Einzelhandel:** Ein Einzelhändler kann öffentliche Wetterdaten verwenden, um dazu passende Produkte zu bewerben. Er kann auf sicher gespeicherte private Kundendaten zurückgreifen, um gezielte Werbeaktionen auf der Grundlage des früheren Kaufverhaltens zu initiieren.

- **Health-Marketing:** Ein Gesundheitsdienstleister kann öffentliche Gesundheitsdaten verwenden, um Regionen zu identifizieren, in denen bestimmte Krankheiten gehäuft auftreten. Er kann private Daten aus Patienteninteraktionen (unter strenger Vertraulichkeit und mit Einverständnis der Patienten) verwenden, um diese spezifischen Bevölkerungsgruppen über relevante Gesundheitsangebote zu informieren.

- **Eventmarketing:** Ein Unternehmen, das Großveranstaltungen organisiert, könnte öffentlich zugängliche, lokale Daten verwenden und so entscheiden, wo die Veranstaltungen stattfinden sollen. Es kann zudem private Daten früherer Teilnehmer (mit deren Einwilligung) heranziehen, um Veranstaltungsbenachrichtigungen zu personalisieren.

Unternehmen können ihr Marketing verbessern, wenn sie mit privaten und öffentlichen Daten sorgfältig umgehen, einen Fokus auf Datenschutz, Sicherheit und ethische Nutzung legen. Dieser verantwortungsvolle Ansatz schützt nicht nur das Unternehmen und seine Kunden, sondern trägt auch zur Integrität und Nachhaltigkeit seiner Geschäftspraktiken bei. Bei KI müssen Sie private und öffentliche Daten sehr sorgfältig verwalten, da die Algorithmen des maschinellen Lernens die Daten zu Trainingszwecken und später zur Erstellung hochentwickelter Empfehlungen verwenden könnten.

Der Urheberrechtsstreit der New York Times mit OpenAI

Die New York Times (`www.nytimes.com`) reichte 2023 Klage gegen OpenAI (`www.openai.com`; der Hersteller von ChatGPT). Der Vorwurf lautete, das Unternehmen habe die Urheberrechte der Zeitung verletzt, weil es deren Artikel zum Trainieren des ChatGPT-Sprachmodells verwendete. Die Times behauptete, die KI-Modelle von OpenAI gefährdeten die Geschäftsgrundlage der Zeitung als zuverlässige Informationsquelle, da die Modelle nahezu identische Versionen der Times-Artikel generieren könnten.

OpenAI bestritt die Klage mit der Begründung, dass die Verwendung urheberrechtlich geschützter Materialien für seine technologischen Fortschritte unter den Begriff des »Fair Use« falle. Das Unternehmen betonte, es arbeite eng mit Nachrichtenredaktionen zusammen und wolle der Branche neue Einnahmemöglichkeiten verschaffen. Die New York Times und andere digitale Medien wie Raw Story (`www.rawstory.com`), Alternet (`www.alternet.org`) und The Intercept (`www.theintercept.com`) reichten jedoch alle separate Klagen gegen OpenAI ein. Sie warfen dem Unternehmen Urheberrechtsverletzungen vor und forderten die Entfernung ihrer urheberrechtlich geschützten Werke aus den Trainingsdaten.

Diese Klagen (und viele weitere werden folgen) stehen für den Streit um die Verwendung urheberrechtlich geschützter Materialien zur Entwicklung von KI-Technologien. Obwohl OpenAI argumentiert, dass seine Modelle nicht unbedingt exakte Kopien aus urheberrechtlich geschütztem Material wiedergeben, verweisen die Medien darauf, dass ein urheberrechtlich geschützter Journalismus das Ergebnis menschlicher Leistung ist und nicht ohne entsprechende Quellenangabe oder Vergütung genutzt werden sollte. Der Ausgang dieser Rechtsstreitigkeiten könnte erhebliche Auswirkungen auf die Entwicklung von KI-Systemen haben, da er die Verfügbarkeit hochwertiger Trainingsdaten und damit die Fähigkeit zur Erstellung unvoreingenommener Modelle beeinträchtigen könnte.

Marketing- und Unternehmensleiter sollten diese Klagen aufmerksam verfolgen. Denn ihr Ausgang könnte Auswirkungen darauf haben, wie KI-Modelle künftig trainiert werden. (Wenn sie nicht mit hochwertigen Inhalten wie Artikeln der New York Times trainiert werden, sind ihre Ergebnisse von minderer Textqualität.) Diese Ergebnisse können sich auch auf die Datenschutzrichtlinien von Unternehmen auswirken. Zum Redaktionsschluss dieses Buches konnten noch alle Unternehmensdaten, die im Internet verfügbar sind, zum Trainieren der Modelle verwendet werden – und möglicherweise auch vertrauliche Inhalte, die Mitarbeiter in KI-Dienste wie ChatGPT eingeben.

Bekämpfung von Data Bias

Die Verantwortung der Marketer für die von der KI verwendeten Daten umfasst auch die Bekämpfung von Bias in Datensätzen und algorithmischen Entscheidungen. Diese Verzerrungen können – wenn sie nicht kontrolliert werden – Voreingenommenheiten betonen und der Gesellschaft schaden, weil Stereotype verstärkt, die Chancen von Randgruppen eingeschränkt und bestimmten Bevölkerungsgruppen Vorteile verschafft werden. Um sicherzustellen, dass KI-Systeme faire und unvoreingenommene Ergebnisse liefern, sind eine kontinuierliche Überwachung und Anpassung erforderlich. Nur dann lässt sich sicherstellen, dass die Marketingergebnisse der KI auch die Vielfalt der Bevölkerung widerspiegeln.

Sie müssen die mögliche Voreingenommenheit in den Ergebnissen von KI-Modellen bekämpfen, um Fairness zu gewährleisten (siehe den Abschnitt »Fairness« weiter vorn in diesem Kapitel), die Genauigkeit zu verbessern und in Marketing, Wirtschaft und Gesellschaft ethische Standards aufrechtzuerhalten.

So können Unternehmen Voreingenommenheiten wirksam bekämpfen:

- ✔ **Vorurteilsbewusste Algorithmen entwickeln:** Setzen oder entwickeln Sie KI-Algorithmen, die Data Bias minimieren. Sie können beispielsweise das *Adversarial Debiasing* testen, bei dem ein Modell Ergebnisse vorhersagt, während ein anderes Verzerrungen in den Vorhersagen aufspürt. Diese Modell-gegen-Modell-Technik ermutigt das primäre Modell, Verzerrungen in seinen Ergebnissen zu reduzieren, und fördert damit die Fairness bei der algorithmischen Entscheidungsfindung.

- ✔ **Die Datenquellen diversifizieren:** Integrieren Sie aktiv Daten aus einer Vielzahl von Quellen, um eine Verzerrung zu verringern, die bei der Verwendung einer nur begrenzter Zahl an Quellen entstehen könnte. Dieser Ansatz beinhaltet die Einbeziehung von Daten aus verschiedenen geografischen Standorten, sozioökonomischen Hintergründen, Altersgruppen, Geschlechtern und Ethnien – insbesondere bei der Entwicklung nationaler Werbekampagnen. So eine vielfältige Datenbeschaffung kann das gesamte Spektrum der Bevölkerung widerspiegeln und somit eine faire und relevante Zielgruppenansprache gewährleisten.

- ✔ **Inklusive Datenerfassungspraktiken implementieren:** Um zu vermeiden, dass unterrepräsentierte Gruppen ausgeschlossen werden, sollten Sie Datenerfassungsmethoden einsetzen, die alle potenziellen User berücksichtigen. Wenn Ihre Marketingabteilung beispielsweise eine digitale App zur Datenerfassung verwendet, optimieren Sie die App so, dass sie auch auf niedrigeren Bandbreiten (wie 3G) oder älteren mobilen Plattformen (wie Android 6.0) funktioniert. Damit werden auch User mit eingeschränktem Internetzugang oder veralteter Technologie einbezogen.

- ✔ **Einen kontinuierlichen Verbesserungsprozess integrieren:** Etablieren Sie eine Feedbackschleife, die es ermöglicht, Daten und Algorithmen kontinuierlich zu aktualisieren und zu verbessern. Bei diesem Prozess wird Feedback auf die KI-Ergebnisse verwendet, um iterative Anpassungen vorzunehmen und sicherzustellen, dass Verzerrungen umgehend und kontinuierlich behoben werden.

- **Modellierung mit Transparenz:** Eine detaillierte Dokumentation darüber, wie Daten beim Trainieren von KI-Modellen gesammelt, verarbeitet und verwendet werden, erhöht die Transparenz (siehe den Abschnitt »Transparenz« weiter vorn in diesem Kapitel). Diese Vorgehensweise ermöglicht es Stakeholdern (wie Datenwissenschaftlern, Ethikern und Regulierungsbehörden), die verwendeten Methoden zu verstehen und einzuschätzen. Sie fördert zudem ein Umfeld, in dem Verzerrungen schnell identifiziert und effektiv beseitigt werden können.
- **Regelmäßige Prüfungen durchführen, um Verzerrungen zu erkennen:** Überprüfen und analysieren Sie Datensätze und KI-Algorithmen regelmäßig auf mögliche Verzerrungen. Ihr Unternehmen könnte statistische Methoden einsetzen, um Diskrepanzen in der Behandlung oder Darstellung verschiedener Gruppen durch die Algorithmen zu untersuchen. Das heißt, Sie könnten die Kundenkonversionsraten über demografische Gruppen hinweg analysieren, um systematische Benachteiligungen zu identifizieren. Sie sollten diese Checks auch deshalb durchführen, weil KI-Engines im Laufe der Zeit Verzerrungen entwickeln können. Wenn beispielsweise die immer gleichen Nutzer mit einem Dienst interagieren, werden die dadurch gesammelten Daten im Laufe der Zeit genau auf diese Nutzer beschränkt sein.
- **Schulungen zu ethischen Aspekten anbieten:** Mitarbeiter, insbesondere in den Bereichen Datenwissenschaft und Marketing, sollten über die Auswirkungen verzerrter Daten und die Bedeutung ethischer KI-Praktiken informiert sein. Bieten Sie Workshops, Seminare und Weiterbildungen zum Abbau von Verzerrungen in der KI an. Diese Schulungen sollten die neuesten Forschungsergebnisse und Methoden zur Förderung von Inklusivität und Fairness hervorheben.
- **Synthetische Daten verwenden, um Datensätze auszugleichen:** Die Generierung synthetischer Daten kann dazu beitragen, unterrepräsentierte Gruppen genau darzustellen, ohne ihre Privatsphäre zu gefährden. Bei diesem Ansatz wird der Datensatz ausgeglichen, indem er realistische, aber nicht reale Datenpunkte erstellt und so eine faire Darstellung verschiedener demografischer Gruppen in Marketingstrategien sicherstellt.

Schutz des Urheberrechts und des geistigen Eigentums

Im Zusammenhang mit KI im Marketing ist der Schutz von Urheberrechten und geistigem Eigentum sehr wichtig. KI-Systeme können synthetische Inhalte erstellen und komplexe Marketingaufgaben übernehmen, die bislang von Menschen ausgeführt wurden. Damit verschwimmen die Grenzen zwischen KI-generierter und von Menschen geschaffener Arbeit.

Der Schutz von Urheberrechten und geistigem Eigentum ist im Zeitalter der KI eine einzigartige Herausforderungen, da KI-Systeme zunehmend in der Lage sind, Inhalte zu erstellen, die möglicherweise bestehende Urheberrechte verletzen könnten. Wenn Sie KI in Ihre Marketingstrategien integrieren, müssen Sie die die Rechte an geistigem Eigentum anderer respektieren und gleichzeitig Ihre eigenen Kreationen schützen.

Richten Sie fortlaufende Schulungen und Trainings zu IP-Rechten (Intellectual Property Rights) für die Mitarbeiter ein, die an der Entwicklung und Bereitstellung von KI beteiligt sind. Stellen Sie sicher, dass die von Ihnen angebotene Schulung die Grundlagen des Urheber- und Patentrechts sowie spezifischere Fragen im Zusammenhang mit KI und IP-Rechten (ein Bereich, der sich wohl noch weiterentwickelt) abdeckt. Durch regelmäßige Updates und Workshops können Ihre Mitarbeiter über die neuesten Entwicklungen im IP-Recht informiert bleiben und wissen, wie sie Verfahren implementieren, die diesen Gesetzen entsprechen.

Durch eine proaktive Schulung und Einbindung Ihres Marketingpersonals in Fragen des Urheberrechts- und geistigen Eigentumsrecht können Sie nicht nur etwaige Verstöße verhindern, sondern auch das Engagement Ihres Unternehmens für ethische und rechtmäßige Geschäftspraktiken demonstrieren.

Rechtsverletzungen vermeiden

Ein Hauptrisiko für mögliche Rechtsverletzungen entsteht bei der Erstellung von Marketing-Assets (Bilder, Text, Video oder sogar Ton). Denn KI-Systeme können unbeabsichtigt urheberrechtlich geschützte Inhalte reproduzieren, wenn sie mit Datensätzen trainiert werden, die urheberrechtlich geschütztes Material enthalten. Um dem entgegenzuwirken, müssen Unternehmen strenge Kontrollen in ihre KI-Systeme einbauen. Nur so können sie verhindern, dass die generierten Inhalte gegen Urheberrechtsgesetze verstoßen.

Wenn Sie beispielsweise ein KI-System mit der Erstellung von Grafiken für eine Marketingkampagne beauftragen, müssen Sie das System mit einer Technologie ausstatten, die seine Kreationen mit einer Datenbank urheberrechtlich geschützter Bilder vergleicht. Bei solch einem Vergleich kann das System potenzielle Übereinstimmungen kennzeichnen und für eine menschliche Überprüfung kennzeichnen. Dieser Prozess hilft, Urheberrechtsverletzungen zu vermeiden und die Integrität der Marketingkampagne zu wahren.

Erklärung zum Urheberrecht

Weil KI-generierte Inhalte in Marketingkampagnen immer häufiger vorkommen, wird die Frage der Urheberrechte an KI-Kreationen von größter Bedeutung. Unternehmen müssen – abhängig von den jeweiligen Gesetzen und Vorschriften – klar definieren, wer das Urheberrecht an KI-generierten Inhalten besitzt – ob das Unternehmen, die Entwickler der KI oder möglicherweise die KI selbst.

Um das Thema Copyright zu regeln, sollten Sie bei jedem KI-Projekt klare Vertragsbedingungen mit allen Drittpartnern festlegen. Stellen Sie sicher, dass Ihre Vereinbarungen die Urheberrechte berücksichtigen und die Erteilung von Nutzungsrechten vorsehen, um Rechtsstreitigkeiten zu vermeiden. Damit ist auch sichergestellt, dass alle Parteien ihre Rechte und Pflichten verstehen.

Wenn Sie mit Agenturen oder anderen Drittparteien zusammenarbeiten, müssen Sie prüfen, wer die Rechte an der Erstellung der Inhalte besitzt, und diese Frage der geistigen Eigentumsrechte bereits im Vorfeld in den rechtlichen Vereinbarungen klären.

Ihre eigenen Kreationen schützen

Ihr Unternehmen muss sein eigenes KI-generiertes geistiges Eigentum schützen. Dieser Schutz umfasst gegebenenfalls die Sicherung des Urheberrechts an von KI erzeugten Inhalten, den Schutz der zugrunde liegenden Algorithmen, Daten, Patente oder Geschäftsgeheimnisse.

Ihr Unternehmen kann beispielsweise für eine von einer KI entwickelten Methode, die das Verbraucherverhalten vorhersagt, ein Patent anmelden. Es kann sich aber auch dafür entscheiden, den Algorithmus als Geschäftsgeheimnis vertraulich zu behandeln. Diese Schutzmaßnahmen verhindern, dass Wettbewerber innovative Techniken kopieren, und helfen Ihrem Unternehmen, auf dem Markt einen Wettbewerbsvorteil zu behalten.

Dem Deepfake-Problem begegnen

Deepfakes sind synthetische Medien, bei denen das Bild oder die Stimme einer Person durch das einer anderen Person ersetzt oder künstlich erzeugt wird. Es sieht also so aus, als hätte die Person Dinge gesagt oder getan, die sie nie gesagt oder getan hat. Die Technologie hinter Deepfakes hat sich wegen Machine Learning und generativer KI rasant weiterentwickelt. Es wird deshalb zunehmend schwieriger, zwischen echten und gefälschten Inhalten zu unterscheiden.

Das Schadenspotenzial von Deepfake-Inhalten ist enorm. Die Risiken betreffen:

- ✔ **Unternehmen und Marken:** Für Unternehmen stellen Deepfakes ein Risiko für den Ruf ihrer Marke dar und sie können zu finanziellen Verlusten führen. Betrügerische Aktivitäten – wie gefälschte Empfehlungen oder irreführende Werbung – können das Vertrauen in die digitale Kommunikation der Marke untergraben.
- ✔ **Einzelpersonen und Familien:** Unverantwortliche Menschen können mit Deepfakes pornografische Bilder erstellen, sich zu betrügerischen Zwecken als andere Personen ausgeben oder persönliche Beziehungen manipulieren. Jede dieser Aktivitäten kann zu psychischen Schäden und sozialen Störungen führen.
- ✔ **Gesellschaft im Allgemeinen:** Auf gesellschaftlicher Ebene können Deepfakes Fehlinformationen verbreiten, Wahlen beeinflussen und das öffentliche Vertrauen in Medien und Institutionen untergraben. Der ehemalige Präsident Trump wurde im Sommer 2023 einem Deepfake unterzogen, was für große Verwirrung sorgte. Das Video zeigte ihn fälschlicherweise mit aufrührerischen Aussagen, die er so nie gemacht hatte. Präsident Biden wurde im Januar 2024 zur Zeit der Vorwahlen in New Hampshire einem Deepfake unterzogen, als seine Stimme – die durch KI imitiert und über Robocalls verbreitet wurde – die Demokraten von der Stimmabgabe abhielt.

Der gesellschaftliche Umgang mit Deepfakes

Die Dringlichkeit, sich mit der Bedrohung durch Deepfakes auseinanderzusetzen, kann nicht genug betont werden. Denn Deepfakes haben das Potenzial, das öffentliche Vertrauen massiv zu untergraben, die öffentliche Meinung zu manipulieren und Einzelpersonen und Institutionen erheblichen Schaden zuzufügen. Weil die Gesellschaft als Ganzes und die Unternehmen mit dieser Herausforderung konfrontiert sind, müssen sie einen vielschichtigen Ansatz verfolgen:

- ✔ **Verantwortung der Unternehmen:** Unternehmen, die KI- und ML-Technologien entwickeln, müssen ethischen Überlegungen höchste Priorität einräumen. Sie müssen Sicherheitsvorkehrungen treffen, um den Missbrauch von KI-Funktionen – einschließlich der Erstellung von Deepfakes – zu verhindern. Als Microsoft-CEO Satya Nadella hörte, dass ein Deepfake von Taylor Swift möglicherweise mithilfe von Microsoft-Designern erstellt wurde, sagte er: »Wir müssen handeln.« (Ich spreche über diesen Deepfake im Kasten »Taylor Swift und die South China Morning Post werden Opfer von Deepfakes« in diesem Kapitel.)

- ✔ **Gesetzgebung und Regulierung:** Regierungen müssen schnell handeln und strenge Gesetze erlassen, die sich mit der Erstellung und Verbreitung von Deepfakes befassen und klare Strafen für den Missbrauch generativer KI-Technologien vorsehen. Die Gesetzgebung sollte auch Regelungen umfassen, die Opfer schützen und ihnen Rechtsmittel zur Verfügung stellen.

- ✔ **Sensibilisierung und Aufklärung der Öffentlichkeit:** Bürgerinitiativen, Technologieunternehmen, Medien und Regierungsorganisationen müssen das Bewusstsein für die Existenz und die Gefahren von Deepfakes schärfen. Die Menschen müssen darin geschult werden, digitale Inhalte kritisch zu bewerten und potenzielle Deepfakes zu erkennen. Dabei muss die Herkunft der Inhalte stets durch Überprüfung der Quellen und Querverweise mit seriösen Quellen überprüft werden. Meta kündigte im Februar 2024 an, dass es eine Brancheninitiative zur Kennzeichnung von KI-generierten Inhalten fördere, was auf einen Schritt zu mehr Transparenz und Rechenschaftspflicht bedeutet.

- ✔ **Technologielösungen:** Technologieunternehmen müssen in die Entwicklung ausgefeilterer Erkennungstools investieren, die Deepfake-Inhalte identifizieren und kennzeichnen können, bevor sie sich verbreiten. Dieser Erkennungsprozess umfasst die Zusammenarbeit zwischen Plattformen, um Informationen und Strategien auszutauschen. Diese Tools können im Kampf gegen Deepfakes helfen:

  - Deepware: `www.deepware.ai`
  - sensityt: `www.sensity.ai`
  - AI or Not: `www.aiornot.com`
  - Sentinel: `www.thesentinel.ai`

Taylor Swift und die South China Morning Post werden Opfer von Deepfakes

Im Januar 2024 tauchte ein Deepfake von Taylor Swift auf, um unrechtmäßig Verbraucherdaten zu sammeln und Konsumenten zu betrügen. In dem Video drückte Taylor Swift ihre Wertschätzung für das Kochgeschirr von Le Creuset aus, was so auch zuvor in einer Netflix-Dokumentation über die Einrichtung ihres Hauses gezeigt wurde. Unmittelbar danach gab es gefälschte Anzeigen, in denen sie für die Produkte der Marke auf Facebook warb. Dabei wurde KI genutzt, um eine synthetische Version von Swifts Stimme zu erstellen. Dann wurde fälschlicherweise erzählt, sie würde kostenlose Kochgeschirrsets an jeden verschenken, der seine persönlichen Daten und Versanddetails eingibt. Allerdings: Le Creuset und Taylor Swift hatten mit den Anzeigen nichts zu tun. Diese Anzeigen waren Teil eines größeren Trends, bei dem Prominente Opfer von Betrügereien wurden.

Ein anderer Vorfall ist ein weiteres Beispiel dafür, wie leicht skrupellose Menschen digitale Kopien anderer Personen zu Täuschungszwecken erstellen können. Wie die South China Morning Post (`www.scmp.com`) im Februar 2024 berichtete, erstellte ein Betrüger äußerst überzeugende Videos des Finanzvorstands der Zeitung. Darin wies dieser einen Mitarbeiter an, 25 Millionen Dollar von den Bankkonten des Unternehmens auf ein Konto zu überweisen. Dieser Betrug ereignete sich während eines Videoanrufs, bei dem der Betrüger nicht nur die Identität des Finanzvorstands, sondern auch die mehrerer anderer Mitarbeiter nachgeahmt hatte, um die Anweisungen glaubwürdiger zu machen.

Was Marketer gegen Deepfakes tun können

Deepfakes sind ein Sinnbild für die umfassenden ethischen und sozialen Dilemmata, die durch die rasche Verbreitung generativer KI entstehen. Wenn Marketingabteilungen – sowie Unternehmen und die Gesellschaft im Allgemeinen – dieses Problem direkt angehen, können sie ihre schädlichen Auswirkungen abmildern und die Integrität von Marken und Individuen schützen. Die Bekämpfung der Bedrohung durch Deepfakes verhindert nicht nur Schäden (wie Fehlinformationen oder Identitätsdiebstahl), sondern trägt auch dazu bei, das Markenvertrauen, die Authentizität und den Zusammenhalt der Gesellschaft zu bewahren.

Hier einige Möglichkeiten für Marketing und Unternehmen, das Deepfake-Problem anzugehen:

- ✔ **Mit Social-Media-Plattformen und Technologieunternehmen zusammenarbeiten:** Lassen Sie Ihr Marketingteam mit diesen Unternehmen kooperieren, um Deepfake-Inhalte zu bekämpfen. Dazu gehört der Austausch von Best Practices, die Entwicklung von Standards zur Erkennung und Entfernung von Deepfakes und das Eintreten für Richtlinien, die die Verbreitung von KI-generierten gefälschten Inhalten verhindern. Die Zusammenarbeit kann sich auch auf den Austausch von Informationen über neue Deepfake-Techniken und die Koordinierung von Reaktionen auf neu auftretende Bedrohungen erstrecken, zum Beispiel ob Ihre Werbung neben Deepfakes erscheint.

✔ **Mitarbeiter und Kunden informieren und sensibilisieren:** Sensibilisieren Sie Ihr Marketingteam und Ihre Kunden für die Gefahren von Deepfakes. Erklären Sie ihnen, wie sie gefälschte Inhalte erkennen können (zum Beispiel durch Dienste wie AI or Not; `www.aiornot.com`). Ermutigen Sie sie, verdächtige Aktivitäten zu melden. Diese Interaktionen können Ihrer Marke helfen, eine Community aus wachsamen und informierten Stakeholdern aufzubauen.

Sie benötigen außerdem klare Kommunikationskanäle zum Melden von Deepfakes und einen Aktionsplan, um schnell auf Verdachtsmomente einzugehen. Als die Swifties (die Fangemeinde der Musikerin Taylor Swift) im Januar 2024 die veröffentlichten Deepfakes mit ihrem Star entdeckten, setzten sie den Hashtag #ProtectTaylorSwift als Trend auf X. Sie überschwemmten auch andere Hashtags, die mit den Bildern in Zusammenhang standen, mit Bildern und Videos ihrer Live-Auftritte, was es den Leuten erschwerte, die Deepfakes weiter zu verbreiten. Jede Marke braucht ihre eigenen Swifties, die ihr helfen. Und zu diesem Schutz gehört auch ein Krisenkommunikationsplan.

✔ **Fortschrittliche Erkennungstechnologien implementieren:** Investieren Sie in Spitzentechnologie, die Deepfakes erkennen kann. Spezielle KI- und ML-Tools sind darauf ausgelegt, Inkonsistenzen oder Anomalien in Videos und Bildern zu identifizieren, die für das menschliche Auge möglicherweise nicht wahrnehmbar sind. Die regelmäßige Überwachung von Inhalten, die mit Ihrer Marke oder Prominenten in Verbindung stehen, kann bei der Früherkennung betrügerischer Materialien helfen. Prüfen Sie, ob Ihre Partner in der Kreativ- oder Mediaagentur, aber auch Ihre interne IT- und Rechtsabteilung bereits über Erkennungstechnologien verfügen.

✔ **Digitale Wasserzeichen und Inhaltsauthentifizierung nutzen:** Implementieren Sie *digitale Wasserzeichen* (eingebettete Codestücke, die Copyrightinformationen bereitstellen) und andere Technologien zur Inhaltsüberprüfung, um die Authentizität von Markeninhalte zu überprüfen. Durch das Einbetten unsichtbarer Markierungen oder die Verwendung der *Blockchain-Technologie* (die Aufzeichnungen über verbundene Computer hinweg speichert) für digitale Zertifikate können Marken Zielgruppen und Plattformen die Authentizität der von ihnen konsumierten Inhalte identifizieren und überprüfen. Fordern Sie Agenturen, Publisher und Plattformpartner auf, proaktiv Maßnahmen zu ergreifen. Sie können beispielsweise diese Technologien übernehmen und ihren Einsatz in der gesamten Branche fördern.

✔ **Rechtsrahmen und Urheberrechtsschutz stärken:** Arbeiten Sie mit Juristen zusammen, damit Urheberrechte und geistige Eigentumsrechte in Bezug auf die Marke energisch durchgesetzt werden (siehe den Abschnitt »Schutz des Urheberrechts und des geistigen Eigentums« weiter vorn in diesem Kapitel). Entwerfen Sie klare Verträge, die die unbefugte Verwendung digitaler Bilder regeln, und ergreifen Sie rechtliche Mittel gegen die Urheber von Deepfakes. Informieren Sie sich außerdem darüber, wie die Influencer und Prominenten, mit denen Ihr Marketingteam zusammenarbeitet, geschützt sind und ob sie anfällig für Deepfakes sind oder in der Vergangenheit waren.

Die Menschheit vor künstlicher Intelligenz retten

Da KI in vielen Unternehmen immer mehr Verantwortung im Marketing übernimmt, sollten Sie darauf achten, dass ihr Einsatz menschliche Arbeit ergänzt und nicht ersetzt. Sie sollten das Verhältnis zwischen Mensch und KI nicht nur aus ethischen Gründen im Gleichgewicht halten, sondern auch um die jeweils speziellen Stärken menschlicher und maschineller Fähigkeiten zu nutzen. Ihre Marketingmaßnahmen sollten eine symbiotische Beziehung fördern, die die menschliche Erfahrung im Marketingbereich erweitert (und nicht schmälert). So können Sie beispielsweise KI für die Datenanalyse und Mustererkennung einsetzen, während sich menschliche Marketingmitarbeiter auf kreative Strategien und persönliche Kundeninteraktionen konzentrieren können.

Der Einsatz von KI in Marketing, Wirtschaft und Gesellschaft wirft tiefgreifende ethische und praktische Fragen hinsichtlich ihrer Auswirkungen auf die menschliche Beschäftigung und Entscheidungsautonomie auf. Unternehmen müssen diese Bedenken bewusst und strategisch angehen. Sie müssen gewährleisten, dass KI die menschlichen Fähigkeiten erweitert und sie nicht ersetzt.

Eine menschenzentrierte KI einführen

Um die Menschheit vor der potenziellen Übermacht der KI zu schützen (niemand will, dass die Welt von KI regiert wird!), müssen die Entwickler von KI-Systemen einen menschenzentrierten Ansatz verfolgen. Bei diesem Ansatz liegt der Schwerpunkt auf der Entwicklung von KI-Systemen, die die menschlichen Fähigkeiten und die Kreativität erweitern, anstatt sie zu ersetzen.

So kann das Marketing in Unternehmen KI nutzen, um Verbraucherdaten zu analysieren, Trends vorherzusagen, synthetische Panels zu betreiben und kreative Kampagnen umzusetzen (siehe Kapitel 6, 7, 9 und 12). Der strategische Prozess – die Identifizierung von Insights (die Identifizierung von Kundenmeinungen, die als Grundlage für eine kreative Kampagne dienen können) und die Definition der Marke – sollte ein von Menschen gesteuerter Prozess bleiben. Menschen müssen auch künftig auf strategischer Ebene die Verantwortung übernehmen. Damit ist klar, dass KI zwar wertvolle Erkenntnisse und Automatisierungen liefert, aber nicht die menschliche Note ersetzt, die für Kreativität und Empathie im Marketing unerlässlich ist.

Klare ethische Richtlinien für den Einsatz von KI definieren

Unternehmen müssen klare ethische Richtlinien festlegen und durchsetzen, die die Grenzen und Einsatzmöglichkeiten der KI-Technologie vorgeben (siehe den Abschnitt »Arbeitsgrundsätze für ethische KI« weiter vorn in diesem Kapitel). Diese Richtlinien sollten der

Sicherheit, den Rechten und dem Wohlergehen der Menschen Priorität einräumen und die inakzeptablen Einsatzmöglichkeiten von KI klar benennen.

Ein Unternehmen könnte beispielsweise Richtlinien einführen, die den Einsatz von KI bei Entscheidungen über die Beförderung von Mitarbeitern oder der Überarbeitung von Produkten verbieten. Mit diesen Grenzen können Unternehmen verhindern, dass KI möglicherweise lebensverändernde Entscheidungen trifft, denen menschliche und ethische Überlegungen sowie emotionale Intelligenz fehlen.

Kontinuierliches Lernen und Weiterentwicklung der Fähigkeiten

Um sicherzustellen, dass Mitarbeiter in einer durch KI erweiterten Belegschaft weiter wertvoll bleiben, müssen Unternehmen in kontinuierliche Lern- und Entwicklungsprogramme investieren. Diese Programme sollten sich auf Fähigkeiten konzentrieren, die KI nicht so leicht nachbilden kann, wie strategisches Denken, Führung, Empathie und kreative Problemlösung.

Eine Marketingabteilung könnte beispielsweise Workshops zu emotionaler Intelligenz und Storytelling anbieten. Das Verständnis dieser Themen kann Mitarbeitern dabei helfen, KI-generierte Daten für ihre Arbeit zu nutzen. Sie können zum Beispiel fesselnde Marketingstorys entwickeln, die die Menschen ansprechen.

Gesetzliche Vorschriften einhalten

Unternehmen sollten sich aktiv an der Gestaltung des regulatorischen Rahmens für den Einsatz von KI beteiligen. Ihr Unternehmen muss die bestehenden Vorschriften zur KI einhalten, beispielsweise die zum Datenschutz und zur Datensicherheit (siehe den Abschnitt »Datenschutz« weiter vorn in diesem Kapitel). Unternehmen müssen sich aber auch für Gesetze einsetzen, die Arbeitsplätze und menschliche Kontrolle in kritischen Entscheidungsprozessen schützen. Die Zusammenarbeit mit politischen Entscheidungsträgern zur Unterstützung von Gesetzen, die Transparenz und Rechenschaftspflicht in Bezug auf KI sowie die Sicherung menschlicher Arbeitsplätze ansprechen, kann dazu beitragen, die mit dem Potenzial der KI-Autonomie verbundenen Risiken zu mindern.

Durch die Einbindung von Unternehmen in die Politik können sie die Vorteile der KI nutzen und gleichzeitig sicherstellen, dass sie als Verbündete menschlicher Arbeitskräfte dient und diese nicht ersetzt. Wie bei jedem technologischen Wandel werden einige Arbeitsplätze verschwinden, andere werden jedoch entstehen. Laut dem Quarterly Journal of Economics (`www.fastcompany.com/91073170/jobs-that-didnt-exist-1940-wont-exist-2040-automation-study`) existierten 1940 sechs von zehn Arbeitsplätzen, die heute von Menschen besetzt sind, noch gar nicht. Unternehmen müssen also den Übergang zu neuen Rollen und Arbeitsplätzen für Menschen sensibel planen und bewältigen.

Überwachungsmechanismen implementieren

Mit der Implementierung robuster Überwachungsmechanismen können Unternehmen KI-Systeme kontinuierlich überwachen und bewerten. Zu diesen Mechanismen können *Human-in-the-Loop*-Systeme (HITL) gehören, bei denen Geschäftsfunktionen auf bestimmten Entscheidungsebenen eine menschliche Überwachung erfordern. Diese Art von Systemen gewährleistet, dass die Entscheidungen der KI kontinuierlich von menschlichen Fachkräften überprüft und validiert werden.

Im digitalen Marketingkontext könnte KI beispielsweise die *Anzeigenplatzierung* (wo die Anzeige erscheint) und das *Bieten* (wie viel die Vermarkter für die Anzeige bezahlen) selbstständig optimieren. Menschliche *Performance Marketer* (die sich auf Performance-Marketing am unteren Ende des Funnels konzentrieren) würden jedoch die Platzierungsstrategie entwickeln und Budgetentscheidungen treffen. Ein Mensch in dieser Entscheidungsposition kann sicherstellen, dass die Kosten und die Platzierung von Anzeigen mit den ethischen Standards und strategischen Zielen des Unternehmens übereinstimmen.

Für den Menschen eintreten

Niemand hat die Philosophie, wie mit KI umgegangen werden sollte, besser zum Ausdruck gebracht als Walmart-CEO Doug McMillon. Auf der Consumer Electronics Show im Januar 2024 plädierte er dafür, bei der Entwicklung von KI den Menschen in den Mittelpunkt zu stellen. (Eine Aufzeichnung seiner und anderer Präsentationen finden Sie unter `www.youtube.com/watch?v=dNDcwMTzj_8&t=1333s`.)

McMillon sagte:

> *»Ein Weg besteht darin, der Technologie absolute Priorität einzuräumen, um das Mögliche zu maximieren, ohne die möglichen Folgen zu berücksichtigen. Man glaubt, dass, wenn wir etwas mithilfe der Technologie erreichen können, es unvermeidlich ist, dass es passiert, also müssen wir einfach schnell sein und das Beste aus dem machen, was möglich ist. Es ist eine Gesellschaft, die von Daten getrieben und von immer intelligenterer Software gesteuert wird. Es ist eine Welt, in der die Technologie die Prozesse rationalisiert, ohne sich um die beteiligten Menschen zu kümmern, wenn überhaupt.«*

Als er dann den alternativen Weg vorstellte, sagte er:

> *»Hier werden die Vorteile der Technologie genutzt, aber gleichzeitig werden auch die Menschen berücksichtigt. Es geht um unseren Kopf und unser Herz. Das Grundprinzip besteht darin, dass wir die Technologie in den Dienst der Menschen stellen sollten, nicht umgekehrt. Dieser Weg ermöglicht es den Menschen, Dinge effizienter und angenehmer zu erledigen.«*

Und schließlich brachte er alles mit der Walmart-Philosophie in Einklang:

> »*Wir lieben, was Technologie leisten kann. Aber wir entwickeln sie so, dass sie gleichzeitig bessere Karrieren ermöglicht. KI schafft bessere Kundenerlebnisse und ein besseres Geschäft. Zweifellos werden einige Aufgaben wegfallen und einige Jobs werden sich ändern – und einige davon sollten sich ändern, wie diejenigen, die das Heben schwerer Gewichte oder das Ausführen sich wiederholender Aufgaben beinhalten. Während das passiert, entwickeln wir neue Aufgaben, von denen uns unsere Mitarbeiter sagen, dass sie angenehmer und zufriedenstellender sind und oft auch zu einer höheren Bezahlung führen.*«

Teil VI
Der Top-Ten-Teil

Besuchen Sie uns auf www.facebook.com/fuer-dummies!

IN DIESEM TEIL …

- informieren Sie sich darüber, was Sie als Marketer nicht tun sollten, wenn Sie mit der Nutzung von KI beginnen.
- entdecken Sie neue KI-Trends und ihre potenziellen Auswirkungen auf das Marketing.

IN DIESEM KAPITEL

Verzicht auf die Kontrolle der KI

KI übernimmt die Marketingshow

Marketingziele, die Trends und Erfolge ignorieren

Kapitel 23

Zehn Fallstricke, die Sie beim Einsatz von KI im Marketing vermeiden sollten

Wie ich im gesamten Buch erläutere, verspricht die Integration künstlicher Intelligenz (KI) in das Marketing eine Transformation der Abläufe – von der strategischen Planung bis zur Auswertung von Kampagnenmetriken und allem, was dazwischenliegt. Aber Sie sollten sich bewusst sein, dass Sie bestimmte Fallstricke vermeiden müssen, um das volle Potenzial der KI in diesen verschiedenen Bereichen des Marketings auch auszuschöpfen. In diesem Kapitel erfahren Sie mehr über zehn Fehler, die Marketingfachleute im Umgang mit KI vermeiden sollten.

Qualitative Erkenntnisse ignorieren

KI glänzt (und ist wirklich gut), wenn umfangreiche quantitative Datensätze wie Markttrends, Verbraucherverhaltensmuster und Performancekennzahlen untersucht und analysiert werden. KI-Modelle bieten wertvolle datenbasierte Insights. Wenn man sich jedoch ausschließlich auf quantitative Analysen verlässt, besteht das Risiko, dass die umfassenden, differenzierten Erkenntnisse, die aus qualitativen Daten stammen, übersehen werden. Die Integration qualitativer Forschung – wie Kundeninterviews, Fokusgruppen und ethnografische Studien – bereichert das Verständnis des Kundenstamms und bietet eine umfassende Perspektive auf die Bedürfnisse und Wünsche der Konsumenten.

Insbesondere im qualitativen Bereich erspart generative KI durch die Verwendung synthetischer Panels viel Zeit. *Synthetische Panels* sind KI-generierte Gruppen virtueller Teilnehmer, die Sie vordefinierten Personas zuordnen. Sie simulieren echte menschliche qualitative Forschung, die Sie in die allgemeine Marktforschung einbeziehen können (weitere Informationen zu synthetischen Panels finden Sie in Kapitel 9).

Sie müssen die mithilfe von generativer KI entstandene synthetisierte Forschung kritisch prüfen, damit ihre Ergebnisse auch dem gesunden Menschenverstand entsprechen und kontextbezogen relevant sind.

Ausschließlich auf generierte Personas vertrauen

Mithilfe von KI können Marketer Zielgruppen segmentieren und Kundenpersönlichkeiten erstellen, die Einfluss auf die Ausrichtung der Marketingmaßnahmen haben (siehe Kapitel 9). Wer die von KI generierten Persönlichkeiten jedoch fraglos akzeptiert, übersieht möglicherweise Veränderungen im Verbraucherverhalten und verpasst Echtzeittrends.

Um dem potenziellen Risiko einer übermäßigen Abhängigkeit von Personas entgegenzuwirken, sollten Marketingexperten Personas als ersten Entwurf sehen. Dieser sollte dann iterativ, durch kontinuierliche Forschung, direkte Kundeninteraktionen und wichtige Erkenntnisse aus früheren Kundeninteraktionen mit den Produkten und Dienstleistungen des Unternehmens angepasst werden. Die Integration von Daten aus Kundendienstkontakten und die Analyse von Warenrückgabemustern sind für die Verfeinerung von durch KI erstellten Personas von entscheidender Bedeutung.

Sie sollten den Umfang der von KI generierten Personas von Anfang an klar festlegen – egal ob sie Kunden Ihres Unternehmens, eine bestimmte Marke in einem Markenportfolio oder ein bestimmtes Produkt repräsentieren sollen. Wenn Sie KI-Tools verwenden, um bestimmte Personas zu generieren, werden Sie schnell feststellen, dass die Grenzen zwischen den Persona-Typen verschwimmen. Damit wird verringert sich dann auch die Wirksamkeit der Marketingmaßnahmen.

Bei Kreativbriefings nur auf KI setzen

KI kann die Erstellung von *Kreativbriefings* (Dokumente, die die Strategie und Komponenten eines Kreativprojekts offenlegen) rationalisieren. KI sammelt Daten, fasst Forschungsergebnisse zusammen und führt Analysen durch. Dies bildet dann den Rahmen für ein überzeugendes Kampagnenbriefing. In dieser Entwurfsphase besteht bei übermäßigem Einsatz von KI – ohne menschliche Aufsicht – die Gefahr, dass Briefings entstehen, denen es an detaillierten Insights, kreativen Nuancen und einem fundierten Verständnis einer Marke mangelt. (Weitere Informationen zum Einsatz von KI für Kreativbriefings finden Sie in Kapitel 12.) Marketer müssen KI-generierte Briefings deshalb überprüfen und mit Eingaben und Ideen ihrer Mitarbeiter anreichern. Nur dann wird das Ergebnis mit der Identität der Marke übereinstimmen und bei den Zielgruppen emotionale Resonanz hervorrufen.

Das Risiko mangelhafter Kreativbriefings steigt, wenn die eingesetzte KI kein großes Sprachmodell (LLM) nutzt, das mit Daten aus früheren Kampagnen Ihrer Marke trainiert wurde. In diesem Fall fehlt dem Modell der historische Kontext und die Fähigkeit, sich auf der Grundlage früherer Marketingergebnisse anzupassen.

Die menschliche Kreativität umgehen

Der Einsatz eines KI-Tools als *Creative Director* (verantwortlich für die kreative Vision eines Projekts oder Produkts) zur Ideenfindung schmälert die kreative Bandbreite und lässt die Tiefe menschlicher Kreativität vermissen. Eine übermäßige Abhängigkeit von den kreativen Fähigkeiten der KI kann zu Ideen führen, denen es an Differenzierung mangelt (man setzt auf Bewährtes). Vermutlich wird auch die Dynamik des Verbraucherverhaltens (Erkennen des Beginns von Kauftrends) nicht erfasst, das sich ständig wandelt.

Betrachten Sie KI-generierte Ideen als Ausgangspunkt für Kreativität und nicht als das Endergebnis. Diese Ideen – ohne menschliche Überprüfung – übersehen möglicherweise kulturelle Feinheiten und aufkommende Trends im Verbraucherverhalten und können unbeabsichtigt die Werbung eines Konkurrenten kopieren. (Weitere Informationen zur Verwendung von KI zur Ideengenerierung und Kampagnenplanung finden Sie in Kapitel 12.) Diese Auslassungen können zu einem Kreativitätsvakuum führen, in dem innovative, exklusive Ideen kaum vorhanden sind.

Ihre Brand Voice verlieren

Um die Markenstimme (Brand Voice) und -authentizität bei der Verwendung von KI zu erhalten, müssen Marketingfachleute einen praktischen Ansatz verfolgen. Damit verringern sie das Risiko unpersönlicher, allgemeingültiger Ergebnisse, die nichts mit dem Geist der Marke zu tun haben. Um die Brand Connection bei Ihren Marketingmaßnahmen zu erhalten, müssen Sie klare Richtlinien und Rahmenbedingungen für die Kampagnenergebnisse festlegen. Dazu müssen Sie das KI-Modell mit Daten trainieren, die die Architektur der Marke, ihre Botschaft, Tonalität, ihren spezifischen markenbezogenen Content und ihre anvisierten Zielgruppenprofile umfassen.

Seien Sie besonders vorsichtig, wenn Sie KI verwenden, um gleichzeitig Insights zu generieren, Personas zu erstellen *und* Ideen für Ihre Kampagne zu entwickeln. Der Einsatz von KI für alle drei Aktivitäten erhöht das Risiko, dass am Ende undifferenzierte Ergebnisse herauskommen. Der Einsatz von KI im Marketing erfordert eine kontinuierliche menschliche Bewertung. Sie müssen KI-generierte Entwürfe von Marketinginhalten einer Überprüfung durch das Brand-Management unterziehen. Denn damit können Sie checken, ob der Content mit den Markenrichtlinien übereinstimmt.

Sie können KI am besten dazu nutzen, um erste Ideen zu generieren und Inhaltsentwürfe zu entwickeln. Doch den letzten Schliff und die Personalisierung von Marketingmaterialien sollten Sie menschlichen Experten überlassen, die den Inhalt mit Authentizität, kulturellen Referenzen und einer Markensprache so anreichern, dass sich die Kunden darin wiederfinden. Ideen zum Erstellen von Marketingmaterialien und -kampagnen mithilfe von KI finden Sie in Kapitel 12 und Kapitel 17.

Neue Medienkanäle vernachlässigen

Sie müssen die datenbasierten Empfehlungen der KI mit menschlichen Erkenntnissen für eine Mediaplanung in Einklang bringen, damit auch neue Kanäle und neuere Anzeigenplatzierungen zum Zuge kommen. Weil KI-Modelle oft auf der Grundlage ausgereifter historischer Datensätze die Kampagnen optimieren, kann es sein, dass die KI aufgrund ihrer inhärenten Einschränkungen neuere Kanäle übersieht – wie etwa Smart-TVs, Podcasts, Influencermarketing und das Metaverse. Denn hier stehen der KI nur begrenzte Datensätze aus früheren Kampagnen zur Verfügung, weshalb das volle Potenzial dieser Medien nicht ausgeschöpft wird.

Um diese eingeschränkte Sicht auf Medienkanäle zu verhindern, sollten Sie Branchentrends, Veränderungen im Kundenverhalten und Fortschritte in der Werbetechnologie wie die *Dynamic Creativ Optimization* (DCO) aktiv beobachten. Hier wird KI eingesetzt, um Anzeigeninhalte automatisch und in Echtzeit auf das Nutzerverhalten und deren Präferenzen zuzuschneiden. Sie können damit beginnen, Testbudgets für Pilotkampagnen bereitzustellen, um die Wirksamkeit neuer und innovativer Kanäle zu testen. Geben Sie die erfassten Daten dann in KI-Modelle ein, um diese für einfallsreichere Mediapläne zu optimieren. Sie können auch die prädikative Analytik der KI nutzen, um die potenzielle Wirkung der neuen Kanäle vorherzusagen.

Auf kurzfristige Ziele überoptimieren

Wenn Sie KI im Performance-Marketing einsetzen, sollten Sie ein Framework entwickeln, das Ihren unmittelbaren Bedarf an Conversions (wie viel Umsatz Sie jetzt erzielen können) mit Indikatoren wie den Customer Lifetime Value, Markentreue, Kundenbindung und allgemeine Brand Awareness in Einklang bringt. Sie können weitere Kennzahlen hinzufügen, indem Sie Umfragen zur Markenbekanntheit, Messungen des organischen Suchvolumens, Sentimentanalysen, Engagement-Raten und Customer-Lifetime-Value-Prognosen verwenden. (Weitere Informationen zum Messen der Ergebnisse Ihrer Marketingmaßnahmen finden Sie in Kapitel 11.) Wenn Sie Ihre Marketingziele so planen, dass sie die gesamte Customer Journey umfassen, kann KI den maximalen Lifetime Value optimieren, anstatt sich nur auf kurzfristige Erträge zu konzentrieren.

Legen Sie genaue Richtlinien für Brand Safety und authentische Botschaften fest und setzen Sie diese durch, wenn Sie mit KI Ihr Marketing automatisieren. Damit verhindern Sie, dass KI-generierte Ergebnisse Unstimmigkeiten oder Widersprüche verursachen oder dass die Performance zu sehr im Vordergrund steht, was die Brand Health gefährdet.

Nutzen Sie das Fachwissen von Menschen, um KI-Marketingmaßnahmen genau zu prüfen. Damit haben Sie eine breitere Perspektive auf die Marke und die Möglichkeit, Kurskorrekturen vorzunehmen. Und zwar dann, wenn Ihre Experten kurzsichtige Taktiken erkennen, die den Verlust von langfristigen Markenwerten bedeuten oder die Kundengewinnung mit einer ungünstig hohen Retourenquote verbunden ist (das heißt, sie geben viele Waren zurück).

Kunden verschrecken

Wenn KI für personalisierte Marketingkampagnen eingesetzt wird, ist es von größter Bedeutung, die richtige Balance zwischen Personalisierung und Datenschutz zu finden. Die fortschrittlichen Datenverarbeitungsfunktionen von KI können ein tiefes Verständnis individueller Vorlieben und Verhaltensweisen offenbaren. Allzu aggressive Personalisierungstaktiken können aber auch unbeabsichtigt die Datenschutzerwartungen der Verbraucher verletzen. Sie können Ihre Kunden abschrecken – und so Misstrauen und Entfremdung fördern –, wenn sie Ihren Ansatz als zu direkt und aufdringlich empfinden. Es ist beispielsweise ein schmaler Grat zwischen gelegentlich auftauchender Produktwerbung und einer Flut von Kaufvorschlägen, die Ihre Kunden mehrmals am Tag erhalten.

Ihre Marketingabteilung muss klare ethische Richtlinien und Grenzen festlegen, um Personalisierungspraktiken zu vermeiden, die dem Ruf Ihrer Marke und Ihren Kundenbeziehungen schaden können. Sorgen Sie beispielsweise für eine vollständige Transparenz bei den Richtlinien zur Datenerfassung, nutzerfreundliche Datenschutzkontrollen und robuste Datenverwaltungsprotokolle. (Weitere Informationen zu Ethik und Datenschutz bei der Arbeit mit KI finden Sie in Kapitel 22.)

Trainieren Sie Ihre KI-Personalisierungsmodelle außerdem mit entsprechenden kontextbezogenen Schutzmaßnahmen, die Unterschiede in kulturellen Nuancen und gesellschaftlichen Normen in Bezug auf Datenschutz berücksichtigen. Wenn Sie sie mit Bedacht einsetzen, können KI-gesteuerte Personalisierungsmodelle Ihre Kunden begeistern. Denn sie präsentieren Angebote, die relevant sind, einen tatsächlichen Mehrwert, Komfort und Freude bieten – ohne dabei in unerfreuliche Regionen abzudriften, die das eigentliche Ziel der Personalisierung untergraben.

Den Wert der menschlichen Note ignorieren

KI-gestützte Customer-Relationship-Management-Systeme (CRM) können den Umgang Ihres Unternehmens mit Kunden revolutionieren und eine bislang ungekannte Personalisierung der Customer Journey ermöglichen. Allerdings müssen Marketer wissen, dass die wirkungsvollsten, einprägsamsten und loyalitätsförderndsten Kundeninteraktionen oft aus authentischen Verbindungen von Mensch zu Mensch stammen. Sie gehen also über das hinaus, was KI allein leisten kann.

Eine ganzheitliche CRM-Strategie integriert die analytischen Fähigkeiten der KI mit zwischenmenschlichen Fähigkeiten wie Empathie, emotionaler Intelligenz, Überzeugungskraft und kreativer Problemlösung. KI kann umfangreiche, sich wiederholende Aufgaben automatisieren (zum Beispiel Benachrichtigungs-E-Mails über die Produktverfügbarkeit), aber auch wertvolle Tipps für eine personalisierte Ansprache an Menschen geben. Letztlich wird das volle Potenzial von CRM-Systemen für langfristige Kundenbindung und -werbung erst dann freigesetzt, wenn mit KI das menschliche Engagement ergänzt und nicht vollständig ersetzt wird.

Die Beibehaltung der Maxime »Human-in-the-Loop« bietet im CRM folgende Vorteile:

- ✔ **Steigert die Wirkung von Kundeninteraktionen:** Der Einsatz qualifizierter Mitarbeiter in entscheidenden Momenten – sei es persönlich oder virtuell über videogestützte Tools – kann Ihrer Marke in schwierigen CRM-Situationen helfen, wie etwa bei der Konfliktlösung, bei der Verkaufsberatung und bei der Gratulation zu Jubiläen oder Erfolgen bei Kundenbindungsprogrammen.
- ✔ **Zeigt das persönliche Engagement der Marke:** Durch die menschliche Note wird die Kundeninteraktion über das Transaktionale hinaus zu etwas Tiefgründigerem. Human Touch kann Vertrauen schaffen und dazu beitragen, die Bindung, die ein Kunde zu Ihrer Marke empfindet, zu festigen.

ROI-Analyse ausschließlich durch KI durchführen lassen

KI-Analysen können das Analyse-Toolkit des modernen Marketingmanagers als leistungsstarke Komponente ergänzen. Aber betrachten Sie sie nicht als isolierte Blackbox für komplexe ROI-Messungen (Return on Investment) und strategische Entscheidungsfindung. Wenn Sie sich ausschließlich auf KI-gesteuerte ROI-Analysen verlassen, ohne kontextbezogene Erkenntnisse und reale Marktdynamiken einzubeziehen, besteht ein erhebliches Risiko, ungenaue oder unvollständige Schlussfolgerungen über die Leistung von Marketingkampagnen zu erhalten. KI ist hervorragend darin, riesige Datensätze zu verarbeiten, um detaillierte quantitative Trends und Muster aufzudecken. Aber die Algorithmen arbeiten oft in einem Datenvakuum und berücksichtigen keine externen Faktoren wie Wettbewerbsaktivitäten, kulturelle Veränderungen, Konjunkturschwankungen und andere soziale Faktoren.

Um ein umfassendes Verständnis des Marketing-ROI zu erlangen, müssen die anspruchsvollen computergestützten Analysen der KI ergänzt werden durch:

- ✔ **Menschliches Fachwissen:** Denn dieses Know-how kann das Zusammenspiel zwischen Datenergebnissen und tatsächlichen Gegebenheiten vor Ort qualitativ beurteilen. Es kann dabei helfen, die wahren Erfolgsfaktoren oder Hindernisse für die Wirksamkeit von Kampagnen zu identifizieren.
- ✔ **Mehrdimensionale Sicht auf die Daten:** Denn diese Perspektive umfasst die Primär- und Sekundärforschung, Branchenberichte, Kundenfeedback und Erkenntnisse funktionsübergreifender Teams in den Bereichen kreative Entwicklung, Vertriebsstrategie, Markenwahrnehmung und Verkaufsauswirkungen. Nur dieser gründliche Ansatz kann potenziell irreführende Daten aussortieren und eine korrekte Interpretation im entsprechenden Kontext gewährleisten.

IN DIESEM KAPITEL

KI übernimmt die Content-Erstellung

Hyperpersonalisierte Produkte und Anzeigen

Willkommen in der Virtual-Reality-Shopping-Welt

Exakte Vorhersage der Verbraucherwünsche

Kapitel 24
Zehn KI-Trends, die Sie im Auge behalten sollten

Wenn Sie künftige Entwicklungen im Bereich der künstlichen Intelligenz (KI) beobachten, steht fest: In unserer technologisch geprägten Zukunft wird die menschliche Vorstellungskraft der einzige Faktor sein, der unseren Fortschritt bremsen könnte. Schon in ein paar Jahren wird es KI-Entwicklungen geben, die maßgeblich sein werden. Diese Veränderungen werden das Marketing prägen, da sie in Mainstreamprogramme und -prozesse einfließen. In diesem Kapitel stelle ich zehn KI-Entwicklungen vor, mit denen sich Marketingexperten schon heute auseinandersetzen sollten – wegen ihrer potenziellen Auswirkungen auf die Marketinglandschaft. Für Marketer, die im KI-Zeitalter eine führende Rolle spielen wollen, ist es entscheidend, über all diese Fortschritte auf dem Laufenden zu bleiben.

Quantencomputergestützte KI

Quantencomputer nutzen quantenmechanische Phänomene wie Superposition und Verschränkung (*Entanglement*), um bestimmte Berechnungen exponentiell schneller durchzuführen als klassische Computer. Das Potenzial von Quantencomputern besteht darin, enorme Datenmengen parallel verarbeiten zu können. Das könnte das KI-Training (das Daten verwendet) und die damit verbundenen Analysen, die sich aus dem datengesteuerten Training ergeben, massiv beschleunigen. Wenn sich das Quantencomputing so weiterentwickelt, wie es in der aktuellen Technologiebranche erwartet wird, kann diese Kombination aus außergewöhnlicher Rechenleistung und fortschrittlicher KI-Interpretation Marketingfachleuten einen unmittelbaren, strategischen Entscheidungsvorteil verschaffen, der auf tiefen und präzisen Dateninsights basiert.

Für Marketingexperten könnte die durch Quantencomputer verbesserte KI eine Analyse großer Verbraucherdatensätze nahezu in Sekundenbruchteilen ermöglichen. Diese Analyse könnte dann Echtzeitvorhersagen von Markttrends, die Generierung hyperpersonalisierter Inhalte für den gesamten Datensatz und die Optimierung der gesamten Customer Journey auf der Grundlage hochgranularer Datenanalysen ermöglichen.

Autonome Kreativkampagnen

Stellen Sie sich KI-Systeme vor, die nicht nur bei der Inhaltserstellung helfen, sondern auch ganze Marketingkampagnen autonom leiten. Fortgeschrittene KI hat das Potenzial, Marktdaten, Verbraucherinsights und die Performance früherer Kampagnen zu analysieren, um umfassende integrierte Marketingpläne strategisch zu entwickeln. Basierend auf dieser Analyse könnte KI dann eine breite Palette kreativer Assets erstellen – wie Texte, Designs, Bilder und Videos –, die alle auf verschiedene spezifische Kanäle und Zielgruppen zugeschnitten sind. Informationen zum Einfluss von KI auf kreative Assets finden Sie in Kapitel 14.

Darüber hinaus könnte sich die KI so weit entwickeln, dass sie die von ihr entwickelten Omnichannel-Kampagnen autonom ausführt. Gleichzeitig sammelt sie KPIs, aus denen sie lernt und dann das Kampagnen-Targeting, Messaging, Anzeigenplatzierung und Budgets kontinuierlich optimiert. Natürlich erfolgt die gesamte Kampagnenarbeit in Echtzeit und basiert auf *multivariaten* (zwei oder mehr Variablen) Leistungsdaten.

Diese Automatisierung klingt wie eine Traumlösung für Performance-Marketing (siehe Kapitel 18). Gebotsoptimierung, Budgetzuweisung und kreative Aktualisierungen können schnell erfolgen und den Return on Investment (ROI) eines Unternehmens maximieren. Darüber hinaus könnten diese Marketingsysteme Strategien, Botschaften und ihre kreative Ausrichtung unmittelbar anpassen, um mit den sich schnell wandelnden Marktbedingungen, Verbrauchertrends und Aktivitäten der Konkurrenz Schritt zu halten.

Kognitive KI-Systeme für Deep Insights

Die Fortschritte in der künstlichen allgemeinen Intelligenz (KAI) können dazu führen, dass künftige KI-Systeme menschliche kognitive Fähigkeiten wie logisches Denken, Abstraktion und Kontextverständnis in manchen Bereichen genau nachahmen und interpretieren. Diese Fähigkeiten ermöglichen es der KAI dann, hochentwickelte Analysen komplexer Verhaltensweisen, Verbrauchermotivationen und ihrer emotionalen Reaktionen durchzuführen. Die KAI könnte dann differenzierte und spezifische psychologische Profile von Konsumenten entwickeln. Unternehmen könnten der Konkurrenz immer einen Schritt voraus sein, wenn sie die Kundennachfrage auf der Grundlage dieser Profile steuern.

Einige Details dazu, wie KAI diese Analysen durchführen könnte und welche Auswirkungen dies hat:

- ✔ **Nutzung riesiger Datenressourcen:** KAI wird seine Analyse durch die Aufnahme und Verarbeitung riesiger Mengen an Verhaltens- und Gesprächsdaten,

Gesichtsausdrücken und psychografischen Erkenntnissen durchführen (zum Beispiel Klassifizierung von Personen nach ihrer Einstellung und ihren Wünschen).

- **Kombination riesiger Datenressourcen mit prädiktiver Modellierung:** Künstliche Intelligenz könnte damit künftige Verbraucherbedürfnisse, -wünsche und -verhaltensänderungen präzise vorhersagen, sogar bevor sich die Verbraucher selbst darüber im Klaren sind. Weitere Informationen zu den prädiktiven Fähigkeiten künstlicher Intelligenz finden Sie in Kapitel 20.
- **Marketing- und Produktteams durch Prognosen im Vorteil:** Prädiktive KI-Funktionen können möglicherweise die Entwicklung innovativer Produkte proaktiv initiieren. Gleichzeitig entwickeln sie Services und Marketingkampagnen, die genau darauf ausgerichtet sind, die sich ständig weiterentwickelnden, unausgesprochenen Bedürfnisse der Kunden vorherzusagen.

KI-gesteuerte Virtual-Reality-Erlebnisse

Während sich Hardware und Software im Bereich der virtuellen Realität (VR) immer weiterentwickeln (Apple Vision Pro ist nur der Anfang), wird KI eine entscheidende Rolle bei der Schaffung wirklich immersiver und interaktiver VR-Marketingerlebnisse spielen. KI-generierte Grafiken, kombiniert mit *räumlichem Computing* (Spatial Computing; ein Konzept, das digitale Inhalte mit der physischen Welt kombiniert), werden hochrealistische dreidimensionale (3D) virtuelle Umgebungen simulieren, die reale Orte detailgetreu nachbilden. In diesen virtuellen Welten können Verbraucher interagieren. Tabelle 24.1 zeigt, wie dies künftig funktionieren könnte.

Von KI geschaffene Umgebung	Verbraucherinteraktionen
Umgebung eines Einzelhandelsgeschäfts	Onlinekäufer können 3D-Produktmodelle virtuell durchschreiten und aus allen Winkeln untersuchen, indem sie natürliche Handbewegungen verwenden. KI-Stimmen und animierte virtuelle Assistenten liefern Informationen und Anleitungen, um echte Verkaufsinteraktionen zu simulieren.
imaginäre Markenlandschaft	Verbraucher nehmen an virtuellen Events, Gaming-Möglichkeiten, immersivem Storytelling oder Marketingaktivitäten in einer *Brandscape* teil, also einer fantasievollen virtuellen Welt, die thematisch mit einem Produkt und seiner Marke verknüpft ist.

Tabelle 24.1: Verbraucherinteraktionen

Die Fähigkeit der zukünftigen KI, realistische Umgebung darzustellen, nahtlos auf Useraktionen zu reagieren und die virtuelle Welt in Echtzeit anzupassen, kann Kundenerlebnisse bieten, die ein neues Maß an Interaktion und Engagement umfassen. Gut gemacht (und es gab in der Vergangenheit mehrere gescheiterte Versuche wie Google Glass, das darauf abzielte, Augmented Reality in den Alltag zu integrieren, aber aufgrund technischer Einschränkungen, mangelhafter Usability und Datenschutzbedenken scheiterte), kann KI-gestützte VR Onlineshopping greifbarer machen und Brand-Marketing in außergewöhnliche, unvergessliche, unterhaltsame Entdeckungsreisen verwandeln.

Neuronale Schnittstellen für Marketinginsights

Fortschritte bei neuronalen Schnittstellen könnten zu einer direkten Kommunikation zwischen KI-Systemen und dem menschlichen Gehirn führen. Im Marketing könnte diese Synergie zwischen Gehirn und Maschine Experimente ermöglichen, bei denen KI neuronale Reaktionen und Aktivitätsmuster im Gehirn der Verbraucher überwacht, während sie Produkte testen, Dienstleistungen nutzen oder Werbung sehen. Wenn KI subtile neurologische Signale erkennt, die Emotionen, Wünschen und kognitiven Prozessen entsprechen, kann sie bislang ungeahnte Einblicke in Verbraucherpräferenzen, Entscheidungsmuster und unterbewusste psychologische Reaktionen gewinnen – Erkenntnisse, die mit herkömmlichen Forschungsmethoden praktisch nicht zu vermitteln sind. Diese Erkenntnisse könnten dann zu einem hyperzielgerichteten Produktdesign, einer Positionierung und einem Marketing führen, das auf die innersten Wünsche der einzelnen Verbraucher zugeschnitten ist.

KI-kuratierte persönliche Digital Realities

Fortgeschrittene KI könnte große Mengen persönlicher Daten (Interessen, Verhaltensweisen und Vorlieben) so verarbeiten, dass neue *digitale Welten* (auch als *digitale Zwillinge* bekannt) erzeugt werden. Diese entsprechen einer virtuellen Darstellung der realen Welt, die auf bestimmte Personen zugeschnitten ist. Diese Art von KI könnte das gesamte digitale Erlebnis dynamisch anpassen – von Benutzeroberflächen und empfohlenen Inhalten bis hin zu virtuellen Umgebungen und Interaktionen. Marketer könnten damit überpersonalisierte Markennarrative entwickeln und diese in die maßgeschneiderte digitale Realität eines jeden Verbrauchers einfügen.

Diese Personalisierungsmöglichkeit kann dazu führen, dass Marketingmaßnahmen nahtlos integriert und äußerst wirkungsvoll sind, da Anzeigen, Produktempfehlungen und Markenbotschaften an die *psychografischen Merkmale* (Klassifizierung nach Einstellungen, Bestrebungen und so weiter), Kaufgewohnheiten und unmittelbaren Bedürfnisse und Denkweisen einer Person angepasst werden. Doch diese extrem personalisierte Zielgruppenausrichtung kann auch fehlschlagen, weil sie das Bewusstsein der Kunden überfordert, was real ist und was nicht! So können beispielsweise hyperzielgerichtete Anzeigen einen Echokammereffekt auslösen, der Vorurteile verstärkt und die Auseinandersetzung mit unterschiedlichen Perspektiven einschränkt.

Synthetische Medien für dynamische Inhalte

Fortschritte in der generativen KI könnten zur Erstellung synthetischer Medien – Videos, Audiodateien, Bilder und Texte – führen, die von von Menschen erstellten Inhalten praktisch nicht mehr zu unterscheiden sind. Maschinelle Lerntechniken wie Diffusionsmodelle und Transformer-Architekturen (siehe Kapitel 5) können der KI dabei helfen, aus Textaufforderungen oder Dateneingaben hochrealistische und kohärente synthetische Ergebnisse zu erzeugen. Darüber hinaus könnte die KI synthetische Influencer oder virtuelle Produktbotschafter generieren und damit Markenbotschaften noch persönlicher gestalten.

Behalten Sie als Marketingexperte die Entwicklung synthetischer Medien im Auge. Wenn das von OpenAI im Jahr 2024 eingeführte Videotool Sora ein Indikator ist, dann ist diese KI-Entwicklung in dieser Top-Ten-Liste näher als alle anderen.

Denn dann können Marketingfachleute diese generative KI-Fähigkeit nutzen, um dynamisch personalisierte Inhalte für Einzelpersonen oder sehr spezifische Verbrauchersegmente zu erstellen. Von der Erstellung individuell zugeschnittener Videoanzeigen und Produktvisualisierungen bis hin zur Generierung maßgeschneiderter Markenbotschaften und kreativer Assets wird sich der Output der KI automatisch an die Vorlieben, demografischen Merkmale und den Kontext jedes Betrachters anpassen. Damit kann das Marketing in Zukunft hochgradig ansprechende und relevante Medien-Assets erstellen, ohne den Zeit- und Kostenaufwand einer manuellen Produktion.

Prädiktives World Modeling

Durch die Aufnahme und Verarbeitung riesiger Datensätze aus mehreren Bereichen können KI-Systeme komplexe Simulationsmodelle erstellen. Diese sind in der Lage, globale Trends, wirtschaftliche Dynamiken, politische Veränderungen und umfassendere gesellschaftliche/kulturelle Veränderungen vorherzusagen. Diese Prognosemodelle kombinieren maschinelles Lernen mit kausalem Denken und der Spieltheorie und ermitteln, wie Datenvariablen – wie Regierungspolitik, moderne Technologien, verfügbare Ressourcen und Weltereignisse – interagieren und die Zukunft verändern werden.

Als Beispiel für diese Vorhersagefähigkeit verwies der CEO von NVIDIA, Jensen Huang, im Jahr 2024 darauf, dass Meteorologen NVIDIA-Chips (die über Simulationsmodelle verfügen, die generative KI nutzen) verwenden, um Wettermuster in Taiwan mit einer bislang beispiellosen Detailgenauigkeit vorherzusagen. Diese Implementierung zeigt, dass KI hochpräzise Vorhersagemodelle erstellen kann, indem sie riesige Datenmengen zu komplexen Simulationen zusammenfasst. Die potenziellen Anwendungen gehen über die reine Wettervorhersage hinaus.

Für das Marketing könnte der Zugang zu solchen KI-basierten Prognosemöglichkeiten einen strategischen Vorteil bedeuten. Diese Modelle können kommende Marktstörungen, Schwankungen der Produktnachfrage, Wettbewerbsbewegungen und sich entwickelndes Verbraucherverhalten vorhersehen, lange bevor diese Veränderungen eintreten. Dieser längere Zeithorizont ermöglicht eine proaktive Anpassung von Marketingstrategien, Produkt-Roadmaps und Geschäftsmodellen und kann sie an wahrscheinliche Zukunftsszenarien anpassen. Unternehmen werden die Möglichkeit haben, ihre Angebote und Botschaften zukunftssicher auszurichten, weil sie sich immer wieder anpassen, um auch bei veränderten Bedingungen relevant zu bleiben.

KI als Simulator für Kundenverhalten

Leistungsstarke KI-Systeme könnten schon bald in der Lage sein, das Verhalten und die Aktionen von Millionen virtueller Verbraucheragenten in detailreichen simulierten Umgebungen zu simulieren. Diese agentenbasierten Modelle werden anhand riesiger Datensätze trainiert, um die reale Demografie, Psychografie und *Entscheidungsheuristik* (mentale Abkürzungen, die schnelle Entscheidungen ermöglichen) der Verbraucher genau nachzubilden. Marketingfachleute können diese virtuellen Umgebungen dann als digitale Testumgebungen nutzen, um die möglichen Auswirkungen verschiedener Marketingstrategien, Produkteinführungen, Preismodelle oder Markenbotschaften zu modellieren, bevor sie diese in der realen Welt einsetzen.

Durch das Durchspielen unzähliger Szenarien und das Beobachten des Verhaltens der simulierten Verbraucherpopulationen können Marketingfachleute optimale Strategien identifizieren und – basierend auf den Ergebnissen – die Szenarien verfeinern. Das Testen von Prototypen durch KI-Simulation könnte bedeuten, dass mit der Einführung neuer Produkte oder Kampagnen die damit verbundenen Risiken und Kosten deutlich sinken, weil potenzielle Probleme frühzeitig erkannt werden.

Produktanpassung auf molekularer Ebene

In ferner Zukunft könnten Fortschritte in Bereichen wie der Computerbiologie und der generativen KI die individuelle Anpassung von Produkten auf molekularer Ebene ermöglichen. KI-Systeme könnten genomische Daten, biologische Modellierung und Fähigkeiten der generativen Chemie nutzen, um Produkte zu entwickeln, die sich präzise an die biologischen Merkmale, Stoffwechselprozesse und sogar die grundlegende genetische Ausstattung eines Individuums anpassen.

Mit einer Personalisierung auf molekularer Ebene könnte sich das Marketing über demografische Indikatoren hinaus entwickeln. Es könnte gezielt Lösungen anbieten, die auf die biochemische Realität jedes Einzelnen abgestimmt sind. Diese biotechnologische Konvergenz stellt den Höhepunkt der Personalisierung dar und ist gleichzeitig beängstigend. Stellen Sie sich Produkte wie personalisierte Arzneimittel, Nutrazeutika (Produkte aus Nahrungsmitteln, aber mit zusätzlichem Gesundheitsnutzen), Kosmetika oder sogar maßgeschneiderte künstliche Organdesigns vor. Jedes Produkt könnte bis hin zu den molekularen Verbindungen individuell entwickelt werden, die optimal zur Physiologie, dem Gesundheitsprofil und den genetischen Veranlagungen eines einzelnen Kunden passen.

Stichwortverzeichnis

T

U

V

W

Z

www.ingramcontent.com/pod-product-compliance
Lightning Source LLC
LaVergne TN
LVHW061931220826
846092LV00004B/1005

* 9 7 8 3 5 2 7 7 2 2 6 1 7 *